欧洲宗教改革史

History of Religious Reform in Europe

刘明翰 _____ 著

中国青年出版社

图书在版编目（CIP）数据

欧洲宗教改革史 / 刘明翰著 . —— 北京：中国青年出版社 , 2019.12

ISBN 978-7-5153-5839-0

Ⅰ . ①欧… Ⅱ . ①刘… Ⅲ . ①宗教改革运动—宗教史—研究—欧洲—中世纪 Ⅳ . ① B979.5

中国版本图书馆 CIP 数据核字（2019）第 212676 号

责任编辑：彭岩

*

中国青年出版社 出版 发行

社址：北京东四十二条 21 号　邮政编码：100708

网址：www.cyp.com.cn

编辑部电话：（010）57350407　门市部电话：（010）57350370

北京盛通印刷股份有限公司　新华书店经销

*

700×1000　1/16　30 印张　340 千字

2020 年 4 月北京第 1 版　2020 年 4 月北京第 1 次印刷

定价：80.00 元

本书如有印装质量问题，请凭购书发票与质检部联系调换

联系电话：（010）57350337

序　言

一

　　说来话长，本书最早是发轫于1982年，我给山东大学历史系世界史专业准备专业课——《欧洲文艺复兴与宗教改革史》的教材。后经过教学实践，这门课分成《欧洲文艺复兴史》和《欧洲宗教改革史》两门课，在高年级分别讲授一个学期。历史系的同学对这两门课兴趣浓厚、选课踊跃。课下自发组成了一些科研小组，展开专题探研，撰写论文。世界史专业的教师、研究生们还创办并印发了多期《世界史译丛》（内部刊物）同兄弟院校交流。

　　在教育部（当时称"教委"）高教一司的大力支持和资助下，中国社科院世界史所领导人的精心指导下，1979年5月于重庆北碚西南师大成立的中国世界中世纪史研究会，多年来一直把欧洲文艺复兴史和宗教改革史列为世界中世纪史学科的重点研讨课题之一。1979～2004年，长达25年的二三十届国内和国际性学术研讨会，对我国和国际上研究欧洲文艺复兴史和宗教改革史的基础、水平与成果以及存在的问题，已逐渐深化了解，于是决定首先撰写唯物史观指导下的《欧洲文艺复兴史》。

经过在国际间广泛调研后，确知国际上缺少一部史论兼备的、全面论述的《欧洲文艺复兴史》，人民出版社提前（2001年）委我任全书主编，经我申请获批立项为国家社科基金课题（03BSS003）。从2001～2010年，由我任主编并国内19所高校二十余位教授的10年辛勤耕耘，撰写出12卷本（500万字）的《欧洲文艺复兴史》，作为国际上第一部多卷本，由人民出版社出版献给了祖国。通过该书的写作，我深切体会到，欧洲文艺复兴时期先进的知识分子、科学家和仁人志士，历经破除迷信、解放思想，坚持以人为本，通过反封建专制、反特权迫害的艰苦不屈的斗争，才逐步取得空前成就，并推动欧洲脱离封建樊篱，大踏步地向近代迈进。

《欧洲文艺复兴史》（12卷）在2013年第六届高校人文社会科学科研成果评选中获得一等奖，是对我们极大的鼓励和督促。我深感必须抓紧把《欧洲宗教改革史》的研究早日完成，提供给学界和国人审阅与校正！对于《欧洲宗教改革史》能作为国家基金课题的最终成果提交给出版社出版，深感欣慰。我慎重地组建了这本书的新框架，按专著与教材兼用的原则，压缩文字、精简史料、加强专题论析、尽量表述管见，现提供给史学界研讨与赐教。

二

中世纪欧洲的基督教会有个明显的发展历程，日耳曼人建立诸王国初期，基督教会在保存、抄写古代文化作品、纂修编年史等方面曾发挥过积极的历史作用，但随后由于基督教会在封建诸国占统治地位，基督教会长期垄断意识形态领域，推行文化上的专制主义和蒙昧主义。教会组织和神学体系曾是对人民精神奴役和巩固封建压榨的工具。在教皇的鼓动、组织下，天主教会发动过"圣战"——十字军八次东侵（1096～1270年）。教皇从格利哥里七世（1073～1085年在位）到英诺森三世（1189～1216年在位）逐渐成为世俗界主宰。在西方，天主教会成为封建统治的国际中心，在每个天主教国家都占有大量耕地，广泛征收"大、小、血"等名义的什一税，靠卖圣职、售"圣物"，利用"异端法庭"扩大压榨。12世纪后，教阶制巩固，教权达到极盛。各国教会中的高级僧侣、大主教、主教和修道院长等成为贵族、诸侯、大封建主。在德国的七大选帝侯中有三个便是大主教。罗马教廷与各国贵族僧侣，热衷于政治分裂，以制衡君主的统一集权。

本书的主题是叙述和讨论欧洲基督教会在封建社会晚期——16～17世纪时改革的历史过程。基督教同佛教、伊斯兰教是世界的三大宗教，其中以基督教的影响最广，流传在五大洲的160多个国家和地区。当代，基督徒在全人类的人口总数中占20%以上。

本书涉及的地区范围，包括西欧、东欧，但不包括拜占庭、希腊、俄罗斯等东正教及欧洲与中东的伊斯兰教等其他宗教地区和国别。

在时间断限上，欧洲宗教改革史与欧洲文艺复兴史互有交叉，很难截然断开。欧洲文艺复兴史的上限，我们认为始自但丁发表的《神曲》（1307～1321年）；下限以17世纪30年代弗朗西斯·培根、笛卡儿发表近代哲学观著作为标志。也有人认为，欧洲宗教改革史始自15世纪末德国农民起义；上限的明显标志则以1517年马丁·路德在德国维登堡教堂发表的《九十五条论纲》为根据；但欧洲宗教改革结束的时间，西方史学界长期是以1555年"奥格斯堡宗教和约"的缔结——在德国立下"教随国定"的原则与路德新教的最后确立为标志。

根据近年来国际史学界和宗教学界的研讨，我本人认为基督教，并不限于路德教，而且在欧洲，法、英、尼德兰等各国和地区的宗教改革形势与特点复杂——16世纪中叶时，欧洲宗教改革远未结束，根据史实，应以"三十年国际性战争"结束，1648年威斯特伐利亚和约的缔结及天主教同基督新教均势格局的确立为下限的标志较为适宜。对此，欧美史学界21世纪初以来有关宗教改革史的一部分论著中，已有较详尽的阐述。

应当指出：在欧洲参加宗教改革活动的成员广泛，除路德教、加尔文教与安立甘等基督教新教各派外，还有由城乡传教士领导的、城市平民和农民组成的再洗礼派等，他们在德、法、尼德兰等地的宗教改革和反封建斗争中发挥了重要作用。天主教会中的城乡传教士乃僧侣中的平民集团，处于封建教权阶层之外，生活贫苦、对教俗贵族的巧取豪夺极其不满，同下层人民及普通教徒联系密切，有些城乡传教士成为天主教会中的改革者或群众运动的领袖。

本书通过第二章至第七章及第九章，分别阐述了德国、瑞士、法国、英国、荷兰等国宗教改革史的过程、特点和经验、教训。各国不同的经济、政治、阶级和文化背景是宗教改革特点产生的条件和原因。

欧洲宗教改革热潮开端于德国马丁·路德的维登堡"火焰"，正像欧洲的文艺复兴肇始于意大利但丁的《神曲》面世一样。德国宗教改革和农民战争是同时期展开的。恩格斯称它是欧洲"反对封建制度的第一次大决战"；德国著名史学家彼得·布瑞克称它是"普通人的大革命"。德国的宗教改革史既复杂、曲折又丰富尖锐，历经38年的艰辛斗争，在新教诸侯的支持下，路德新教获得确立。闵采尔等英烈奋争"公有社会"的浴血战斗，为争取近代的百姓共和开辟了道路。第二章详述了威克里夫、胡斯等宗教改革志士的顽强斗争为16世纪宗教改革运动作出了卓越贡献，特别是本书将闵采尔与莫尔、康帕内拉等并列为空想社会主义的先驱者。同时，本书第四章中充分肯定了人民的宗教改革和农民战争的伟大历史意义在于对欧洲构建近现代民主共和政治的重大作用，这在盖斯迈尔的《提罗尔宪章》和海尔高特的"公有社会"纲领中已有启示。

瑞士经济的发展、政治基础和社会运动，促进了慈温利和加尔文新教学说的形成。加尔文新教适应了资本主义经济和新兴资产阶级的需求，通过对加尔文和路德宗教改革学说的比较，增进了对基督新教的贡献、成就及其局限性的理解。第五章重点是对基督教新教派的教义、主张加深阐述。

法国的宗教改革过程长期是同国际间的意大利战争（1494~1559年）和国内的胡格诺战争（1362~1598年）交织在一起的。15世纪末，法国的封建中央集权制国家业已形成，王权强大，法国的天主教势力巩固，加尔文新教在法国长期遭到高压和被严禁。16世纪中叶后，随着法国资本主义经济的发展和胡格诺教派势力的扩大，天主教贵族同胡格诺派等旧教与新教之间的斗争，逐渐让位于争夺法国王权的抗衡。信奉新教的那瓦尔国王亨利四世宣布"为了巴黎，值得作弥撒的"（即改宗天主教）。1598年，"南特敕令"的颁布，宣布天主教为法国国教的同时，新教也合法化，开启了长期以来法国新旧教并存的局面。但"并存"并未解决矛盾，新旧教之间的斗争与欧洲列强之间的国际关系经常互有影响而"共存"。

英国走的完全是另一条由国王自上而下独掌国家宗教更迭的历程。1509年，都铎王朝亨利八世继任王位时，英国资本主义经济发达，君主专制政权强大，在《独尊法案》的国策下，英王自兼本国教会之尊，进行了宗教改革的一系列活动。由于英王亨利八世同王后凯瑟琳离婚案长期未结，日益扩大了英王同罗马教皇之间的矛盾和争斗以及英国同西班牙之间的国际冲突。

亨利八世王子爱德华六世同亨利八世长公主玛丽先后继任英王的时期，新教改革同天主教复辟之间曾进行了长期博弈。伊丽莎白女王继位后，趁英国民族国家勃兴之机，大力强化了安立甘教。她以原有的《四十二条信纲》为基础，修订后于1563年由英国国会通过并公布了著名的《三十九条信纲》，将其定为英国国教——安立甘教的官方教义，在礼仪上仍保留了天主教旧教的一些传统色彩。英国顺应民众心理，宗教改革后的主要特点是：①具有旧天主教和激进新教的综合折中性；②两教教义的兼容并存性；③改革过程的反复曲折性。伊丽莎白女王时代的晚期，英国清教兴起，又出现了新的宗教之争。

16世纪尼德兰资本主义经济发展迅速、社会矛盾与阶级矛盾激化后，加尔文教的改革活动加快进行。尼德兰历经西班牙反动统治和阿尔发公爵的血腥镇压，下层群众的圣像破坏运动与资产阶级和贵族革命派的请愿活动同时并起。加尔文教同再洗礼派的群众斗争，相互呼应发挥了作用。尼德兰的斗争历程异常曲折、艰巨。1572年是最关键、取得重大转折的一年。一方面依靠"海上乞丐"和"森林乞丐"坚持了武装的游击战争，抗击西班牙的镇压军；另一方面北方各地城市贫民和各地乡村的农民起义，使经济发达的尼德兰北方的荷兰、西兰等地区陆续从西班牙的统治下解放出来，成立了"联省共和国"，逐渐实现荷兰的独立。在热爱并关注民族命运的贵族革命派奥兰治·威廉领导下，坚持反抗西班牙的残酷镇压并厉行新旧教之间的宗教宽容政策，以及团结广大群众、坚持武装斗争，这是尼德兰获胜的决定性因素。加尔文教旗帜下，尼德兰革命斗争的胜利与联邦共和国的成立，使荷兰开始成为商业资产阶级掌握实权的资本主义国家。

三

我在多年撰写《欧洲宗教改革史》的论著和教学、科研中，经常碰到的几个问题，拟在本序言中亦略述个人浅见。

如何审视和评析罗马教皇？

这是研究基督教会历史之初，极需重视的问题。梵蒂冈的罗马教廷长期是天主教会的世界中心，罗马教皇是天主教会的最高首脑，罗马教皇历代相传，现今已历268代。历代教皇在位时间长短不一，观点主张和实践活动多寡不同，作用影响互异。对中世纪阶段，特别是欧洲文艺复兴和宗教改革时期的罗马教皇切忌"千人一面"。迄今，国外的少数宗教改革史著作中，由于作者的立场、观点的不同，特别是作者本人所属宗教的区别，对同一位教皇往往褒贬不一，或颂为"神明"、无以复加；或斥为罪人，一无是处。事实上，有些教皇既有真知灼见、扶植文化，又能严格自律、整肃教纪；而有些教皇目光短浅、碌碌无为，或专横跋扈、贪婪、争权夺利，许多教皇是优点、缺点兼而有之，集双重性与矛盾性于一身。欧洲文艺复兴历程的约300年间，有些教皇曾支持过人文主义，对文艺复兴确有贡献，应予肯定。

但欧洲宗教改革运动时期，所有罗马教皇的政治观点、阶级立场十分明显，都是反对基督教任何新教派的产生和确立的。除少数教皇曾主张和支持过天主教会本身的改革或改良外，多数则是主宰异端法庭、维护抛售赎罪券、扩大封建压榨、残酷镇压不同政见的人士和有创新见解的科技与文化人员，甚至直接将布鲁诺等科学巨人当众活活烧死……他们罪恶滔天，罄竹难书，应予充分揭露并批判其罪行。

关于天主教会内部的改革和改革派的重要事迹有哪些?

在欧洲宗教改革历史的全部过程中，不仅应揭露天主教会从教皇、罗马教廷和贵族僧侣制造"文字狱"加强血腥恐怖措施，迫害群众和镇压基督新教的一系列反宗教改革活动，而且也应重视天主教会内部有识之士和改革派的重要事迹，这是一般论著中常重视不够或忽略未叙的。本书专设第八章弥补这一不足，肯定并指明这是基督教诸新教在欧美传播以后天主教会仍历久未衰的原因。

天主教会的教徒中有许多著名人士也曾积极投身于本教会的改革，如尼古拉·库萨的"海克力士"活动。尼古拉毕生坚持人文主义观点，出版了《朴直者论智慧》等哲学著作，他曾一度被誉为教皇尤金四世、尼古拉五世、庇护二世的"大力士"。尼古拉特别突出的事迹是坚决支持瓦拉的揭发。在1440年，罗伦佐·瓦拉认真考证后，戳穿了8世纪罗马教皇伪造的罗马帝国皇帝君士坦丁"曾授予教皇统治意大利乃至整个欧洲"之谎言骗局。尼古拉认同并宣传这一揭发，同时成为瓦拉的挚友。他任主教时，曾试行过一些天主教会自身宗教改革的措施。

荷兰人伊拉斯谟是著名人文主义泰斗，而且是天主教会的宗教改革思想家和活动家。伊拉斯谟以娴熟的文笔发表了《愚人颂》《基督教战士手册》《箴言集》等一系列世界名著。他诠释、注译了《圣经》希腊文本中的讹错。他毕生走遍欧洲各地揭批了罗马教皇和天主教会中的特权和弊端。他坚决维护基督教的原理和宗教道德，是一位虔诚的天主教信徒，力主重建原始基督教，恢复《圣经》真面目，应"回到效法基督"的黄金时代。他主张《圣经》至上，学习古典文化同发扬基督教的传统结合起来；他提倡和平主义、反对暴力和侵略战争；主张以基督的训诫为指导，由贤明君主当政，企盼人们对天主教会的皈依。

托马斯·莫尔既是著名的人文主义思想家，又是天主教会本身的宗教改革实践家。莫尔正直、廉洁、同情贫苦人民、力戒贪腐、憎恨专制等可贵的品质在他的《乌托邦》和《塔中书》等代表作和毕生的经历中有大量史实可为证。莫尔在同挚友伊拉斯谟等人的通信中，不断抨击天主教中的各类丑行和奢侈腐败。莫尔在被判死刑后囚于伦敦塔中，仍不畏君，坚持天主教徒的信仰，而且不断呼吁天主教会和教士、信徒们应进行本身的改革。莫尔倡导教徒们应像"乌托邦"那样虔信基督是唯一的"最高的神"，是"人类的主宰"；应鄙视一切占卜和迷信，日常应多行善事，力戒腐朽邪恶。他还呼吁任圣职的教士，应献身宗教，监察风纪，要有为廉俭有为的教会目标奋斗的使命感。他还主张对新教徒应具宽容精神等。

此外，天主教会中，英国的科列特、波尔，法国的勒非甫耳、康泰吕尼、迦腊法、萨多来托等著名人士，亦都对天主教本身的宗教改革有过重大的贡献。

关于天主教会的主要修会之一——耶稣会的评价？

对于1540年公开成立的耶稣会及其创始人罗耀拉，在过去苏联的部分论著和我国20世纪80～90年代出版的个别宗教改革著述中，将耶稣会的成立定为"天主教会的反动活动"，并笼统地评定耶稣会是"反动组织"，说它"为了保护天主教会的利益"，"任何手段，包括暗杀、投毒、收买、背信弃义等均可采用"。而且把刺杀法国国王等均列为耶稣会整个组织所为……这类论断明显失实，并不够全面。罗耀拉这个人既有封建骑士那种狂热、勇敢、偏执、服从的精神，也有对天主教献身的意志。在罗马教皇支持下创建的耶稣会，靠军事原则组成，既有力图阻挠和破坏新教活动的一面；也有维护天主教传统作风和试行改革的一面，它在教育领域、传播文化等方面发挥过有益的作用，不应全面否定。耶稣会所办学校不仅活跃在天主教会的势力范围内，而且向新教流行地区传播。由耶稣会创办的学校在意大利迄 17世纪已扩增至200余所。

值得商研的问题还有不少，在此不再一一赘述了。

目　录

第一章　灵光笼罩的神殿

　　——中世纪欧洲的基督教会　　　　　　　　　　　1

一、基督教及其组织　　　　　　　　　　　　　　　1

　　（一）文化与宗教　　　　　　　　　　　　　　1

　　（二）基督教的经典、主要教义和圣礼　　　　　4

　　（三）基督教会组织　　　　　　　　　　　　　7

二、中世纪封建制的形成与基督教会的教阶制　　　10

　　（一）西欧封建制的产生和封建化　　　　　　10

　　（二）中世纪基督教会的教阶制　　　　　　　14

　　（三）宗教会议与修道院　　　　　　　　　　23

　　（四）中世纪基督教会的选举制度　　　　　　30

三、中世纪基督教的鼎盛与演变　　　　　　　　34

　　（一）教会的灵光普照欧洲　　　　　　　　　34

　　（二）"自由七艺"与经院哲学　　　　　　　36

第二章　支柱的断裂和先行者的火炬

　　——欧洲宗教改革的历史渊源与社会背景　　　41

一、罗马教廷专权跋扈下，社会矛盾重重　　　　42

二、威克里夫和约翰·保尔宗教改革活动　　　　50

三、胡斯宗教改革与胡斯战争　　　　　　　　　57

　　（一）胡斯宗教改革的社会背景　　　　　　　57

（二）胡斯及其宗教改革主张 61

（三）胡斯宗教改革的主要观点 62

（四）胡斯殉难 64

（五）胡斯战争 68

第三章　从维登堡"叛乱"到抗议宗

——马丁·路德的宗教改革 75

一、15世纪末与16世纪初德国经济和政治的特点 75

（一）德国的资本主义萌芽 75

（二）皇权衰落及社会矛盾的复杂和尖锐化 79

（三）德国人文主义运动的扩展 83

（四）农民起义爆发 87

二、马丁·路德的青年时代 89

（一）家庭环境和在爱尔福特大学读书

（1483–1505年） 89

（二）加入奥古斯丁修会及罗马之行

（1505–1511年） 91

（三）维登堡大学的神职教授生涯

（1512–1517年） 94

三、从《九十五条论纲》到沃姆斯会议 96

（一）《九十五条论纲》的火焰 96

（二）上书罗马教皇 100

（三）莱比锡辩论 103

（四）路德早期有关宗教改革的五篇重要论著 104

（五）公开焚毁教皇敕令 111

（六）沃姆斯帝国会议 113

四、路德宗教改革中期的活动与德国农民战争 118

（一）卡尔施塔特激进的宗教改革 118

（二）路德改革思想和活动的面面观 120

（三）路德与骑士暴动 127

（四）德国农民战争期间的路德 132

五、路德后期的宗教改革 141

（一）整顿与强化路德宗新教会和提倡新教育 141

（二）德国新旧教斗争的激化和起伏 145

（三）路德后期的重要著述 152

（四）奥格斯堡宗教和约与路德教的传播 157

第四章　奋争"千年天国"和"公有社会"

——闵采尔、盖斯迈尔和海尔高特的宗教革命 161

一、闵采尔毕生为争取"千年天国"而奋斗 161

（一）闵采尔的青少年时代 161

（二）从茨维考、布拉格到阿尔斯特德 164

（三）闵采尔的"千年天国"理想和《书简》 170

（四）闵采尔思想的传播与缪尔豪森的"永久市政会" 176

（五）弗兰肯豪森保卫战与巨星陨落彩虹照人间 184

二、盖斯迈尔与提罗尔革命 188

（一）阿尔萨斯、萨尔斯堡等地的平民宗教改革
和农民起义 188

（二）盖斯迈尔与《梅朗条款》 191

（三）"神法"指导下的《提罗尔宪章》 195

（四）德国农民战争的最后一幕　　　　　　　　200

三、为"圣灵时代"和"公有社会"而献身的海尔高特　205

　　（一）"向基督教新生活的转化"　　　　　　205

　　（二）"神法"的政府与"和平主义"的宗教改革　209

第五章　瑞士的宗教改革与慈温利和加尔文的宗教学说　215

一、15世纪末与16世纪初瑞士的历史和社会背景　　215

　　（一）瑞士的经济和政治状况　　　　　　　215

　　（二）瑞士的文化与宗教　　　　　　　　　218

二、慈温利的宗教学说和改革活动　　　　　　　220

　　（一）慈温利的生平与人文主义思想的启蒙　220

　　（二）"六十七条目"的火焰和苏黎世大辩论　221

　　（三）瑞士宗教改革与社会运动的结合　　　223

　　（四）慈温利同路德的争论与马尔堡会谈　　225

　　（五）天主教联军镇压下慈温利宗教改革的受挫　228

三、加尔文的人生与思想轨迹和特征　　　　　　229

　　（一）关于加尔文的历史价值和评论的分歧　229

　　（二）加尔文的生平活动　　　　　　　　　232

　　（三）集三种思想理论因素于一身的加尔文　235

四、加尔文的宗教学说和他在日内瓦的活动　　　236

　　（一）加尔文宗教改革活动的三个历史阶段　237

　　（二）加尔文的神学思想和主张　　　　　　240

　　（三）加尔文的政治思想和教会改革观　　　243

　　（四）加尔文同路德宗教改革学说的比较　　247

　　（五）加尔文新教的贡献、历史意义及局限性　253

第六章　法国的宗教改革和胡格诺战争　　255

一、16世纪前期法国的政治状况、阶级关系
　　　及意大利战争　　255
　（一）法国的经济、政治概况　　256
　（二）意大利战争　　257

二、法国文艺复兴的传播和宗教改革活动的扩大　　259
　（一）法国文艺复兴的传播　　259
　（二）宗教改革活动的扩大　　263

三、胡格诺战争与南特敕令　　265
　（一）"胡格诺战争"　　266
　（二）亨利四世的《南特敕令》　　270

四、君主专制的巩固与宗教改革及巴洛克浪潮　　271
　（一）法国君主专制统治的加强　　271
　（二）法国历史上的黎世留　　274
　（三）法国宗教改革的发展与"巴洛克浪潮"　　278

第七章　英国独特的宗教改革历程　　283

一、宗教改革前夜英国的经济和社会态势　　283
　（一）经济发展迅速和资本主义萌芽　　283
　（二）都铎王朝的君主专制　　285
　（三）罗马教会的骄奢腐朽及对英国的榨取豪夺　　287
　（四）异端活动与人文主义　　291

二、亨利八世的传统与变革和"独尊法案"　　296
　（一）亨利八世继承下的国教政策　　296
　（二）亨利八世与凯瑟琳"离婚案"的始末　　297

（三）"独尊法案"　302

（四）安立甘教在传统与变革之间确立　306

三、爱德华六世、玛丽及旧教与国教的反复博弈　309

（一）爱德华六世推行新教的改革　309

（二）玛丽时期天主教的复辟　313

四、伊丽莎白与民族国家的勃兴　317

（一）伊丽莎白重建英国的国教会　317

（二）英国都铎王朝宗教改革的特点和影响　322

（三）清教的兴起和长老派、独立派的形成　326

（四）16世纪末英国的社会与宗教　329

第八章　天主教的心脏热土和内部改革　331

一、罗马教廷的暴虐专制与贪腐搜刮　331

（一）欧洲各国各阶级同罗马教廷之间的矛盾尖锐化　332

（二）查禁书刊，屡颁"禁书目录"，制造"文字狱"　334

（三）强化"异端裁判所"的恐怖活动　336

二、天主教著名人士的改革思想和实践　339

（一）尼古拉·库萨的"海克力士"活动　339

（二）伊拉斯谟的《愚人颂》　342

（三）托马斯·莫尔的《乌托邦》《塔中书》与生平　347

三、耶稣会的成立与早期的耶稣会士　355

（一）罗耀拉与耶稣会的创立　355

（二）耶稣会及其活动　357

（三）耶稣会的宗教道德教育　359

（四）耶稣会学校的贡献及耶稣会士的作用　360

四、特兰托宗教会议及其重要活动　　363

（一）特兰托宗教会议的第一阶段　　365

（二）特兰托宗教会议的第二阶段　　366

（三）特兰托宗教会议的第三阶段　　367

第九章　加尔文教旗帜下尼德兰的革命烽火　　371

一、16世纪上半叶尼德兰经济、政治和社会矛盾的激化　　371

（一）尼德兰资本主义关系的发展　　371

（二）西班牙对尼德兰的反动统治　　375

二、加尔文教在尼德兰的确立和发展　　377

（一）欧洲宗教改革运动的传播与扩大　　377

（二）尼德兰的加尔文教会与《比利时告白》

《海德堡教义问答》　　377

（三）尼德兰加尔文教的广泛传播与圣像破坏运动　　381

三、尼德兰革命曲折、艰苦的斗争历程　　386

（一）运动初期的曲折和阿尔发血腥镇压　　386

（二）"海洋乞丐"和北方起义　　389

（三）尼德兰革命的深化与联省共和国建立　　391

四、尼德兰革命过程中加尔文教内部的分歧与斗争　　395

（一）运动前期资产阶级和贵族革命派在加尔文教

保守传统影响下的妥协和局限性　　395

（二）坚持武装斗争和宗教宽容政策决定了尼德兰

资产阶级革命的胜利　　397

（三）荷兰共和国初期的政治经济形势和加尔文教

戈马尔派与阿明尼乌派之争　　401

第十章　"三十年战争"与欧洲天主教、新教的均势格局　409

一、欧洲"三十年战争"的历史背景　409

（一）17世纪初德国和欧洲的政治与宗教形势　409

（二）天主教同盟和新教联盟的对峙　415

（三）国际战争的导火线　417

二、"三十年战争"的各个阶段　419

（一）波希米亚—普法尔茨第一阶段

（即捷克—巴拉丁时期，1618–1624年）　419

（二）"三十年战争"的第二、三阶段：丹麦参战

（1625–1629年）、瑞典参战（1630–1635年）　421

（三）法国—瑞典参战（1635–1648年）　423

三、《威斯特发里亚和约》及其影响　425

（一）闵斯特会议和奥斯那布鲁克会议　425

（二）《威斯特发里亚和约》内容　426

（三）"三十年战争"与《威斯特发里亚和约》的影响　429

重要人名、地名、专有名词对照表　437

一、人名译名对照表　437

二、地名译名对照表　440

三、专有名词译名对照表　444

主要参考书目　448

一、中文部分　448

二、外文部分　454

后　记　459

第一章

灵光笼罩的神殿——中世纪欧洲的基督教会

一、基督教及其组织

（一）文化与宗教

关于文化，一般说来，有广义文化和狭义文化之分。广义文化，是指人类在社会历史实践过程中所获得的物质、精神的生产能力和所创造的物质财富与精神财富的总和。其范围比较广，包括政治生活中的典章制度，经济领域里的生产与交换，社会生活中的衣食住行、婚丧嫁娶等习俗，是人们所有的体力劳动和脑力劳动的结晶。狭义的文化，是指社会的意识形态，亦称为精神文明，指精神生产能力和精神产品，包括社会科学、自然科学、技术科学等。具体说来，则指教育、科学、文学、史学、艺术、哲学、宗教、道德等方面的知识与设施。亦可说是同政治、经济相对而言的文化范畴。

对文化的阐释，众说纷纭。有人说文化是指生活方式，或是人们真、善、美的结合；有人说文化是知识、信仰、才能和习惯等的复合体；也有人说文化是人类所创造的智慧和价值观念构建的体系；等等。

文化的特性，主要有历史性、民族性、地域性和阶级性。历史性指文化乃是一种历史现象，有历史的阶段性和继承性，不同的历史阶段，都有与其相适应的文化。例如，封建时代有封建文化，资本主义社会有资本主义文化。文化是一定社会的经济和政治的反映，反过来又对社会的经济和政治有重要影响和作用。在特定的条件下，文化对经济和政治有巨大的推动甚至先导的作用。

文化有民族性、地域性。不同的民族，由于不同的历史条件、地理环境以及精神信仰的差异和长期影响，而产生出不同民族之间互有区别的文化传统和不同的文化心理。随着不同民族的文化、习俗的产生和发展，各个民族本身的传统也会日益形成和巩固。民族文化的空间联系，由于经济水平和自然环境的类同，不同民族之间的文化也会有一些相似的特征。

在阶级社会中，文化的阶级性比较明显。社会中阶级的矛盾和对立，不仅表现在经济和政治上，而且在文化中也有表现。以资本主义社会为例，既有资产阶级的文化、无产阶级的文化，也有小资产阶级的文化。阶级文化同等级文化有别。西欧封建社会晚期的第三等级，既有资产者、无产者，还有城市贫民、农民，故第三等级文化的内涵广泛，它在资产阶级革命时期起过积极作用。当然，阶级社会中并非一切文化都有阶级性，自然科学、语言等即属于非阶级性的文化。

世界文化是多元、璀璨的，文化史旖旎瑰丽、博大精深、源远流长。不同的民族，通常有着不同特点的文化。各民族的文化，常见诸其文学艺术、社会制度、风俗习惯和宗教。"要在各具不同文化的民族之间创造出某种共同文化，宗教常发挥重要的作用。"

宗教乃社会意识形态的一种，是人民对客观世界的一种特殊的反映。宗教要求人们信仰上帝、神、道、真主、佛、精灵、因果报应等，把希望寄托于来世或天国。不同宗教各有其不同的经典、教义和组织。

英文中的"宗教"（Religion）一词来源于拉丁文（Religio）。这个词在拉丁文中有不同的含义与词源。其一，有人认为来自Relegere（西塞罗在《论神之本性》一文中使用过），意为"演习、执行"（指集中地、注意地履行宗教的礼仪）；其动词的形式是Religere，原意是"反复读、重复读"（指重视、小心翼翼地崇拜神灵）。其二，有人认为这个词来自Religare，其意为"结合、合并"（古罗马的修辞学家拉克汤提乌斯在《神圣制度》一书中和奥古斯丁在《论灵魂的数量》中使用过），意指神与人的结合。还有人则认为是来自Relegendo，原意是"勤奋、整顿和执行"。

古希腊人对宗教的内容和概念另有不同的表述。他们对神的虔诚和敬畏称为"奥赛贝亚"（Eusebeia），对戒律、礼仪和禁令等统称为"特热斯凯亚"（Threskeia），而人在神之前的畏惧、羞怯，称为"塞巴斯"（Sebas）。此外，希腊文中的"拉特热亚"（Latreia），由最初的"为报酬的服务"后来转意为专门指"对神的敬仰"。为此，古犹太哲学家斐洛便把"拉特热亚"视为"敬仰"之意的"特拉斐亚"（Therapeia）的同义词。古希腊文中，并没有与拉丁文"宗教"（Religio）一词完全相同的专门术语。

阿拉伯文Din，在穆罕默德时期，同于宗教，其意为"礼仪""习俗""权力""法庭"等；Islam意为"皈依""服从"；Muslim意为"皈服者"，是指皈依、服从安拉的人。

波斯（伊朗）的琐罗亚斯德教以Daena一词表示宗教，其意为"最内在的本质""精神之我"和"个性"等。

印度人通常以Dharma（梵文）一词表示"宗教"，音译为"达摩"，意指"法"。

　　中国的"宗教"一词，最早源自佛教，佛陀（意为"觉悟"）所说的为"教"，而佛教弟子所说的为"宗"，宗是教的分派，合称为宗教。

　　世界上有多种宗教，各类宗教的定义亦繁多。随着宗教学研究的深入和发展，各种研究的领域及其成果，亦不断有所扩展。迄今，较有影响的宗教学研究的综合性学科领域有：宗教人类学、宗教心理学和宗教社会学等。

　　宗教人类学对宗教的定义从信仰对象出发：宗教是对无限物、精灵或超世的具有人格的知或觉的信仰并与之交往而定出相应的规则与礼仪。

　　宗教心理学则侧重于宗教信仰者们本身的感受与反应：宗教是寻求一种神圣的或能支配人们命运的力量，与其保持关系并崇拜它的一种规范、活动与内心感受。

　　宗教社会学的定义是：宗教是一种信仰和实践的体系。这种神圣事物可称为理性、传统或社会本身。宗教对社会起着稳定、促进作用，但有时对社会也会起消极作用①。

（二）基督教的经典、主要教义和圣礼

1. 经典

　　基督教经典称为《圣经》，包括：《旧约全书》《新约全书》，以及《圣经后典》。但中文译本的《圣经》，只有《新旧约全书》，并不包括《圣经后典》。故《圣经》所包括的内容实际是有两种说法。

　　《旧约全书》，原为犹太教的经典，叙述世界和人类的起源，以及

---

① 参见陈钦庄著：《基督教简史》绪论，人民出版社2004年版，第3-7页。

法典、教义、格言等。而《新约全书》则是叙述耶稣言行、基督教的早期发展情况等内容。

有关《旧约全书》《后典》《新约》的版本、译述沿革情况，详述如下：

《旧约全书》有两个版本——希伯来文本和希腊文本。新教各派多用希伯来文本（全书共39卷）。希腊语世界（以后东正教各派均源于此）一般采用七十子希腊文译本，收集了许多不属于希伯来文经典的经卷（全书共50卷），后被称为《圣经后典》。

公元5世纪，拉丁教父《圣经》学者杰罗姆，参照希伯来文本、希腊文译本及已有的拉丁文本，再译、修订《圣经》，对《旧约》，将希腊文（无希伯来文经卷）单独汇集，称为《后典》（比39卷希伯来文本增订了7卷，共46卷），因而形成包括《旧约》《后典》《新约》的拉丁文通俗译本为权威《圣经》（1546年，天主教会的特兰托宗教会议），并宣布《后典》是"神圣的经典"。16世纪后，主张宗教改革的马丁·路德不承认《后典》为"神圣的经典"。

《旧约全书》分为《律法书》《先知书》和《圣录》三部分。《律法书》即《摩西五经》共5卷，含《创世纪》等。《先知书》共21卷，《圣录》共13卷，主要内容是：上帝创造世界、神话、犹太民族历史与传说……

《新约全书》原文为希腊文，共27卷，含《四福音书》《使徒行传》《书信集》和《启示录》。主要内容有耶稣生平、事迹、传说，使徒故事及教义、学说和早期教会的组织形式等。

2. 主要教义

（1）"创世"说。上帝从虚无中创造出世界、万物与人类，主宰世界。

（2）"原罪"说。亚当、夏娃在蛇的引诱下，吃了禁果，被上帝逐出伊甸园。整个人类全有原罪。

（3）"道成肉身"说。

（4）"三位一体"说。圣父、圣子、圣灵3个位格（Three Persons）1个神。

（5）"灵魂不灭"说。永存于人世间。

（6）"天堂、地狱"说。上、下之别（炼狱说是但丁在《神曲》中所述，并非教义）。

3. 圣礼（圣事）共七种，始于12世纪，16世纪宗教改革后多样化

（1）洗礼（baptism），对新生婴儿出生时（或出生后不久）施洗，对"原罪"的排斥（洗清）。通常由具有司祭品级的教士施行。诵读祈祷词，以圣父、圣子、圣灵的名义施洗。接纳入教仪式。

（2）坚振礼（confirmation），在儿童或少年时举行。坚定洗礼时立下的誓约，主持人一般应由高级别的神品资格（主教bishop品级）的教士担任（英格兰代理主教可主持）。

（3）忏悔（"告解"）礼（confession），成年教徒每年复活节期间至少忏悔一次。教徒与忏悔神父之间"一对一"进行。涉及个人隐私及严重过失。

（4）圣餐礼（弥撒礼）（eucharist），成年教徒忏悔后才能在弥撒礼上领圣体。在堂区教堂中进行。根据《圣经》最后的晚餐上面饼和酒是耶稣的身体和血的"化体"。

（5）婚礼（matrimony），限于俗界。1515年特兰托宗教会议上，罗马教廷规定由教士主持的结婚仪式才是有效婚姻。近亲（姻亲、教亲）不婚。

（6）神品（"祝圣""授职"）礼（ordination），限于僧界，限男性。限教职人士举行，每晋升一次品级，便举行一次圣职授职礼。

（7）终敷（"临终涂油"）礼（extreme unction），教徒在尘世最后一次祈祷，坚定信仰。宗教律法规定：一是不收费，二是一年之内不得为同一人重复举行。

宗教改革时期，基督教新教根据《圣经》只保留洗礼、圣餐礼两种。加尔文教派既反对罗马教会（天主教）的变体（化体）论，也反对路德新教的同体论。慈温利教派同路德新教围绕圣餐礼在1526—1528年间，双方的冲突和争论曾公开化。

（三）基督教会组织

基督教从创立迄今，已有2000多年的历史。它早在公元1世纪时便发源于巴勒斯坦地区，最早脱胎于犹太教中的一个宗派，目前已传遍世界的各大洲，信徒达20多亿人，成为世界各个宗教中信徒最多、传播范围最广的宗教。基督教的宗旨、教义、观点、影响及其历史和演变，历来是人文社会科学各界学者们频繁探讨和研究的重要对象。

基督教会伊始时，本是信徒们自愿结合的共同体。在其初创时，由于艰难的生存环境，要求实行民主的管理和协作方式以团结教众和扩大教会的影响。基督教信徒之间并无身份高低之分，每遇重要事件，均需教众协商，方能决策。在基督教会中逐渐形成了涉及教会整体利益的决定，须经教徒们广泛同意的观念。这一共识在基督教《圣经》中有充分的体现。

随着基督教的发展、教众的增加、信仰共同体的扩大，内部的分歧和矛盾也日渐增多。鉴于基督教原有的"民主""众议"的管理体制不能有效地维持教会的秩序，客观形势要求公共管理权逐渐由民主走向集中。集权是基督教会发展到一定阶段的必然产物，是组织发展的诉求和需要。

基督教自身发展的需要是基督教会集权的前提条件，而集权还需理论的指导。早期教父、教会法学家对《圣经》的解读，为主教集权提供了依据。按《圣经》的记载，基督将教会交给了使徒之首彼得，他是教会的磐石。教父的阐释是：教会是建立在基督一个人基础上的团体，只有一个中心。由基督任命高级主教管理教士群体，教会管理者的权力来自上帝。

基督教会发展的需求与舆论引导相结合，推动了基督教管理权的逐步集中，逐渐建立了集权的管理体制。首先是教会中主教制度的确立和逐渐完善。主教区是一个由底层教徒组成的共同体。主教作为使徒的继承人，当然成为教会的核心和管理者，拥有广泛的管辖权。罗马帝国时期，基督教会中教阶制度初步建立，主教区亦逐渐扩大，帝国东部形成有都主教区、宗主教区的管理权。

对于发展中的基督教，加强、扩大和逐渐使组织统一，成为信徒们的广泛要求。最初，基督教会在各地的组织比较简单，有游行传道的信徒，有在专门场所讲道的讲道师，有管理会务的执事，有些教会还有宣扬上帝“旨意”的先知、先觉者等。随着教徒的不断增多，需要有效地管理宗教的事务，教会出现了专门的神职人员，他们有专门的职责权。神职人员与一般教徒的服装有别，他们在宗教的仪式和活动中，宣传教义、主持新教徒的洗礼和宗教活动等。逐渐与一般的“平信徒”（普通教会成员）出现分化，区别为管理者与被管理者之别。神职人员中也出现等级分化。教会的全面管理由神职人员中资历较深、年龄较大的长老（Presbyter）负责。长老有的属大家默认，有的经选举产生或由使徒选派。一个教会里的多位长老组成长老团，其中的主席，被称为监督（Episcopos），后来又被称为主教。一般情况下，主教多由当地教区中地位高、有财富、有声望的人担任，其权力越来越大，凡是主教批准的，也都被认为是上帝满意的。基督教会中的主教制约在2世纪中叶产生于小亚细亚，2世纪晚期被各地教会广泛采用。

必须指出，基督教产生和基督教会形成之始的两百多年，在罗马帝国内是非法的宗教，是被打击、迫害的对象。其主要原因是：

（1）基督教没有把罗马帝国的皇帝当作神崇拜。古代时流行多神崇拜，其他信仰都尊奉皇帝是神。但基督教只崇拜耶和华与基督。罗马帝国统治者以是否忠于帝国和皇帝为标准，基督教受打击，教徒受囚禁、流放、做苦工，甚至被处死。

（2）基督教宣传的内容，如"世界末日将到来"，基督的"天国是理想王国"等对罗马帝国维护其统治的要求构成威胁。每逢帝国出现动乱，人们便认为"末日将临"，基督教的主张遭遇大忌。

（3）基督徒否定希腊、罗马的正统信仰和传统，拒绝参加公共活动，同社会划开距离。群众与基督徒的隔阂日深，互有反感和戒心。

罗马帝国皇帝从尼禄（54–68年在位）起至戴克里先（284–305年在位），历代皇帝都对基督教加以迫害、打击，执行残酷镇压政策。

基督教会组织最为关键的时期，是罗马帝国晚期君士坦丁皇帝（306–337年在位）统治时期，实行统一控制，并在330年迁都到君士坦丁堡的阶段。

君士坦丁鉴于帝国晚期奴隶制社会的矛盾加深、危机日甚，帝国镇压基督教的失败、基督教会的权势日增、基督徒各个阶层（包括军队中）都有，他在311年和313年两次发布《宗教宽容敕令》，尤以313年的"米兰敕令"更为著名。此后，基督教会逐渐成为罗马帝国政权的有力工具，政府采取许多措施，扶持和利用基督教会。

此后，罗马帝国皇帝狄奥多西一世（379–395年在位），进一步扩大基督教会的作用和权势，392年基督教被定为罗马帝国的国教，对异教的神庙一律关闭，其地产、房屋被没收，异教的许多神庙改为基督教会的教堂。412年帝国决定基督教会的土地免税，419年，规定基督教会的主教有权干预法庭，甚至宣布"教堂庇护权"的实行，人们在基督教会的教堂周围50步内可免遭逮捕。4-5世纪时，基督教会的变化显著，由于教产的增加，基督教会逐渐成为大地产主。基督教徒显著增加，大批人员加入基督教，有些人出于信仰，更多的人是出于实利和生活的保障。公元300年时，基督教的教区在北意大利有五六个，在高卢有26个；但迄公元400年时，教区在北意大利增达77个，在高卢已扩至70个之多。

二、中世纪封建制的形成与基督教会的教阶制

（一）西欧封建制的产生和封建化

公元5世纪是西罗马帝国衰亡，奴隶、隶农起义频发，周围的古代日耳曼人不断迁徙、入侵的时期。

公元410年，古代日耳曼人（"蛮族"）攻陷罗马城。476年，"蛮族"中的一支首领奥多亚克在罗马废黜了西罗马帝国末位皇帝，这一年被历史传统上定为西罗马奴隶制帝国最终灭亡的年代和西欧封建制开端的时间。在西罗马帝国的疆域上，公元5-6世纪一系列"蛮族"的诸王国相继建立，其中主要王国的始终年代如下：

西哥特王国（419-711年），汪达尔王国（439-534年），

勃艮第王国（457-532年），法兰克王国（481-843年），

东哥特王国（493-555年），伦巴德王国（568-774年），

以及盎格鲁、撒克逊诸王国等。

有关西欧封建制的产生，其关键是古代日耳曼征服西罗马帝国是怎样结合了双方有关的历史过程，双方的诸因素是如何互相影响与综合

的。"民族大迁徙"和"蛮族"诸王国的建立何以成为可能，是由于西罗马帝国内部因奴隶占有制生产方式的危机而被削弱，因帝国实力已被奴隶和隶农的不断斗争所摧毁或被牵制；日耳曼人迁入西罗马帝国得到了奴隶和隶农的支持或结合。封建因素在西罗马奴隶占有制结构内部的增长，奴隶和隶农革命斗争的推动，是西罗马帝国崩溃的决定力量。日耳曼人的征服是彻底摧毁奴隶主国家机器的重要因素。

西罗马帝国末期生产力的发展水平，是建立新的封建生产关系的重要前提。日耳曼人征服西罗马后，继续和发展了双方的封建剥削形态和个体的经济形式。在已征服了的西罗马帝国领土上，为了统治被征服的西罗马人，为了巩固当权的贵族对依附农民的统治和支配权力，乃相继创建了"蛮族"的各封建王国。封建国家积极促进封建基础的形成。古代日耳曼人占有了西罗马，"把罗马全部土地的2/3在自己人当中分配"[①]。对土地的分配和馈赠大体是按照古代日耳曼人原来的玛尔克公社及亲兵组织中的品级关系进行的。马克思恩格斯在《德意志意识形态》一文中针对西欧封建制的产生问题，曾概括地加以归纳指出："封建制度绝不是现成地从德国搬去的，它起源于征服者在进行征服时军队的战时组织，而且这种组织只是在征服之后，由于在被征服国家内遇到的生产力的影响才发展为真正的封建制度的[②]。"

在西罗马帝国奴隶占有制的废墟上，日耳曼贵族、亲兵以及残余的罗马大土地所有者成为新的统治阶级；原来的奴隶、隶农以及西罗马无地的自由农民，逐渐成为封建生产关系下的农奴。而广大的日耳曼人则成为玛尔克公社中的自由农民。西欧封建制产生之后，逐渐开始了封建化的过程，亦即封建制的形成与确立的过程。

---

① 恩格斯：《家庭、私有制和国家的起源》，《马克思恩格斯选集》第4卷，人民出版社1995年版，第151页。

② 马克思恩格斯：《德意志意识形态》（节选），《马克思恩格斯选集》第1卷，人民出版社1995年版，第126页。

历史上，各个"蛮族"在西罗马帝国领土上所建立的许多国家中最强大且存在时间最久、影响较广的国家是法兰克王国。在法兰克国家统治下约350年间，正是西欧封建制度从产生到形成确立的阶段。法兰克封建制的形成是西欧封建化过程的典型之一，其主要内容是封建制度的基础——封建土地所有制的形成、农民土地的被剥夺和农民的农奴化过程，以及农民对封建主各种依附关系的确立。

法兰克人在公元5世纪末与6世纪上半期，处于典型的玛尔克公社时期。法兰克人的封建化过程（封建制的形成）大体经历了三个阶段。

自公元6世纪下半期至8世纪初，是法兰克全面封建化的开始阶段。

法兰克人征服高卢之初，曾夺取了全部土地的2/3，除一部分按"玛尔克"的秩序分配给全体成员作为份地（即"自由地"）外，许多未分配的土地，最初是作为"全民"的财产。这一阶段中，大封建领地形成的两个主要来源是：由变为"真正君主"的原最高军事首长克洛维作为战利品赏赐给将领、幸臣，以及支持其统治的基督教会中的主教、方丈们，这便为后来贵族、领主的大地产打下了根基；再一个来源则是世俗和僧侣中有权势者和贵族们靠暴力和兼并对自由农民的掠夺。"自由的法兰克农民，被战争和掠夺弄得破产，不得不去乞求新贵或教会的保护……必须将自己那块土地的所有权交给保护人……从他那里把这块土地作为租地而租回来。一经陷入这种依附形式，他们也就逐渐地丧失了自己的人身自由；过不了几代，他们大多数已经都是农奴了[①]。"

自由农民农奴化的过程，在罗马社会影响较深的高卢地区一带发展得很快。

法兰克封建化过程的第二阶段是8世纪初至8世纪末。这是土地关系的重大变革，封建化进一步发展，封建制渐趋形成的过渡阶段。

---

① 恩格斯：《家庭、私有制和国家的起源》，《马克思恩格斯选集》第4卷，人民出版社1995年版，第154页。

　　查理·马特的采邑改革，是法兰克国家土地所有制关系变革的重要标志。

　　8世纪初，查理·马特为了巩固自己的政权、扩大军事力量；为了压服其他显贵的反叛，乃进行了土地关系的改革。他改变了墨洛温王朝时所实行的将土地无条件赏赐给贵族、亲信，并允其自由处理的做法。改成将土地当作"采邑"（beneficium即"恩赐物"之意）。凡获得终身领有"采邑"的人必须对授予他"采邑"的国王或大封建领主、贵族，担负一定的附庸义务（多半是以终身负担服骑兵的兵役为条件），最初"采邑"不得世袭。

　　查理·马特的采邑改革，是封建化的必然结果，同时它又巩固了中小地主阶级，促成封建土地所有制的巩固和封建附庸从属关系的确立。

　　采邑分封关系使分封者与受封者之间形成的附庸关系，加深了封建等级制和封建割据。封建土地所有制与封建主阶级、农奴阶级的形成过程是同时同步发展的。

　　法兰克封建化的第三个阶段是公元8世纪末至9世纪中叶。这一阶段封建化急剧发展，封建制基本形成。

　　查理（768-814年）帝国长期对外战争造成自由农民沉重的兵役负担，教会的什一税，繁重的国税以及高额的罚金等加速了自由农民的破产。大领主逐渐集中了民政、司法、征税，控制农民以及领地内军队的指挥权。各级领主政治独立权日益扩大。基督教会往往用宗教的影响和权力将形成中的封建制度加以神圣化。

　　9世纪中叶时，法兰克的封建化基本完成，封建制基本确立。其主要标志是：（1）封建土地所有制——封建制度的基础已占绝对的统治地位。（2）封建庄园成为基本的经济单位。（3）封建主和农奴成为社会上的基本阶级。（4）封建劳役地租的剥削成为封建主攫取剩余产品、实现土地所有权的主导经济形式。（5）封建化完成的政治表现是查理帝国的解体和封建割据的形成。

封建化过程三个阶段的基本内容和特征是有机联系的。封建国家和教会等上层建筑对基础的形成和促进作用亦是一贯的。

（二）中世纪基督教会的教阶制

基督教会中的主教虽然是在罗马教皇领导、主持和统率下开展工作，但因主教制度的产生和形成早于教皇制度，故按时间顺序而不按等级的高低加以阐述。

1. 主教制

为了适应基督教会发展的需求，迄公元2世纪60年代，教会中的主教制已被各地教会广泛采用。基督教各界逐渐形成了共同的观念，教会应统一于主教，主教是使徒传统的见证人，又是使徒继承人；主教应是教会的中心。在教区内，主教不仅是圣灵的传播者，肩负着讲道和传教重任，又负责掌握教会的收入和支出，还负责解决教徒之间的各种纠纷，裁判内部的诉讼。主教是名副其实的教会负责人。

对教会的行政管理上，主教是行政首长，有权决定和任命教会的管理人员。在教会内，长老、执事等属主教的下级，是助手，主教有权任免他们。主教对其教区内的教士具有管辖权，最后在基督教会内形成以主教为核心的管理体制。

主教既是本教区内宗教事务的主事和最高权威，又是兼主管教会财产的管理人。教会从成立伊始，就要求和实行每个基督徒根据其本身的财产实况，向教会捐出钱财，但教会中长期无专人管理财物。主教一职出现后，教会的财产便由主教支配。自3世纪后，主教开始管教产，迄4世纪，基督教会逐渐形成了接受社会的捐献，教会的地产、财富显著增长，管理教会的财产便成为主教的主要职责之一。按教规要求，主教应有管理教产的才能，但因有些主教欠缺主管财务与教产的才能，或教务繁忙，乃规定可选用具有财务管理能力的教士和管事，在主教领导下管理本教区财产事宜。这一措施后来沿袭下去，教会中逐渐有专门负责财务的司库一职。

主教还有一项重要职责，他是教会内本教区中的最高法官。教会中宗教会议是解决内部纷争的重要手段与场合。宗教会议上，主教是固定的召集人和主持人，又是争端的最后裁判者。主教在司法上的权威特别体现在教会法庭上。在教会法庭中，主教是法官，对宗教事务有裁决大权，并负责教会法的实施。

主教在穿着、日用和服饰上亦有专门的规定。主教的指环代表的是主教与基督的约定，是受基督之托的象征；权杖是传教的权力。主教身上由羊毛织成的肩带，既是职权的标记又是导师身份的象征。

主教制形成后，各地的基督教组织互无从属关系，相互独立存在。各个教区的主教在理论上虽然是平等地位，但实际上并非完全平等。凡帝国政治影响大的大城市中的主教，自然高于其他主教。罗马帝国皇帝君士坦丁，把基督教视为国家统一、集权的工具，为了"一个帝国——一个宗教——基督教"的目的，帝国将宗教管理组织与行政区域有机地结合起来。将罗马帝国划分为四大区域，每个行政大区域再分为若干教区，而教区之下又管辖若干教会省，在教会省内再包含若干主教区。

在基督教会垂直的管理体系中，宗主教地位最高，有权监督都主教，而都主教有权监督主教。省主教区主教在罗马帝国东部被称为都主教，在帝国西部被称为大主教。他们的教堂一般都设在辖区内的大城市中。因帝国的地域广阔，省教会数量多，罗马帝国四大行政区首府所在地的主教被授予管理全行政区内教务的全部权力，首府的主教被称为宗主教。公元4世纪末，基督教世界中五大宗主教区（罗马、新罗马的君士坦丁堡、亚历山大、安提阿以及耶稣传教和殉难的耶路撒冷五地）建立起来，在罗马帝国全境都实行宗主教制。

宗主教负责监管一个或多个教区，罗马宗主教管辖意大利中部，任命都主教，享有许多争议的最终解决权。他负责召集宗教大公会议，公布宗教会议的教令和整个帝国的宗教法令。虽然宗主教们享有平等的特权，不具有对其他宗主教区的管辖权，但彼此之间逐渐有了等级之别，罗马宗主教居于首位。

在主教制基础上逐渐发展起来的教会等级制度，最初并非绝对的上下级关系。主教们在宗教会议上仍可以阐述与宗主教、都主教不同的观点，宗主教、都主教尚不能干预或否定主教的基本权力。直到封建社会形成后，教会圣职中的等级关系才逐渐确立和固定化，而且罗马帝国东、西部的情况亦不同，帝国东部有的宗主教区在公元七八世纪，因伊斯兰教势力扩大后，有的陷于名存实亡；而帝国西部，在西罗马帝国灭亡后，由于日耳曼诸"蛮族"王国建立和相继接受基督教，罗马宗主教逐步发展成为高度集权的罗马教皇。

2. 教皇制

在中世纪宗教改革以前，欧洲基督教会组织的金字塔结构中，位于最顶端的是罗马教皇以及由教皇统领的、由枢机主教团构成的罗马教廷。

在中世纪的大部分时间中（"阿维农之囚"与基督教会大分裂时期除外），罗马教皇不仅是位于意大利半岛的教皇国的君主，而且是遍布欧洲各地的基督教会的最高首脑，西欧各地的基督教会组织，曾被公开视为隶属教皇统领下的分支机构。

教皇至高地位和权力的形成，有其重要的因素及历史过程，应综合论述之。

罗马帝国西部的罗马主教获得宗主教地位后，并没有止步于既有的权势，而是利用古代日耳曼人大迁徙和"蛮族"诸王国在西欧相继建立之机，利用当时政治上纷乱离析的形势，在世俗诸国王的复杂矛盾和基督教会分裂和渐趋封建化的机缘中，纵横捭阖地扩大了生存和发展空间。历经约三个世纪，终于建立起教皇的集权制。

根据中世纪正统神学的阐析，教皇至高权力的理论根据是源于基督教的经典《圣经》的记载。《圣经·马太福音》里记录了耶稣对彼得说过的话："我要把我的教会建设在这块磐石上，阴间的权柄不能胜过它。我要把天堂的钥匙交给你，凡是你在地上捆绑的，在天上也要捆绑；凡是你在地上所释放的，在天上也要释放[①]。"这段很重要的话，被后人理解为，"以彼得为首的使徒是基督教的传播者，上帝将新出生的教会委托他照料。他的守护确保了信仰基督教是绝对正确的[②]"。这种解释长期流传下来，在基督教会西部形成了下述的重要观念，即彼得的地位居于其他使徒之上，彼得是罗马传教和殉道的，罗马主教作为彼得的继承人，他的地位当然要高于其他任何主教。基督教神学家们长期以来的解说是：耶稣把天国的钥匙交给彼得，就是把一项使命和权力交给了彼得。彼得是第一任罗马教皇，后世的所有教皇都是使徒彼得的继任人。

对于"天国的钥匙"还有另一种解释。在基督教会大分裂期间，曾盛行过"宗教会议运动"。当时流传的说法是：耶稣基督把天国的钥匙交给使徒彼得，并非把统治尘世的使命交给彼得一个人，而是交给了耶稣的所有门徒，实际是交付给了整个教会。这种解释的要害是说明"宗教会议的权力直接得自耶稣基督"。强调的重点是教皇的权力是在宗教会议权力之下。

罗马主教发展成为罗马教皇，同传说中的彼得曾在罗马传教和殉道的历史有关，但最主要的因素是西罗马帝国崩溃时和灭亡后的政治形

---

① 《圣经·马太福音》第16章，18-20节。
② 《圣经·路加福音》第22章，31-32节。

势，西罗马帝国统一基督教会，以及日耳曼诸王国建立过程中同基督教会的联合，特别是法兰克国王克洛维率三千亲兵皈依基督教的洗礼等诸多因素是分不开的。

长期以来，基督教界中一直在教义、信条、圣礼、仪式等许多方面对罗马宗主教的观点是很重视和广为推介的。教皇的权力不仅出自神学理论，教皇的地位和权力是历史的产物，是在中世纪前期的历史发展过程中逐渐形成的。

在提高基督教会及罗马宗主教和教皇的地位及作用方面，教会理论权威北非希波主教奥古斯丁的著名论著《忏悔录》《上帝之城》等产生过重大影响。奥古斯丁的神学理论主要有：其一为创世说：上帝从虚无中创造和安排一切。其二为天命观与宿命论：上帝安排3人的命运，只有向上帝忏悔，才是进天国之路。其三为原罪说：亚当、夏娃吃了禁果，恶行侵入人体，后代人皆有罪。其四为信仰至上说：信仰先于并高于理性，信仰是超自然的启示，乃上帝之恩赐。其五为上帝之城说：人类历史是上帝之城取代世俗之城的历史。上帝之城高于世俗之城，是以教会为主宰的世界。

西罗马帝国末期和中世纪初期，一些教皇本身也多借彼得之名，抬高本人与教皇的身价。如利奥一世，便进一步强调和扩展了罗马主教在基督教中的地位。他指出，不论在信仰上，还是在行政管理方面，彼得的地位都在其他使徒之上，而且彼得将他们所拥有的一切都传给其继承人——罗马主教，因而罗马主教不仅是基督教的精神领袖，他还拥有至高的行政管理权。利奥一世还进一步发挥了彼得在罗马传教历史中的作用，他甚至将罗马教会比为基督圣体的头部，把其他各地的基督教会形容为圣体的四肢。

教皇尼古拉一世曾强调指出："唯有使徒彼得躯体所在的罗马城受到虔诚的敬仰……已经接受和包涵了上帝命令全体教会接受和包涵的东

西。"教皇尼古拉一世是以此而要求其他各地的主教应服从他的领导。

此外还有许多例证，如教皇格利高里七世（1073–1085年在位）也经常炫耀他同其他圣徒有特殊关系，宣称他本人是基督的代牧，是掌管天国钥匙的人，要求教徒们应服从其领导。

必须着重指出，罗马主教地位的不断上升乃至逐渐显赫，以及从罗马宗主教跃升为罗马教皇，其背景和原因是多重因素形成的。概括说来，教皇的地位和权力是历史的产物，是在历史的发展过程中逐渐形成的。

一些神学理论家、教会法学家利用《圣经》、使徒传记中的记述，不断加强罗马主教的作用和权威，将圣经中和彼得有关的内容加以深层次的发挥，逐渐在基督教界形成了罗马主教权威至上的观念，这是不可忽略的，但并非最为关键的因素。

罗马帝国末期，历代皇帝为了巩固其统治，而实施的一系列统一和强化教会的措施，明显地提升和扩大了罗马主教的地位和权限。在君士坦丁皇帝所构建的基督教管理体制中，罗马主教位于最高层。

公元325年在尼西亚大公会议中明确规定，罗马主教是帝国西部唯一享有最高地位的宗主教。这次会议给日后罗马主教拥有西部最高管辖权奠定了基础。330年，君士坦丁迁都后，将自己的拉特兰宫直接赠予罗马主教，并授予他对西欧和北非各地异端的审判权，自然提高了罗马主教在司法领域的地位。

343年，在东罗马皇帝召集的萨迪卡宗教会议中确立了罗马主教在基督教界中的"荣誉首席地位"，并赋予罗马主教为神学争端的最高裁判人，他有权委任法官开庭审判。罗马主教还有权委派专人重审被革职的主教的事务和案情，罗马主教有权将该案件退回原教会进行复审，罗马主教可出席庭审。任何主教上诉的案件未经罗马主教判决，不得委任他人接替。由帝国皇帝召集和控制的宗教大会所制定的涉及罗马主教地位的教令，在基督教会内部具有法律作用。这次西罗马帝国危机和灭亡前萨迪卡宗教会议，对提升罗马主教地位、权力，尤其在一系列司法权和对教会中有关的人事权是极其重要的。

教皇（pope）拉丁文为"papa"，缩写为"p.p"，其来源于希腊文"papas"，原意是"父亲"，最初是对所有主教的尊称。公元3~4世纪时，可称任何主教为papa。但迄西罗马帝国灭亡时的5世纪末和6世纪初，它则被用为专门称呼罗马主教，即位居教会中首位的大主教。在罗马帝国时期（包括衰落的末期，直至帝国灭亡以前），罗马的皇帝们是为巩固自己的统治才提高和扩大罗马主教的地位，在这样的历史背景下，罗马主教的权威有其局限性，罗马主教（包括虽开始有"教皇"头衔），但仍然是受制于世俗的罗马皇帝。只有在西罗马帝国灭亡之后，罗马主教才得到了进一步发展和扩大权势的空间。在罗马帝国末期，第一个采用"教皇"头衔称号的罗马主教是西里修斯（384~399年在位），他虽然已经成为罗马城的实际统治者，但尚未具有教皇的全部职能。

古代日耳曼人（"蛮族"）依靠武力在西罗马帝国灭亡前，西哥特、汪达尔和勃艮第诸王国相继建立时，罗马主教利奥一世即任罗马教皇（440~461年在位）时权势迅速增长。教皇利奥一世同样通过论述彼得在基督选择和委托之下的诸多事迹，强调了罗马主教即罗马教皇的崇高地位。

利奥一世曾论述道：（1）基督选择了一个人——彼得，给予他高于所有使徒和所有教会主教的地位，虽然上帝选民中有许多主教和神父，然而彼得适合于统治所有这些人。基督在《马太福音》关于"磐石"的话，就是指彼得是"磐石"。（2）彼得事实上是罗马第一任主教，他高于整个教会之地位也传给了罗马继任的主教，因此他们是基督的在世代表和他的继承人。正如基督给予彼得的权威，是通过彼得传给其他使徒一样，其他主教们的权威，并非直接由基督处得到，而是通过罗马主教获得的。（3）罗马主教在教会中拥有最高权力，其他主教仅仅分享罗马主教的责任和权力。这些观点在利奥一世的布道和书信中均能找到[①]。

中世纪的教皇制经过教皇格里高利一世（590–604年在位）和"丕平献土"教皇国的成立（756年），终于形成和确立。

罗马主教成为罗马教皇头衔后，它的其他称呼还有：耶稣基督在世代表、首席使徒继位者、普世教会最高首脑、西方宗主教、意大利首席主教、罗马省大主教、都主教和梵蒂冈城国君主。中国香港、澳门和台湾的书刊中将教皇称为"教宗"；中国天主教会的译著也将教皇习称为"教宗"。

教皇比世俗君主中的皇帝、国王有更多的神圣光环，他们通常被称为"上帝在尘世的代表"，掌握"整个基督教世界"，中世纪以来有着广泛的权力，概括说来是：

（1）教皇有召集宗教会议的权力。

超国别的基督教宗教会议，始于罗马帝国时公元325年，召开的尼西亚宗教会议为此后开创了先例。在宗教会议上由历任教皇召集、主持，阐述基督教的教义，研讨、处理有关教务的重大问题。宗教会议的决议是整个基督教世界通行的法律。基督教（天主教）会先后在1123年、1137年、1179年、1215年召开过四次拉特兰宗教会议。为结束教会的分裂，在第四次拉特兰宗教会议上对基督教（主要按加特利天主教）的教义做出系统、全面的阐述。教皇以"宗教会议运动"的名义，提出了理想改革教会政体，此后在1409年召开过比萨宗教会议，1414–1418年召开了康斯坦茨宗教会议，在1431–1447年还召开过巴塞尔宗教会议

---

① E.G.Jay, *The Church its Changing image through twenty Centuries London 1977*, PP.97-98.

等。此外，为了同东正教商谈东西基督教会的联合问题，专门在1274年召开过里昂宗教会议；在1439年又举行过佛罗伦萨宗教会议。

（2）扩大教皇任命与调换教职范围的权力。

中世纪之初，罗马教皇仅具有任命、批准意大利境内的主教、修道院长及其他某些地方的少数高级教职之权。迄13世纪英诺森三世教皇在位时，他颁布的新教令公开宣称，教皇拥有管理各地教会的"完满的权力"，有权否决不符合教会法的选举，并享有支配所有圣职教俸的权力，进而在理论上得到了对所有教会教职的任命权。之后，教皇凭借此教令，经常通过干预地区的主教选举、调动和罢免主教之职来安插自己的亲信。此外，教皇还通过保留某个或某类教职的任免权来扩大教职的任命范围。到13世纪末，教皇已掌握了对所有大主教、许多主教和修道院长的批准和任命权。14世纪，教皇继续扩展其保留的范围。本尼狄克十二世教皇颁布敕令，规定"合适的人应被派往任何教堂、修道院和圣俸处去任职"，试图将教皇控制任命教职等的范围扩大到世界各地的教会中去。

（3）由教皇和枢机主教组成的罗马教廷，是教会的最高管理与执行机构。

教皇主持下的罗马教廷，其主要职能是基督教会最高领导、管理机构、发布政令、决定大事、任命教职、征收赋税、实行司法仲裁……

在中世纪时，教会并非唯一的权力体系，同时还有以皇帝、国王为首的世俗政权的权力体系。两者既有相互交融、容纳、维护封建统治的一面，又有互相争权、利害矛盾的另一面。10-11世纪，希尔德布兰（1073-1085年任罗马教皇）即教皇格利哥里七世同德皇历经"卡诺沙"事件等"政教之争"后，教皇与罗马教廷对基督教世界的统治权，逐渐得到欧洲各国君主的普遍承认。然而不同时期，各国、各地教权与俗权力量对比有明显差别，故有时教皇的一些权力被接受，或某些权力被抵消或受排斥。

欧洲不同国别教、俗两大体系间的矛盾、冲突等围绕的问题不一，政教之争后果亦异。

（4）教皇有权向教俗征收赋税并拥有自上而下的财务、税收、立法、司法等权力体系，教皇有绝对权威。

在中世纪，教皇向全体教职人员及普通教民有特权征收什一税，名称泛用，但含义互异，征收对象，税款的去向与用途不尽相同。此外，圣俸税、"圣战"税等随时征敛。天主教教会在中世纪后期提高教皇权威成为教会摆脱世俗君主和贵族控制的一种策略，成为对抗基督新教派斗争的重要手段。

教皇向各个教会征收的税金分为固定性税收与非固定性税收。固定性税收有：一是彼得便士，以户为单位，僧俗共同承担；二是圣职授职费，其中有任职评议费与"岁贡"两类。临时税包括"十分之一税"、教皇使节巡视费等。此外，教皇有时还颁布特别敕令，如贩售"赎罪券""圣物"等。历任教皇多有隶属本身的宝藏和"金库"等。

（三）宗教会议与修道院

1. 宗教会议

基督教会成立之初，有一项共同形成的原则，凡教会中的重大事件和重要决策，应都被广大教徒共同接受和认可成为惯例。教众们都有表达个人是否同意的权力。因而早期教众的集会成为教会成员们表达意见的公众场所，后来逐渐形成由教会共同体表达教众意见的固定机构——宗教会议。

最初，宗教会议并非权力机构，只是教众表达个人意见、商讨问题的会议，并无决策之权。但随着在宗教会议上常能解决一些争端、消除教众之间的分歧，维护教会集体利益，防止分散，促进教会集体的统一等诸方面的作用有所加强，宗教会议在教徒中的影响扩大，逐渐成为协商教会共同利益的场所。会议召开的固定化，使宗教会议成为表达"共同心理和意见"的机构，进而演变成为一种制度。最初通过协商解决争端，达成决议，能为教会中各界所接受，逐渐形成宗教会议的权威，渐渐取得了颁布教会法，解决宗教内和教义中的争端和选举主教的权力，成为教会权力体系的一部分。

宗教会议构成教会权力体系的一部分，一方面，宗教会议有助于使教会加强集权；另一方面，因它是教会中教众们整体的代表，应高于任何一个教会事务管理者，并能对其有制约，起到限权的作用，这是早期的实际情况。

出现和产生早期宗教会议，有一个重要因素，乃是罗马共和国时的城市定期举办政治集会的传统，直到罗马帝国时期，罗马人通过集会以表达意愿的观念和习惯被保留下来，并给予教会以启示。爱德华·吉本曾写道："我们可以有理由认为他们的这种形式（宗教会议）是以他们自己国家的尽人皆知的一些先例，如希腊的城邦代表会议、亚细亚同盟，或爱奥尼亚诸城市代表会议为模式建立起来的[①]。"

宗教会议分别有地方宗教会议和大公会议不同的两大类。

地方宗教会议是指在一定教区内召开的宗教会议，早期没有固定的时间、地点，仅为处理紧急情况，临时采取的应急措施；由于这些会议能及时帮助教会解决不少矛盾，后来才逐步制度化。公元3世纪后，宗教会议有变化：（1）某些地区定期召开；（2）根据所辖地区的大小地方宗教会议分为教区的、省的、宗主教范围的，以及国家性的宗教会议；（3）随着教会中出现主教—都主教—宗主教间等级化后，也出现

---

① ［英］爱德华·吉本著：《罗马帝国衰亡史》上册，黄宜思，黄雨石译，商务印书馆2002年版，第276页。

了不同等级的地方宗教会议。此后重大事务的决策，都应经过宗教会议的集权决定。

大公会议是全体基督教主教参与的大会，4世纪后，在基督教同罗马帝国统治者合作后，出现"大公会议"，由帝国皇帝出面召集。

全基督大公会议，在罗马帝国时期共召开过四次宗教大会。即（1）第一次是325年尼西亚会议。（2）381年的君士坦丁堡（第1次）会议。（3）431年以弗所会议。（4）451年卡尔西顿会议。西罗马帝国灭亡后，在东罗马又召开过三次大公会议。（5）553年君士坦丁堡（第2次）会议。（6）680年、681年君士坦丁堡（连续举行的第3次）会议。（7）787年尼西亚会议。上述七次大公会议，均被天主教和东正教承认合法，会议内容和决定均获同意。其主要内容有：阐述了教会组织及五大主教区的定位；确立了基督教信仰的基本教义；共同制定了裁判和惩罚叛教者的教律；促进了教会的统一，推动了教会内部集权议定教会事务的观念的确立。

宗教会议的权力和职能，归纳起来主要有四项：（1）制定与颁布教令，其内容为：教会的组织、教义和教律。教令中规定所有教徒必须遵守的准则和纪律，特别是教阶制的建设、教义的统一等，事关教会生存、发展等重大问题。（2）根据和尊重历史并结合政治需要，确定了基督教五大宗主教制度及罗马教皇通过五大宗主教控制整个基督教会的制度。五大宗主教的位阶及其管辖教区的顺序是：罗马、君士坦丁堡、亚历山大、安提阿和耶路撒冷。（3）裁决教会内部的争端。大公会议拥有惩罚"叛教者"的宗教司法权，包括对有的主教流放、监禁、革职等惩处。宗教会议在裁决教会的内部矛盾和争端时，由主教召集，矛盾各方都有权申诉、辩论，最后由大会做出裁决，裁决对所有教徒均具有法律约束力。（4）选举各级主教。这项任务的宗教会议，神职人员与普通信徒聚在一起，对长老们提名的主教候选人，当场表决。会议授予主教以教会管理权，同时要求主教受宗教会议的监督，既赋权又制约。

大公会议与罗马帝国皇帝及教皇的关系。

罗马帝国时期的大公会议，不仅是宗教的行为，更是帝国控制教会的一种措施。皇帝或其代表是以教会保护者身份出席大公会议，其地位凌驾在教会之上，控制着会议，但干预会议的权力实际上受到牵制而有局限性。皇帝对大公会议常重视利用、依赖与合作，故双方并非简单的统治与被统治的关系。皇帝"御驾"亲临会场时，常谦虚地恭维大公会议的出席者是地上的宗师、神的使徒的继承人等。

教皇及其使节地位在所有主教之上，其权威高于会议。宗教会议（含大公会议）的所有决议，必须在教皇签署后方能生效。教皇可以做出罢免某个主教的判决，而教皇通常是宗教会议的召集人、会议决议的审批人；但按传统教皇往往利用和借助宗教会议的支持，扩大其本身的权势。

通常的比喻为：教皇是教会的"头部"，宗教会议是"躯体"，教会的其他部分则被比喻为四肢和五脏。教皇的位置是在教会躯体基础之上的。教皇与教会不可分，教皇必须依靠同大公会议的合作，教皇离不开宗教会议的支持。

中世纪西欧在教皇格里高利七世至英诺森四世时期，是教皇权威上升阶段，教皇的权势明显高于各种宗教会议，包括大公会议。14–15世纪英法等国君王中央集权化时期王权高于教权，在"阿维农之囚"（1308–1378年），几个教皇并立时期，教廷之间互相攻击，教皇权大跌。15世纪初大公会议政治作用加强后，其地位曾远超当时的教皇。不同时期相互关系时有明显变化。

2. 修道院

欧洲各地、各国的修道院都属于基督教会的组成部分，但是其制度有自身的特点。这是由其组成的原因、生存环境以及修士、修女们修道的目的和生活方式所决定的。

基督教及教会组织为人们脱离社会现实的遭遇和痛苦提供了合适的场所和精神寄托。某些修道院中既汇聚有博学多识、经验丰富之士，也有不少能过禁欲生活、求知上进、陶冶情操的青少年。多数修道院中储藏着丰富的经典文化史籍，曾培养出为社会有贡献的优秀股肱。但在基督教会的发展过程中，也有少数修道院主持人背离初衷，同社会中贪腐浊流相结合，颐指气使，颠覆了固有的纯洁形象，同修道院的高尚精神及其宗旨形成众多反差。溯本求源，拟首先按修道院历史发展顺序论析。

公元300年左右，古代埃及的修道院修行方式传播到西方。西方初兴的修道院吸取了东方修士的独身、守贫、勤俭的生活原则，但因气候寒湿，不能有像埃及等干燥地区那样在户外、岩穴的修炼方式，故不主张隐居荒野，乃创建了修道院形式进行隐修。西方修道院先后主要经历了下述有代表性的修道院阶段，即本尼狄克、克吕尼、西多、法兰西斯、多米尼克等修道院。

本尼狄克（Benedict of Nursia，约480–550年）是西方修道制度的开创者，他本人不仅是一位修行者，还是一位以身作则的优秀组织者兼领导人。他在传教和组建修道院过程中，不受世俗等级和财富多寡等限制，广收门徒，不仅吸收一般平民和富裕家子弟，还注意吸收以后可能有成就的青年人。他筹措众多经费创建了不少修道院。公元523年，本尼狄克为了管理好修道院，制定了修道院的院规，包括序言和73条，被后世称为"本尼狄克法规"。这一法规，明确了修道院生活制度化，成为修道院的规则，为多数修道院接受和实行。

本尼狄克法规为西方修道院的管理制度奠定了基础。它的特点是：注重管理上集权与限权的合理和平衡，不同派别、不同的领导和管理人员均能适用，基本的原则和要求，均合情理，在具体的方式方法和手段上另有细致的规定和差别。总的看来成绩显著是主流。

本尼狄克法规的初衷是恢复和保持基督教教阶制度形成以前的管理体制，重视个体教会的权力，反对中央集权。在个体的本尼狄克修道院中院长的任期是终身制，所有修士都必须绝对服从院长。然而在每个修道院的系统内，尽管所有的修道院都遵行统一的会规、院规，但每个修道院都有其独立自主性，各有特点，管理上互不相关，并不存在上下属、上下级的关系。管理制度虽相对民主，但对个体修道院缺乏监督的规定和具体措施，对个别不称职的修道院也无惩罚的威力和规定。事实证明每个修道院院长不可能都按会规秉公执法，缺乏必要的监督和惩罚的规定，导致修道院管理上出现问题，为日后本尼狄克修道院留下隐患。

在欧洲修道院的发展历史上，有突出意义的是克吕尼修道院阶段。以法国克吕尼修道院为代表的改革运动影响深远。公元910年，奥狄罗教士在阿奎塔尼组织了克吕尼改革教规会提倡恪遵本笃会的会规为主。公元6世纪时，本笃教士（480-547年）主张彻底端正教风，他在529年成立了本笃会，会规中规定教士应遵十诫，即应艰苦生活，集体劳动，禁饮酒，戒吃肉，克服生活中奢侈腐化，道德败坏，坚持"神贞"，绝对服从教长之命令，增强教会自我陶冶和教会自身的力量等。克吕尼修道院通过改革，加强了中央集权，管理效率有重大突破，克吕尼分院在欧洲迅速增加。迄11世纪，仅在英格兰和苏格兰，便设有分院共达300余所。克吕尼修道院院长是整个欧洲修道院系统的首领，各个修道院分院由总院院长统一管辖，有权委任分院院长，各个分院对总院负责。欧洲各地的修道院有了统一的指挥和领导中心，这是欧洲修道院历史上的一个重要创新，中央集权的管理方式对各个修道院的管理和发展有重要意义。

克吕尼修道院的改革扩大了各地修道院数目的增加，也提高了教皇的职能。修道院的重大事务由教皇加以指挥，修道院的体制和总院的主要负责人由教皇调遣和安排。克吕尼修道院的有关集权式管理等制度，被后来的修道院继承下来。如西多修道院（Cistercians）规定所有的隐修院都接受西多修道院院长的领导和管辖。后来的法兰西斯、多米尼克等修道院中都设立有总干事（Minister-general）、总会会长（Master-general）等中央职位，实行了修道院总会、分会和修道院三级管理体制。

克吕尼修道院的改革，加强集权三级管理体制的同时，还强调了修道院的会议制和选举制来纠正本尼狄克时的隐患以制约各级修道院院长的职权。

修道院院长的产生一直由选举产生，虽效仿主教的选举制，但同主教选举不断遭受世俗政权和权贵势力的干扰相比，修道院中的选举则一直有较高的独立自主性。修道院自建立之始，便极力保持早期基督教会中的管理方式。中世纪时期，修道院的管理者无例外，均由选举产生。

对修道院执事的选举，早在本尼狄克修道院的会规中便有明确的规定。执事一职是上帝为修道院设立的，因而必须经过选举程序，由修道院中全体人员来进行，或者由修道院的代表——长老们完成。

13世纪时，多米尼克（Dominic，或译多明我）时修道院院长不仅需经选举产生，而且还有任期的规定，比终身制有了进步。多米尼克修会章程中规定，修会总会长由各省的分会长（各省推举一名代表）组成的修会大会选举产生，隐修院院长经该院全体修士选举产生，任期4年，各分会长，由辖区修道院院长产生，任期亦4年。但总会长却是终身制[①]。

法兰西斯修会也实行三级体制，自下而上，层层选举，其最高首领是总干事，任期为12年（非终身）。

---

① 　　Williston Walker, *A History of the Christian Church*, P.256.

教会早期的"共同同意"原则，在修道院中贯彻得较彻底。修道院长虽有绝对权威，但不能武断专行，协商成为常态。院长做出重要决定之前，通常需与修士们协商，或召开大公会商定。西方修道院的发展过程，从上边的教廷、主教区到修道院内的管理机构，通常都发挥着既集权又限权的平衡作用。

（四）中世纪基督教会的选举制度

中世纪基督教会中的主教、修道院院长和教皇都必须经过一定范围的选举产生。虽然中世纪教会的选举同近现代的选举制度相比较，其内涵、程序和形式等都显得浅俗、粗糙，而且曾不同程度地受到过干扰、操纵以及贿选等的侵犯甚至破坏，但教会中的选举制度一直存在着。公元11–13世纪西欧封建制发展时期，由基督教会法学家所创立和构建的教会法制体系、选举程序、规则，以及选举的主体、职位和候选人的法权、法人的职责、极限等理论和实践，在不同程度上对近代的选举制度曾有过一定的影响。

中世纪基督教中的选举，主要分两个层次：基层——主教选举；最高层——教皇的选举。两者中，主教的选举是教会选举制度的基础。

1. 主教选举

罗马帝国末期——公元3世纪时，教会中主教的选举程序被确定下来。先由本教区的神职人员和教众选举。同意之后，产生出主教候选人，经过选举仪式当选，最后由三名主教主持的"派立礼"（Ordination），正式授予当选者以神圣职能之后[1]，当选人便真正成为主教。

---

[1]   Philip Schaff, *History of the Christian Church*, Vol.3, P.239.

在主教选举过程中，长老、神职人员及全体教众们所起的作用不会相同，但不可或缺地都要参与。长老负责提名主教候选人，承担审查候选人的资格，到场的主教则是圣彼得的传人，有特殊身份。到场教众的选举和认可是主教选举制中的重要部分，是主教管理教会权力合法化的重要步骤，教众以后必须服从主教的领导和管理。这一制度被宗教大会以法规形式确立下来，所有教会遵行。罗马帝国将基督教定为国教后，基督教才建立了主教的等级制度。自上而下有了宗主教、大主教及主教的等级之分。

公元476年以后，西罗马帝国灭亡，进入中世纪时代后，罗马帝国东部（东罗马帝国）的主教选举制和程序没有大的改变。但在西罗马帝国原疆域内，因日耳曼诸王国新建立，新的封建王国中的主教选举制则有很大变化。主要是：

（1）主教选举制，受来自新的封建君主、贵族和世俗王公们的多重制约。在西欧各国封建化过程中，所有主教接受封建主赠予的土地，被纳入了封建体制之内，主教成为封臣，要对封君宣誓效忠。因而封建主（封赠给主教封地者）在对当选的主教人选上就享有很大的决定权。（2）封建贵族、领主们在其领地内建立教堂和开展基督教会的各项活动，他们及其继承人当然握有选择和任命神职人员的权力。（3）有实力的世俗君主和贵族，为了让教会为自己服务，直接控制选择和任命主教的大权。加洛林王朝时代，根据教规，主教应从教区神职人员中选举产生，但帝王有责任并有权避免"不称职"的神父占据主教职位，帝王对当选的主教有否决权。据记载，查理曼和德国奥托一世曾利用这项权力罢免并新任命了多位主教。（4）随着基督教在中世纪初期的迅速发展和扩大，大量新教区相继建立，因某些新教区尚"不具备选举主教"的条件，主教往往由教皇或上级大主教直接任命。例如，601年，教皇格利高里一世就直接任命坎特伯雷主教奥古斯丁为都主教，并授权他可以设立12名主教，归他管辖①。

围绕主教选举和主教授职权问题，教会同世俗政权之间曾有过激烈的斗争，史上称为"政教之争"。从9世纪始，基督教会开始力图摆脱世俗君王、官员对主教选任的控制。10-12世纪斗争进入高潮，突出的史实是教皇同德皇亨利四世的"卡诺沙"事件上，双方取得妥协，教会最终得到了主导选举主教的权力。1122年在《沃尔姆斯宗教协定》上，德皇保证了按教会规定，主教自由选举产生。1139年由第2次拉特兰会议颁布了"主教选举法令"（Canonical election），以法律形式明确宣布主教选举是宗教内部事务，从法规上排除了世俗政权干预主教选举。但完全由教士团选举主教直到1171年才彻底实现②。

2. 教皇选举

西罗马帝国崩溃后，罗马主教曾暂时摆脱了皇帝的干预和束缚，因西罗马已无皇帝。但536年，东罗马（拜占庭）帝国的皇帝查士丁尼又将罗马主教如当选教皇仍需皇帝确认的传统恢复，这个规定一直延续到751年。

法兰克王国加洛林王朝矮子丕平赠教皇以教皇国（756年）时，教皇地位一度上升过。769年4月，教皇在罗马召开过一次宗教会议，谴责了君士坦丁堡东罗马帝国的世俗政权，并在协商的基础上颁布了有关对教皇的选举教令（election decree）。此教令规定，禁止世俗之人参与教皇选举，只有教职之人才能投票，保留和尊重使徒时期的传统，教皇选出后，全体教众保有欢呼和同意的权力③。这个教令特别强调了只有教众具有同意权，实际是主张教皇的选举由教会独立进行。

公元800年教皇为查理曼加冕为罗马皇帝，本企图可换来皇帝对教皇的支持和保护。但查理曼此后仍对教皇的选举加以控制，力图在皇帝

①   Williston Walker, *A History of the Christian Church*, P.198.

②   Walter Ullmann, The Growth of Papal Government in the Middle Ages, PP.298-299.

③   Walter Ullmann, The Growth of Papal Government in the Middle Ages, PP.87-88.

批准教皇的选举后才能就任，而且在824年还派使节常驻罗马，监控教廷。世俗政权对教会及教皇选举的干预和控制，是教皇与世俗帝王长期难解的问题。

963年德皇奥托一世出兵意大利，强迫罗马市民承认其对教皇选举等事宜具有授予权[①]。

1046年，教皇职位被罗马的贵族所控制，由于贵族各派的军政实力，势均力敌，在罗马曾出现过三个教皇同时并立的局面。

1059年，罗马教皇尼古拉二世在托斯卡纳的戈弗雷军队的大力支持下，在罗马的拉特兰召开的宗教会议上，制订并颁布了新的有重要内容的《教皇选举条例》（ decree on papal election ）。从教会法的角度规定了基督教会枢机主教团是教皇选举的主体。在这部《教皇选举条例》中说明了枢机主教最有资格选举教皇，强调了它的合法性和排他性及崇高性。《教皇选举条例》第三条规定，教皇去世后，首先由枢机主教慎重提出教皇候选人，然后由枢密主教推选出教皇；《教皇选举条例》第四条，强调了要避免选举过程中任何形式的以权谋私和腐败活动，只有敬仰上帝的人才有资格参加选举教皇，只有枢机主教才有资格选举教皇，为了预防邪恶之人，可以在罗马之外，方便的地方选教皇。在《教皇选举条例》的内容中尽量把帝王排除在教皇选举事务之外，《教皇选举条例》中对帝王在选教皇中的任何作用，均未作规定。

1059年的《教皇选举条例》奠定了教皇选举的基础，是中世纪以来一直有效的古老的成文法规，尽管此后有过许多改动，但基本上依此条例执行。它是抵御帝王和罗马城贵族操纵、干预教皇选举的产物，有其重要的历史意义。

11–15世纪期间，基督教会有过许多重大事件：如基督教会东、西

---

① Philip Schaff, *History of the Christian Church*, Vol.4, P.289.

大分裂、罗马教皇号召下的"十字军东征"、教皇英诺森三世时教权的鼎盛、"阿维农之囚"（1308-1378年）等。教皇与帝王之间围绕《圣职授职法》等焦点的冲突连续多年，其中对教皇的选举等多有涉及。迄16世纪欧洲宗教改革运动爆发后，天主教与基督教新教各派之间的关系，则进入了新的时期。

三、中世纪基督教的鼎盛与演变

（一）教会的灵光普照欧洲

公元481年，萨利克法兰克人军事首领克洛维领导法兰克人在罗马帝国原疆域的高卢北部建立起法兰克王国后，为取得基督教会的支持，于496年率三千亲兵一道皈依了基督教。此后，克洛维以巴黎一带为根据地稳步扩大国土，建立了包括高卢北部和莱茵河右岸的统一的法兰克王国，以其家族之名称墨洛温王朝（481-751年）。公元751年，任"宫相"（原为宫廷总管）的"矮子"丕平，在罗马教会的大力支持下，夺得王位，自此开始了法兰克王国的加洛林王朝。丕平为了得到基督教会更多的支持和报答教皇，率军在意大利本土攻打教皇的敌人——伦巴德人，并把夺来的从拉文那至罗马城的土地以"奉献"的名义赠给教皇，史称为"丕平献土"（756年），自此出现了"教皇国"（"梵蒂冈"最早的起源）。

丕平的后嗣查理，在799年应罗马教皇利奥三世之邀，率兵进军罗马，帮助受罗马世俗贵族胁压下被逐的教皇复了位。教皇为了报答查理，在公元800年圣诞节时，给查理隆重加冕，称查理为"罗马人的皇帝"。自此查理被称为查理曼（即查理大帝）、加洛林朝的法兰克国家也称为查理曼帝国，首都定于阿亨（又称亚琛）。查理曼统治时期（768-814年），共进行了大小五十多次扩疆的对外战争，查理曼帝国版图显著地扩大到西欧的大部分地区。查理大帝814年逝世，因王室间王位的内讧加剧，经内战后，查理曼的三个孙子于843年签订了"三分天下"的凡尔登条约，大体上奠定了近代意大利、德国、法国最早国家疆域的基础。

公元9-10世纪，随着西欧封建制的逐渐形成和确立，德、法、意等国封建王朝的鼎立，西欧基督教会的权势也日益扩大和封建化。教会不仅成为封建各国的精神支柱，而且其本身也成为西欧的大封建主。西欧虽然名义上自962年起有神圣罗马帝国之称，但实际上并无统一的国家，仅有统一的基督教会。在西欧封建王朝分裂、王公贵族势力割据的时期，教会的势力远高于一些公爵、伯爵等诸侯，有时甚至高于个别国君。基督教会通过各种手段，从经济、政治、文化等各个方面加强自身的权势。

在经济上，基督教会在各地成为最大的封建主。它通过国王、各级封建主的赠予和贫苦农民无奈的"奉献"，扩大并兼并了大量的土地。据统计，9世纪时，在西欧约有1/3的土地掌握在教会和寺院的手中。由于教会享有免税等特权，又有向所有教徒征收什一税之权，而许多农民、百姓经常要负担教会、教堂的劳役、杂徭，人们通称教会是从来"不会破产"的封建主。

基督教会也是西欧最大的政治团体，有参与国政、制定法律、调用军队、设立法庭等政治大权。教会仿照世俗的封建等级制度，建立了一套教会内的教阶制度。最高的宗教首脑是罗马教皇。其下教会中分为大主教、主教以及神父等。教会系统的各地修道院的院长以及各种宗教骑士团的首领均直接由罗马教皇或罗马教廷任命。

11世纪至13世纪，基督教会在西欧处于教权鼎盛时期，以教皇乌尔班二世（1088-1099年在位）于1096年起发动的"十字军东征"（共8次，1096-1270年），特别是罗马教皇英诺森三世（1198-1216在位），公开发出"教皇是上帝的代表、是太阳；各国君主是月亮，君主是借助太阳的光辉"统治臣民等号召，罗马教廷乃至西欧各国教会，不同程度地宣传和贯彻教会的这一主张。教会在经济、政治领域中的地位已如上述，而在精神文明和文化领域亦有大量史例为证。从奥古斯丁的《上帝之城》到托马斯·阿奎那的《神学大全》等基督教名著的传播，到教会在意识形态和文化领域中的主导地位，充分显示出教会的灵光盈宇，欧洲基督教会在中世纪时代西欧文明领域的至高地位。

（二）"自由七艺"与经院哲学

中世纪时代的西欧，有过三次精神文明领域的高潮。即8-9世纪的"加洛林文艺复兴"，12-13世纪文学、哲学和建筑技术业的高潮以及14-17世纪上半叶的欧洲文艺复兴。"加洛林文艺复兴"突出表现在查理大帝的提倡文化和基督教会的垄断与控制教育。12-13世纪时的特点是：骑士文学、城市文学萌起，经院哲学的勃兴和大学的产生，哥特式等建筑艺术的流传，产生了众多世界上久负盛名的建筑。欧洲文艺复兴是："人类从来未经历过的最伟大的进步的变革，是一个需要巨人而且产生了巨人——在思维能力、热情和性格方面，在多才多艺和学识渊博方面的巨人的时代。"（恩格斯语）

中世纪早期，在西欧的思想文化领域里，基督教会处于垄断和控制的地位。教会宣称，基督教会是上帝在人间普世的代表，教徒的灵魂得救要依靠教会，教徒的善行、忏悔也要教会向上禀达上帝。世界上古代众多的文化遗物和重要典籍通过教会保存下来。教会为了扩大宣传、培养教士，陆续兴办了一些学校。后经查理大帝的提倡督促，各地的许多学校较快地建立和发展起来。初级学校中主要是学习古代以来习用的拉丁语，以便阅读和领会圣经的要求。中级学校中，除必学的神学外，在查理帝国时代规定了应学习"文法、修辞、逻辑、算术、几何、天文、音乐"共七科，称为"自由七艺"。各门课程的目的、要求和内容均有所规定。扼要说来，当时各门课设置的目的和任务是：

七艺中的文法，是为了明白圣经的语法；修辞是训练传经布道的辩才；逻辑是为了与"异端"诡辩时如何论证神学命题和进行形式推理；数学是为了论证圣经中的有关数字；几何是为了说明地球不是圆的，而是浮在水上的，扁平的一片以及有助于教堂的建筑；天文是要说明地球是宇宙的中心和为了推算宗教节日、占星卜兆；音乐则是为了演唱赞美诗……总之，文化各科无不是为宗教服务，充满了宗教神学的性质。无怪当时的教会要说："科学是宗教的仆人。"

全部课程虽都贯穿了神学的内容，但教会和部分教士保存和宣讲了文化知识，对文化的促进曾发挥了积极作用，应充分肯定。

经院哲学是西欧封建时代的官方哲学，曾是教会中上层人士及新产生的大学中讲授的基督教神学的基础和教会中一部分人士热议过的哲学内容。经院哲学在西欧产生于8–11世纪，盛行于12–13世纪，曾是一部分新成立的大学中讲授和讨论的主课。

有一段时间经院哲学被人们称为"烦琐哲学"，因当时有一部分文人墨客曾饱食终日，烦琐地考证和讨论神和超自然的事与物，如"天上的玫瑰花有没有刺？""一根针尖上能站立几位天使？""到了世界末日死人复活时他应是青年还是老年？"等类似的问题，这些闲人探讨甚至热烈争论问题的方法是从抽象到抽象，从字面再到字面，极其表面和形式的烦琐的逻辑推理，根本不涉及社会和人间的重要问题，既烦琐、繁杂又十分无聊，根本算不上哲学。

11世纪时，欧洲经院哲学有了重大发展。在哲学家内部产生了两派哲学思想的分歧和斗争——唯实论和唯名论的斗争。两派哲学观点上的分歧和两派中的主要代表人物都是当时基督教会中的重要人物。

唯实论者认为概念（共相）是脱离具体事物而独立存在和先于事物而存在的实体。它的主要代表人物是意大利人、坎特伯雷大主教安瑟伦（1033–1109年）。他在论证上帝确实存在时，采用下述的三段论式：（1）因为上帝是最完美的概念（大前提）；（2）最完美的东西必然包括存在（小前提）；（3）所以上帝是确实存在的（结论）。不难看出，他完全是从抽象的概念出发，经过想当然的逻辑推理，得出来的自然是唯心主义的脱离实际的荒谬结论。

同唯实论相对立的是唯名论者。他们认为概念不能离开具体事物而独立存在，它只是事物的名字或符号，因此概念是后于事物而存在的。它的代表人物是法国的一个教堂学校的校长贝伦加里（约1000–1088年）。他指出，教徒在"圣餐"中吃的饼和酒，就是真实的饼和酒，不可能是基督的肉和血，否则，即使基督的身体大得像座塔，也早就被吃光喝净了。由此可见，唯名论和唯实论争论与斗争的焦点，就是物质是第一性，还是精神属于第一性的问题。

到13世纪中叶，经院哲学经过意大利的托马斯·阿奎那（1225–1274年）的研究和系统化而达到了高峰。

意大利著名的经院哲学家托马斯·阿奎那，是巴黎大学的神学教授，同时兼罗马教廷中居于权威地位的官方哲学家。他的代表作是《神学大全》。他在回答什么是上帝时公开说道：既然存在着上帝创造物，那么上帝就是存在。关于世界的来源，他解释为：是上帝从虚无中创造的。他宣扬尘世生活应服从精神生活、俗人服从僧侣、国王服从教皇、国家服从教会等一套层层从属关系的等级制度。他的这一套神学体系的观点得到罗马教皇的特别赏识和大力支持，他本人因此被封为圣徒，在各国的教徒及人民大众中影响甚广。

13世纪以后，随着科学的发展，经济关系的扩大，市民阶级作用日增，唯心主义的经院哲学日趋没落了。

本章通过灵光笼罩下尊严的神殿，揭示了中世纪基督教会在欧洲的辉煌和特殊地位，概述了基督教会的封建化历程和基督教的经典、主要教义与圣礼。从公元8世纪"教皇国"的出现起，直到13世纪教会鼎盛时代，通过典型史实阐析了基督教会的教阶制、宗教会议和修道院。

中世纪基督教会在14世纪至16世纪演变的背景、原因，应纵深广泛研析：城市和商品货币经济的活跃、西欧各封建中央集权的民族国家的形成、农民起义、异端运动的开展、人文主义思潮和文艺复兴的蓬勃兴起，特别是宗教改革运动的爆发，促进了基督教和教会组织的巨变。

通过对本章有关问题的探讨，逐渐摆脱了以往的片面、偏狭性，根据史实提出和贯彻了下述论点。

14世纪至16世纪，根据欧洲各国的社会形态和生产方式，属于封建时代（中世纪）晚期，并非近代资本主义社会阶段。

基督教会虽曾垄断、影响、阻碍过中世纪前期的文化、教育，但在保存和发展文化教育方面也曾发挥过积极作用，其历史作用应予肯定。

对罗马教皇和教会上层，应针对他们推动抑或阻滞历史发展，而评判其是非功过。有些人维护封建压榨，主宰宗教裁判所，骄奢贪腐；但有些人严谨正派、支持过人文主义，对文艺复兴有贡献；而某些人优缺点兼有、集双重性于一身。因此，笼统地"千人一面"则属大误。

对天主教会及耶稣会，应废止笼统冠以"反动""落后"的评价。天主教会本身亦有过宗教改革，耶稣会及其传教士在传播文化等方面亦有过贡献，宗教改革过程和运动以后，基督教会各派的分流是演变并非衰落。

第二章

支柱的断裂和先行者的火炬
——欧洲宗教改革的历史渊源与社会背景

16世纪初至17世纪中叶,欧洲文艺复兴运动普遍传播于西欧。意、德、法、英、荷与西班牙各国已出现繁盛丰富的文艺复兴文化时,在社会意识形态领域中,围绕宗教和社会问题,一场新的大震荡、大变革和大转折的宗教改革运动终于爆发了。这场轰轰烈烈、惊人心扉的搏斗,约经一百五十年,对人类有重大影响和历史意义。它使许多民族和国家的历史、文明、信仰和习尚都产生了变化。

欧洲的宗教改革运动,是以1517年路德公开发表《九十五条论纲》作为开始爆发的标志。但溯其历史渊源则早在12世纪时已有要求宗教改革活动的苗头。人类社会几千年来文明史的历程中,任何一次社会的、政治的、经济的或宗教的重大变革,都是在当时的社会制度和阶级结构间存在着的社会矛盾复杂化或社会危机激化的背景下出现的。

12世纪后,随着欧洲城市经济的发展,新兴市民阶层的扩大,民族意识的增强及封建等级君主制的建立,民族国家处于逐渐形成的过程。一方面,形成中的新兴资产阶级同代表封建传统的天主教会之间的矛盾与日加深，新兴资产阶级主张废除天主教会和罗马教廷的特权地位，创建廉价教会；另一方面，深受封建压榨的下层人民，期盼通过清除教会的严重弊端，争取出现新的天国、新的民主人间。几个世纪以来，阿尔比派等各类"异端"运动此伏彼起，著名的意大利多里奇诺起义、英国威克里夫和约翰·保尔的宗教改革，以及15世纪捷克的胡斯运动和塔波尔派长期的英勇斗争等，虽惨遭镇压，但均给天主教会以沉重打击，宗教改革先行者们的光辉思想传遍欧洲大地，宗教变革的火焰推动了欧洲史无前例的宗教改革运动的爆发。

一、罗马教廷专权跋扈下，社会矛盾重重

11世纪时，基督教会虽然在经济上已是最大的封建主，在思想文化领域里也处于完全垄断的地位，且罗马教皇拥有极大的政治特权，但围绕教会中的主教授职权问题在教皇同神圣罗马帝国皇帝之间的争夺仍激烈展开。1073年，希尔德布兰修士继任教皇称为格利哥里七世（1073–1085年在位）后，教皇与罗马教廷同神圣罗马帝国皇帝亨利四世之间的斗争达到极点。1075年，教皇格利哥里七世的个人笔记将教皇在基督教会内部的职权列出27条，通过《敕令》发布。兹摘录其中一部分条例内容列下：

1. 罗马天主教会为上帝独自建立的。
2. 只有教皇理所当然地被称为"万能的"。
3. 只有他（教皇）能任命或废黜主教。
6. 禁止与被他革除教籍的人来往并留在同一居所之内。
8. 只有他能使用帝国的徽章。

9．王公应当只吻罗马教皇的脚。

11．他的头衔是举世唯一的。

12．他有权废黜皇帝。

19．任何人不得对他进行裁判。

22．正如在《圣经》中所写的，罗马天主教会过去不曾犯过错误，今后也永远不会犯错误。

23．由宗教会议选举后接受圣职的教皇，由圣·彼得授予权力。

（原载《几个世纪中的教会与国家》，S.Z.埃莱尔和S.B.莫拉尔主编，生命与思想出版社，米兰，1958年[1]。）

在罗马教皇格利哥里七世同德皇亨利四世"政教之争"的高潮时，教皇曾策动德国境内的天主教会和贵族们发动反对皇帝的内战，并革除德皇的教籍，一度出现亨利四世受辱的"卡诺萨"事件。即1077年寒冬，德皇亨利四世为了缓和他同罗马教皇的矛盾，摆脱不利局面，乃身披悔罪麻衣、赤足，向暂居于托斯卡纳女伯爵马蒂尔达的卡诺萨城堡的教皇请求宽恕，女伯爵也为德皇求情，教皇在取得德皇屈从于自己的得胜结局时，才"代表上帝"饶了德皇的"过错"。德皇稳定自己的地位后，又借故将格利哥里七世废黜，另选出克莱芒三世为教皇。双方的争斗持续不断，直到1122年，才以互相妥协的沃姆斯宗教协定暂告一段落。

教皇英诺森三世（1198—1216年在位）时期，是罗马教廷权力在西欧的鼎盛阶段。不仅世俗政权被排除在主教授职权之外，而且在舆论上，罗马教廷竭力宣扬教权高于俗权，公开散布教权与俗权是太阳与月亮的关系。天主教会从上到下散布的舆论是：代表上帝的罗马教皇如同太阳，而世代的帝王则如同月亮，帝王是依靠太阳的光芒才拥有政权和

---

① 转引自［法］德尼兹·加亚尔、贝尔纳代特、德尚等著，蔡鸿滨、桂裕芳译：《欧洲史》，海南出版社2000年版，第227页。

推行统治的。罗马教廷主张世俗政权的国家、贵族和各地行政机构无权向教会征取捐税和贡品，无权征收教士私人财产税。而罗马教廷和天主教会却日益专横跋扈，巧立各种名目，苛税庞杂。他们强调和夸大以罗马教皇为首的教会和各级教士的赦罪权力，以及宗教活动的种种神奇功效。

由于罗马教廷和一些天主教会上层的奢侈腐化，假借一些宗教仪式牟取暴利；假制圣像、圣物和遗迹骗取信徒和群众的财物，日积月累之下，广大群众同罗马教廷和天主教会之间的矛盾逐渐激化，特别是教会积极维护封建统治和对百姓各种压榨，首先导致下层贫苦群众对教会的怀疑、不满和反抗。恩格斯曾分析道："一般针对封建制度发出的一切攻击必然首先就是对教会的攻击，而一切革命的社会政治理论大体上必然同时就是神学异端。为要触犯当时的社会制度，就必须从制度身上剥去那一层神圣外衣[①]。"

在欧洲不满和反抗天主教会、要求对教会进行改革的活动，最初主要是以自发的神秘主义形式出现，当时被称为"异端"。其主要特点是群众自发性的由少聚多，组织松散；其主要矛头是针对宗教仪式、不满神职人员的作用和反对教会的奢侈腐败。12世纪末和13世纪初，在意大利北部和法国南部，特别是在普罗旺斯和图卢兹一带，出现了"阿尔比派"的异端活动。阿尔比派是因其活动的中心地区在ALBI城（Albigeois）而得名。他们活动的范围还包括：贝齐埃尔、卡尔卡松、卡奥尔、阿让和佩里格教区等地。阿尔比派受摩尼教和鲍格米勒派的影响，曾自称为"纯洁派"（源于希腊语Cathros，其意为"纯洁"，音译则是卡塔洛斯派），他们认为世界上存在着两个神祇，一个是善良的神，另一个是古怪的神，属于作恶的势力，善与恶两种势力经常进行斗

---

① 恩格斯：《德国农民战争》，《马克思恩格斯全集》第7卷，人民出版社1959年版，第401页。

争。阿尔比派是城镇中对现实封建社会不满的下层人民的代表。"他们声称，世界和世界上一切可感知的存在物，都是由作恶的神创造和造就的。……并且引证《福音书》说，凡是没有信仰的人，都要受到谴责。他们不相信人间的躯体能够复活，并且引用圣保罗的话说：'血和肉不能占有上帝的国'。他们把天主教所遵循的仪式都称为荒唐无用的，因为这种教义都是人为的东西而且毫无根据……①"阿尔比派中的激进人士甚至主张，尘世的一切，包括天主教会，都是恶势力的化身，罗马教皇是魔鬼，最终都要被消灭。他们集中揭露和抨击了天主教会的教阶制度：三位一体和地狱、炼狱等说教，否定了教会中流行的一些仪式，特别指出天主教会上层的豪富、特权地位极不合理，应当恢复原始基督教那样的平等和廉价的教会。阿尔比派的见解和主张，得到了该地区农民、手工业者、小商人等城镇平民的欢迎和响应，甚至也得到一部分骑士及坚持割据反对教会特权的图卢兹伯爵某种程度的支持。恩格斯对当时的历史情况曾评述道："当市民阶级兴起的时候，新教异端首先在法国南部的阿尔比派中间、在那里的城市最繁荣的时代同封建的天主教相对抗而发展起来②。"虽然阿尔比派被教皇英诺森三世组织和派遣去的十字军残酷镇压下去，但它所散布的影响长期存在着。天主教会中的方济各会和多明我派曾通过各种方式抵制和阻止异端们反教会的斗争。他们还把异端运动所主张的清贫生活与通俗语言传道，特别是同广大群众多联系的方式，接收过来为教会活动所用。继阿尔比派之后，西欧反对天主教会腐败和争取通过改革创立廉价教会的活动继续发展，而且逐步深入和扩大。

　　13世纪中叶后，意大利北部异端运动的领袖悉加列利继续领导和

---

①　W.L. 韦克菲尔德和 A.P. 埃文斯主编：《中世纪早期的异端》，转引自德尼兹·加亚尔和贝尔纳代特·德尚著、蔡鸿滨等译《欧洲史》，海南出版社 2000 年版，第 248 页。

②　恩格斯：《路德维希·费尔巴哈和德国古典哲学的终结》，《马克思恩格斯选集》第 4 卷，1995 年版，第 255 页。

推动反对天主教会和世俗封建主的斗争。他宣传神秘主义者约阿希姆
（Joachimus Florensis，约1132–1202年）的主张，即人类经过圣父时期
（旧约时期，人是上帝的奴仆）、圣子时期（新约时期，人是上帝的儿
女）和圣灵时期（自由时期），以后即将进入幸福的"千年王国"，恢
复早期，亦即使徒时代的基督教会。约1260年，悉加列利及其志同道合
者们，在帕尔马建立了"使徒兄弟派"组织，成员之间一律以兄弟姐妹
相称，实行财产公有。并以这一年作为圣灵时期的开始。使徒兄弟派的
活动，深得城市平民和农民的广泛拥护。反封建、反天主教的斗争影响
深远，并酝酿武装起义，1300年，悉加列利不幸被捕牺牲。

1303–1307年，意大利北部阿尔卑斯山地区的多里奇诺起义爆发。
多里奇诺是悉加列利的弟子、原属使徒兄弟派的骨干成员，他同女修
士马格丽特共同领导农民起义，号召恢复早期基督教会，实行农民同贵
族平等，城市平民同城市贵族、特权市民平等，废除贫富的差别，消灭
人世间的不公平，和通过财产公有实现早期基督教会以改变广大农民和
城镇平民的贫苦处境。他们公开提出了只能用暴力斗争推翻一切教俗政
权，才能在人间建立"千年王国"。他们从主张"上帝儿女的平等"推
论到市民社会的平等，甚至已经多少推论到财产的平等[1]。多里奇诺领
导的农民起义在维切利附近的阿尔卑斯山里，凭险曾据守和进行艰苦斗
争达四年之久，最后终于遭阿维农的罗马教皇克莱门五世组织的十字军
的镇压而失败。

13–14世纪以来，市民和农民中的阿尔比派、使徒兄弟派等的异端
运动和多里奇诺起义虽惨遭罗马教皇和天主教会的血腥镇压，但存在的
社会矛盾不仅未能缓和，反而日益尖锐和复杂化。欧洲多重的社会矛盾
焦点集中表现在各国社会广大阶层同以罗马教皇为首的天主教会之间的

---

① 　恩格斯：《德国农民战争》，《马克思恩格斯全集》第 7 卷，第 403 页。

矛盾上。16世纪欧洲宗教改革运动公开爆发以前的社会矛盾及其特点，主要表现在四个方面。

首先，意识形态领域新的斗争。

城市经济和市民力量扩大后，在英、法两国中具有民族意识的神职或世俗知识分子中出现了一些神学理论家，他们对专权跋扈的罗马教廷提出了挑战，对奥古斯丁的《上帝之城》和托马斯·阿奎那的经院哲学进行怀疑和挑剔。特别是指控教会拥有巨额财富之不当。他们指出：由于教会主宰着世人遗嘱之订立和鉴定，能获得遗赠财产；教会常代人们保存土地契据从中获利；"十字军东征"时将土地出卖、典押或将没收之地产转给教会以换取现金；教产通常拥有免税待遇；教会巧立各种名目索讨捐赠或收税；各国财富多种渠道流入罗马……[①]法国的法学家根据古罗马法，提出国家权力至高无上。罗马教廷和法国教会，不得干预国家的政治。

其次，新形势下"政教之争"更加激化，出现"阿维农之囚"。

英国国会于1295年组成，法国三级会议在1302年建立，封建等级君主制形成后，英王爱德华一世（1239-1307年）和法王腓力四世（1285-1314年在位）同罗马教皇卜尼法八世（1294-1303年在位）之间，即王权同教权新的斗争集中在征税和如何改革教会问题上，矛盾重重，展开交锋。交锋的焦点是国家是否有权征收教会税以及能否征收教士私人的财产税。卜尼法八世坚持仅罗马教廷有权征收各国的教会税和教士的财产税，而任何国王从来无权向教会征税，绝不允许所有教士向国王和各级世俗机构纳税和缴纳任何贡品。激烈时，教皇宣布开除国王教籍，英王宣布视教皇的禁令为废纸，法王颁令禁止国内的金银向罗马外流。与此同时，法国三级会议支持国王，不仅主张本国的教会应向国家纳税，

---

① 参见威尔·杜兰著：《从威克里夫到路德》，《世界文明史》卷六《宗教改革》，台北幼狮文化事业公司1995年版，第22-23页。

甚至提出过听命于教皇的法国主教不得出席三级会议。

14世纪初，巴伐利亚大公当选并加冕为神圣罗马帝国皇帝后，同罗马教皇约翰二十二世亦发生冲突。德皇否认教权高于政权，反对教皇干涉国家政务。德皇聘请著名神父马尔西留等编写《和平的保卫者》文件，阐述国家的起源及世俗与宗教权力二者之间的关系，并得出帝王、贵族的政治权力直接来源于上帝，并有权管理教会事务和教职人员。还否认了教权高于俗权是源于圣·彼得的说教。公开提出只有立法权掌握在帝王手中，才能召开全国性或重要的地方宗教会议。

基于各国王权的增强，有一段时间，教皇在同法王斗争中惨败，曾出现"阿维农之囚"，长达70年（1308-1378年）。除罗马教皇外，法国在境内的阿维农城，曾先后拥立傀儡"教皇"共6人，欧洲一个世纪同时并存2至3个教皇。直到1414-1418年，在西吉斯孟皇帝主持下[①]，由意、德、法、英和西班牙等国代表组成的君士坦司宗教会议上选出新教皇马丁五世（1417-1431年在位），教皇分立局面才告结束。此后巴塞尔、佛罗伦萨宗教会议（1431-1449年），又确认过教皇高于宗教会议的原则。

再次，英法等国市民阶层和知识分子要求改革教会的呼声强烈。

由于英法等国14世纪城市工商业经济发展迅速，市民阶层力量逐渐扩大，他们不仅痛恨教会拥有众多的财富，而且对教会维护封建统治的各种说教和理论不满。因而他们力主应改革天主教会，简化宗教的仪式，削减甚至剥夺教会庞大的地产，主张建立不受罗马教廷控制的民族教会。英法等国市民阶层呼吁进行宗教改革活动，在英国国会和法国三级会议中有明显表现，同时在一些大学和知识分子中更为突出。

---

① 　又译名为西格斯蒙德皇帝，即德国卢森堡王朝的末代皇帝，他以"神圣罗马帝国皇帝"之名主持第十六届君士坦司宗教会议。参见［德］阿·米尔著，李世隆等译：《德意志皇帝列传》，东方出版社1995年版，第245-249页。

　　欧洲最早成立的三所"母大学"除意大利的萨勒诺大学、波伦亚大学外，便是法国的巴黎大学，继"母大学"之后，12世纪成立的便有英国的牛津大学（1168年）和法国的蒙彼利尔大学（1181年）。英国剑桥大学是牛津大学分出的一部分于1209年组成。13-14世纪时，法国已有16所大学。中世纪大学中任教的一些知识分子情况不一。多数人思想锐新，待遇菲薄，对教会的专横跋扈不满，甚至一些在教会担任职务者亦主张宗教改革。如法国富有声望的学府——沙特尔修道院，提倡"求新、观察和研究"，时称理性的"沙特尔精神"，对社会诸多弊端是不满的。巴黎城内的知识分子团体"哥利亚德"，自12世纪以来使用"哥利亚德"①的名义发表诗文揭露和抨击过教皇和世俗政权的劣行。巴黎著名学者彼得·阿贝拉是"哥利亚德"团体成员之一，他曾为揭穿天主教会的重要圣事之一——"赎罪"说，做出过重要贡献。

　　最后，宗教改革活动扩大化，同时爆发相关的人民起义。

　　14世纪和15世纪，在英国产生了影响深远的威克里夫与约翰·保尔的宗教改革活动，与此同时爆发了声势浩大的反封建的瓦特·泰勒农民起义。此后，15世纪在捷克出现的胡斯运动，乃16世纪欧洲宗教改革运动爆发以前，在中世纪欧洲规模最大、时间最长的一次人民运动。其声势之大和影响之深，远非中世纪早期和此前欧洲的历次宗教改革和反封建运动所能比拟。胡斯不仅提出了系统的宗教改革理论，将他的主张发展为系列的有巨大影响的宗教改革活动，而且促成塔波尔派起义，同反抗封建压榨、反抗德国奴役的民族解放斗争相结合。

　　12-15世纪期间，上述宗教改革思想的开端、派别的兴起和一系列活动的发展，充分说明一向被夸耀宣称为"上帝的代表"、是社会的坚强"支柱"的罗马教廷和天主教会的上层，由于本身的特权、腐败，

---

① 该词源于巨人族"哥利亚"，原意为"魔鬼的化身""上帝的死敌"……是当时知识分子喉舌发表诗文时的代名词。

已遭到欧洲广大群众的唾弃，维护封建社会"支柱"的教会已腐朽断裂了。点滴的修补无济于事，必须进行根本性的改革。

二、威克里夫和约翰·保尔宗教改革活动

14世纪以来，英国天主教会的财富日益扩大，教会由于吞食世俗政权和教内外人士的钱袋而使其本身的声誉和威信日降。教会除了在国会的上院中有他们的主教和修道院等代表人物之外，他们也直接参加坎特伯雷和约克大主教所召开的教士会议，不仅决定与宗教或教士有关的问题，而且必然涉及许多世俗的重大事务。英国从伦敦的中央到地方，通常从受过最好教育的教士阶层中选用高级官员。教外人士控诉教会涉及经济或财产的案件，名义上受国王辖下法庭审理，但是凡有关僧侣属于被告的问题却归主教法庭拥有单独的审判权。英国的许多城镇里教会握有对佃户完全的司法权力。最令人愤慨的是英国的天主教会经常借用各种名义向百姓征税、贩卖"赎罪券"、利用假圣物、圣迹骗取钱财。尤其是英国的财富年年大量流入境外教皇之手，甚至拥有教职的法国红衣主教也从英国教区中抽取大宗"圣俸"。而所有教皇，即便是14世纪"阿维农之囚"时期身为法国傀儡的阿维农教皇也要干预英国的僧俗事务。

英国14世纪时处于民族国家逐渐形成的过程中，在伦敦的中央朝廷的官员中结成了一个反天主教会的团体。他们通过国会的立法，决定教会应分担政府的公务支出费用。英王爱德华三世在1333年决定，对英王约翰在1213年承诺的保证向罗马教皇缴纳的贡物不再支付。英国颁布的"王权侵害罪法"中，针对过去由英王裁定应受英国地方司法机构审判

之事件，可再向罗马教廷去申诉的行为，视为绝对非法。1376年，英国国会下院对英国境内教皇之税吏将大笔钱财呈送给教皇之举加以斥责。

在英国，宗教改革的先驱、著名的宗教改革理论家、实践家兼英国罗拉德派的创立者约翰·威克里夫（John Wycliffe，1320–1384年），出生于约克郡北部的西普斯韦尔，他曾就读于牛津大学，后来成为牛津大学的神学教授，一度任过英国巴利奥尔（Balliol）大学校长（1360年），后来兼任教会的世俗教士。他的学识丰富，曾用拉丁文撰写过大量有关神学、逻辑学和形而上学等的学术论文，汇集起来有辩证神学两卷，讲道集四卷。

威克里夫的神学思想概括说来是：他主张上帝是所有世人的主宰，人们应忠顺上帝，这同所有英国的子民应对国王直接效忠那样，不必像法国须先通过对诸侯领主尽忠。因此，首先，人们对上帝的关系应是直接的，不需要任何中间媒介，不必通过教会或祭司，所有基督徒不需授职，都是牧师。其次，大地及其一切所有物都是由上帝主宰的，人们只有忠于上帝才可拥有财富，否则必然丧失一切权利。根据圣经上的所述，耶稣基督要求他的门徒及以后的继承者，放弃世上的财物，任何拥有财产之教会或祭司，均属违犯上帝的戒律，不应再主持圣礼。

威克里夫有关宗教改革的观点和主张，后来在他的两部用拉丁文写的名著中曾简要论述和归纳过。一部是《内政权要论》（1379年发表，又译为《论主权》），另一部是《论圣餐》（1382年发表）。集中阐述了他的支持王权，反对教权世俗化和扩大化的观点。他反对教皇干预世俗事务，主张教会应隶属国王，反对教士拥有地产。他甚至提倡在一个"全德"的社会中，不应有个人之私有财产权，也不应有由教会或国家人为制定之法律。他反对圣餐的变质化体说，批驳教会关于圣餐中的酒和面包乃耶稣血肉的各种歪曲解释。威克里夫提倡建立一个在英国管辖下的民族教会，反对教皇在英国征收苛捐杂税，支持英王下令教会土地还俗，教会在民事上服从世俗政权。他驳斥教会具有各种"神恩"的说教（教会曾宣传说按"教义"，教士拥有神恩，能赦免罪恶和"拯救"人的灵魂等）。威氏提出《圣经》是教义的唯一来源和根据。他把古拉丁文的圣经直接译成白话英文，号召英国百姓直接阅读圣经。威氏甚至主张人们向教会缴纳的什一税应改变为自由捐献……恩格斯针对威克里夫的上述观点，曾指出他属于城市异端的著名代表，主要想建立的是"廉价的教会"[①]。

威克里夫的宗教改革思想，特别是他的英国教会土地还俗和英国教会归国家管理的主张，在英国得到英国王室和国会的支持，当英国国会再次决定拒绝向教皇纳贡时（1366年），威克里夫便以效忠英王的教士身份支持国会的行动。英国国会和王子以约翰·兰开斯特为首的贵族们支持威克里夫的态度。由于英国王室长期苦于受教皇的压抑，尤其是英法百年战争期间，阿维农的教皇支持法国，对英国不利。英国国王爱德华三世（1327–1377年在位）于1353年颁令，禁止英国的教会法庭把有关案件移至罗马教廷审理；英王还中止原来按1214年英国失土王约翰向教皇缴纳银币贡金的承诺。爱德华三世在1374年还授职威克里夫兼任路腾沃茨（Lutterworth）教区长。1376年7月，威克里夫受命参加英国皇室委员会前去比利时的布鲁日同教皇的代表讨论英国拒绝向教皇纳贡一事，根据根特的约翰提议政府应没收教会之部分财产时，也邀请威克里夫去伦敦做公开讲演，对约翰的建议阐明理由，加以论证和辩护。因威克里夫在1376年9月接受邀请，准备赴伦敦支持约翰的主张，结果遭到伦敦主教告发威克里夫是异端分子，主教团体称威克里夫是约翰的工具。1377年2月，威克里夫受召出席圣保罗教堂高级教士会议时，因受到约翰及其武装扈从的保护而无恙。英国的Courtenay大主教列举威克里

---

① 恩格斯：《德国农民战争》，《马克思恩格斯全集》第7卷，第402页。

夫著述中的异端观点写出控状（计52页之多）上告罗马教廷。1377年5月，教皇格利哥里十一世颁出训谕，对威克里夫列出18项问题（大部分根据威氏的《内政权要论》）责令大主教和主教们核实后对威氏予以捕押严惩。

　　1377年10月-1381年5月间，在英国国会开会、休会、再度开会，以及一些教士会议等活动中，直到1381年6月，英国瓦特·泰勒农民起义爆发以前，威克里夫曾发表过多次演说并用英文发表了许多篇文章，其中不仅系统地阐述了他的宗教改革观点，而且有不少纵横自如，揭露教士丑行的激烈言辞。威氏曾抨击一些修道士口头上大讲世上的贫穷之道，而实际上却在大量聚敛钱财，说一些修道院是"贼窝、蛇窟、妖魔之屋"。他揭露许多教士"养狗、放鹰、赌博、玩乐、捏造神迹、谄富、欺贫，对富者犯罪宽恕，却将付不起什一税之贫民赶出教会之门"。甚至有些教士"以各种淫行去玷污妇人、闺秀、寡妇和修女"。他主张教士犯罪"必须受国家法律之制裁"。"教士借虚假之'赎罪券'和特赦去蒙骗世人，……而人们以昂贵代价购买'赎罪券'，实为至愚。"威克里夫公开指控英国的高级教士："视臭便士之价值高于耶稣之宝血，他们的祈祷纯属为了收取税款的表演。""他们生活奢侈，乘坐配以金银鞍具之骏马，他们简直是强盗、老狐狸、恶狼、恶魔……"威氏进而直接把矛头指向教皇。他指出："买卖圣职之事已遍及各层教会……而罗马教廷之圣职买卖，危害最大。因为它最为公开，且在最堂皇神圣之色彩下掠夺了我们老百姓大部分之土地与财富。""各个教皇间（指'阿维农之囚'时并立诸教皇）丢丑之敌对行为、他们对开除教籍权力之玩弄以及他们无耻之争权，只有在教皇效仿耶稣时，人们才会相信他们。""耶稣基督没有寸土之地，但教皇却拥有帝国之半……教皇端坐在宝座上，却让各郡领主低吻其足。"

　　威克里夫明确提出，解决教会的严重弊端和腐败问题，必须使教会脱离拥有一切财物和权力，耶稣及其门徒生于贫穷之中，故教士也应如此。所有的修道士和僧侣都应避免一切财货和奢侈，重返受戒之生活。所有教士应乐守清苦与尘世之权欲绝缘，依施舍为生。倘教士不遵，则国家应干涉并没收其财物。国王的权力来自上帝，单独对上帝负责。威氏完全否定了格利哥里七世和卜尼法八世、英诺森三世等教皇所宣称的教权高于俗权、政府服从教会的教条，进而主张，教士职位由国王授予，祭司之权力和职责是主持圣典，国家在尘世领导一切，控制所有教产。

威克里夫的宗教改革思想在英国及欧洲广大人民群众中流传，群众对教会的特权和猖獗敛财、对教会竭力维护农奴制和领主特权一向强烈不满。下层群众当中由于生活极其穷困，不仅热烈拥护威克里夫的宗教改革主张，而且进一步酝酿着反抗教会和领主的行动，争取改变不合理的社会制度。

有关教会中的圣餐礼是上帝之身体中血与肉的化体说问题，威克里夫虽然坚信上帝的精神和实体完全存在，但他一直否定"化体"说。而且他不认为否定"化体"说是异端思想。直到1381年5月10日，威克里夫在"自由书"中仍坚持这一见解。

14世纪70年代末，在英国由于百年战争的消耗，连续多年黑死病的危害，以及农村中流行货币地租对农民剥削的加重，严苛的"劳工法"和1380年新增的"人头税"（15岁以上都需纳税）等，特别是群众对教会的严重不满，在许多农村中，一批贫困的民间传教士——穷教士（即所谓"罗拉德派"）都拥护威克里夫对教会的揭露和批判。他们周游各地，除呼吁宗教改革外，进而指出现存社会极端不合理。在穷教士当中，有一位杰出的传教士约翰·保尔（John Ball），他学识渊博、精力过人、头脑清晰、口若悬河，贫苦群众很愿听他传教。他不仅经常引用威克里夫的名言，而且用自己熟谙的圣经中的典故，斥责社会上许多人辛苦终生、不得温饱，而有些人却荒淫无耻，过着天堂般的生活。约翰·保尔辗转各地，反复说明上帝创造的人都是平等的，没有贵贱之分。他的名言是：

"在亚当耕田夏娃织布的时候，那时谁是贵族呢？"

约翰·保尔在传教过程中，多次申明自己的见解：除非人间和万物平等，否则不能解决英国的问题；只有既无奴仆，亦无领主，我们才有好日子过。领主待我们太恶劣了，他们凭什么奴役我们，把我们当奴隶，我们不都是同一祖宗亚当夏娃的后代吗？保尔针对豪华的贵族同苦难的民众相对比指出，他们穿着天鹅绒和驼毛镶的外衣，而我们只能用破布片来蔽体；他们有美酒香料和上等面包，而我们只有糠秕、烂草和清水。我们终年在旷野上劳动，果实被他们拿走，又常遭鞭打。除非一切变为公有，不然我们永远不能出头。让我们去见年轻的国王，从他那里得到有利的答复。不然，我们应当自己设法改变我们的处境……保尔遭过三次逮捕，1381年6月农民起义爆发时，他还在狱中，被救出后，立即投入战斗。起义领袖瓦特·泰勒（Wat Tyler）也把威氏主张的没收教会财产，列为斗争的口号和要求之一。保尔实际是当时英国罗拉德派的领袖，他们反映的是农民和城市平民的利益和要求。恩格斯把约翰·保尔称为中世纪农民和平民异端的代表，他们从一切信徒在上帝面前平等的教义出发，推论到市民社会的平等，甚至已经多少推论到财产的平等。这次轰轰烈烈的大起义也是在宗教改革号召下，为真理而斗争的鼓动下进行的。

瓦特·泰勒起义遭到英国国王、贵族和伦敦市长联合的血腥镇压。农民大起义期间，威克里夫被牛津校长驱逐回到路特瓦尔茨，他并未参加起义活动，但1384年，教皇乌尔班颁令叫他赴罗马晋见，因这位宗教改革思想家和先行者在参加弥撒时不幸中风，三天后，于1384年12月31日因病重逝世，终年64岁，未能去罗马。但罗马教廷对威克里夫并未宽容。后来康士坦司宗教会议（1415年5月4日）下诏令，挖掘了他在路特瓦尔茨的墓穴，将其骸骨投入河中。该会又下令，搜查威克里夫的全部作品，均予销毁。但罗马教廷和天主教会的暴行并未能阻挡住威克里夫光辉的宗教改革思想的传播及其伟大的历史影响和意义。

由于威克里夫是牛津大学中的知名教授，还担任过大学校长，尤其是他本身兼世俗教士，他的切中天主教会严重弊端的改革思想，其影响特别重大而且广泛。宗教改革思潮使秘密存在的神秘主义思想和异端活动从莱茵河流域进一步传播至德国全境。原属多米尼克派，享有"名家"声誉的爱克哈特（Eckhart）及艾利基纳（Erigena）、汉里希·苏索（Heinrich Suso）等的神秘主义观点都有进一步发展。他们的主张概括说来是：

1. 宣传上帝无所不在，所想象的神性是广容的。神性既非人亦非灵，是无形无相，属于寂静不落痕迹的神性世界。在那里看不出有圣父、圣子及圣灵的差别，在那里也无自我存在。总而言之，乃一种无形的神性存在。上帝即万物，万物即上帝，圣父生我，即为其子，永不止息。凡是每个个体中，都有上帝的部分。我们与上帝同属一体，不需经由教会仪式联系①。

2. 人们的灵魂深处，有一种光，在光的照耀下，灵魂飞向上帝静寂的境地，于是从有差别的人的世界进入永恒、不变、无差别的神的世界。上帝的意旨永生不灭，在人的灵魂再生中得到实现。神秘主义的流传，使人们感到宗教应是人们的内心活动，不靠外界的教诲和注入，不应接受教会的教条、不必去履行宗教教义和圣礼。

---

① 威尔·杜兰：《从威克里夫到路德》，《世界文明史》卷六《宗教改革》，台北市幼狮文化事业公司1995年版，第229-231页。

3．认为追求生灵的安宁和救赎人类的罪恶，靠的是个人的体验和内心的启示，靠心灵的火花和上帝的撞击。因而，在思想深处要轻视一切宗教教义和外在的权威。神秘主义者还认为：权威常操在利己主义的教士手中，穷者心灵渴望的是建立廉俭教会，困难的世界应孕育宽慰的信仰。

14–15世纪以来，神秘主义思潮的传播，吸引了大批渴望得到精神慰藉的虔诚信徒，他们渴求在内心中得到神的恩典，神秘主义思潮对宗教改革的影响关系重大，这是探溯宗教改革的历史渊源和社会背景时绝不可忽略的。早在15世纪，在欧洲宗教改革运动之前，许多民间流传的小册子和传单，经常宣传的就是要求人们不要轻信教会的说教，而应当只信仰上帝。"要把信心和希望全部寄托在耶稣身上"，黑格尔曾指出，"人类靠自己是注定要变成自由的""这就是宗教改革的根本内容"。英国威克里夫和约翰·保尔的宗教改革学说和斗争实践代表了英国城市市民阶层和城市平民、贫苦农民的呼声，使宗教改革活动进一步深入展开并爆发了农民起义，扩大到欧洲各地。15世纪时规模和影响最大的是捷克胡斯的宗教改革和时间持久、意义深远的胡斯战争。

三、胡斯宗教改革与胡斯战争

（一）胡斯宗教改革的社会背景

14世纪至15世纪初，从属于神圣罗马帝国之内的捷克，处于经济发展的时期。封建社会的捷克，生产力有了明显的提高。农业已广泛流行三圃制。有些地方开始实行了三区和四区的轮耕制。捷克的矿业发展迅速是这一时期经济的重要特征。捷克拥有丰富的金、银、铁等矿藏。在美洲的"新航路"开辟前，捷克是欧洲白银的主要供给国家。13-15世纪时，捷克各地正大规模地开采矿山。捷克的城市手工业在13世纪末只有40种手工艺行业，而到14世纪中叶时，手工艺行业已超过200种。1365年时，捷克的布尔诺一个城市的手工艺行业已达85种。14世纪末和15世纪初的捷克，已拥有一百来个城市。其中最大的工商业中心和全国的政治中心布拉格，在15世纪初已有4万居民，它已不逊于当时欧洲最大的城市之一——伦敦。捷克的货币——布拉格的"戈洛什"，在欧洲各国流行，成为最有实价的货币之一。

商品货币经济在农村中发展，封建主为了扩大货币财富，加重了对农民各种形式的压榨并增加了地租额。14世纪末，在商品货币经济发达的捷克南部，货币地租已占地租总额的3/4，甚至达到9/10。与此同时，捷克农民还要负担封建主的杂徭，缴纳各种"实物税""人头税""助役钱"等；向封建王朝的各级政府上交"户口税""王国税""普通税"及各种名义的杂捐；向教会缴纳"什一税""赎罪钱""慈善"义举的"捐献"……继14世纪末，捷克发生瘟疫之后，1410年鼠疫又降临到捷克南部。15世纪初，捷克出现全国性的歉收和饥荒。再加上，捷克国内封建贵族长期混战的破坏，以致农民同封建主之间对抗性的矛盾日趋扩大。15世纪初社会矛盾已达到非常尖锐的程度。

基于捷克是神圣罗马帝国的一部分，德国的贵族在捷克是拥有政治特权的大封建主和城市中大贵族，他们身兼捷克绝大多数的矿山主，在各农村占有最好的耕地。在城市中德国贵族操纵企业、控制行会。城市的一般手工业者、平民、帮工、学徒们的赤贫者占城市人口的40%-50%。15世纪初，布拉格城的居民中40%已沦为无产者。捷克的许多城市是民族矛盾和民族斗争的集中点，阶级和民族的矛盾交织在一起。14世纪末和15世纪初捷克城市平民反抗城市中德国和捷克城市贵族的斗争不断爆发。如1377年在布拉格、1378年在布尔诺、1397年在布拉格、1408年在捷克的布节须尼等地先后都发生过起义。这段时期，尤以1366年在布拉格的城市平民进攻呢绒豪商的武装起义和1391年伊格拉瓦贫民和手工业者共同举行的武装起义[1]，以及1412年6月布拉格的群众性示威运动最为突出。这一系列的起义斗争，充分说明城市内部平民同贵族之间对抗性的阶级矛盾十分尖锐，已处于不断掀起公开的武装冲突的地步。

还应特别提及的是处于"封建制度万流归宗地位"[2]的捷克天主教会的问题。捷克天主教会的上层高级僧侣、大主教和部分主教主要是由德国人，也有意大利人所把持。14世纪末，教会的领地已超过了全捷克土地的1/3。在布拉格教区内教会直属的领地已达到全部耕地的一半左右。仅一个布拉格大主教本人就辖有900个村镇、14个城市和5个堡寨。迄15世纪初，教会的领地已扩大到几乎整个捷克境内全部耕地的一半左右。14世纪末和15世纪初，由于英法等国正处于封建中央集权化的民族国家的形成过程之中，不同程度地抵制了罗马教廷。罗马教皇乃把榨取的来源主要放在神圣罗马帝国，特别是放在帝国中当时较富裕的捷克头上。14世纪里，罗马教皇任意增加"什一税"的税额。在14世纪末的最后10年间，教皇连续征敛了8次"什一税"。15世纪初时"什一税"税额比13世纪末增长了两倍多。天主教会在捷克成了广泛的社会问题。捷克社会中的主要矛盾实际是阶级的、民族的、宗教的矛盾异常尖锐地交织在一起。捷克的中小贵族渴望没收教会的土地分归自己，捷克中产阶级希望摆脱德国人的控制，建立本民族的"廉价教会"。而广大农民、城市平民们则把争取彻底的社会变革同反抗教会特权，反对外国贵族的

---

① 鲁勃佐夫著：《胡斯战争》中译本，三联书店1961年版，第61页。

② 恩格斯：《德国农民战争》，《马克思恩格斯全集》第7卷，人民出版社1959年版，第400页。

斗争结合起来。

在捷克，有一个特殊的历史情况，14世纪末和15世纪初的国王是瓦茨拉夫四世（Wenceslaus IV），在他父王驾崩时（1378年）他仅18岁。他继位后曾遭贵族逮捕入狱（1394年）。他被握有捷克教会实权的德国大主教放逐过，还遭到德皇西吉斯孟逮捕，被关押于维也纳（1402年）。他逃出维也纳归国后重获了王位和权力，但长期孱弱，名义上是捷克国王，却只占有全国约1/6的土地，而且多系森林地带①。所以，捷克国王同德皇及在捷克的德国殖民贵族、高级僧侣等有切身矛盾，他很愿从教会和德国贵族手中夺得领地，消除德国对捷克的控制。但他对捷克胡斯的宗教改革和人民群众反德国贵族的斗争，则持动摇和徘徊的态度。

14世纪末以来，英国威克里夫的宗教改革学说和具体主张，在欧洲尤其在捷克广为传播。威克里夫呼吁的摆脱罗马教皇对英国教会的控制，深得捷克广大民众的拥护和响应，威克里夫的作品到处被传抄，捷克国内宗教改革思想广泛流行。捷克奥古斯丁会修道士、先进的思想家康拉德·瓦德加乌泽尔（Conrad Waldhauser）及其在巴黎和牛津求学回捷克的战友克罗米兹的扬米·里奇（Jan Milic of Kromeriz）和雅诺夫的马提亚、佛姆、奥齐特等人，经常出现在布拉格街头各地发表演说，公开谴责德国操纵下捷克天主教会的种种劣行，揭露和批判高级僧侣的腐化淫荡恶习，以及教会拥有庞大地产和享有的各种政治特权，号召广大市民恢复早期基督教的朴素风习，创建捷克人民的民族教会，摆脱德国人对教会的控制，应关闭所有修道院，并宣称教会的财产应归捷克平民所有。马提亚在宣讲中指出，封建的等级制度是魔鬼制造的，如今应当废除，世界上人人都应当平等。马提亚及其信徒公开主张应当废除

---

① 　F.G. 赫伊曼：*John Zizka and the Hussite Revolution*，1955 年版，第 39 页。

教会长期执行的"两种形式"的圣餐制，即唯有神职人员才有资格享用"两种形式"圣餐，领到酒和面包，而俗人只能领到面包（尝到"基督的身体"），不能领到酒（尝到基督的"血液"）。他们提倡所有的信徒（无论是神职或俗人）都应普遍享有食用面包和酒的权利。这实际上是反对天主教神父们的特权地位。因为教会宣扬的"两种形式"领圣餐的规定，正是神职人员高于俗人信徒，他们之间存在区别的"论据"。与此同时，捷克境内耶诺的马赛阿斯和斯替尼的托马斯等人，也在各地宣传宗教改革思想。

（二）胡斯及其宗教改革主张

1391年，在布拉格建立的一座名为伯利恒的小教堂，曾是捷克宗教改革思潮活跃的中心之一。扬·胡斯（John Huss，1369–1415年）是捷克伟大的爱国主义者。他生于胡锡纳兹村，曾以胡锡纳兹之约翰而闻名，故通称他为约翰·胡斯。他出身于贫苦的家庭，青少年时代，他目睹捷克受德国殖民者的奴役、控制，心中异常悲愤。他在布拉格大学文学院读书期间，勤奋攻读人文学科及神学理论，并参加了大学中的青年进步团体，于1396年获得了人文学硕士学位。他任布拉格大学讲师期间，又进神学院深造过。1401年，他被选为人文学系的系主任。1402年，胡斯被任命为伯利恒教堂的住持，这时胡斯还是布拉格大学的著名教授。布拉格大学内，捷克籍的教师同德国籍教师之间围绕威克里夫宗教改革学说和天主教神父是否应拥有领地和财产等问题，有过激烈的争辩。胡斯于1403年升任布拉格大学校长，1404年又担任苏菲亚王后（Queen Sophia）私人的解罪神父。宫廷中许多达官常听其传道。他积极领导捷克的宗教改革活动，成为捷克全国宗教改革的卓越领袖。他既是有丰富学识的宗教改革理论家，又是深入广大群众中间的宗教改革实践家。

胡斯本人不仅将圣经译成捷克文，便于捷克群众直接阅读，而且特别赞同威克里夫的宗教改革观点和主张，他一再表示，自己敬仰威克里夫，为了实现威克里夫的宗教改革学说，宁肯下地狱也在所不惜。他曾公开说过："我相信威克里夫会得救，我认为，要是他被罚入地狱，我的灵魂会追随他而去[①]。"他也接受欧洲当时华尔多派和罗拉德派思潮的影响，思想日益激进。他不仅在布拉格等城市，而且频繁到农村去揭露捷克的时弊，抨击教会和某些神父的贪婪、无耻和劣行。他在演说中，曾生动形象地讲，现在，"甚至藏在贫苦妇女身上的最后一个铜板，都已经被卑鄙的神父搜刮出来，不是花在忏悔上，而是花在做弥撒上、花在圣徒的遗物上，或者花在祈祷或埋葬上。神父比强盗还狡猾凶恶，这些全是眼睁睁的事实，难道不是吗？"胡斯甚至做过比喻，他说"一群狗为了争抢肉骨头而互咬起来，如果把骨头拿走，狗便走开了"。他还尖锐地分析道："在上帝眼里，一个有道德的贫苦农民，比一个富有的犯罪的主教要高尚得多。"胡斯传播的威克里夫的见解在布拉格大学广为流行。布拉格的毕内克（Zbynek）大主教发布禁令，主张把威克里夫的作品或其手抄本全部没收并焚毁。教皇召胡斯去罗马教廷，但胡斯坚拒前去。

（三）胡斯宗教改革的主要观点

胡斯不仅形象地揭露教会中的劣行和腐朽，还发表文章，对当时天主教会中一系列有关的重大弊端提出了系统的宗教改革观点甚至涉及社会改革的主张，胡斯宗教改革的主要观点概括起来是：反对天主教会的特权和专横，反对教阶制，反对教权高于俗权。

---

① 转引自威尔·杜兰：《从威克里夫到路德》，《世界文明史》卷六《宗教改革》，台北市幼狮文化事业公司1995年版，第245页。

　　第一，胡斯揭露教会占有大量土地、占有财产，是造成教会许多罪恶的根源。他提倡每个神父和教士都应参加生产劳动，主张僧侣一律平等。他甚至主张没收教会财产，恢复早期基督教的朴素生活，才能清除掉神父和教士们的贪婪行为。胡斯和他的好友布拉格的哲洛姆（Jerome of Prague）反对罗马教皇约翰二十三世等公开出售"赎罪券"（"赦罪符"）等欺骗人民财产的丑行。他们公开怀疑炼狱是否存在。胡斯称教皇是"淘金人"，甚至指斥他是反基督者[①]。

　　第二，宣称教会应以"圣经"为信仰与教会一切行为和活动的唯一依据。

　　胡斯主张：圣经是基督徒的导引；基督才是教会的首脑而非教皇。教皇不论在信心和精神上并非绝对正确。只有在基督律令的范畴内，才有必要遵守教皇的命令。反抗犯错的教皇，即是遵从基督。每一个教徒都有权根据本人对圣经的认识和解释来决定自己的信仰，不必听信神父们传达的什么圣训和圣言。俗人也可以用酒杯领取圣餐。应反对烦琐的教会仪式。他提出教会应反对"基督的罪人"，纠正违背圣经的任何宣教。胡斯还反对幻想式的崇拜、耳听式的告诫。他在写出的《圣物的交通》一书中，揭露教士犯有圣职买卖罪。他指出神父在洗礼、分娩、祭奠、婚姻及丧葬等事务中收取不当费用，还指控某些布拉格神父在出售圣油。

　　第三，主张建立纯朴廉俭的民族的教会组织，用民族的语言传教，教会不能成为德国的工具，应取消德国人在教会中的特权。

　　胡斯反对教会的腐化恶习，谴责日耳曼人，维护斯拉夫人的文化和习尚。他甚至联系到在布拉格大学中应收回捷克人的管理权。他拥护国王瓦茨拉夫四世的法令，取消德国人在布拉格大学中的特权。胡斯在他

---

① 转引自威尔·杜兰：《从威克里夫到路德》，《世界文明史》卷六《宗教改革》，台北市幼狮文化事业公司1995年版，第246页。

的亲密战友布拉格的哲洛姆的支持下，对布拉格大学进行了改革。他们的许多著述有些用拉丁文，有些是直接用捷克文发表。胡斯本人经常用捷克语言传教。他要求神职人员应听命于捷克国家。

第四，胡斯宣传、提倡宗教改革的同时，进一步抨击农奴制度，触及了捷克社会制度改革。

胡斯反对教会对农民征收苛重捐税，废除教会的庄园制。1411年，当教皇在布拉格等城市颁布将胡斯逐出教会并禁止他攻击教廷的禁令后，胡斯暂离布拉格到乡下去。

自1412年6月，布拉格城市居民爆发示威运动起，捷克的宗教改革活动和群众性斗争进一步公开化。胡斯、哲洛姆及德累斯顿的尼哥拉和彼得等人，在捷克南部和国内外加强了活动，并把宣传对象转向农民，揭露和批判了农奴制度造成广大农村贫困和农民流离失所，处于死亡境地。胡斯等人的宣传和活动，对胡斯运动中广大农民塔波尔派的起义斗争，发挥了直接的推动作用。

第五，发挥了有条件地服从教会和世俗政权的学说（即不服从"邪恶政权"的主张），胡斯提出，不要被"恶魔的仆役们的残暴虐政所吓倒"的号召。

胡斯发表《告布拉格人书》，宣称"现在是战争和宝剑降临的时代"，号召捷克人民和信徒反对罗马教皇、封建贵族。他把教皇称为基督教之敌，鼓励人们决心战斗，把宗教改革进行下去，人民用暴力手段反抗血腥的镇压。在捷克人民大众的支持下，胡斯的观点和实践日益激进。

（四）胡斯殉难

1414年在君士坦司召开的宗教大会，结束了三位教皇并立的局面。德皇西吉斯孟，鉴于捷克国王瓦茨拉夫四世无子嗣，必然由他自己兼捷克国王。他因担心捷克群众抗争情绪日益高涨，对形势的恐惧，所以急于稳定捷克国内的局势并平息宗教风波，乃动员胡斯前往康士坦司宗教大会谋求解决宗教上的纷争。德皇实际上是力图通过这次宗教大会压服胡斯放弃宗教改革的主张和活动。德皇发给胡斯前往君司坦司的安全通行证，允许胡斯参加会议前的公开听证，并保证胡斯在会议之后回到波希米亚的自由和安全。胡斯本人轻信了德皇的承诺，他不顾他同党和朋友的提醒和警告，在1414年10月从捷克前往康士坦司，并有三名捷克贵族和友人的陪送。与此同时，捷克坚决反对和仇视胡斯的司提芬（Stephen of Palecz）等人也去了君士坦司，决定在会议上指控胡斯反对教皇和天主教会的"罪行"。

胡斯抵达君士坦司后，便遭到传讯和审问。大会诬称胡斯是异端分子，将他监禁下狱。胡斯在狱中染上重病，德皇一度派御医前往诊治，并表示会议有违德皇对胡斯的安全和自由的保证。但会议表示皇帝无权干涉精神领域，教会有权惩处教会的敌人。1415年4月，胡斯被迁到莱茵区的哥特里本（Gottlieben）森林，还被戴上手铐脚镣，饮食极其恶劣，以致胡斯又染重病。这时，布拉格的哲洛姆等来到康司坦司，并在城门、教堂门上及主教府邸各处遍贴诉愿状，还到处宣讲胡斯无罪，经过一系列的斗争，一度允准胡斯离开康士坦司回波希米亚，但归途又被逮捕，再度下狱。

君士坦司会议再次将戴着锁铐的胡斯押上法庭审讯。庭上只允胡斯针对提出的审问进行回答，不允胡斯申诉自己的观点。审讯过程中，再度就在捷克时从威克里夫文章中摘出的四十五段被罗马教廷和布拉格大主教认为"非法"的内容（即不准任何人赞成或予以辩护的言论）询问胡斯，胡斯仍坚持威克里夫的许多观点他是赞成的，但愿收回根据圣经能反驳他的意见。审讯过程中，胡斯一再申明愿放弃一切能从圣经中找出来、确凿是自己错误的意见，但他坚持自己无罪，并非异端；自己忠于上帝和圣经，无罪过可悔。

君士坦司宗教会议，最后判定胡斯同已故的英国威克里夫都罪不可赦，下令将胡斯的一切作品全部焚烧，马上除去胡斯的神职，并以异端的罪名解送他到世俗的政权机关。1415年7月6日，时年46岁的宗教改革和民族独立事业的先行者胡斯被押到早已准备了火烧的柴薪的君士坦司广场上，当场最后一次令他承认自己是异端并提出恕罪的要求。坚强地维护基督的主张和圣经真理的胡斯坚决拒绝承认，最后，胡斯唱着圣诗，以"死不改悔的异端"被火焚致死。

胡斯牺牲后，他的亲密战友哲洛姆在狱中并未屈服。君士坦司的宗教会议（1415年9月10日）审讯他时，哲洛姆公开否认受过胡斯的唆使，他要求听证和申诉。经过长期的拖延，1416年5月23日，哲洛姆再次被审讯，审讯者沿用惯技，仍然不允哲洛姆陈述自己的案情，只准回答审讯者们指控的问题，哲洛姆在被审讯的会议中，曾慷慨激昂地向审判者讲道：

"这是多么不公平！我已被拘于污秽的监狱三百四十天，当我的对方能常在您的耳际述说，而我却无以辩解；甚至不允许我有一小时的自辩。您的心意中已被那些对我视为异端的指控先入为主；在您未能了解我是怎样的一个人之前，您就判定我是邪恶的。您是人，不是神；是凡夫，不是永恒的上帝，您也会有错误的。您愈标榜所凭所恃为人世的光明，您就愈须对所有的人，力求行事公正。像您审判的我的这件案子，既不是总结，亦不是为自己的辩护；而是一件面向大家的死亡大事。我不能让如此多的聪明人做出一件不公正的事，这件事所开的先例，其危害将大于其本身所施的惩罪[①]。"

---

① Creighton, *History of the Papacy*《罗马教皇统治史》卷一，第359页，转引自威尔·杜兰：《从威克里夫到路德》，《世界文明史》卷六《宗教改革》，台北市幼狮文化事业公司1995年版，第249-250页。

　　哲洛姆坦诚的铿锵言辞，虽感人肺腑，但不能改变审判者和幕后操纵者——罗马教廷原定的使心目中"异端"必亡的方案。哲洛姆甚至在会场还追述了一些历史上为信仰而牺牲的人物，提出了圣徒史蒂芬被判死罪的谬误。他坚信威克里夫和胡斯的学说是正确的，而烧死胡斯的罪人会受到天谴。他表示毫不悔改，后被判处了火刑的死罪。1416年5月30日，哲洛姆被押到胡斯受火刑的同一地点——君士坦司广场。当执刑的刽子手走到他背后准备点火时，哲洛姆凛然地说道："到前面来，在我面前点火，假如我怕死，我就不来此地了！"宗教改革活动的先行者——哲洛姆同胡斯一样唱着圣诗，面对生命的不朽火炬英勇就义。

　　胡斯的殉难，在捷克引发了一场震惊全国的大动荡。波希米亚和摩拉维亚的贵族组成的会议，爆发了严重抗议的怒潮。由捷克453名有重要影响地位的人共同签署了抗议文件（其中有61个"潘"和391名骑士），在1415年9月2日送抵君士坦司会议。文件中声称胡斯是一位善良、正直，为捷克民族爱戴、崇敬的天主教徒，严正谴责判处胡斯死刑，这是对捷克国家的侮辱。文件中宣布签署人将维护基督主张而战斗至最后一滴血。在文件内进一步强调捷克所有人今后只遵从教皇符合圣经的指挥。签署文件的仲裁人是布拉格大学的教授们，大学称赞胡斯是殉道者，而且对当时被囚的哲洛姆表示嘉勉。君司坦司宗教会议拒不接受捷克贵族文件的主张，甚至下令关闭布拉格大学。但大学中的师生仍继续上课，不理君司坦司会议的决定。

　　捷克各阶层人民尊敬并爱戴的宗教改革领袖和代表民族精神的先行者胡斯的被焚殉难，非但没有止住在各地已成熟的人民抗争运动，相反，却引起群众反抗斗争的迅猛和广泛的发展。捷克各地自1415–1419年反封建、宗教改革和争取民族解放的斗争活动经常以胡斯的名字命名。从1417年起，在捷克南部——普拉亨、北辛布德遥维采等州，农民反抗运动逐渐炽烈。同时在波塞克、比尔森、克拉托维、塞兹莫夫、乌斯提等许多城市中，也爆发了平民起义的高潮。人们驱逐民愤甚大的僧侣并捣毁一些教会。1418年，罗马教皇马丁五世悍然颁布坚决反对和制裁胡斯派的敕令，直接促成革命运动的爆发。

1419年春，捷克南部出现贫苦农民、城市平民大规模的"上山"运动。这既是人民群众的反抗斗争形式之一，也是胡斯运动从以宗教改革问题为中心的斗争转向以农民战争为主的广泛的社会斗争运动的标志。

（五）胡斯战争

1419年7月22日，捷克四万二千名贫苦农民在塔波尔（Tabor）城的集会庄严宣誓，是捷克伟大的农民战争——胡斯战争开端的信号和标志。反抗封建主、罗马教皇和德国统治者的武装斗争，以塔波尔城为中心，逐渐扩大形成高潮。1419年7月30日，在杨·哲里夫斯基领导下，以布拉格城市平民为主力的布拉格起义，带动了比尔森等许多城市平民的武装发动。城市的武装斗争和农民起义开始汇合起来。

自胡斯的宗教改革斗争发展成为胡斯革命运动——胡斯战争之初，捷克国内的各阶级力量便开始了重新组合。运动中革命的农民、城镇中的贫苦平民、包括小手工业者、帮工、学徒、矿工，以及具有先进思想的知识分子、下层传教士等，基本上以争取社会平等的"千年王国""新的天国"学说为依据，组成了激进的"塔波尔"派；以捷克的城市市民阶层和城乡小贵族为主体，他们以"布拉格的四条款"为基本纲领，组成了"圣杯派"，亦投身于胡斯运动当中。而捷克和德国的大封建主、城市贵族、高级的上层僧侣等以罗马教皇和德皇为后台兼领袖的国内外反动势力，相互勾结组成了以古登堡为中心地的封建天主教反动阵营。他们残酷地破坏和镇压起义斗争的群众，一贯是胡斯运动的死敌。他们以反革命的暴力，发动战争剿杀胡斯运动。

应顺便指出捷克国王瓦茨拉夫四世，在胡斯殉难前，胡斯等先行者提倡宗教改革并表述其学说时，瓦茨拉夫四世曾同情宗教改革，热衷于把教会的领地和教产移转给国家，也支持过布拉格大学摆脱德国人的当权和控制。但当胡斯被气焰嚣张的教廷和君士坦司宗教会议处死后，瓦茨拉夫在布拉格扩建了新城的议会中，一度只任命反胡斯的人出席议会，反映出他作为捷克国王本身的软弱性。他本人因心脏病于胡斯战争爆发的1419年逝世。

胡斯运动中，最坚决抵抗反动阵营镇压与围剿的是"塔波尔派"。塔波尔派的基本主张是沿袭了中世纪人民异端继承下来的"上帝的千年王国"说。他们在社会观和政治上宣称，基督在地上建立"千年王国"，"人世间不应有帝王，不应有主人，不应有臣仆；而且各种赋税和田租应立即废止。万物都应属于公众所有""彼此都以平等的兄弟姐妹相称，不应再有'你'和'我'的界限"。塔波尔派主张：消灭一切等级的特权，取消贵族，废除农奴制度，人无私产、财产应公有。人们无分教令和国度，无人世的"法律"，基督的信徒将要建立的是使基督满意的"天上乐园"。塔波尔派所主张的都是社会改革性的纲领，"在政治观点方面是有着明显的共和倾向的"。

塔波尔派在宗教方面有许多具体的主张：第一，恢复原始基督教的素朴活动和简明仪式，取缔奢华的教堂和祭坛装饰。反对崇拜圣徒、为死者祈祷，否认炼狱的存在。第二，只承认受洗和圣餐礼，主张人们一律平等享用两种（酒与面包）圣餐，不鼓励对遗物、偶像和圣迹的崇拜。第三，建立一种废除教产，没有任何教权阶级的自由的教会，人人能当圣工——牧师，妇女也不例外。牧师和主教应由人民推选产生。第四，用捷克本民族的语言祈祷和传教。反对德国贵族和罗马教皇控制捷克教会。塔波尔派的宗教学说，实质是贯彻了主张社会平等和反对封建制，是以贫苦的城乡平民的社会和政治观点为基础的。

捷克国内由中产的市民阶层和小贵族组成的"圣杯派"，是根据他们主张在圣餐礼仪中，信徒不分老少和财产多寡，都参加统一的圣餐礼（强调俗人有权用酒杯领圣餐中的酒），他们自誉酒杯即圣杯，故自称为圣杯派，"布拉格四条款"是圣杯派的纲领。其要点是：第一，在捷克应有传教的自由；第二，所有信徒都有享用统一的圣餐礼的宗教仪式（俗人亦有权用酒杯领圣餐中的酒，即上帝的血）；第三，僧侣无权干涉世俗事务、不得拥有财产；第四，任何高级僧侣同俗人一样，不得免"死罪"处分（"四条款"即1419年11月，布拉格中小贵族们向德国皇帝提出的要求条件）。根据上述纲领，同塔波尔派对比，圣杯派并无社会改革的主张，而且主要是宗教改革范围较温和的要求。

1419-1420年，以胡斯名义发动起来的农民战争火焰炽烈地燃烧在布拉格、查捷茨、波塞克、斯拉尼、克拉托维等广大地区，以及捷克的整个南部。胡斯运动的各项革命措施和武装斗争，在捷克邻近各国，以至在中世纪的欧洲各地，都引起了普遍反响。捷克的小贵族和市民阶层表示，若德皇西吉斯孟一世承认"布拉格四条款"，则接受他兼捷克国王。但西吉斯孟坚决拒绝并下令全捷克人必须完全服从教会，并烧死要求用圣杯享受圣餐的捷克代表。1420年3月，罗马新教皇宣布组织"十字军"进行"圣战"，征讨捷克的"异端"。十字军的核心是德国封建主。参加十字军的有德皇西吉斯孟派出的军队、捷克的天主教贵族以及来自欧洲各地由掠夺欲望所驱使的骑士和雇佣兵。以罗马教皇和德皇指挥下的十字军，从1420年起陆续发动了五次镇压胡斯运动的十字军远征。胡斯运动的参加者由波希米亚和摩拉维亚各地的起义者们组成，由一位杰出的独眼骑士扬·杰式卡（Jan Zizka）训练和指挥。扬·杰式卡虽已年届60岁，但他坚强多智，富有战争经验，勇于献身。在他的领导下，胡斯战争取得了战败镇压者的一系列辉煌的胜利。

五次十字军入侵捷克的概况表[①]

次	年月	战争的主要地区或战役	十字军统帅及战役概况
1	1420年 4月–7月	古登堡、布拉格附近维特克夫山战役。	在德皇西吉斯孟统率下，约10万封建主军队入侵，大部分是德国人。
2	1421年9月– 1422年1月	雅切茨、古登堡等地。	最初以德国的五大选侯的军队为主，有英国、西班牙亚拉冈等地骑士参加。 后来由雇佣军的意大利统帅奥索拉率领，德、匈封建主军队为主力。
3	1422年8月– 11月	塔霍夫、查理斯坦等地。	由勃兰登堡边地侯腓特烈统率军队入侵。
4	1426年6月– 1427年8月	1. 乌斯堡战役、布尔什茨拉夫之役。胡斯军乘胜远征奥地利，有著名的"茨威特尔之役"。 2. 塔霍夫、斯特尔希布罗。	镇压军共两度大规模入侵： 1. 萨克森公爵腓特烈、莱茵宫伯约翰、奥地利公爵阿尔布列希特等率军分头入侵。联军共约7万人。 2. 萨克森封建主（主力）、勃兰登堡、特里尔选侯等率军入侵镇压。 英国弓箭手千人部队参战。
5	1431年8月	多玛日莉茨（捷克边境）。	奥地利、西里西亚公爵率军分头进攻，共约10万人。 不宣传契沙里尼亦参加镇压胡斯起义。

　　捷克的农民和平民起义军，为了维护起义果实和保卫祖国，在杰式卡等领袖的指挥下，对入侵的十字军进行了顽强的抵抗。他们有效地利用轻骑兵甚至战车，采取各种机动战术，连续取得了有辉煌战果的胜利。第一、二、三次（1420–1422年）胡斯军反入侵镇压军的战役，都是在杰式卡领导下挫败强大入侵军的。1424年杰式卡战死前，曾表示愿

---

① 本表是根据波·特·鲁勃佐夫著：《胡斯战争》（十五世纪捷克伟大的农民战争），莫斯科1955年版专著综合整理的。

把他的皮捐给起义军作军鼓之用①。在第二、三次十字军入侵时，胡斯运动内部圣杯派同塔波尔派之间的分歧和矛盾已逐渐表面化。第四次十字军再度大规模入侵的紧急关头，圣杯派愿同封建天主教阵营缓和的迹象已显示出来。

第四次十字军入侵未能得逞。1427年冬和1428年春，是胡斯战争史上的转折点。此前，胡斯军主要是进行积极的防御战，反击和粉碎了封建反动派的多次联合进攻。而从此之后，胡斯运动却具有了新的特征。塔波尔派在著名的茨威特尔战役胜利的基础上，乘胜发动了进击国外封建反动派的军事远征。先后进军匈牙利（1427年12月底）和西里西亚（1428年），甚至远征到德国的麦森、鲁日查、萨克森和弗兰克尼亚（1430年），攻抵波兰及波罗的海沿岸（1432年）等地。此外，胡斯军还支援了波兰对条顿骑士团的斗争，参加了波罗的海沿岸的革但斯克战役（1433年）。捷克塔波尔派对国外封建天主教阵营反动势力的革命远征，以及欧洲各地对胡斯运动的积极响应，进一步扩大了胡斯运动的国际影响。

在胡斯运动中激进的革命力量——塔波尔派进行远征同欧洲天主教阵营激战时，捷克国内圣杯派的代表，接受了巴塞尔宗教会议（1431–1433年）的邀请，同捷克贵族们的代表一道晤商如何通过妥协结束胡斯战争的问题。巴塞尔宗教会议后，一位会议代表（他未经教皇正式授权）抵达布拉格，在1433年，由天主教会的捷克贵族和圣杯派在巴塞尔会议的代表参与下共同签署了妥协的《布拉格协定》。这个协定的内容同1419年捷克中小贵族向德皇提出的"布拉格四条款"对照起来，其文字措辞较为含糊。圣杯派恐社会改革斗争进一步发展，必将动摇他们的地位和财富，并认为《布拉格协定》已基本上满足了他们的要求，乃退

---

① E. Belfort Bax, *German Society at the Close of the Middle Ages*, 43，转引自威尔·杜兰：《从威克里夫到路德》，《世界文明史》卷六《宗教改革》，台北市幼狮文化事业公司1995年版，第253页。

出胡斯运动。他们同拒绝承认《布拉格协定》的塔波尔派彻底决裂，还加入了迫害和镇压塔波尔派的天主教阵营，因而在1435年5月具有决定性的里旁战役中，使塔波尔派主力惨败。这是胡斯战争失败的标志。塔波尔派的余部在他们的最后一位领袖扬·罗加领导下，坚持战斗到"西翁战役"。塔波尔城要塞的最后失陷是1452年，这已是胡斯战争结束以后的事。捷克大贵族同圣杯派勾结，使胡斯战争失败。但他们的企图和"如意算盘"并未得逞。罗马教皇尼古拉五世（1447–1455年在位）拒绝批准《布拉格协定》，仍禁止俗人接受两种形式的圣餐，即不能用杯领取"圣酒"。罗马教皇保罗二世（1464–1471年在位）公开宣称由捷克大贵族和圣杯派1451年推举的捷克"总督"是"异端"，所有基督徒应共同反对这个"总督"（1466年）。

轰轰烈烈的胡斯运动在反动封建势力共同镇压下失败了。但胡斯运动的性质、历史意义及其影响，很值得深入总结。恩格斯在《匈牙利的战争》一文中曾指出："胡斯战争，即捷克民族为反对德国贵族和德意志皇帝的最高权力而进行的带有宗教色彩的农民战争，是南方斯拉夫人独立干预历史进程的最后一次尝试[①]。"

首先，胡斯运动的范围广泛，其性质和斗争内容比较复杂，是几种因素交织和互相结合的。它不仅是以大规模武装起义形式进行的反封建的阶级搏斗，而且是反外族奴役的民族斗争，是保卫祖国独立生存自主的抗争，这一斗争与宗教改革紧密结合在一起，同时具有阶级的、宗教的、民族斗争的三重性质。宗教改革的任务与活动，不仅为胡斯运动提供了思想、组织和舆论上的准备，而且是胡斯运动的目标和内容之一。就此意义来说，胡斯运动拉开了16世纪欧洲宗教改革的序幕。

其次，胡斯运动广泛的国际性质，使它远远超出了中世纪欧亚非一

---

① 《马克思恩格斯全集》第 6 卷，第 199 页。

般反封建农民战争的任务和范围。从胡斯运动爆发之初，在投入运动的行列中便有乌克兰人、波斯人、白俄罗斯人、匈牙利人、斯洛伐克人、德国人、英国人等不同民族的代表人物参加了斗争[①]。胡斯运动的敌人不只是捷克本国的封建主和天主教会上层僧侣，罗马教皇、德国皇帝，以及封建欧洲的一切反动势力都是反对和镇压胡斯运动的死敌。这在五次十字军的入侵和塔波尔派对国外的军事远征中明显地体现出来。

再次，胡斯运动比此前同时期的欧洲历次农民战争活动的时间更持久，规模更为宏大，内容更为丰富。14世纪中叶法英的"扎克雷起义""瓦特·泰勒起义"等为时比较短暂，15世纪初多里奇诺起义也只有4年，而胡斯运动的大规模战争达16年（1419–1435年里旁战役）之久。这是欧洲封建社会时期农民战争史中所罕见的。胡斯战争期间不仅建立了革命根据地，把城市统治机构夺在起义者手中，而且开展宗教改革和社会改革，革命斗争步步深入，对圣杯派的分裂和妥协倾向曾有过一定程度的斗争。胡斯起义军远征国外，是特别突出的史例。

最后，还应指出，塔波尔派在斗争中曾着手试建过"没有等级、没有财产不平等"的人间"千年天国"的社会，提倡过人们平等、民主及"共和"的愿望，这不仅是摆脱封建压榨、克服封建主义危机的经济范畴的斗争，而且是企图构建"共和政治"，限制特权等级的权力的政治斗争。整个运动的过程中，城市平民、拥有较多知识的下层传教士和有战争经验的原下层骑士的作用较大，他们利用"神法"（"上帝之言"）进行宣传鼓动是有效的。胡斯运动中政治斗争的意义和历史经验应深入探讨和总结。

---

① 马采克：《胡斯革命运动中的民族问题》，原载《捷克斯洛伐克历史杂志》1955年第1期，第23-30页。转引自《史学译丛》1956年第5期，第45页。

| 第三章 |

从维登堡"叛乱"到抗议宗
——马丁·路德的宗教改革

一、15世纪末与16世纪初德国经济和政治的特点

（一）德国的资本主义萌芽

德国在15世纪末和16世纪初，处于宗教改革运动的前夕。当时，虽然全国范围仍然是封建生产方式占统治地位，但社会经济已较前有了长足的进步和变化。工业方面，采矿、冶金、纺织、印刷和武器制造业等都很发达。有些部门（如采矿、冶金）已在欧洲处于领先地位。德国的白银产量为全欧其他地方总产量的两倍半。全国总人口有1200万至1500万人，其中矿工的人数约达10万人，并且是当时欧洲最熟练的矿工。恩格斯就贵金属的开采状况论述道："德国在1470–1530年在经济方面处

于欧洲的首位①。"在矿冶和纺织等部门中，资本主义手工工场日益增多。印刷和建筑业中，已有一些拥有10-20名以上雇工的企业。德国在法兰克福、乌尔姆、斯特拉斯堡、海尔布琅、门明根，以及科隆、奥格斯堡等城市中，"分散"型的手工工场甚为普遍。由于生产力的提高和商品货币关系的发展，资本主义生产的出现，因而德国也同英、法等国那样，产生了最初的资产阶级。恩格斯曾写道："像西欧其他国家一样，从15世纪起德国资产阶级在社会上和政治上的作用日益增长起来②。"

德国的城市和工商业状况，有一些特点。15世纪末，欧洲通往美洲的新航路开辟以前，欧洲有两大国际贸易区，即地中海贸易区和北海、波罗的海贸易区。地处中欧的德国正巧处于两大贸易区的中间，是国际贸易中转的必经之地。因而德国边境城市对外贸易相当繁荣，在德国西部以科隆、美因斯、特里尔等城市为主，组成有《莱茵同盟》（约1254年）。参加这一同盟的多系莱茵河两岸的城市，以呢绒和金属类生产著称。这些城市同尼德兰、法国和意大利的贸易关系活跃。在德国北部波罗的海沿岸以汉堡为主的《汉萨同盟》（1344年首次使用），虽然自新航路开辟后，已渐失原来在贸易上的垄断地位，但16世纪上半叶时，汉萨同盟的汉堡、不来梅和吕贝克等城，粮食（小麦、黑麦、大麦）是同北海、波罗的海贸易的主要商品。在商贸的影响下，汉堡和吕贝克曾是驰名的造船中心。在德国南部和西南边界一带还有《士瓦本同盟》（约1331年建立），它包括多瑙河上流约90个大小城镇，以奥格斯堡城、纽伦堡、乌尔姆等城市为中心，主要经营意大利的丝织品、印度的香料及来自东方的商品，是东西方商品集散的中心之一。奥格斯堡和乌尔姆

---

① 参见恩格斯致卡·考茨基信（1889年9月15日），载于《马克思恩格斯全集》第37卷，第267页。1850年，恩格斯写《德国农民战争》一书时，曾讲德国农、工、商业落后，此时已修改了看法。

② 恩格斯：《德国的革命和反革命》，《马克思恩格斯全集》第1卷，1995年版，第523页。

是著名的亚麻布生产中心。当时有个谚语说："全世界种的亚麻都赶不上德国出产的多[1]。"纽伦堡是著名的冶金业中心，以制造武器驰名欧洲。

德国宗教改革前，据统计，15世纪末，德国共有城镇约2300座，几乎各地的农民，可在当天往返于附近的村镇[2]。许多小镇人口不到1000人，凡是有3000人以上、万人以下的城镇，已算是中等城市；2万人以上的城市，如乌尔姆、吕贝克、汉堡、奥格斯堡等，便属大城市，为数甚少。而纽伦堡（约5万人）、科隆（约4万人）则是极个别的特大城市[3]。

应当指出，15世纪末和16世纪初，南德奥格斯堡有两家富商佛该尔（Fugger，亦译佛格尔）和韦尔泽（Welser），靠经营东方商品、金属和矿业等发家。后来成为大银行家，投资开采矿产以及进出口贸易。佛该尔助西班牙国王查理一世当选德皇，成为德皇及一些大诸侯的债权人。他们操纵中欧的经济，同西班牙、葡萄牙有直接联系，在意大利甚至美洲设商贸机构，参与殖民贸易，对德国的政治局势亦有很大影响。

德国农村和农民的状况如何？15世纪时，虽然封建主不断加重对农民的压榨，但农民多数仍是自由农。马克思曾指出："在15世纪，德国的农民虽然几乎都要担负一定的实物贡献和劳役，但是除此之外，他们至少在事实上是自由的人[4]。"15世纪末，在德国由于货币地租的盛行，在商品货币经济影响下，自由农民扩大了两极分化，少数富裕者变成资本家、农场主，多数人贫困破产、流浪、行乞。德国统治者为了制

---

[1]　转引自艾浦斯坦著：《中世纪后期至1848年革命的德国史》，1961年俄文版，第33页。

[2]　原文见卡尔·布赫尔：《人民经济的产生》《大城市的过去和现在》，转引自艾浦斯坦著：《中世纪后期至1848年革命的德国史》，1961年俄文版，第19、20页。

[3]　参见奇波拉《产业革命前欧洲的社会和经济1000-1700年》表1，第281-282页。

[4]　马克思：《资本论》第1卷，第265页，注44a，载于《马克思恩格斯全集》第23卷，人民出版社1972年版，第265页。

裁和限制流浪者，亦颁布了逼迫他们成为雇用工人的法令。正如马克思指出的："15世纪末和16世纪，整个西欧都颁布了惩治流浪者的血腥立法[①]。"德国15世纪末时，在西北部和莱茵河下游一带的农村，地主或牧主同一些农牧民按比例分配产品的"分成制"逐渐流行。

还应指出，德国不同地区，农村和农民的境遇有很大差别。在德意志的易北河以东，即普鲁士、勃兰登堡、波美拉尼亚等地，由于人口稀少，荒地多，封建主虽不断加强对农民的压榨，但也常利用垦荒扩大财富。而在西南德意志，由于人口多，耕地少，随着城市兴起，城市贵族在中介贸易中致富，生活豪华，而土著容克地主为了攀比城市贵族，乃扩大对农民的剥削和压迫，增加代役租，加强了劳役制，剥夺农民使用公有森林和牧场的权利，将公有的马尔克土地变成地主所有，许多自由农民再度变成依附农民，而依附农民又沦为农奴。"日益繁重的徭役和繁多的实物同货币缴纳并存，是农民战争以前德国西南部农民状况的特点[②]。"正因存在这个特点，后来激烈进行反封建的德国农民战争的是西南德意志地区。

德国资本主义萌芽产生的同时，也出现了最初的资产阶级。恩格斯曾分析道："像西欧其他国家一样，从15世纪起德国的资产阶级在社会上和政治上的作用日益增长起来。"但由于15世纪末和16世纪初德国经济上的状况和特点是：发展的不平衡性，采矿和冶金业在欧洲居于首位，而纺织、服装和建筑业……尚较英法为弱。德国的大城市较少，且多在边境地区，主要经营中介性或与邻国的对外贸易。而国内的商贸经济发展较缓慢，整个德国尚未形成统一的国内市场。"没有一个像英国的伦敦那样发展成为全国工商业的中心[③]。"当时的德国没有一个中

---

① 马克思：《资本论》第1卷，载于《马克思恩格斯全集》第23卷，第803页。

② 参见斯米林：《宗教改革前德国政治斗争史纲》，1952年俄文版，第85页。

③ 恩格斯：《德国农民战争》，《马克思恩格斯全集》第7卷，第387页。

央集权的统一国家的支持，对海外的殖民活动亦未开展起来。德国中世纪晚期的资产阶级中商业资本占优势，许多人是商人兼资本家，他们兼营高利贷，向王公贵族放债，与权贵相交。德国的手工工场虽已发展起来，但数量尚少，且分散型居多，经济上分散性突出。德国新兴的资产阶级同封建制有矛盾，希望发展资本主义，要求变革和国家统一，然而由于德国的诸侯、贵族势大，新兴资产阶级的力弱，所以在变革的活动和同封建势力斗争中，动摇性大，关键时刻甚至退让、同封建势力妥协。这是由经济的状况决定的德国早期资产阶级的特点。

（二）皇权衰落及社会矛盾的复杂和尖锐化

德国是由凡尔登条约（公元843年）形成的东法兰克王国发展演变至911年加洛林王朝终结后独立为德意志王国的。13世纪前，德国先后经历过三个王朝，即萨克森（919-1024年）、法兰克尼亚（1024-1125年）、霍亨斯陶芬王朝（1138-1254年）。此后，因德国选不出皇帝而出现"大空位"（1254-1273年）时期。德国虽然在国王同教皇相互支持下，于公元962年，由罗马教皇加冕德国国王奥托（又译：鄂图）一世为神圣罗马帝国"皇帝"，但因受在各地割据的诸侯之经济、政治实力强大所制约，皇权实际上长期无力统一全国。德国在皇帝缺位的"大空位"期间，由教会和世俗诸侯中有权势的七大诸侯，即美因斯、科隆和特里尔三个大主教及萨克森公爵、巴拉丁伯爵、勃兰登堡选地侯和捷克国王，在1257年进行过一次会议选举。（按：此次当选德皇的外国人王公均未到任）七大选帝侯为了维护本身权益，避免选举后皇权过分强大，乃特意从国内的小诸侯中遴选皇帝。由此七大诸侯选皇帝渐成惯例。迄1309年，当选为德皇的亨利七世便是由小诸侯卢森堡家族中选出的。迄1356年，卢森堡王朝亨利七世之孙德皇查理四世在位时，在七大诸侯的合谋怂恿下，他颁布了著名的《黄金诏书》（又译为《黄玺诏书》）。诏书经该年1月召开的纽伦堡会议和12月举行的梅斯会议通过。自此法律上正式肯定和明确了七大诸侯，他们具有选举德皇的特权，而且在德国，皇帝并非世袭，而由七大选帝侯选定。诏书中正式承认选侯在其境内有征收捐税、铸币、审判和开采矿山、买卖地产等特权，皇帝不得干涉。诏书还规定德国城市之间结盟或缔约不经领主许可则无效……《黄金诏书》反映出德国封建割据分裂的现状及其合法化，标志着封建诸侯对德皇和中央集权的限制，它是阻碍德国实现统一的法律根据，亦是德意志民族国家形成滞后的重要原因之一。对《黄金诏书》的性质，马克思指出：它是"德国多头政治的根本法"。恩格斯对此也分析过：《黄金诏书》"规定由选侯决定选皇帝的制度，实际上使皇权难以强大"。他写道："皇帝要由选举决定，这就绝对不允许一个王朝的权力成为民族的体现，相反地，只要各诸侯开始感到某皇室的权力变得十分强大，就经常引起——尤其是在有决定意义的15世纪——王朝的更替[1]。"

《黄金诏书》自1356年颁布起，到16世纪初德国宗教改革运动爆发前，德国各地的诸侯、贵族，特别是选帝侯的权力急剧扩大，皇权则日益衰落。德皇大多数是由小诸侯当选担任，这是德国14、15世纪末和16世纪初政治上的特点之一。当时，大事并不由皇帝或国王（七大选帝侯选出的皇帝必须经罗马教皇加冕后才能称皇帝，否则只是国王）裁断，而是取决于诸侯，尤其是选侯把持下的帝国议会（Diet）的议定。由帝国议会颁布《法令》决定宣战、媾和、税收等，帝国议会拥有最高的行政权和监督权。在德国，大诸侯反对皇帝的中央集权，但在其辖区内却实行专制的集权，对中下级贵族、骑士和城市中新产生的资产阶级

---

[1]   恩格斯：《关于德国的札记》，《马克思恩格斯全集》第18卷，第648页。

则不允他们分权。辖区内的等级会议或被取消，或甚少召开，或从未成立过。德国由于经济和政治上的特点，决定了国家长期处于分裂割据的局面。15世纪末时德国同中央集权化的英国和法国相反，实际上是一个独立的诸侯国的大联合。德国境内除七大选帝侯之外，还有十几个诸侯、二百多个小诸侯、上千个帝国骑士，他们各自独立。德国最有势力的大诸侯有勃兰登堡的霍亨索伦（Hohenzollern）家族、萨克森的维丁（Wettin）家族、巴伐利亚和巴拉丁的维特尔斯巴赫（Wittelsbach）家族、黑森（Hesse）家族、符腾堡（Wurttemberg）公爵家族及吕内克公爵家族等。德国的诸侯、骑士、城市贵族等经常混战，或同德皇抗争。各地关卡林立，仅从美因斯到科隆不足200里，便有13处关卡之多。德国各地货币有千种以上。政治分裂和封建混战严重阻碍了德国资本主义经济的发展。

在德国，由于诸侯专权和皇权衰落，罗马教廷和天主教会处于特权地位。德国的天主教会不仅是封建社会的精神支柱，而且本身就是大封建地主阶级。教会势力深入城乡各地，比起欧洲其他国家尤甚。教堂特别多，几乎每个小村镇，都有教堂。15世纪末，科隆城内有大教堂11个、教区教堂19个、寺院22个、修道院76个，科隆各个圣坛每天做弥撒共1000多次。不伦瑞克是一座小城，却有教堂15个、礼拜堂20多个、修道院5个。此外还有在俗修女院12个[①]。各地广大人民群众的思想多受教会的影响。

在德皇西吉斯孟一世（又译西格斯蒙德一世）和腓特烈三世（又译弗里德里希三世，1452年在罗马加冕称帝）时期，罗马教皇的代表有权出席帝国议会，若教皇的代表未到会，则帝国议会不能召开。教皇代表的席位居中间最重要位置，世俗诸侯坐在教皇代表的左侧，教会诸侯坐

---

① 参见［英］托马斯·马丁·林赛：《宗教改革史》上册，孔祥民等译，商务印书馆1992年版，第105页。

在右侧。帝国官员无权独自提出议案，必须经与教皇代表协商后共同提出。在德国，教阶制度严格，大主教、主教及修道院长等高级教士是有特权的僧侣贵族，而城乡中一般的僧侣传教士，多由平民出身，属于低级僧侣，同人民群众有广泛接触，地位低下，能参加人民的反封建剥削斗争，并为斗争提供理论。在德国境内，教士必须由罗马教廷任命，教产被认为属罗马教廷的财产，只向罗马纳税，与世俗政权无关。

德国的高级僧侣共占有和管辖全德1/3的土地和人口，同时兼各地的行政和司法长官。约20%的高级僧侣兼为帝国诸侯。德国的七大选帝侯中有三个是大主教。教会不仅征收贡赋，威逼农奴执行各种繁重的封建义务，还利用宗教手段，征收"什一税"、出卖圣物、"赎罪券"……肆意压榨广大人民的血汗。据统计，16世纪初，罗马教廷每年从德国榨取的钱财达30万古尔登币之巨。教廷的收入比德皇的年收入要多好几倍。因而当时的德国有"教皇的奶牛"之称。

在德国，反封建压榨、反罗马教廷、反抗天主教会特权统治的斗争同争取国家摆脱分裂割据，完成民族国家统一的斗争是结合在一起的。15世纪末和16世纪初，德国的社会矛盾十分复杂和尖锐。帝国诸侯在其领地内有收税、司法和铸币等特权，同德皇、教会既勾结又对抗，残酷压榨农民，反对任何社会改革。低级贵族（即骑士）随着枪炮的开始应用和步兵的扩大，地位下降。骑士反对诸侯跋扈、嫉视教会富有，但他们又维护封建农奴制。因而骑士反抗僧侣上层贵族的斗争，缺乏贫苦城乡人民的支持，常孤军作战。城市内，城市贵族把持政权，并同诸侯的共同利益经常结合，常共同镇压下层平民的反抗。德国新兴的资产阶级包括手工工场主、工商企业主等，要求发展工商业和国家统一，建立为他们服务的"廉俭教会"，把天主教视为障碍，但在反对僧俗封建贵族的斗争中软弱性明显。城市下层平民，由小手工业者、帮工、学徒等组成，因日益贫困，在饥饿线上挣扎，故积极投入争取社会变革的斗争。

德国最下层占人口80%的农民，因僧俗贵族不断扩大压榨，又受高利贷盘剥，有些地区，尤其在德国西南部，阶级矛盾特别尖锐，广大农民迫切要求变革，因而积极投入反封建和宗教改革斗争。

（三）德国人文主义运动的扩展

德国在15世纪末和16世纪初，文化、艺术和教育活动很活跃。由近邻意大利兴起的文艺复兴春风很快吹进德国大地。德国的印刷业发达，书籍供应量充足，人们当中阅读和写作能力比较普及。据统计，巴塞尔有出版商16家、奥格斯堡有20家、科隆计21家，纽伦堡的出版商多达24家。纽伦堡的安倩·科倍吉尔独家便经营24个印刷所，雇用员工达100人之多。德国近半个世纪以来，创设了九所新大学，在维也纳、海德堡等大学都筹设了新的学科。文科院系在斯特拉斯堡、奥格斯堡、巴塞尔、维也纳、纽伦堡及美因斯等大学中都很兴旺[1]。这期间，德国对圣经的翻译工作也成绩显著，1453-1500年，拉丁文圣经在德国发行了26版，在马丁·路德译出德文圣经前，已有多达20种德文译的圣经[2]。《圣经》《新约》《旧约》译出后，使德国人民，尤其是知识阶层直接阅读、理解《圣经》，掌握其内容实质，意义和作用十分重要。

15世纪末，在德国有影响的人文学者对人文主义运动的促进发挥了重要的作用。如意大利的布雷西欧里尼、阿古利可拉（荷兰教区传教士之子）、德国斯彭海姆修道院院长特里西米斯以及被德皇封为德国桂冠诗人的教育家塞尔特，他于1491年曾在美因斯创立了包括众多科学家、神学家、哲学家、医学家、历史学家、诗人、律师等名人的莱茵

---

① 参见威尔·杜兰著：《从威克利夫到路德》，《世界文明史》卷六《宗教改革》，东方出版社1999年版，第431页。

② 参见威尔·杜兰著：《从威克利夫到路德》，《世界文明史》卷六《宗教改革》，东方出版社1999年版，第431页。

文学社，再如约翰内斯·勒克林和匹克里蒙等。此外，还有穆善纳斯（Conradus Mutianus Rufus）。他曾把仰慕他的一些学生集合起来，教导他们"要重视哲学家的论述更甚于传教士的说教"，他认为"替死者献弥撒毫无用处，守斋是不愉快之事，做告解是令人难为情的事"。穆善纳斯还主张：信条和礼仪不应按照文字的要求判断，应按其道德效果评判，如果它们促进社会秩序及私人品德，则不必公开质询就应接受。他还要求他的学生们"过清洁的生活"。

在德国，奥格斯堡、纽伦堡、斯特拉斯堡等许多城市都有人文主义团体活动。爱尔福特是著名的人文主义中心，除研究文化、艺术和教育问题外，很重视研究宗教问题。特别是研究圣经和古典著作。16世纪初，在德国，著名的人文主义者是勒克林和胡登。

约翰内斯·勒克林（Johannes Reuchlin，亦译为刘希林或伊希林，1455–1522年）幼年曾就学于共同生活兄弟会办的学校，青年时先在德国的弗赖堡，后又去巴黎、奥尔良、米兰、佛罗伦萨及罗马等大学研究过圣经、神学、法律，特别是通过钻研精通了拉丁文、希腊文、希伯来文。他20岁时编的一本拉丁文字典，因太受欢迎出了数版。他38岁（1493年）时，被聘为海德堡大学的希伯来文教授。他能将已译出的《圣经》《旧约》同希伯来原文对照后找出不少错误。他对希伯来文赞赏道："希伯来语文是纯正的、简洁的语文。那是上帝对人类讲话的语言，而且也是人类与天使面对面会谈的语言[①]。"

1508年，勒克林遇到了一个重大事件，一个名叫普非费尔科恩（Johannes Pfefferkorn）的改宗基督教的原犹太教的教士，为使在德国的所有犹太人都皈依基督教，他上书德皇马克西米连建议，要烧掉除《圣经》《旧约》以外的所有希伯来文书籍。德皇下令分别向科隆宗

---

① 威尔·杜兰著：《从威克利夫到路德》，《世界文明史》卷六《宗教改革》，东方出版社1999年版，第435页。

教裁判所所长霍斯特来廷（Jakob van Hoogstraeten）和爱尔福特、美因斯、海德堡等大学教授征求意见。除勒克林外，其他人都主张对犹太人的希伯来文书应当查禁、没收并烧毁，但勒克林等极少数人在1510年11月公开表示，对犹太书籍应分成七类，对含有嘲笑基督教义的作品予以焚毁，其余有价值的如《犹太教法典》《犹太神秘哲学》等凡对基督教学术研究有价值的应予保存。他还辩称，犹太人有良心自由的权利，即一面做皇帝的公民，一面对基督教不负有任何义务，对犹太人应说理和耐心地讨论。勒克林的正确主张，受到霍斯特来廷的攻击，将勒克林诬为异端，此后双方激烈争论，影响甚大。普非费尔科恩发表了一本名为《小镜子》（*Handspiegel*）的小书攻击勒克林，诬说他被犹太人收买，勒克林也写了名为《眼镜》（*Augenspiegel*）的小书加以反驳。这时德国的多米尼克教派及科隆、美因斯甚至巴黎等大学的一部分教授也攻击并主张将勒克林的书予以焚毁。1514年，勒克林出版了他的支持者来信的汇总，书名是《名人书翰》（又译为《要人们致约翰·勒克林的信函》）。德国的许多人文主义者接着先后出版了两册《鄙人书翰》，第一册1515年出版，共收集了41封信，著名人文主义者穆善的学生克劳图斯·鲁比安努斯（Crotus Rubianus，即耶格尔）是主要执笔者。第二册（续集）于1517年出版，共收集62封信，大部分是胡登写的①。勒克林的人文主义思想得到伊拉斯谟、匹克里蒙、胡登、路德、梅兰希顿等多人的支持。

乌尔利希·冯·胡登（Ulrich Von Hutten，1488–1523年）生于骑士家庭。曾在法兰克福大学学习，结识了许多著名学者，成为人文主义者。以他为主撰写的《鄙人书翰》第二册，影响甚大。书中称教皇一伙

---

① 林赛：《宗教改革史》上册，第68-74页，参见格里姆《宗教改革时代1500-1650年》，第73-75页。

"都是没有良心的家伙"①。拉萨尔曾对胡登描写道：

"当德意志还在沉睡，

还没有一个人敢于敞开胸怀呼吸之时，

他是第一个猛烈地摇醒他的人，

他站出来说话，比马丁·路德还早，

他曾勇敢地把手脚套掷向罗马，在内心的冲动中，

他向一切暴力统治宣战②。"

1517年12月，胡登出版了意大利人文主义者瓦拉的名著：《论伪造的君士坦丁的赠礼》，他在为此书写的序言中指出："瓦拉的书人人应该必读。"他还写道："任何一个教皇没有任何权利强求对世俗的统治，任何一个声称奢求世上根本不存在的君士坦丁赠礼的彼得的继承人，都不是上帝的代表③。"胡登第一个喊出"教皇不是上帝的代表"影响巨大，对宗教改革和西欧各国争取独立统一的斗争，是极大的鼓舞。

胡登是一位诗人，他作诗、诵诗，德皇马克西米连曾封他为桂冠诗人。1518年，他进一步抨击教皇是"死亡和罪恶的祸首""是出卖天国的骗子"。胡登在美因斯遇到伊拉斯谟，受到很多启发，曾支持路德的宗教改革活动。

尼德兰杰出的人文主义泰斗伊拉斯谟的思想和观点与他的《箴言集》（1500年）、《基督战士手册》（1503年）、《愚人颂》（1509

① 郭守田主编：《世界通史资料选辑·中古部分》（原为齐思和译），商务印书馆1964年版，第335页。
② 拉萨尔：《乌利茨·冯·济金根》，人民文学出版社1976年版，第22页。
③ 马尔科什编：《乌尔利希·冯·胡登对话、政论和书信集》，俄文版，第284、285页。

年）及《尤里乌斯二世被拒天国门外》（1514年）等名著，在德国人文主义运动的传播和发展过程中起过巨大的推动作用。德国人文主义运动的发展直接促进了宗教改革运动的爆发。

（四）农民起义爆发

15世纪末和16世纪初，德国基于社会和阶级间的对抗性矛盾日益尖锐，农民反封建斗争走向秘密鼓动起义，有时是在宗教外衣掩护下发动，有时直接同反教会的斗争结合。农民起义影响大、较著名的斗争先后有下列几次：

1476年汉斯·贝海姆（Hans Behem）起义。这是在法兰克尼亚的尼古拉斯豪森镇，由乡村吹鼓手汉斯·贝海姆领导、发动的武装斗争。贝海姆发动农民说：圣母显圣要他烧掉小鼓，不要再跳舞和穿戴华丽服饰，应和伙伴们到尼古拉斯豪森去朝拜圣母，那里的小礼堂远比罗马更神圣……贫苦农民听信后从四面八方涌向尾古拉豪森镇，称贝海姆是上帝派来的天使，争相拔取贝海姆帽子上的绒毛作为圣物……就此例，恩格斯分析道："只有猛烈的振臂一呼……才能把毫无关系、散居四方，并且从小就惯于盲目服从的农民发动起来[①]。"当农民不断聚集后，贝海姆便传达圣母的话说：今后不应再有皇帝、诸侯、教皇和官厅，要废除，人人应亲如兄弟，靠自己双手劳动谋生，要永远废除一切租税劳役。森林、水源、泉井和牧场，大家可自由使用。他还说，下次男子来都带上武器，把妇幼留在家里，并预定由两名骑士担任武装起义的领袖。不幸事泄，贝海姆被捕烧死，骑士逃亡，起义被镇压。

1493年，因连年天灾歉收粮价飞涨，亚尔萨斯出现农民、平民结成

---

① 恩格斯：《德国农民战争》，载于《马克思恩格斯全集》第 7 卷，第 421 页。

的秘密组织——"鞋会",以农民穿的破草鞋为斗争起义的旗帜,并得到部分市民、骑士的同情和支持,连续斗争多年,各地农民们往往打起"鞋会"的旗帜。1502年,又遭遇灾害,一些饿死的贫苦农民,口中还含有没有吞咽下去的青草。这一年,斯拜伊尔主教辖区内的农民约7000人宣誓加入"鞋会",投入反抗封建主和教会的斗争。斗争中起义农民的主张和要求是:不向诸侯、贵族及教会缴纳各种租税,主张没收教产分给人民,只承认德皇的权力,不承认任何其他君主和诸侯的权力。必须消灭诸侯割据,统一国家,这是德国农民第一次提出消灭诸侯的割据分裂,建立以皇帝为首的君主国的要求。值得重视和思考的是德国农民的皇权思想浓厚,幻想德皇能保护农民的利益。史实是德皇马克西米连却残酷迫害参加"鞋会"的农民,凡起义首领均被处死或分尸、财产被全部没收,起义被镇压。

1503年春,德国雷姆斯河谷又出现另一支农民、平民的秘密组织——"穷康拉德"。"穷康拉德"是普通的人名,同南德"毫无办法"的发音相近。人们用"穷康拉德"称呼这个秘密发动起义的组织,原意是"穷困交加下毫无办法的人们",起义组织的旗帜上画有一个跪在耶稣面前的农民,四周写着"穷康拉德"字。参加这个组织的除本地区的农民外,还有逃散到这里被迫害的原"鞋会"的人员。

1513、1514年,德国符腾堡一带连年灾荒饥馑,该地乌尔利希公爵加征新税,激起民变。"鞋会"和"穷康拉德"组织成员在巴登、符腾堡发动新的起义。巴登的"鞋会"提出14条斗争纲领;"穷康拉德"成员派代表参加在斯图加特召开的邦议会,要求农民、市民也出代表参加共同执政。乌尔利希公爵在君士坦司主教军队的支持下,联合镇压了这次起义①。15世纪末和16世纪初,德国农民战争频发,说明社会矛盾极

---

① 威廉·威美尔曼:《伟大的德国农民战争》上册,商务印书馆1982年版,第58-124页。

度尖锐，在这样一个历史背景下，德国宗教改革运动终于爆发，这个具有重大社会意义和影响的历史，是由马丁·路德发动并在他的领导下展开的。

二、马丁·路德的青年时代

（一）家庭环境和在爱尔福特大学读书（1483–1505年）

马丁·路德（Martin Luther，1483–1546年）1483年11月10日出生在萨克森境内约有4000居民的艾斯勒本（Eisleben）镇中[①]。他出生后的第二天是圣马丁节，因而取名马丁。从马丁·路德的祖先算起，直到他父亲汉斯·路德本人的青年时代都是图林根地区西北方大约有600户人家黑大拉镇的农民。那时，图林根的旧习俗是，往往每家都是由幼子继承家产，其他儿子青年时应外出自谋生路。汉斯·路德是家中长子，家境不富裕，所以婚后不久便离家到艾斯勒本铜矿当了矿工。马丁·路德的母亲玛加丽特·齐格勒是爱森纳赫一家市民的女儿。1484年，当小马丁出生后半年，全家迁往曼斯菲尔德城，在这里，马丁·路德度过了童年时代。

曼斯菲尔德城地靠哈茨山脉，拥有丰富矿藏，是萨克森地区著名的矿业中心。在这里，曼斯菲尔德和纽伦堡、莱比锡的商人们，集资成立了个公司（名叫扎伊格尔），是经营开矿的企业。最初，汉斯·路德在这个企业的矿中当矿工，马丁·路德的母亲去树林捡柴烧，家中生活艰

---

① 布雷希特：《马丁·路德，他走向宗教改革的道路》（Martin Brecht, *Martin Luther, His road to Reformation*, 1483-1521, Philadelphia, 1985, p.1.）。

90   欧洲宗教改革史

苦。马丁·路德一直把曼斯菲尔德说成是"自己的故乡"。隔了几年之后，勤苦的汉斯·路德受到邻居的称赞，也得到曼斯菲尔德执政者的信任，1491年，汉斯·路德当选为本城的4名参事之一，而此时的他已开办了小型熔铁炉，雇用工人操作。迄1509年，马丁·路德26岁时，他父亲已拥有8个矿井和3个熔铁炉[①]。所以马丁·路德青少年时代是在从矿工到中等企业主家庭中度过的。

　　马丁·路德7岁入小学，拉丁文是主要课程，14岁进入马格德堡共同命运兄弟会办的学校读书。马格德堡当时人口1.5万～2万人，是大主教的驻地，这里宗教势力很大，对路德影响很深。1501年4月，路德18岁时遵父命入爱尔福特大学读书，准备学习法律。当时的爱尔福特城是图林根的商业中心，居民约2万人。此城宗教气氛浓厚，2万居民中有僧侣800人，归美因斯大主教（德国七大选帝侯之一）管辖。爱尔福特大学历史悠久，创办于1392年，是德国的著名大学，美因斯大主教是名誉校长，校内许多教授同时也是僧侣。此校与天主教会关系密切，是经院哲学的中心之一，然而因唯名论和人文主义思想历来活跃，也是人文主义者活动的主要集中点。著名的英国唯名论哲学家威廉·奥卡姆（约1285–1347年）[②]的高足加布里埃尔·比尔，曾是此校最受欢迎的教授。著名的反教会学家约翰·韦塞尔（John Wessel）在此校任教长达15年（1445–1460年）之久。路德后来也承认，他本人的观点同韦塞尔的主张有很多一致的地方。在爱尔福特大学有两位著名的唯名论学者多库斯·特鲁特费特尔教授和巴托洛梅斯·阿诺尔迪以及冯·乌辛根教授都是同路德关系密切的老师。特鲁特费特尔曾任过爱尔福特大学的校长，路德讲自己是从他那里学到并一直坚持了圣经是信仰的唯一源泉的思

①　转引自索拉夫也夫：《马丁·路德——德国和欧洲历史上的著名活动家》，苏联《历史问题》杂志1983年第10期（俄文版）。

②　威廉·奥卡姆，英国唯名论哲学家，主张哲学和神学分属知识和信仰两个不同的领域。他还主张教皇制是人为的，皇帝有权废黜教皇，对宗教改革运动有影响。

想。此外，法国人尼古拉斯·德·莱拉开创的研究圣经的方法，即"文字教诲你事功、寓言教诲你相信何事、伦理学教诲你从事何事、解释神秘教诲你适从"。这种方法在爱尔福特大学的教师中比较流行，路德后来承认他自己通过这种方法是很有收获的。

在爱尔福特大学内有一个人文主义者们的"诗人"学社，经常有人宣传胡斯的思想，路德虽不是"诗人"学社成员，也愿听讲胡斯的事迹和思想。路德除了学习法律外，还去哲学系听课，阅读维吉尔、柏拉图、西塞罗、李维等古希腊、罗马等名家作品，他兴趣广泛，知识渊博。1502年9月，路德因成绩优异获学士学位，1505年初毕业时得到硕士学位。同年5月，路德遵父命入法律系读书，但不久，在1505年7月，路德没同父亲商量便加入了爱尔福特的奥古斯丁修会（又译奥古斯丁修道院）[1]。1507年5月，路德成为神父。

（二）加入奥古斯丁修会及罗马之行（1505–1511年）

路德对自己加入修会及愿当僧侣的原因，在以后给他父亲的信（1521年10月21日）中曾叙述过。当时，自己由于"对上帝的恐惧"，祈求得到圣母玛利亚和玛利亚之母圣安娜的保佑，才入修会的。路德自1505年入修会后，系统地学习圣经和天主教神学，每天都虔诚地履行圣礼，跪拜圣物和斋戒，诵念主祷文，执行天主教会规定的复杂赎罪程序中的每一个环节，严格地履行修会中的戒律。

1508年，奥古斯丁修会的代理主教约翰·施陶皮茨（John Staupitz）将路德等一批年轻、能干有为的修士派往易北河畔的维登堡修道院去工作。维登堡原来是德国在西斯拉夫土地上建设的设防据点，地处从南方

---

① 此会是根据北非希波城主教奥古斯丁所定的会规成立的一个隐修会，后成为托钵修会。

通往马格德堡商路的必经的要冲，后来成为强大的萨克森选侯的首府。约翰·施陶皮茨是萨克森选侯的顾问，同时是维登堡大学的教授和神学系的系主任。维登堡大学是由萨克森选侯在1502年10月18日创办的。这所大学从创立之初就同奥古斯丁修会的关系密切。1508年秋，路德被派往维登堡大学去讲授哲学。翌年春，路德在一封信中曾写到他的心情："靠上帝的旨意和许诺，我现在住在维登堡，很满意。唯有研究哲学使我非常扫兴，因为我从一开始就爱上了神学①。"

　　1509-1510年，路德处于二十五六岁的年龄，这时是他青年时代中思想彷徨和矛盾的阶段。从他人生的环境、轨迹以及他自己先后亲笔的信件中可以得到分析②。当时，路德思想上所受的影响有三个主要因素：一是他的出身、家庭没有教会的直接背景，父亲对他入修会、当僧侣是恼怒的；二是在爱尔福特大学中他受到双重思想的影响明显，即美因斯大主教和天主教会的正统思想、同唯名论与人文主义者教授的启发以及胡斯等宗教改革先行者思想的交叉；三是加入奥古斯丁修会时热爱神学的情绪，在修会中亲身体验到天主教会中"无论是洗礼或僧侣生活，对我都毫无裨益……日日夜夜只有悲痛和失望"③。针对路德这时思想上彷徨、心烦意乱的实际，他的主要领导人代理主教约翰·施陶皮茨教授主动启发教导他，不能光苦修，要研究圣经，并送他一本天主教会的重要著作《教义注释》，其中大量引用了奥古斯丁及其他早期教父们的原话，这是促使路德坚定基督教信仰的重要事件。几年后，路德逐渐酝酿、萌发的既坚信上帝和圣经，又主张宗教改革的思想，同他青年

---

① 路德在 1509 年 3 月 17 日一封信中曾这样写过。

② 指马丁·路德 1521 年 10 月 21 日写给父亲汉斯·路德的信和 1509 年 3 月 17 日写给约翰·布劳恩的信。

③ 指马丁·路德 1521 年 10 月 21 日写给父亲汉斯·路德的信和 1509 年 3 月 17 日写给约翰·布劳恩的信。

时代思想上三个主要因素的影响是不可分的。

关键时刻，路德罗马之行的见闻起了重要作用。1510年10月至1511年1月末及2月，路德因公去罗马朝拜之余，他遍访过罗马城中的20多座教堂，还爬过斯卡拉桑塔（Scala Santa）的楼梯。（教会中传说，每爬一步便可救出炼狱中的一个灵魂。）有人说，路德在爬斯卡拉桑塔时，曾有过一个念头，"正直的人应靠信仰而生"。这时，路德对罗马教廷鼓噪的用购"赎罪券"能赎罪论产生了怀疑。

路德在罗马亲身感受到了罗马教廷及许多教堂的腐败，使他对天主教的信仰进一步动摇，滋长了对罗马教皇和天主教的不满。

路德后来曾追述道："我只希望，每个未来的牧师先到罗马去，看看那里所发生的事情……很难描述，而且不可能相信，那里的龌龊究竟达到了什么地步，如果有地狱的话，那么，罗马便是地狱，罗马本是神圣的城，现在已变为肮脏的城了……我在罗马时，曾参加过多次宗教仪式……当他们喃喃做弥撒时，我觉得嫌恶，因为他们好像是在做滑稽剧。当我诵到福音诗之前，他们常常已完结了多少次弥撒，并向我喊着：'走吧，走吧，已完了……'基督教愈接近罗马就愈变坏，谁第一次往罗马去，他去找骗子，第二次，他染着骗子习气，第三次，他自己就成了骗子了[①]。"直到1520年，路德在《致德意志基督教贵族公开书》里还一再谈到这次罗马之行的深刻感受。

1512年10月19日，路德升任神学博士，并接替施陶皮茨担任维登堡大学神学教授，从此，路德即将进入而立之年，开始了他青年时代的又一个重要阶段。

---

① 《马丁·路德自传的节录》，见《世界中世纪史原始资料选辑》，天津人民出版社1959年版，第158-159页。

（三）维登堡大学的神职教授生涯（1512–1517年）

路德自任维登堡大学神学教授后，1515年又兼任维登堡教堂神父及维登堡修道院的副院长，并系统地主讲圣经。路德通过准备和研究圣经、讲授前撰写提纲等一系列工作，他的思想观点逐渐转变。

自1513年8月起，路德开始讲《诗篇》；1515年11月起，讲《罗马人书》；1516年10月讲《加拉太书》。路德通过讲《罗马人书》，思想发生很大变化，开始奠定信仰得救观念的基础。

《罗马人书》，是公元1世纪后半期和2世纪初成书的。那时，基督教尚无本身统一的教义和组织，受犹太教的影响很深。犹太教主张，犹太人是上帝的选民，上帝只降恩给犹太人。而保罗则主张人称义与否，不在于是否是犹太人，而是因为信仰上帝。这就是基督教最初所主张和提倡的"信仰得救"（Justification by Faith，或译为"因信称义"）理论。这个理论，在《罗马人书》中一再强调和重申过。如"义人必因信得生""人称义是因为信，不在乎遵行律法"[①]……

迄中世纪时，教会内部形成了复杂的以主教、神父和助祭为主体的系列的教阶制度，天主教会中尊崇罗马教皇是上帝的代表。教会在宣讲"因信称义"的同时，又强调教阶制，罗马教皇之下各个级别的神职人员都拥有不同等次的神权。信徒们要想得救，必须由神职人员通过他们掌握的圣礼才有可能获救。因而天主教会中的神职人员成为人们同上帝之间必不可缺的中介人。

路德在研究《罗马人书》时，重新发现和认识了信仰得救论。路德承认人生来是有罪的，可以因为罪被赦免而称义，但罪的赦免不是靠人的一些行为和善功，而是靠信。"那就是唯独因信，即对上帝的话靠

---

① 《亲约·罗马人书》，第1章、第3章，第28节。

托①。"上帝的恩典就是给人以信……善功是信的结果而不是称义的原因。路德讲的信,不只是一种认识形式,如相信上帝所说的一切都是正确的,而是指完全而充分地信赖上帝,自信能与上帝交往,用路德的话说,就是重新打开了通向天国的道路。

路德在给门明根的奥古斯丁修会乔治·施彭莱因的信(1516年4月8日)中曾写道:"……因为基督只住在罪人中间,他为此才从圣徒聚集的天堂降世,以便也能与罪人同住,想到这种基督之爱,就可得到最甜美的安慰……只有当你对自己和自己的善功感到绝望时,基督将亲自告诉你,他要接纳你,将你的罪归他,而将他的义给你②。"

路德任神学教授这段时间,因教学备课之需,常接触各种有关神学的著作。此前德国的神秘主义者陶勒(John Tauler,约1300–1361年)、埃克哈特(约1260–1327年)和修朔(约1295–1366年)等人的著作和影响仍存。路德通过看陶勒的著述,对形成自己的因信称义理论有重要促进作用。陶勒等人从泛神论出发,主张人只要按基督的榜样过虔诚的生活,便可通过本身的体验与上帝相通,得到上帝的恩赐。神秘主义者揭批教皇制的弊端,对路德亦有启发。路德推崇神秘主义者的著述,曾将神秘主义们的著作向友人推荐,表示除了圣经和奥古斯丁的著作之外,那是他读后收获最多的书籍。对此,恩格斯也曾评述道:"说到神秘主义,那么大家知道,16世纪的宗教改革和它就有多么密切的关系③。"

青年时代的路德,从1501年18岁入爱尔福特读书算起,到在奥古斯丁修会亲身体验了修道生活,通过阅读、钻研和主讲圣经,领会保罗

---

① 路德:《罗马人书》注释,见《路德选集》下册,中国香港基督教文艺出版社1968年版,第258、262页。

② 参见《路德选集》下册,第354页,鲁普·德鲁里编:《马丁·路德》,第8页。

③ 恩格斯:《德国农民战争》,《马克思恩格斯全集》第7卷,1995年版,第401页。

提出的"因信称义"等观点，重视圣经的启示，坚定了圣经是新理论的基础。路德的思维中还接受过唯名论、胡斯宗教改革思想以及德国人文主义思潮的影响。路德新理论的核心是新的"因信称义"观，他以圣经和保罗的主张为改革号召的根据，开始了路德宗教改革的历程。马克思指出："恰好在这种革命危机时代……请出亡灵来为他们效劳，借用它们的名字、战斗的口号和衣服，以便穿着这种久受崇敬的服装，用这种借来的语言，演出世界历史的新的一幕。例如，路德换上了使徒保罗的服装……[1]"

三、从《九十五条论纲》到沃姆斯会议

（一）《九十五条论纲》的火焰

罗马教廷支持下天主教会出售"赎罪券"（又译为"赎罪符"）由来已久。路德自任维登堡大学教授讲道后，特别是从1515年以后主讲圣经《罗马人书》以来，已多次抨击过教会贩卖"赎罪券"是错误的劣行。

路德于1517年10月31日中午，在维登堡万圣教堂大门的门口贴出的《关于"赎罪券"效能的辩论》（即《九十五条论纲》），并非偶然灵机一动的举措，而是有准备、有计划的安排。长期以来，发行"赎罪券"是天主教搜刮民脂民膏的一种方法。教会经常宣传只有圣徒和极少数人因为对上帝和教会有突出贡献，他们的灵魂高尚洁白无瑕，死

---

① 　马克思：《路易·波拿巴的雾月十八日》，《马克思恩格斯选集》第1卷，1995年版，第585页。

后才能升天堂，而生前犯罪者必下地狱（永罚）、犯小罪小错未赎完其罪者，应在炼狱中受罚（暂罚），直到完成净炼以后才可以升天堂。教会中的主教有权免除一部分罪罚；只有教皇有权免除人们的全部罪罚。为了扩增罗马教廷的收入，教皇利奥十世（1513–1521年在位）进一步扩大出卖"赎罪券"。1517年在德国将推销"赎罪券"的权利交给美因斯大主教，可在美因斯、马格德堡和哈尔伯施塔特售出"赎罪券"，商定收入由双方均分。表面上诡称这笔收入是用在修建罗马的圣彼得大教堂，实际乃骗局。3月17日在推销"赎罪券"的训令中谎称：这次即将发售的"赎罪券"是经教皇批准能赦免以前"赎罪券"未能赦免的所有罪行，能赦免炼狱里灵魂的一切罪过，甚至能分享大公教会里的全部幸福……

路德选在10月31日贴出他10月30日写出的《九十五条论纲》（以下简称《论纲》），因为11月1日是万圣节，从头一天下午人们便去万圣教堂礼拜，此时贴出便于扩大影响，争取人们的议论和支持。路德贴出《论纲》，要求公开辩论"赎罪券"问题的同时，并把论纲、说明书和信送交美因斯大主教。路德在信中写道："……一张'赎罪券'可以赦免甚至像诽谤圣母那样的所有罪行等十足亵渎神灵的说教。"这会使善良的人们"被引上绝路……因此我不能再沉默了"。

美因斯大主教认为路德的论纲是反对出售"赎罪券"，乃在11月13日将路德论纲的内容报告教皇，并下令禁止路德活动。罗马教皇于1518年2月3日下令让奥古斯丁修会会长处理。而前来德国推销"赎罪券"的老手、多明我会修士约翰·特策尔（又译特泽尔）则大叫应烧死异端分子路德，并联合别人撰文攻击路德的论纲。而路德立即发表《关于"赎罪券"和神恩的讲道》和《关于对教皇"赎罪券"和神恩的自由讲道》，回答特策尔等的攻击。

路德的《九十五条论纲》的公开发表，其意义何在？此前，胡斯等也揭批过教会贩卖"赎罪券"的不道德和欺骗性，但路德对出售"赎罪券"一事上纲为违背了基督教的"原理"，是教会"犯了错误"，"宣传的不是基督教的道理"①。在中世纪里，长期以来教会所宣传和灌输给群众的是：教皇是上帝的代表，教会乃上帝创立，从来没犯错误，而且永远不会犯错误。这次路德公开呼吁辩论，促进了人们思想的解放，破除了对教会的迷信。再者，当时处于社会矛盾复杂、尖锐化时刻，德国教会的特权、贪婪和腐败，已成为人们的众矢之的。论纲的发表，震动了德国各界，它如同火焰，迅速燃起燎原大火，人们奔走相告。如斯特拉斯堡的市民甚至将此论纲抄后贴在城内许多教堂和居民人家的大门上。路德用拉丁文写的《论纲》，于1517年底，被维登堡大学的学生和市民们译为德文传抄，并印成传单流传德国及国外。《论纲》促进了德国各地人民发动斗争，使长期地方性的反封建反天主教会的斗争达到民族的规模，《论纲》起到了团结各阶层人们斗争的作用。

从《九十五条论纲》的内容看，通过"赎罪券"之事深入揭发了教会的错误。论纲指出鼓吹教皇和教会出售"赎罪券"有权免除任何惩罚，包括上帝的惩罚，实际上并无此权（论纲的第5、6条）；论纲还指出"赎罪券"对炼狱中的亡灵有效，是骗人的。教会法的惩罚仅及活人（论纲第8、26条）；出售"赎罪券"的修士们编造说收入的款进入教会的功库说，实际上，基督的子民中间对教会功库不说也不懂（论纲第56条）；"功库"并不是"现世之宝藏"，不是"基督和圣徒的功德"，也不是"教会的钥匙权"（论纲第57、58、59条）。

路德指出教会的错误后，进一步强调信徒"悔改"才能得救。"悔改"实质上是信仰上帝。在论纲中，他写道："每一个真悔改的基督徒，即使没有'赎罪券'，也应完全赦免惩罚和罪债"（论纲第36

---

① 《九十五条论纲》中的第21、27、28条。

条），"也都能分享基督和教会的一切恩惠"（论纲第37条）。

《九十五条论纲》发出的重大意义已如上述。但《论纲》亦有其局限性。首先，《论纲》没有直接反对和触及教皇，甚至佯装教皇并不知道出卖"赎罪券"（论纲第70、91条）。其次，承认教皇还有赦罪权，对这种权力不可轻视（论纲第38条）。再次，虽然抨击了"赎罪券"的害处，却又调和地写出如确属自愿购买，"赎罪券"还是有用处的（论纲第47、49条）。甚至写道任何人如否认教皇发出的"赎罪券"的效能，应受到诅咒、谴责（论纲第52、67、71条）。最后，《论纲》仅谈宗教事务，并未提社会政治问题，对封建压榨、诸侯割据等重大之事，在《论纲》的九十五条中只字没提。

对写出和发表《九十五条论纲》的路德本人应如何评价？首先，应肯定路德以大无畏的革命精神发表的《九十五条论纲》是德国宗教改革运动的开端的重大标志，路德具有"时代特征的冒险精神"[1]，是德国宗教改革运动的奠基人和当之无愧的领袖。其次，路德从发表《九十五条论纲》到焚毁教皇令，直至在沃姆斯帝国议会中的表现，是在广大人民群众的积极支持和推动下和萨克森选侯保护下逐步强硬起来的，他的宗教改革的观点、理论也是逐步充实、确立的。整个宗教改革过程中，路德受其本身资产阶级的阶级性所影响，这点不可否认。再次，个别著作认为路德发表《九十五条论纲》之初期，曾"把一切反对派分子团结起来""表现出最坚决的革命魄力""代表迄今所有异教的全部群众来与天主教正宗信仰对抗"的评断[2]……需进一步研究，还值得斟酌。最后，从德国和世界历史上整个进程全面评析，应充分肯定路德的伟大贡献，这是不可否认的。

---

① 恩格斯：《自然辩证法·导言》，《马克思恩格斯选集》第4卷，1995年版，第262页。

② 恩格斯：《德国农民战争》，《马克思恩格斯全集》第7卷，第406页。

（二）上书罗马教皇

路德的《九十五条论纲》广泛传播后，德国各地反对天主教会的情绪日益激烈。罗马教廷的检察官兼宗教裁判所的法官西尔维斯特严厉地驳斥《论纲》的小册子，其名为《关于教皇权的答问：反对路德的武断结论》，郑重强调教皇权力至高无上，"无论何人，若称罗马教会在赦罪问题上无权如它所行的那样做，这样的人就是宣传异端"[①]。此书在1518年初传至德国。接着，同戈尔施塔特大学的神学教授、著名的天主教神学家约翰·尼克，写出一本题名《问号》的书，攻击论纲，并把路德称为"狂热的胡斯派、异端分子"。与此同时，科隆的宗教裁判所所长霍赫斯特拉登叫嚣应烧死路德。

路德对天主教会中一些强硬派权威人士的攻击，给予反驳，并捍卫了《论纲》中的观点和主张。他在1518年发表了《答西尔维斯特·普里利奥》（8月出版）。4月，他又写了《解答》，逐条捍卫《论纲》中的主张（8月出版）。4月底，路德还参加了奥古斯丁修会的海德堡年会，听取对《论纲》讨论的意见。

1518年5月30日，路德通过维登堡大学教授兼神学系主任约翰·施陶皮茨呈送给教皇一本自己编著的《解答》手抄本，同时给教皇交出第一次上书。上书中写道：

"至圣圣父，正在流传关于我的流言蜚语……我被斥为一个异端分子、叛徒，数不清的其他罪名向我袭来……但我心安之本是心地清白……

"不久以前，开始了圣年大赦'赎罪券'的说教，而且迅速发展到这些说教者以为利用圣座的名义就可以信口雌黄，使人听到他们宣布的

---

① ［美］G.F.穆尔著，郭舜平等译：《基督教简史》，商务印书馆2000年版，第219页。

意在嘲弄神权的这种恶意的异教谎言而为之心惊……我为基督的荣誉怒火中烧……如果不是为了引起一些高级教士对这些弊端的注意，我就不应该介入这一事端……我认为最好不是苛责……我提出我的论纲向学者们挑战，请他们用众所熟知的口头或书面的形式予以讨论……

"现在，我将做什么呢？我不能承认错误。"

路德在信的末尾写道：

"我匍匐在您的脚下，我本人和我所有的一切都听您发落，由您随意处置……荣誉永远属于主。"

此信是在路德尚未同教皇分手，希望教皇谅解的情况下写出的，信中有不少恭维话，但可贵之处是明确表示出"不能承认错误"。

罗马教皇并未因路德的上书而有所改变，仍决定制裁这个"傲慢的维登堡僧侣"。1518年7月7日教皇下令传路德在60天内来罗马受审。传票就贴在《九十五条论纲》贴过的维登堡教堂的大门上。8月7日，路德接到传票后，告知他的朋友、萨克森选侯的秘书施帕拉丁（Spalatin，1484–1545年），请他帮助求选侯保护自己。施帕拉丁立即将此事报告萨克森选侯和皇帝。萨克森选侯果然出面干涉，德皇也吩咐选侯"小心照料那位教士"。教皇乃改变主意，于9月11日取消路德来罗马受审的决定，慎重地派多米尼克修会修士、枢机主教托马斯·维奥（Thomas de Vio，1470–1553年），又称卡杰坦（Cajetan）（当时是教皇的代表，正在德国奥格斯堡出席帝国议会）在德国就地解决路德的问题。10月7日，患病中的路德抵达奥格斯堡。10月12日至14日卡杰坦见到路德，以教皇使节身份训斥路德，并让路德承认错误。而路德拒绝承认错误，并表示《九十五条论纲》是正确的，并未违反基督教原理。据路德分析，他同罗马教廷及其代表人之间的分歧是：1. 自己坚称："赎罪券"与主、耶稣的功库并无关系；2. 施行圣礼必须先有"信"（信仰得救），否则不成为圣礼。10月20日晚，路德离开奥格斯堡，月末返回维登堡。此间，卡杰坦致信萨克森选侯，说路德一再散布谬论，应把路德送交罗马处理，至少把他逐出选侯的辖区。同时，卡杰坦写信给罗马教廷，要求发布敕令批驳路德，并指出路德对出售"赎罪券"的指责是完全错误的。11月9日，罗马教廷发布出这一敕令。路德则表示："这种敕令无助于对'赎罪券'问题讨论的深入。"11月18日，路德分别写出给教皇和给"未来宗教会议"的两份声明，其中提出向"见闻广博的教皇"申诉。同时他在致友人信中指出："真正的反基督者控制了罗马教廷，我认为他比任何土耳其人还糟糕。"从路德的声明和致友人的信中可看出，路德的思想由于群众的支持和萨克森选侯的庇护，已有一些新进展，对罗马教廷的认识和态度有进一步的转变。12月7日，萨克森选侯态度更明朗地在给卡杰坦的回信中答复道：没有证据说明路德是异端分子，既不能将他送交罗马，也不能把他逐出萨克森，问题未解决前，他应留在维登堡。

教皇鉴于德国萨克森选侯的强力干预和民族反罗马教廷情绪的激昂，乃派萨克森选侯驻教廷代表、教廷司库查理·冯·米尔蒂茨（Charles von Miltitz）率调查团，携教皇亲笔信，采取怀柔办法，同路德会谈后，路德答应让步。1519年3月3日，路德给教皇写了第二封上书，基调是愿与罗马"弥合分歧"。书中写道：

"……我绝无丝毫用任何方法攻击罗马教会或圣座权威的念头……我也高兴地同意不再提'赎罪券'问题并保持沉默。另外，我将出版一本小册子告诫人们尊敬罗马教会……不要像我那样严苛，对教会太过分①。"

路德这份上书除表示缓和外，实质上并未否定自己在《论纲》中提出的观点和原则。

---

① 柯里编：《马丁·路德书信选集》第43、44页。译文参见《世界古代及中古史资料选集》，北京师范大学出版社1991年版，第539、540页。

（三）莱比锡辩论

罗马教廷中以枢机主教约翰·厄克为首的强硬派，决定撤回调查团，同路德举行公开辩论，力图驳倒路德，诱使路德不得不承认自己是异端、他是为胡斯翻案，使路德及支持路德的人声誉一落千丈，怙恶不悛。

莱比锡的公开辩论是1519年6月27日至7月15日（或16日）进行的。这是一次在萨克森选侯和巴伐利亚公爵（约翰·厄克的上司）同意下，由世俗当局安排的。路德及其同伴卡尔施塔特、梅兰希通（又译为梅兰希顿，Melanchthon，1497–1560年）和约纳斯、阿姆斯多尔夫等人，在维登堡大学校长巴尼姆公爵（波美拉尼亚公爵）的亲自陪同和20名戴头盔持刀枪的学生护送下抵达。卡尔施塔特先同厄克辩论自由意志问题。7月4日至13日，路德同厄克相遇，双方就教皇权问题展开激烈争论。路德的观点和立场比前些年大有进展。他表述和强调的内容是：1. 天主教会的管辖权并非神授，而是帝王或人的任命，教会的基础乃基督奠定，任何人不能奠定另一个基础。2. 宗教会议是人为的，能犯错误，教皇也会犯错误。如君士坦司会议所谴责的胡斯，而胡斯的主张有些是符合基督教和福音精神的。3. 所谓根据《圣经》证明有炼狱的说法是错误的。7月14日至15日，厄克同卡尔施塔特又进行了公开辩论。据会议参加者反映，路德谙熟圣经，不断引证希腊文、希伯来文，辩论时镇定自若，讲活清晰明确[①]。

对莱比锡辩论，反映不一。厄克会后在致别人的信中曾自诩道："辩论结果，来自维登堡一派人的声誉，在学者中间则几乎扫地以尽[②]。"通过这次辩论，路德公开表明他认为胡斯并非异端，因而教皇

[①] 见鲁普·德鲁里编：《马丁·路德》，第34-36页。林赛：《宗教改革史》上册，第237-253页。

[②] 鲁滨孙：《欧洲史资料选读》第2卷，第64、65页。《世界古代及中古史资料选集》，北京师范大学出版社1991年版，第541、542页。

利奥十世后来在宣布路德的学说是异端的敕令中，公开把为胡斯翻案作为路德的一条重要罪状。

这次公开辩论，36岁年轻的路德以自己对圣经和教会史的熟谙，终于顶住并驳倒了自恃"渊博、不可战胜"的厄克的挑战，特别是在教会的权力并非神授、公开申明胡斯并非异端的论战中，路德不仅同罗马教皇，而且和天主教会的传统都处于对立和决裂状态[①]。

莱比锡辩论后，路德的影响日益扩大。德国各地的学生，甚至瑞士、捷克、苏格兰以及北欧的许多大学生，都主动到德国的维登堡大学留学。自1517年至1520年，路德的著作销售达30多万册。巴塞尔的出版商把路德的著作翻印出版，分别销往法国、意大利、尼德兰、西班牙和英国各地。路德在莱比锡公开辩论中的表现，受到当时许多知名人士的赞扬。爱尔福特大学著名人文主义者康拉德·穆蒂安努斯，夸赞路德是"最忠于上帝的博士马丁"，弗赖堡法律学家乌尔利希·察西乌斯称路德是"上帝的工具""基督教神学家中的凤凰""基督教世界之花""天使的化身"……因为路德在辩论中特别熟谙圣经，以至在许多信仰、崇拜路德的人们中，掀起了认真学习和领会圣经的热潮。莱比锡的辩论，对路德进一步深入地钻研教会问题是一次实际锻炼，为他着手撰写一系列论著和两年后去沃姆斯帝国议会中的申辩做了有效的准备。

（四）路德早期有关宗教改革的五篇重要论著

1520年是路德早期有关宗教改革观点先后发表著述最多的一年。

1.《善功演讲录》（又名《论善功》）

早在2月，路德在宣讲时便发表了自己对"善功"的一系列观点。

---

① 斯卡兹金等主编：《中世纪史》第2卷，俄文版，第81页，及《苏联大百科全书》俄文版，第25卷，《路德》条，第568页。

5月此书出版后，到年底共出8版之多，且被译成多国文字。路德系统地阐述了信仰同善功的关系。实际上，因信称义和因善称义是路德的宗教观同天主教会观点之间的根本区别。书中指出：信最重要，它来自"耶稣基督，是白白应许和赐给的"。信贯穿于一切善功之中，善功是根据信而出现的行动。"信仰乃善功之首，信仰同善功两者的关系如同健康的身体与四肢，先有健康的身体，然后才有灵魂和四肢[①]。"路德根据摩西十诫，逐项论证善功同信仰的关系。路德指出，不能认为善功仅限于"在教堂中祈祷、斋戒和施舍"，它的内容更为广泛，包括"经商、来往、吃喝、睡觉和其他一切于身体有益和有益的事，都是善功"。路德援引圣经证明，吃饭喝酒、衣服洁白、同爱妻快活度日、头上擦油，也是善功。他还指出，如果斋戒使人头昏目眩，有伤身体，那就不要勉强，应当"按健康的需要去吃喝、睡觉、闲散"。不管这样做是否违反教会的规章。至于病人和孕妇，根本不应实行斋戒[②]。路德总结道：善功有两个突出特点：一个是"一律平等"，无多少大小之别，因为都产生于信；另一个是"不需人教"，基督徒本人"知道万事，行作万事"。

路德在《论善功》中，号召大家应服从政府，不要诽谤、诅咒政府，更不要攻击政府。政府虽行不义，也不应抵抗[③]。

2. 《罗马教皇权》

路德针对有些人攻击路德是"异端分子"之说，他专门撰文——《罗马教皇权》，于1520年6月底出版，加以反驳。

路德指出，罗马教皇权并非神授，而是人为的，不能因为反对它，

---

① 《论善功》，见《路德选集》上册，中国香港基督教文艺出版社1968年版，第19、30、34页。

② 《论善功》，见《路德选集》上册，中国香港基督教文艺出版社1968年版，第20、21、69、82页。

③ 《论善功》，见《路德选集》上册，中国香港基督教文艺出版社1968年版，第84页。

就被称为异端分子。和我们一样信仰上帝的俄罗斯人、希腊人和捷克人，尽管不受教皇管辖，却不是异端分子[①]。

什么是教会？路德认为，教会不是指有一定仪式的集会，不是指教堂，也不是指教皇、红衣主教、主教和修士、修女，那些都是表面上、有形的。真正的教会在于有真正的信仰，根据圣经和《使徒信经》里"诸圣相通"的道理，"是世上一切基督徒的集会"。除天上的基督外，世上没有任何人（包括教皇和主教）能统治或代表基督教会。在基督教会里，"除基督为头以外，没有别的头"。路德还质问教皇，"违反理智、人性"，禁止神父结婚的错误行径。

在《罗马教皇权》中，路德还详细阐述了信仰和理性的关系。他指出：二者不具"同等地位"，理性以圣经为依据，它受信仰的"启发"，是"建立"在信仰的基础之上，不能仅用理性去建立信仰和维护神的秩序。

此文最后，路德提出：不能擅将基督教徒称为异端分子；教皇的言行必须"受圣经的判断"。他表示，如教皇承认这两条，他必尊重教皇，否则教皇便是"反基督者"，德国的诸侯和贵族将把他逐出国境。

3. 《致德意志基督教贵族公开书》

1520年8月，路德用德文出版了他的另一名著《致德意志基督教贵族公开书》，公开书虽涉及政治、经济、宗教和文化教育等许多内容，但中心问题是呼吁实现德国的独立。此书实际是争取德意志独立的宣言。它的发表，受到德国各阶层人民的热烈欢迎，第一版4000册很快被售完。

公开书分三部分。第一部分揭露罗马教廷抗拒改革的三个借口，即：宗教权力高于世俗权力；除教皇外，任何人无权解释圣经；无权召

---

① 路德：《罗马教皇权》，《路德选集》上册，第100、111、145页。

开宗教会议。路德根据"平信徒皆祭司"（即"基督徒皆教士"）的道理，一一给予反驳。

首先，书中指出世俗政权是"上帝派来惩治恶人、保护善人的，它应在所有基督徒中行使职权，无论对教皇、主教、神父、修士、修女或对任何人，都应不徇情面"，坚持德皇亨利四世曾坚持过的政权高于教权论。其次，批驳了教皇和天主教会一再宣扬的把人们分成"属灵"和"属世"两种等级论。路德指出，"他们称教皇、主教、神父和修士为'属灵等级'，称诸侯、领主、贵族、手工业者和农民是'属世等级'，这是谎言和诡计，基督徒有同一种洗礼，同一个福音，同一个信仰，除了工作和职务不同外，上帝的基督徒都是属灵的等级"。说只有教皇能解释圣经和召开宗教会议，根本没有圣经做根据。古时没有教皇，宗教会议是由众使徒和长老主持召开的。公开书中甚至写道："一个皮匠、铁匠、农人，各有各的职务，但他们也都是被授予圣职的神父和主教[①]。"这是"平信徒皆为祭司"的主张，是基督徒都是平等思想的反映。

在公开书的第二部分，重点是揭露罗马教廷的腐败和对德国的压榨与危害。文中指出，罗马教皇的奢侈腐败超过任何帝王，罗马教廷的上上下下秘书计有3000人之多，他们像豺狼一样压榨德国，每年从德国掠夺去30多万古尔登钱币。搜刮的名目繁多，花样翻新，如各类年贡、圣职的买卖、保留，"赎罪券"和"圣物"的出售以及欺诈的捐献……罗马教廷的恐吓胁迫、伤风败俗、信口雌黄等各种亵渎上帝的行为，他们比土耳其人更坏，比反基督分子的统治更厉害。意大利的财富被罗马吸干，以致"城市衰落、土地荒凉、人口稀少"，"我们要小心，否则德意志不久也要如意大利一样"。路德疾呼："教皇须交还我们的自

---

① 路德：《致德意志基督教贵族公开书》，见《路德选集》上册，第 166、167、171、172 页。

由、权利、财产、荣誉、身体和灵魂，教皇须让皇权成为名副其实的皇权[1]。"

怎么才能避免步意大利的后尘呢？怎么能使德国的皇权名副其实呢？路德在本书第三部分提出了27条改革建议，主要内容是：禁止向罗马缴纳上任年贡和其他的一切收入，取消罗马教廷任命德国神职人员的权力，包括授予圣职保留权和薪金代领权等。逐出教皇使节，废除其特权，成立德国的教会法院，作为本国最高上诉法院。实行政教分离，罗马只管信仰上的事，有关金钱、财产、生命和荣誉等争端均由世俗当局处理。教皇权不能高于皇权，应当服从皇权，取消皇帝吻教皇脚，及为教皇的车马拿缰绳等污辱性规定等[2]。此外，路德还主张神父可以自由结婚（或不结婚），减少或取消弥撒，废除圣职买卖，停止圣事及去罗马朝圣和礼拜天以外的所有节日，不得新建修道院，反对奢侈和奇装艳服，不用外国货以防金银外流，彻底改革大学和开办女子学校等。

路德在公开书中的上述三部分主张，主要是要求割断德国同罗马教廷在政治、经济、宗教和司法等诸方面的联系，建立一个不受罗马教廷控制、维护德国民族利益、又能适当满足资产阶级要求的独立和统一的德意志国家。路德的宗教改革包括这个目标是进步的。当时的历史形势下，英法的君主专制中央集权国家有助于社会的发展。但是在德国，路德只反对罗马教廷和天主教会，并不反对割据势力的代表——诸侯，有时对诸侯还寄予希望和美化[3]。他又惧怕下层人民的运动和暴力反抗封建压榨，这反映出路德所属资产阶级的软弱性。

---

[1] 路德：《致德意志基督教贵族公开书》，见《路德选集》上册，第231-233页及威廉·威美尔曼：《伟大的德国农民战争》上册，商务印书馆1982年版，第176页。

[2] 路德：《致德意志基督教贵族公开书》，见《路德选集》上册，第188-191页、第194-238页。

[3] 例如：1519年9月，路德在致萨克森选侯腓特烈的信中写道："我等之祸福安危，皆系于大人一身"，上帝"要借大人之手拯救日耳曼"，并称他是"祖国之父"。见《路德选集》下册，第334页。

4. 《教会被囚于巴比伦》

路德为了揭露和抨击罗马教皇和天主教会长期吹嘘和坚持的七项"圣礼"，专门写出一部评述"圣礼"的书，这就是1520年10月发表的另一篇有关宗教改革的名著《教会被囚于巴比伦》[①]。书名的寓意是几个教皇同时并立共存时期教会处于昏暗错误阶段。此书原是写给神学家看，促使他们醒悟，故用拉丁文写，但迅速被译成德文，广为流传。

路德从"平信徒皆祭司"（即基督徒都是教士）的理论出发，他指出天主教会确定并坚持的七项圣礼，即洗礼、圣餐、告解、坚振、终敷、神品（授职）和婚配礼，是既奴化和束缚信徒又烦琐无效的。路德提出他主要承认两种圣礼，即洗礼、圣餐礼，这是路德提出并奠定的新教圣礼观的基础。

这本新著发表后，在教会中震动很大。英王亨利八世虽然反对罗马教皇并主张宗教改革，但他不能改变惯用、习以为常的各项圣礼，乃发表《维护七项圣礼反对路德》（1521年），并赢得"信仰的捍卫者"称号。著名人文主义者、天主教会人士伊拉斯谟看到书后则惊呼："看来教会的分裂是不可挽救了[②]。"

圣餐礼是教会最重视的圣礼之一。寓意圣餐时的饼、酒乃耶稣的体、血"变体"分给众信徒。但天主教会限定一般信徒不能领圣杯喝到酒，只限神职人员领圣杯。路德在《教会被囚于巴比伦》中主要观点是：

圣餐中饼酒经祝圣后，虽未变成耶稣的体与血，乃是耶稣的体、血同体存在，他主张的是"同体论"。路德认为"变体论"虽不精确有错误，然危害不大。但天主教禁止一般信徒领圣杯，这是重大错误。路德

---

① 公元前 597- 前 533 年，居于巴勒斯坦的大量犹太人被新巴比伦王国囚禁，史上称之为"巴比伦之囚"，意处于黑暗统治之下。

② 鲁普·德鲁里编：《马丁·路德》，第 47 页，参见《路德选集》上册，第 242、346 页。

坚信信仰在弥撒中和洗礼中的决定作用，他批评天主教会把弥撒当成善功和献祭，是极坏的、错误的。

路德在本书中批评天主教会鼓吹的各种圣礼，在圣经中并无根据。以"婚配"为例，古人有，非基督教徒也有，而且有某些婚后的基督教徒比非基督教徒还坏，那么婚配算得上什么圣礼呢？路德甚至指出，今天有些罗马教徒已变成商人，"他们出卖的是什么呢？是无数男女的羞愧，是这些掮客最惬意的一种商品。他们的贪婪和邪恶胜过世界上最为利欲熏心和最为令人憎恨之徒"[1]。

5.《基督徒的自由》

此书是专论唯信称义和"平信徒皆祭司"的内容的小册子，于1520年11月出版，原文是拉丁文，很快被译成德文。

路德根据圣经中保罗所说之话，指出"人有两重性，一是属灵的，一是肉体的。就属灵的本质，即灵魂说，叫作属灵的人，内在的人，新人；就肉体的本质，即血肉之躯说，叫作有血气的人，外在的人，旧人"[2]。

路德进而分析道："基督徒是最自由的众人之主，不服从任何人；基督徒是最顺从的众人之仆，服从任何人[3]。"

路德在本书中所述的基督徒的自由，就人属灵的本质来说，他主张：不论是否穿神圣的祭服，是否住在圣地，是否担任圣职，有无善功，是否守备祈祷，这一切实际上都同灵魂无关。关键之处是一件事，即生活，其称义是和基督徒的自由同样绝不可缺少的。人的灵魂中，最重要、最神圣的是上帝之道，即基督的福音。有上帝之道，即信，便能称义，就能永远是教士和最自由的人，不受任何束缚。

---

① 《路德选集》上册，第32、322页。
② 马丁·路德：《基督徒的自由》，见鲁普·德鲁里编：《马丁·路德》，第50页。
③ 马丁·路德：《基督徒的自由》，见鲁普·德鲁里编：《马丁·路德》，第50页。

关于基督徒的自由，路德提出它，对反对罗马教廷和天主教会是有积极意义的，但同时，他又反对随意解释这种自由，反对什么仪式、法律等，好像可以"任意而行"[1]。这是不切实际、不现实的。

（五）公开焚毁教皇敕令

早在1520年4月底5月初，罗马教廷已组成一个七八名成员的专门班子，起草谴责路德的教皇敕令。成员中都是坚决维护教皇、反对路德的一些天主教中的"权威"人士，如卡杰坦、厄克等。敕令写成后，经宗教法庭多次讨论后通过。6月15日，教皇在敕令上正式签字。

敕令开头为"主啊（Exsurge Domine）[2]，起来审理你的案件吧！记得那蠢人怎样在天天非难你；狐狸们正在糟蹋你已委托给你的代表彼得受理的葡萄园；山林的野猪在糟蹋它，旷野的野兽在吞吃它"[3]。敕令接着乞求圣彼得·圣保罗和天朝众圣，一齐起来拯救罗马教会，谴责正在德国泛起的早被谴责的希腊和波希米亚的谬论。敕令中列出路德的41条主张，宣布全部是谬论和异端邪说，并要求所有教士"遵纪从命"一律谴责，否则也以异端分子论处。

罗马教皇在敕令中所列的路德41条谬论，主要摘自路德的《九十五条论纲》、莱比锡辩论会中路德的发言和《论善功》一书。其主要内容是：

1. 反对"赎罪券"和有关的告解礼、炼狱和功库说；

2. 圣礼的功效取决于有无真正的"信"；

---

[1] 《路德选集》上册，第381页。

[2] Exsurge Domine，系拉丁文，意思是"主起"，因训令第一个字是"主"，故该训令又称"主起"的敕令。

[3] 敕令的全文载于雅各布斯：《宗教改革英雄——马丁·路德》。该敕令的中译全文载于《世界古代及中古史资料选集》，北京师范大学出版社1991年版，第542-549页。

3. 善功不能使人称义；

4. 教皇不是上帝的代表，其权力不是神授的；

5. 宗教会议也可能犯错误，胡斯的主张合于基督教义；

6. 烧死异端分子，违背圣灵。

教皇敕令宣布焚毁路德的一切著述，限敕令张贴之日起60天内路德的同谋、支持者和追随者一律放弃其声明、论断和辩解，重新回到敕令的怀抱中，否则均以异端论罪，人人有权逮捕他们押送去罗马[①]。

罗马教廷及教会中顽固的"权威"们，完全低估了德国各阶层人民的民族情绪。派往德国执行此次敕令任务的厄克等人面临重重困难。他们携来的教皇敕令无人印刷。迄9月末，除了一再恳求主教们帮助敕令在迈森、梅泽堡和勃兰登堡贴出外，在其他地方被德国人以各种借口抵制贴出。萨克森选侯的秘书施帕拉丁说，教皇反对路德的敕令公布后，他本人亲眼看到至少有30封来自德国及瑞士、捷克各地的支持信寄给了路德。在德国直到10月戈尔施特等一些地方才开始查封书店中路德的书，美因斯才开始烧毁路德的著述。

罗马教廷的司库米尔蒂茨为了缓解事态，在10月11日又访路德，劝他再致信给教皇，表白没攻击教皇，说明企图进行宗教改革的真相，请求教皇撤回敕令。于是路德在10月13日终于第三次上书教皇（但他署明日期为9月6日，用意是早在接到教皇敕令之前写出的）。路德随这次上书又附上自己所写的《基督徒的自由》拉丁文的手稿（此文公开出版是1520年11月）。路德的目的是说明自己对圣经钻研、理解的深入，特别是论述了"唯信称义"的原理。

路德向教皇第三次上书，虽一再表白自己无意攻击教皇本人，主要是指出罗马教廷的腐败和不可救药，但他仍重申自己没有也不承认错误。

---

① 敕令的全文见雅各布：《宗教改革英雄——马丁·路德》（H.E.Jacobs, *Matin Luther, The Hero of the Reformation*, London, 1898 年）附 1。

对于教皇颁布敕令焚毁路德的一切著述，在广大群众的支持下，路德决定予以反击。在1520年12月10日上午9时，路德和他的支持者们在维登堡近郊的一个空场上当着几百名市民和学生的面，把教皇的敕令和几本约翰·厄克的书投入火中，路德边烧边讲："因为你玷污了主的真理，今天主惩罚你，将你投入火中[①]。"几天后，路德表示"这样做非常必要，教皇制及全部教义和可恶的东西都应当统统烧掉"。

公开焚烧教皇敕令这件事，对整个德国和欧洲震动极大。从前，在欧洲有过国王焚烧教皇令的事，但从来没有一个普通的修士敢于当众公开焚毁教皇敕令的事。主要是路德顺应了历史和时代的潮流，维护了德国的民族利益。

（六）沃姆斯帝国会议

路德公开当众焚毁教皇敕令，使罗马教皇震惊并异常愤怒。在1521年1月3日，罗马教廷正式发布"谴责并将异端分子马丁·路德及其一伙开除出教"的训令。这个训令声称：由于路德拒不承认错误，现正式宣布他是一个异端分子，宣布路德及其追随者所在之处停止圣事（interdict）。

但罗马教皇的训令颁布后，在德国由于反罗马教廷的民族情绪高涨，因而根本行不通。2月8日，教皇特使、精明的外交官耶罗姆·阿莱安德（Jerome Aleander，1480–1542年）的来自德国的报告称："现在整个德国都在造反，90%的人支持路德，剩下10%对路德持中立的人，仍然诅咒'罗马教廷该死！'"在德国的选侯中对路德的态度并不一致，虽然美因斯、科隆两大主教和勃兰登堡侯爵谴责路德，但萨克森选侯却

---

① 见布雷希特：《马丁·路德，他走向宗教改革的道路》，第424页，对路德这句话的说法不一，有的书评说道："正像你折磨上帝一样，让永恒之火也折磨你。"

公开庇护路德。德国的诸侯和选侯意志的共同趋向是：帝国的官职只能由德国人担任，帝国议会必须在德国境内举行，未经帝国枢密院同意，不得同外国宣战、结盟，不能征税和召开帝国议会。

罗马教廷考虑，为了制服路德，必须求助于德皇和诸侯的力量。德国的老皇帝马克西米连在1519年1月12日逝世后，马克西米连的孙子（其有德国血统）西班牙国王查理，在弗格尔巨额贷款的资助下，终于当选上德皇，称查理五世，并于1520年10月23日在亚琛加冕登基。查理五世是一个坚定维护天主教正统的信仰者，他同教皇互相利用和勾结之下，决定在沃姆斯帝国议会压服路德放弃宗教改革的主张。

德皇查理五世和罗马教皇共同策划下，帝国议会在1521年1月28日于沃姆斯开幕。查理五世率2000多人于1520年末先期抵达。翌年初，各地诸侯、一些红衣主教及其侍从，特别是教皇的两位代表使节阿莱安德和马里诺·卡拉乔利（Marino Caraccioli，1469–1530年）亦在会前先后抵达。沃姆斯帝国议会开幕之初，先审议的是有关德国的政体，中央政府机构及具体的政策等问题。2月13日，教皇使节阿莱安德作了长篇的专题发言，论证路德是威克里夫和胡斯的支持者，是又一个阿里乌斯，应严惩不贷[①]。德皇查理五世紧接着在2月15日，便下令焚烧路德的一切著述，并令路德应召出席沃姆斯帝国议会接受审查和承认错误。德国的帝国议会中一些诸侯对教皇使节的要求和教皇的敕令评析后给予批判。2月19日，议会给德皇的备忘录中提出，召路德来沃姆斯接受质询前应当发给路德安全通行证，还应听取路德的申辩和对教皇的指责。3月6日，查理发出对路德的传召的同时，附有安全通行证。3月26日路德接到了传召和德皇、萨克森选侯分别发来的通行证，经过多番犹豫后，决定4月2日动身。行前，他给助手梅兰希通的信中写道："我亲爱的兄

---

① 阿里乌斯（Arius，约250-336年），313年时曾任亚历山大城主教，后反对基督教三位一体，认为耶稣不是神，而是人，被尼西亚会议（325年）定为异端分子。

弟，如果我回不来，如果我的敌人置我于死地，你一定要继续传播和忠实捍卫真理。如果你活着，我的死是微不足道的。"路德还写信给施帕拉丁说："胡斯被烧死了，但不可能烧掉他的真理，尽管那里同我作对的魔鬼多如房上之瓦，我也要去。"路德谢绝了朋友们的规劝，高唱亲自创作的赞美诗赴会，其中最后一段诗词是：

> "亲戚财货可舍，
>
> 渺小浮生可丧，
>
> 他虽残杀我身，
>
> 主道依然兴旺，
>
> 上主国道久长。"

近代杰出的诗人海涅曾赞颂马丁·路德是敢于同敌人勇敢战斗的"宗教上的丹东"，说他唱的是一首斗志昂扬的战歌，歌声震颤了古老的大教堂，它至今仍能鼓舞人心，我们还能用这有力的诗句战斗，并称它是"宗教革命的马赛曲"。

4月16日的上午，路德在三名同伴陪同下，抵达沃姆斯，两千多群众郊迎数里，路德住进萨克森选侯早已为他安排好的安全住处，不伦瑞克公爵和黑森伯爵等贵族、达官相继来访。路德稍加停顿便同萨克森选侯的总理大臣，一些议员及选侯为路德特聘的法律顾问磋商对策。

翌日——4月17日下午，路德出席帝国议会，会议主持人以德皇的名义要路德承认错误，路德表示一些书是自己写的，须宽限时间慎重考虑。会议给一天时间。18日下午，路德按时赴会。德皇委托阿莱安德和约翰·厄克等二人主持会议。厄克要求路德必须回答，是否坚持你那些书籍的内容，是否承认错误？路德冲破阿莱安德不许他申辩的图谋，在德皇、众选侯、诸侯及外国使节面前，作了在沃姆斯帝国议会（实际是扩大会议）上的著名发言。路德讲：

自己的著述分为三类，第一类是关于信仰和伦理的，简明且符合福音；第二类是揭露罗马教皇和教廷搜刮德国财富及其流毒极广的危害；第三类是抨击罗马暴政的卫道士，其中可能有苛刻之处，我不是神，如有错，愿承认。最后，他表示，除非用圣经里的箴言和理性证明我有错误，否则我不愿也不能承认任何错误，决不违反良心。

会议发生激烈的争论。有人喊"烧死路德"，有的诸侯表示对路德的问题有待调研。会议陷入混乱，议会外的群众和沃姆斯市民欢呼支持路德。

4月19日，德皇查理五世提出剥夺路德的政治权利，帝国议会予以否决，决定继续调研。22日议会成立以特里尔大主教（选侯）为首的专门委员会，研究与路德的和解问题。24-25日，委员会与路德磋商后，路德信任的特里尔大主教还同路德密谈过，然而调解以无果而终。25日晚，厄克通知路德回维登堡，沿途不准布道，否则三周后作为异端处死。26日上午，路德结束了沃姆斯之行，路德按萨克森选侯事先的安排，在济金根所派20名骑士的护送下，于5月4日安抵爱森纳赫附近的瓦特堡。此后的情况，路德在5月14日给施帕拉丁的信中写道："我现在不受任何法律和暴君的约束，过的是真正基督徒的自由生活①。"沃姆斯会议中，路德的表现、不承认错误的英勇斗争和路德思想的传播，推动了宗教改革。旁听会议的英国、西班牙和威尼斯的代表，纷纷向本国报告了路德的表现，对本国各界都有不同的触动。德国市民大众称赞路德是德国的先知、手持福音书的天启天使，是民族的战士和英雄。在德国国内受封建压榨的贫苦农民、平民和下层传教士受到启发，为争取社会改革而激发了斗志。而德皇、罗马教皇及天主教会反对改革的上层学

---

① 鲁普·德鲁里编：《马丁·路德》，第68、69页。

者和高级教士们则千方百计地打压路德及其支持者、追随者。散会后，5月25日，萨克森选侯和巴拉丁伯爵等路德的支持者们离开沃姆斯后，德皇查理五世便把阿莱安德等人炮制的剥夺路德各种权利、公开定性路德是"顽固不化的裂教者异端分子"的《帝国敕令》（又称"沃姆斯敕令"）在1521年5月26日颁发。

《帝国敕令》（共28款）的公布日期提前改为5月8日，骗人的意图是说明敕令是帝国议会结束前通过的文件。敕令中，首先强调以坚持罗马圣教会迄今一直奉行的教规，不使任何异端的污垢在帝国内玷污神圣的信仰（第1款），敕令称路德是"披着袈裟的人面魔鬼"（第14款），任何人有权抓住路德后押送去罗马（第27款），"凡同情者均没收其本人的财产（第28款）"……

《帝国敕令》虽然由德皇查理五世在拉丁文本和德文本上都正式签字，罗马教皇利奥十世颁令举开音乐会和演戏扩大庆祝，但德国境内人们对敕令并不重视。路德的著作在各地仍畅销，无法阻滞路德宗教改革思想的传播、宗教改革向纵深的发展以及下层人民群众反封建、改革社会制度斗争的继续酝酿和公开爆发。

综上所述，从1517年路德发表《九十五条论纲》到1521年沃姆斯会议，是路德公开进行宗教改革活动的早期。这一时期的特点是：路德比较系统地发表了反映资产阶级要求的宗教改革主张，在德国广大人民群众和民族情绪高涨的支持下，路德表现激昂，在罗马教廷和德皇的压力下，马丁·路德拒不承认错误，勇于斗争。沃姆斯帝国议会后，自1521年至1526年进入路德宗教改革活动的中期，这时，在资产阶级宗教改革阵营中分化出两派。一派是激进的卡尔施塔特派，在维登堡等地自下而上地强制推行一些改革措施；另一派是路德、梅兰希顿等逐渐形成的温和、保守派。在罗马教皇、德皇及天主教诸侯强大的压力下，路德等人依靠和联系了一部分支持自己的诸侯，反对农民、平民的宗教改革主张和暴力的反封建斗争。此外，由闵采尔、盖斯迈尔、海尔高特等先后领导的农民和城市平民的宗教改革阵营，他们在封建诸侯、贵族的残酷镇压下，主要是通过农民战争形式进行人民宗教改革活动。而罗马教廷、德皇及天主教阵营则通过各种措施坚持抵制和反对新的宗教改革运动的高涨。自1526年德国农民战争和人民宗教改革运动失败后，路德宗教改革运动进入后期，直至1546年路德逝世。这时是路德等创建和整顿路德宗教会以及路德新教的教理学说系统化形成时期。

四、路德宗教改革中期的活动与德国农民战争

沃姆斯会议及会议后，是德国宗教改革的重要转折点。罗马教廷、德皇及天主教会中反对改革的上层教士，力图抵制宗教改革运动向纵深发展；贫苦的人民群众包括农民、市民、矿工及下层传教士把争取社会变革和宗教改革活动结合起来，并积极酝酿和发动。

（一）卡尔施塔特激进的宗教改革

在沃姆斯帝国议会中围绕宗教改革问题激烈争辩的信息，迅速传遍德国各地。在张贴《九十五条论纲》的宗教改革的策源地维登堡，市民和知识阶层满怀激情地投入宗教改革的行列中。维登堡大学教授卡尔施塔特是一位热情激进的宗教改革活动带头人。他曾经授予路德神学博士的学位，陪同路德去莱比锡参加过辩论。他本人学识渊博，注释过奥古斯丁的神学著作，懂希伯来文和希腊文，不断撰文批判教会中的旧礼仪、习俗和圣礼。他主张必须清除教会中的修道誓愿、崇拜圣像及弥

撒中的献祭思想。另一位与他志同道合、激进的奥古斯丁会修士加布里尔·慈维林甚至抨击弥撒活动是犯罪，公然倡议改变独身、取消僧侣制度。

在卡尔施塔特等激进宗教改革家的鼓动下，1521年11月，维登堡修道院的两名教士公开离院结婚，接着又有13名教士脱离修道院。12月3日，一批市民和学生冲进教堂，夺走做弥撒者手中的弥撒书，向对圣母像祈祷的人群扔石头，并把讲坛上的神父拉下来……

在卡尔施塔特激进宗教改革家的宣传推动下，维登堡群众运动日益高涨。12月24日，在圣诞节前夕，维登堡的一部分学生和市民冲进教堂，嘲弄礼拜活动，砸坏灯盏，驱逐神父。翌日圣诞节时，卡尔施塔特主持万圣教堂的仪式，他改穿俗人装，删掉弥撒中的献祭内容，特别之处是将面包和酒发给每位领圣餐者。这对天主教长期执行的圣餐中代表上帝血液的酒只限于僧侣饮用的圣礼是公然的改变，此后，每逢礼拜五、礼拜天和节日，均照新例这样执行。

圣诞节后的12月27日，卡尔施塔特在维登堡热情地接待了"茨维考的先知"们的到来和讲道。这些"先知"，是下层人民宗教改革活动的代表，有一些是闵采尔的追随者，如再洗礼派的尼古拉·施托黑，以及曾是梅兰希顿的学生托马斯·斯图布奈尔等，他们的讲道，使维登堡群众情绪更加激进。1522年1月24日，维登堡市政当局在卡尔施塔特等激进宗教改革派和群众的推动下，发出了激进的宗教改革的法令，其主要内容是：1. 没收教产建立公共金库，由两位市长、两位市民和一名公证人负责监督，保证用于济贫（禁止任何人行乞）和资助僧侣。2. 拆除偶像和圣像（只允许个别圣坛中有一个圣像），简化弥撒，普遍实行两种形式（酒和面包）的圣餐。3. 取缔娱乐场所，停建小礼堂。

卡尔施塔特的宗教改革比较激进，但基本上属于资产阶级宗教改革的范围，他的主张并未涉及社会制度的改革。对此，戚美尔曼指出：

他同路德的主要分歧在于："路德只要求通过新的福音解决灵魂，卡尔施塔特却要同时解放灵魂和肉体，解放全部基督徒的生活；路德是缓慢地、逐步地以智慧抑制冲动的热情，卡尔施塔特则抱着大刀阔斧、推翻一切的态度；在追求教会新生方面，路德是依靠大人物、当权派，卡尔施塔特则依靠人民，他要求自下而上地、从平民开始，改革整个生活[①]。"这个分歧，基本符合路德同卡尔施塔特观点上和所依靠的阶级是有区别的。路德和卡尔施塔特虽然都是反映资产阶级要求的宗教改革派别，但路德主要依靠新教诸侯，而卡尔施塔特并未得到诸侯的支持。

　　还应指出，卡尔施塔特的宗教改革观点中有偏激不足之处。他认为每一个基督徒都是教士，都能直接同上帝交往并掌握上帝之道。他甚至否定知识，认为可以取消学校、取消传教士，这是脱离社会实际的。

（二）路德改革思想和活动的面面观

　　沃姆斯会议后，路德在4月26日离开沃姆斯时被命令直接返回维登堡，而且沿途不准讲道，否则按异端罪处死。然而路德却"失踪"于途中，实际上是在萨克森选侯的安排和庇护下，由济金根所派骑士护卫于5月4日平安抵达瓦特堡。他开始准备过"隐居"生活，并着手履行夙愿新译《圣经》。路德于5月14日在瓦特堡写给友人施帕拉丁的信中写道：能受到亲切迎接、盛宴款待，整天喝葡萄酒，读希腊文和希伯来文圣经、留须易装、不受任何法律和暴君的约束，过上真正基督徒的自由生活……

　　然而，1521年从春至冬，维登堡和一些地区的形势变化甚大。下层人民群众要求社会变革，反对封建压榨的斗争，在闵采尔和再洗礼

---

① 威廉·威美尔曼：《伟大的德国农民战争》上册，商务印书馆1982年版，第229页。

派的领导下开始高涨。闵采尔的追随者尼古拉·施托黑和托马斯·斯塔布奈尔等从茨维考来到维登堡进行宣传和鼓动；卡尔施塔特领导下的激进宗教改革派加强了在维登堡等地的活动，特别是圣诞节前后，维登堡学生和市民冲进教堂驱逐神父事件，以及迈森、梅泽堡、瑙姆堡主教区等一些地方出现了动乱，使封建统治集团惊慌起来。维登堡市政会邀请路德前往维登堡，通过讲道缓解当地市民和学生的情绪，以便稳定社会秩序。

1. 路德反对激进的改革

路德关切维登堡的形势，在12月4日曾潜返维登堡一次，中旬他在瓦特堡，结合维登堡的局面，写出了《劝基督教徒毋从事叛乱书》（1522年1月公开出版），文中以公正面目出现，既谴责主教和神父们的不当，但重点是警告贫苦农民、平民不可采取暴力行动；也批评卡尔施塔特的宗教改革太过激。这篇文章是路德宗教改革中期的代表作之一。文中路德提出：教皇的真面目被人们识破时，便会"自归消灭"，不能由人手或叛乱消灭；人们要镇定，听从"教导"，不要有所动作，不能被叛乱和宣传所"煽动"。路德引证圣经说"上帝禁诫叛乱，不能违反福音和把人吓走"[1]。此文反映出路德宗教改革中温和派的观点。

路德因对维登堡的一些激烈活动不满，并想尽快出版他的书籍，便接受维登堡市政会之邀，于1522年3月7日抵达维登堡后，立即同梅兰希顿、阿姆斯多尔夫及耶罗姆等人会晤，研究形势，商讨对策。从9日起，路德连续训道八次（每天一次）。讲道中重点强调的是"信"和"爱"。他讲唯信才能称义，但信而无爱则不够。维登堡现在没有爱，他攻击群众的行动"过火""太激烈"了，上帝必降灾于维登堡[2]。路

---

① 路德：《劝基督徒毋从事叛乱书》，《路德选集》上册，《基督教历代名著集成》第2部第2卷，金陵神学院托事部1968年版，第389-393页、第398-402页。

② 鲁普·德鲁里编：《马丁·路德》，第100页，《路德选集》上册，第407、408、431页。

德甚至以自己为例，在讲道中现身说法，我曾反对出售"赎罪券"、揭露教皇，但"从来不用暴力"[①]。

路德在历次讲道中说过："信是直接对上帝的，爱是对他人和邻舍的……有两种情形，一种是必须用一种方法去完成；另一种是有选择的余地，不是必需的，它可以取舍而不伤及信或使人下地狱。""拿弥撒来说，无疑是一桩坏事，应当废除，但不能强迫。""假如我匆忙用暴力废除弥撒……强迫命令最终必定成为笑柄。"你若用"上帝的道"深入人们的内心，"完成任务"，你赢得了人心，"弥撒最终必将消灭"[②]。路德还说："上帝的道大大削弱了教皇统治，任何诸侯和皇帝都不曾使它遭受如此重大的损失，我什么也没有做，上帝的道做了一切，假如我煽动叛乱，我带给德意志的会是一场大流血。"路德还散布过"要取得'当局'的支持，才能确知一件事是出于上帝的意志"[③]。

路德在多次讲道中一方面表示出对宗教信仰和改革，不能强迫命令，另一方面明显看出他对群众运动的高涨，不仅忌讳、反感，而且视为威胁和罪恶。这是资产阶级宗教改革温和派特点的表现。路德重视的"当局"支持，实际是他依靠新教诸侯立场的反映。路德在维登堡通过依靠市政当局的支持和多次讲道，逐步控制了局势，重组了新的市政机构，驱逐了"茨威考的先知"，查禁了卡尔施塔特激进改革派的宣传刊扬，禁止卡尔施塔特在维登堡的讲道和活动。在路德的唆使和鼓动下，卡尔施塔特被贬到奥拉闵德，后又被赶离该城前往法兰尼亚[④]，最后被逼在1529年去瑞士北部任巴塞尔大学的教授。路德反对通过暴力斗争来反抗暴力镇压，同时也排挤激进宗教改革，充分显示出路德进行的温和

---

① 《路德选集》上册，第 408、414、426 页。

② 路德在维登堡的讲道摘录，参见鲁普·德鲁里编：《马丁·路德》，第 101 页，《路德选集》上册，第 411—413 页。

③ 《路德选集》上册，第 409 页。

④ 威廉·威美尔曼：《伟大的德国农民战争》上册，商务印书馆 1982 年版，第 231 页。

派宗教改革和依靠诸侯的立场。顺便指出，当卡尔施塔特被路德污称煽动叛乱而处于非常困难的境地时，在阿尔斯特德的人民宗教改革领导人闵采尔曾热情邀他去加盟进行宗教改革，但遭到卡尔施塔特的拒绝，卡尔施塔特在公开的回信中竟然说：基督不许挥动刀枪，如果彼此联合起来会招致敌人狂呼乱叫……戚美尔曼曾评价卡尔施塔特道："他不是政治革命家，尽管他穿着粗糙的农民衣服，戴着粗劣的白色毡帽，身边佩戴一柄利剑，却什么活动也没有[①]。"

2. 筹组新的路德教会

沃姆斯会议后，虽然教皇利奥十世在1521年底逝世，先后继任的教皇阿德里安六世和克莱门特七世（1523年10月–1534年）继续推行迫害新教改革的政策，但路德宗教改革的传播仍很快。在路德和梅兰希顿等直接催促、支持和指导下，萨克森、黑森、勃兰登堡、梅克伦堡、普鲁士、法兰克福（美因）、纽伦堡和斯特拉斯堡等较大的城市，先后筹建了独立的路德教的教会组织。

新的路德教会组织主要是按1520年时路德发表的五篇有关宗教改革名著，特别是依据《致德意志基督教贵族公开书》中有关原则筹建的。路德对路德新教会筹建的原则性意见是：真正的（无形）教会是"世上一切基督教徒的集会"，同其他教会的根本区别在于有无真正的信，所有基督徒都是教士，不存在"永恒"的教士，彻底打破"属灵"和"属世"旧的等级划分。应恢复保罗时代教会组织的设想。即"每一个城市应该从公众中推选一位博学而虔诚的人，委以牧师的职务，由会众供给他生活费，他结婚与否可听其自便，他应该有几个祭司或执事做助手，结婚与否也可以自便，他们应帮忙他传道、主持圣礼以治理会众，如同希腊教会一直实行的那样"[②]。1523年1月25日路德写信给莱斯尼格城居

---

① 　威廉·戚美尔曼：《伟大的德国农民战争》上册，商务印书馆1982年版，第233页。
② 　鲁普·德鲁里编：《马丁·路德》，第45页，参见《路德选集》上册，第203页。

民，又强调了应按福音原则组成基督教公社，接着在路德发表的《论基督教徒会议或公社有权讨论教义和任免牧师》《论公社的礼拜制度》《论公共金库制度：教产应由委员会主管》等文章中，对许多具体问题有新的补充和说明。路德提出：新的路德教应该有自己的牧师和礼拜制度。讨论教义、任免牧师和长老等工作，不要因循旧的法律和旧习惯。牧师一般由宗教公社选举产生，特殊情况可由上级教士或政府任命，但需经公社认可。教会的动产可用于老年僧侣的生活补助、还俗者的补助和收入公共金库。教会的房产领地由学校和政府使用，其一半也归公共金库。公共金库用于济贫、教会人员的薪给和其他需要。路德认为莱斯尼格金库可作为推广的典型，他亲自为其章程作序①。1523年11月，路德还发表了《牧师的任选》的专门文章，阐述了牧师的任免（与旧神父有别）等问题。

3. 路德对新译圣经的贡献

路德在瓦特堡新译圣经之前，德国已有多种德文译本，但艰涩难读，有不少译错之处。路德新译圣经的重要意义和贡献是：

首先，路德根据的是人文主义泰斗兼语言学权威伊拉斯谟校对过的希腊文本，并对照希伯来文本翻译的。译文比较准确，而且路德还写序、介绍其内容，便于读者深入领会《圣经》，对各种译文进行比较和鉴别，使暴君、上层教士很难利用圣经为其罪行辩解，客观上为广大人民群众反抗剥削、压榨提供了有用的武器。

其次，路德在梅兰希顿等人的帮助下，认真译出《圣经》第一部分。《新约全书》于1522年9月出版。因为是广大德国人的急需，故印出的5000册立即销售一空。全部圣经1534年译完，1542年出版。新译出的圣经，对路德宗教改革有极大的促进作用，加速了路德新教会的筹建活动。

---

① 格鲁布金：《马丁·路德关于世俗政权在宗教改革中的作用观点的演化》，载于《德国史年鉴》，1978年卷（莫斯科俄文版），第267、268页。

最后，路德新译圣经工作的勤勉和特别细致认真，为翻译工作树立了良好的范例。路德认为翻译是一种艺术，不能弄虚作假。恩格斯称："路德不但扫清了教会这个奥吉亚斯的牛圈，而且也扫清了德国语言这个奥吉亚斯的牛圈①。"

4. 路德的经济思想和政权观

路德主要在《致德意志基督徒贵族公开书》（1520年8月）和《论商业和高利贷》（1524年6月）两篇著述中，反映出他的经济观。他反对德国进口大量丝绸，主张限制香料贸易和弗格尔一类的大公司，应该堵塞法兰克福这个金银外流的豁口。他一再强调要反对高利贷，希望"增加农业，减少商业"。他提倡所谓"基督徒的交易方式"，他实际上是企图把道德观念说成是经济生活的准则，违反了商品交换的规律，是不切实际的幻想。总的看来，路德的经济思想中保留了较多的中世纪时代的观念。

路德在1523年3月正式发表了《论世俗政权：对世俗政权服从的限度》，文章分三部分，分别论析了教会和世俗政权两种不同性质的权力、世俗政权的权限以及如何运用世俗政权的权力。

路德指出：国有两类，一类是上帝之国，专管灵魂之事，靠圣灵不靠剑和法律统治；另一类是世界之国，管生命财产，靠刀剑、法律统治。两类国都是上帝创立，按上帝旨意和命令行事，一个是上帝慈爱的工具，另一个是上帝愤怒的工具。路德给世俗权力披上神圣的外衣②。在文中，路德一方面主张对信仰和思想不能使用暴力，给世俗的和教会的权力划定了权限，主张君主应为人民着想……把人民的需要当成自己的需要，为人民谋福利，不要为所欲为③。这些是文中具有民权思想萌

① 《马克思恩格斯选集》第4卷，人民出版社1995年版，第262页。
② 路德：《论世俗的权力》，见《路德选集》上册，第442、444、446页。
③ 路德：《论世俗的权力》，见《路德选集》下册，第446、450、451页。

芽的积极因素。文中反对世俗政权干涉宗教事务，也反对教会侵犯世俗政权范围内的事，这是早期政教分离的政治思想因素，有积极意义。但文中，路德号召"缴纳税款、服从长官"，"服侍和帮助政府，维持政府的荣誉和尊严"，甚至主张用刀剑统治"恶人"。路德指责贫苦革命群众"过火""激烈"，甚至赞颂由"上帝派来的官方"……这些是极其错误的政权观。恩格斯指出这是路德"舔食专制君主残羹的臣仆从来没有一个人能做到的[①]。"

5. 路德的新教育观及其意义

路德早在1520年发表的《致德意志基督教贵族公开书》中对罗马教廷及其控制下的旧教育进行了批判。他认为旧学校只能使人堕落和培养骗子。他主张应改革大学，禁止讲授教皇令和教会律例。他主张教育的基本出发点在于通过教育，培养受教育者的虔诚信仰，从而使灵魂得救。要通过教育培养基督教青年和始终坚信基督教的高尚群众。路德的教育观同中世纪的教育思想之间的明显不同之处是：路德除重视教育的宗教化目标外，同时还强调了教育的世俗化，反映了近代的需求。他除了强调讲授圣经之外，还主张开设历史、自然科学、数学、音乐、体育、艺术等，特别是要学习语言，希腊语（写成《新约》）和希伯来语（写成《旧约》）都是神圣的语言，是了解福音的必由之途。

1524年，路德写出《为设立和维持基督教学校致德意志城市长和参议员书》，重申教育的重要性，强调抓教育、办学校，指出"不读书，没有知识，是中了魔鬼的计"。历史知识可以总结经验，他还为自己没有丰富的历史知识而懊悔。路德还主张，儿童不能天天只读书，也应从事职业劳动，工读并进。他还倡议各城市设立图书馆收藏好书[②]。路德

---

① 恩格斯：《德国农民战争》，《马克思恩格斯全集》第7卷，人民出版社1959年版，第410页。

② 参见《路德选集》下册，第10、12、13、16、17、19、26、27、31页。

教育观中特别突出之处是：主张由国家管理教育并实施强迫性的普及义务教育，并重视家庭教育，为了促进民族语言的统一，提倡用德语进行教学。路德特别强调"教育是世界上最高尚的工作""教师及其工作对于一个国家的繁荣和兴旺是至关重要的"。

路德对于建立新教育体制的构想是难能可贵的。他不仅主张由国家和新教教会办教育，而且主动要求诸侯大力支持办学。1526年，他向约翰选侯上书《关于教会办教育的建议》中写道："阁下您是青年的主要保护者，应当像修建道路、架设桥梁那样，承担起办学的责任，在财力、物力上予以支持①。"路德主张在家庭教育和初等教育阶段应男女生兼收，而后必须通过层层选拔和挑选，才能入学。每个市镇都应设立一所女子学校。他提倡一些自由城市主持和管理学校，使世俗化教育同宗教化并举。路德的助手们梅兰希顿、斯图谟（1507–1589年）和布肯哈根（1485–1558年）对德国大学、中学、小学教育事业中的卓越成就，同路德教育思想的贡献是分不开的。

（三）路德与骑士暴动

德国的骑士是低级贵族。16世纪初，随着军事技术的发展，火器的运用，步兵作用加强后，骑士在军事上的地位降低，加上商品货币经济和资本主义生产逐渐扩大，骑士阶层日趋没落。骑士们嫉羡教会的富有，不满诸侯专权，本身生活奢侈，许多人处于寄生状态，多数靠给诸侯服务为生。不少骑士不屑于劳动，视贫穷为可耻，日益堕落；而有些骑士勇于冒险，其中具有民族意识和敢于斗争的骑士，力图废除诸侯和高级僧侣的特权地位，摆脱罗马教廷对德国的控制，争取德国的统一和

---

① 转载于《世界大思想家选集》东京第一书房，日文1941年版，第111页。

强盛，骑士的暴动长期在酝酿之中。

1522–1523年德国骑士暴动的主要领导人是骑士家庭出身的著名人文主义者、诗人、思想家、理论家胡登和著名的帝国骑士、卓有战功的贵族军事家济金根。

弗尔利希·封·胡登（Ulrich Von Hutten，1488–1523年），生于德国富尔达附近的斯特克堡。他曾在法兰克福和爱尔福特大学接受人文主义思想。他撰写的《鄙人书翰》（1517年版），揭露罗马教皇等一伙人"是没有良心的家伙"，他对德国的宗教改革活动有促进影响。

德国近代工运中一个派别的代表人物拉萨尔（1825–1864年）曾回忆道：

"当德意志还在沉睡，还没有一个人敢于敞开胸怀呼吸时，

他是第一个猛烈地摇醒他的人！

他站出来说话，比马丁·路德还早，

他曾勇敢地把手套掷向强大的罗马，

在内心的冲动中，

他向一切暴力统治宣战……①"

1517年12月，胡登在德国出版了意大利人文主义者瓦拉（Valla，1407–1457年）的名著《论伪造君士坦丁的赠礼》。瓦拉的这本书是1440年在意大利第一次出版。所谓的"君士坦丁的赠礼"是8世纪后半期加洛林时代教皇所虚构的说法，讲的是罗马帝国时代皇帝君士坦丁（306–337年）赠赐并授权给罗马教皇西尔维斯特（314–335年）及其继承人，长期统治罗马、意大利和罗马帝国西部的各地区。历代教皇以此

---

① 拉萨尔：《乌兰茨·封·济金根》，人民文学出版社1976年版，第22页。

虚构的"故事"为根据证明,罗马教皇有权统治西欧,其权力高于西欧各国的帝王。瓦拉经过考证,确认"君士坦丁的赠礼"从文字到文法均非古罗马时代所用,纯属伪造。瓦拉这一名著的发表,影响极大,揭露了罗马教廷的谎言,促进了欧洲文艺复兴和宗教改革运动的发展。瓦拉给瓦拉名著加写的序言中,提出:瓦拉的书人人应必读,它展示了真理并指出"任何一个教皇没有任何权力强求对世俗的统治,任何一个声称奢求世上根本不存在过的君士坦丁赠礼的彼得的继承人,都不是上帝的代表"[①]。胡登公开指出教皇无权统治世俗,否定教权高于政权……讲出了在当时路德尚未讲过的话,这对宗教改革运动及西欧各国争取民族独立和国家统一的斗争是极大的鼓舞。1518年,胡登又进一步抨击教皇是"死亡和罪恶的祸首",是"出卖天国的贩子"。胡登在《关于土耳其的演说》中指出:教皇高喊反对土耳其人,其实反对教皇才是战胜土耳其人的必要前提[②]。

胡登在路德发表《九十五条论纲》前后,对路德的立场及其宗教改革的目的和观点尚不了解。1518–1519年期间,基于路德反对罗马教廷的观点日益明确并逐渐坚决,特别是1519年7月莱比锡辩论中路德的表现,使胡登同济金根一道,坚决支持路德的宗教改革。

弗兰茨·封·济金根(Franz Von Sickingen,1481–1523年)同胡登志同道合,约1519年前后,两人建立了亲密的友谊,他接受胡登的政治和宗教主张,并同德国的许多人文主义者和宗教改革家罗伊希林、施韦伯尔、布赫尔、克隆贝格往来密切。在济金根本人的厄贝恩堡中比维登堡还更早就实行了普通俗人教徒享用两种形式的圣餐,用德语做礼拜。胡登在给伊拉斯谟的信中,曾盛赞过济金根,胡登写道:"的确,德国

---

① 马尔科什编:《弗尔利希·封·胡登,对话、政论和书信集》,俄文版,第284、285页。

② 斯米林:《16世纪头二十多年的德国和弗尔利希·封·胡登》,转引自马尔科什编:《弗尔利希·封·胡登,对话、政论和书信集》,俄文版,第13、14页。

没有比他更伟大的人物了。德国很久以来没有出现过像他这样的人，我确信，弗兰茨会给我们民族带来巨大荣誉[①]。"

　　1520年6月4日，胡登代表济金根专门致信对路德表示致敬和支持，信中头一句话便是"自由万岁"！胡登信中写道："我的整个计划与你的吻合""不论发生什么事情，我永远是你的支持者""德国一定自由，长期受欺凌的祖国终将解放！上帝和我们在一起，上帝若帮助我们，谁能抵挡了我们呢[②]！"此外，胡登还代表济金根邀路德到他们那里去，不仅比较安全，那里还有印刷所，可以帮路德印刷他的著作……但是路德被胡登信中表示的必要时可用武力的主张吓住，非但不敢应邀，而且在复信中表述了自己的观点和态度。路德说："我不愿意靠暴力和流血来维护福音。世界是靠语言来征服的，教会是靠语言来维持的，也还是要靠语言来复兴[③]。"

　　胡登在1520年上半年曾相继发表了几篇生动犀利的文章，如：《罗马的三位一体》《观察家》和《狂热症》……他不仅抨击天主教会，而且直指酿成德国分裂割据状态的诸侯。在《罗马的三位一体》一文中，胡登写道："有三件事妨碍了德国的提高：即诸侯的无所作为，不懂科学和人民的迷信。""罗马靠三种东西使一切人都服从：强力、狡猾和假装神圣[④]。"

　　当罗马教皇在1520年6月签署敕令列出路德有41条谬论，宣布焚毁路德的一切著述；训令路德的支持者和追随者限期改过自新，否则均以异端论罪时，胡登公开指出："问题不仅是路德，事情涉及每个人……是将要加害于我们整个国家！"胡登甚至警告教皇不得迫害路德和其他

①　威廉·戚美尔曼：《伟大的德国农民战争》上册，商务印书馆1982年版，第174页。
②　马尔科什编：《弗尔利希·封·胡登，对话、政论和书信集》，俄文版，第304页。
③　威廉·戚美尔曼：《伟大的德国农民战争》上册，商务印书馆1982年版，第176页。
④　马尔科什编：《弗尔利希·封·胡登，对话、政论和书信集》，俄文版，第103、115页。

敢于讲出自己主张的人。胡登提醒所有德国人行动起来,德国的革命是正义的,自己的行动光明磊落,如遭危险也在所不惜[①]。

1521年4月,沃姆斯帝国议会召开期间,胡登住在离沃姆斯不远的厄贝思堡(济金根的领地内),他在4月17日和20日,两次写信给路德,支持、鼓励路德,并表示"每一个真正高尚的人越来越同情你,现在你并不缺少支持者,到处可以找到大胆支持你的人"。胡登同时又著文痛斥在会议中围攻路德的教皇使节和一些诸侯,胡登甚至上书德皇查理五世,指出他"由于谴责路德使自由受损……有损你的尊严"[②]。德国历史上著名的骑士暴动,在济金根、胡登等人领导下,于1522年8月13日在兰都爆发。莱茵、士瓦本和法兰克尼亚等中部地区的骑士,结成同盟由济金根任盟主,率领主要由雇佣兵组成的步兵和骑兵,进攻特里尔大主教的辖区。从8月末到9月初,济金根率军在特里尔城下,连续五次猛攻坚固设防的特里尔未克,派人四处招募和争取的援军均未到。而与特里尔大主教有同盟关系的巴拉丁选侯和黑森伯爵的援军却迅速赶来,总兵力达3万人,帝国和许多诸侯对骑士暴动十分惊慌,以为是与"鞋会"同样的起义,号召各地出兵镇压。由于骑士暴动并未提出废除农奴制或改变农民沉重负担,市民未得到好处,暴动缺乏同盟力量,胡登去瑞士求援未成功,诸侯镇压的联军转入反攻。1522年10月济金根被宣布为罪犯。1523年4月,兰都城被围,济金根在指挥作战中负重伤后死去,济金根的27个城堡被镇压军的胜利者瓜分。胡登逃往巴塞尔,后去苏黎世,受到瑞士宗教改革家慈温利的接待,第二年,胡登病死于苏黎世的乌弗瑙小岛。骑士暴动以失败告终。

骑士暴动的反对对象诸侯、教皇和上层教士,主要目标是争取统一德国,这顺应了当时的历史潮流,但因为斗争中没有制定联合市民、城

---

① 马尔科什编:《弗尔利希·封·胡登,对话、政论和书信集》,俄文版,第334-338页。
② 马尔科什编:《弗尔利希·封·胡登,对话、政论和书信集》,俄文版,第368、381页。

市贫民以及解决农民需要的政策，没有同盟者，因而注定失败。马克思曾称胡登和济金根是属于"革命中的……贵族代表"①。恩格斯对骑士暴动评价为"贵族的国民运动"或"贵族的国民革命"②。因此，对胡登这个历史人物应予肯定。人文主义者胡登的主要作品，其主要方向属于一定程度上揭露了社会矛盾的进步文化行列，他参加的斗争，是适应德国人民争取统一的、从罗马教廷压迫下解放本国利益的斗争。"他作为古代骑士制度的一个支持者，怀念中世纪，但作为一个作家，他一直向前看。"

路德与德国骑士暴动关系较为复杂。路德虽然一直反对暴力斗争，但最初曾对骑士暴动有过较高的评价。他说："任何有为取消主教区和消灭天主教统治而献出生命、财产和荣誉的人，都是上帝可爱的儿女和真正的基督徒。他们是对魔鬼的制度作战。"路德甚至说过："哪里发生起义，哪里就只会有欢笑③。"但当骑士暴动遭诸侯联军镇压，济金根被宣布为罪犯后，在1522年12月中旬，路德本人则忙于同骑士暴动中断联系。

（四）德国农民战争期间的路德

16世纪的德国农民战争，曾被马克思称为"德国历史上最彻底的事件"④。恩格斯说它是"全部德国史的转折点"，⑤是"全部德国历

---

①　马克思致斐·拉萨尔（1859年4月19日）见《马克思恩格斯选集》第4卷，人民出版社1995年版，第554页。

②　恩格斯致斐·拉萨尔（1859年5月18日）见《马克思恩格斯选集》第4卷，人民出版社1995年版，第558、560页。

③　威廉·戚美尔曼：《伟大的德国农民战争》上册，商务印书馆1982年版，第181、182页。

④　马克思：《黑格尔法哲学批判导言》，《马克思恩格斯全集》第1卷，1956年版，第461页。

⑤　《马克思恩格斯全集》第36卷，1975年版，第235页。

史的轴心"①，并专门撰写了《德国农民战争》这部不朽的世界历史名著、经典的理论著作。德国农民战争爆发于1524–1526年，重点活动在当时德国士瓦本、法兰克尼亚、图林根与萨克森及提罗尔与萨尔茨堡四个地区，实际囊括了全部德国2/3以上的国土。德国农民战争过程中以闵采尔、盖斯迈尔等领导的下层人民宗教改革运动为代表，如火如荼地燃烧在德国各地（本书第四章专述）。而马丁·路德宗教改革活动中期（1521–1526年）的后半段恰值德国农民战争的全过程。在德国农民战争期间，路德最明显的活动是进一步依靠支持路德新教的诸侯，公开反对和诋毁闵采尔领导下人民的宗教改革和农民战争。路德基本上是在维持现存社会制度的情况下继续进行宗教改革和扩建路德教会，同人文主义学者之间的分歧与矛盾尖锐化。

1. 路德曾公开反对下层人民的宗教改革和农民运动

从1517年10月路德发表《九十五条论纲》到1520年7月1日，闵采尔在茨威考城圣卡托琳教堂传教活动的初期，路德和闵采尔在反对教皇党羽和天主教会的斗争中合作得尚好。但后来在茨威考城布道的路德派和闵采尔派之间的分歧和矛盾逐渐发展和激化。路德派攻击闵采尔派"宣传福音和权利时，不顾财产和金钱"，站在"普通人"和"穷人派"一边，"到处煽风点火"，鼓动暴动，要"在一个早上杀人……"。闵采尔派则揭露路德在茨威考的亲信，是"十足的金钱奴隶"，"只想生活在贵族中间"，是"因为他们给你一杯葡萄酒"②。1521年2月16日，茨威考市长要求两派和好，并无结果。后来市政当局逮捕了闵采尔派布道者中的一些人。这时出现了诬蔑闵采尔的歌谣："黄头发、残忍的

---

① 《马克思恩格斯全集》第36卷，1975年版，第264页。

② 斯米林：《托马斯·闵采尔的人民宗教改革和伟大的农民战争》，俄文版，莫斯科1955年版，第69页。

汉，嗜血成性的杀人犯；疯狂的人，大祸害，小心别叫他瞎捣蛋①。"
1521年4月，茨威考市当局准备逮捕闵采尔。这种情况下，闵采尔和他
的再洗礼派同伴们被迫离开茨威考，于6月抵达捷克的布拉格。

　　1521年6月，当德皇、罗马教皇和天主教阵营上层僧侣联合勾结合
作下，由德皇查理五世签署的《帝国敕令》（又称"沃姆斯敕令"）颁
布后，在强大的压力下，路德的立场和态度有了明显的变化。正如恩格
斯指出的那样，这时"路德不得不在各派中有所选择……"，他"毫不
踌躇地抛弃运动中的下层人民，倒向市民、贵族和诸侯一边去了"②。
路德虽然仍进行反对罗马教廷和上层天主教僧侣的宗教改革活动和斗
争，但主要表现为他是依靠一部分新教诸侯的资产阶级温和派，"路德
的调子改成和平发展与消极抵抗了"③。

　　路德在德国各地农民起义、斗争广泛酝酿时期，立场日益下滑。
1523年，路德在所发表的《论世俗权力》一文中，进一步发展了他在致
德意志贵族书中提出的"要服从作为德国领土的统治者的诸侯"的论
调，不仅公开宣布"宗教改革的官方支柱即封建诸侯的政权"④，而且
坚持要维护现存的社会制度，应依靠新教诸侯进行宗教范围内的改革。
1524年6月，路德甚至直接上书《为反对叛逆的妖精致萨克森诸侯书》
给萨克森公爵腓特烈，要求驱逐闵采尔及其拥护者，并且主张把革命宣
传堵住，自然就免除了"骚乱暴行"⑤。当各地德国农民战争相继扩大
时，路德甚至怂恿和呼吁各界人士"无论谁只要力所能及"，都应去
"反对杀人越货的农民暴徒"。

---

① 威廉·威美尔曼：《伟大的德国农民战争》上册，商务印书馆1982年版，第202页。
② 《马克思恩格斯全集》第7卷，第407页。
③ 《马克思恩格斯全集》第7卷，第407页。
④ 《苏联大百科全书》第25卷，俄文版，第568页。
⑤ 《世界历史大系，18》，大类伸、佐藤坚司、渡边鼎著：《西洋近世史（一）》，平凡社，日文版，第364页。

1525年3月，德国士瓦本地区三支农民起义军制定并公布出著名的《十二条款》斗争纲领时，4月，路德便发表名为《忠告和平》的小册子，其中：一方面指出"诸侯和领主、主教及蛮横无理的教皇，是目前混乱和暴动的根源……反对你们的是想惩罚你们残暴行径的上帝本人"。另一方面小册子着重批判和攻击的是农民的起义及农民的要求，路德认为《十二条款》中第三条要求废除农奴制度是"严重违反福音"，因为如果大家都一律平等，世俗王国便无法存在。

路德发表《忠告和平》后，立刻亲自到各地巡回讲道，号召农民务必安静，千万不能起义斗争。他先后到达埃斯列本、施托尔堡（4月21日）、诺德豪森、爱尔福特（4月28日）、沃尔豪森（5月1日）和魏玛（5月3日），到5月6日才返抵维登堡。

路德巡回讲道期间，正是农民战争高潮时，他又写出《反对杀人越货的农民暴徒》，把它和《忠告和平》小册子，同时在1525年5月初一起广为散发。

在《反对杀人越货的农民暴徒》中，路德大肆攻击和谩骂起义的农民是"诉诸暴力，像疯狗一样大肆抢掠……"，甚至诬蔑说："农民，他们打着福音旗号制定的那个十二条款是虚伪的，不过是个骗局。他们干的，尤其是统治着缪尔豪森的那个大恶魔（路德指闵采尔）干的是魔鬼的勾当，不过是煽动抢劫、屠杀和大流血。"路德又写道："起义农民犯了三重骇人听闻的大罪，死有余辜：一是破坏忠于领主的誓言，肆意使用暴力反对他们的上司；二是举行叛乱，抢劫掠夺并非属于他们的修道院和城堡；三是给他们本身的恐怖罪行披上福音的外衣，竟自称是什么'基督兄弟'。"

路德还疯狂地写道："叛乱带来遍地屠杀、血流成河，制造孤寡，并且像一场大灾那样把万事折腾得乱七八糟。因此，无论谁只要力所能及，无论是暗地还是公开，都应该把他们戳碎、扼死、刺杀，牢记叛乱是罪恶大、危害深或穷凶极恶的勾当。就像必须打死疯狗一样，你不打他，他就要咬你和你们所在的整个世界。""无论谁，只要力所能及，都来刺杀他们，击毙他们，扼死他们吧。如果你因此而死，那是死得其所。"

路德甚至露骨地写出："谁怜悯那些不为上帝所怜悯而为上帝所要惩罚和毁灭的人，谁就是置身于叛逆者之列……诸侯们得要从造反事件中学会认识贱民头脑里想的是什么，对于这些贱民只有用强力来进行统治①。"

1525年5月15日，当路德知道诸侯的军队大举进攻缪尔豪森城时，曾写信给其亲戚——律师约翰·吕厄尔道："你带来我喜欢听的有关闵采尔的最新消息。我希望知道怎样捉住他……这个可怜的畜生落到这个下场可怜又可悲，这是上帝的意旨，要使老百姓懂得惧怕，否则魔鬼更加肆虐。这是上帝的判决。凡动刀者必死于刀下。"上述文字中，将路德在德国农民战争期间，他本人对德国被迫起义农民的态度暴露无遗。

2. 路德同人文主义者的分裂和观点的异同

当路德宗教改革活动中期，路德明显地依靠新教诸侯时，他同人文主义者之间的分歧日益发展，矛盾亦进一步尖锐化。德国著名人文主义学者约翰·勒克林（又译洛伊希林，1455–1532年）和哲学家姆奇安公开反对路德的教义主张；法律学者查秀斯对路德经常表现出的轻率态度十分不满；人文主义画家约克·平兹、汉斯和倍哈姆等人根本拒绝路德新教的许多教理。此外，希腊学的资深学者兼历史学家纽伦堡的威里巴德·比克哈伊玛，在路德1520年12月10日当众用火烧毁教皇敕令时，他本是路德的热情的支持者，后来鉴于路德立场的逐渐变化，同路德的分

---

① 鲁普·德鲁里编：《马丁·路德》，第121-126页。威廉·威美尔曼：《伟大的德国农民战争》下册，商务印书馆1982年版，第773-775页。

歧逐渐扩大，直到1529年完全分裂①。

　　路德同伊拉斯谟之间观点的异同及最后分裂很值得研讨。人们熟知，伊拉斯谟和托马斯·莫尔这些主要的基督教人文主义者是有自己特色的"天主教中的改革家"②。伊拉斯谟对路德发表的《九十五条论纲》十分赞赏和支持。他在1518年曾将《九十五条论纲》抄寄给英国的莫尔和科列特，还在信中向他们讲："罗马教廷已经弃却所有的羞耻心，还有什么比卖'赎罪券'更可耻的事吗？"同年10月他又写道："路德的文章，我想除少数靠炼狱生活的人而外，没有一个人不赞成③。"而路德根据伊拉斯谟于1516年出版的由希腊文版译出的《圣经》的《新约》（拉丁文译本）的价值，称伊拉斯谟是"为我们争光的人和我们的希望"④。1519–1521年初，是伊拉斯谟一生的关键时期，由于路德宗教改革观点逐渐激化、明朗，同伊拉斯谟观点之间的分歧日益明显。伊拉斯谟主张天主教本身应从内部认真改革，天主教长期以来是社会秩序的基础，必须在人文主义的教皇领导下，破除腐败和特权，有秩序地坚决解决改革，但不应使用暴力和再立新教。而路德逐渐明确了应建立路德新教，摆脱罗马教廷的控制。当一些天主教的神学家指控伊拉斯谟为路德开路，路德孵出的正是伊氏下的蛋时，伊拉斯谟曾辩解道："不错，但是我下的这个蛋是只母鸡，然而路德却孵出了只斗鸡⑤。"伊拉斯谟虽不支持路德的观点，却经常同情路德。1519年4月，伊拉斯谟写信给萨克森选侯腓特烈，希望他能保护路德⑥，他总希望路德同罗

---

① 《世界历史大系，18》，大类伸、佐藤坚司、渡边鼎著：《西洋近世史（一）》平凡社，日文版，第368-370页。

② ［美］菲利普·李·拉尔夫等著：《世界文明史》上卷，商务印书馆1998年版，第924页。

③ 威尔·杜兰：《世界文明史》（宗教改革），东方出版社1999年版，第579页。

④ 威尔·杜兰：《世界文明史》（宗教改革），东方出版社1999年版，第520页。

⑤ 威尔·杜兰：《世界文明史》（宗教改革），东方出版社1999年版，第580页。

⑥ 威尔·杜兰：《世界文明史》（宗教改革），东方出版社1999年版，第581-583页。

马教廷消除误会而和解。1520年10月，路德发表《教会的巴比伦之囚》否定五种圣礼，全面同天主教会对抗之后，伊拉斯谟曾被荷兰卢汶的一些神学家指控为路德动乱之祸端，一度被解除了教授的职位，并被迁居德国科隆，但当时的伊拉斯谟仍希望教会公正对待和审理路德的问题，平等答辩。当沃姆斯帝国会议审理路德问题召开之前（1521年4月召路德到会），德国的一位诸侯，请求伊氏公开支持路德时，伊氏回答说："晚了。"伊氏曾力劝过路德与教廷和解，认为这对宗教改革有利，但遭路德所拒[①]。路德认为伊拉斯谟是怯懦的和平主义者。

路德同伊拉斯谟在宗教改革观方面的异同处可概括归纳如下：

二人的共同点：

（1）揭露和批判过一些教皇、教会的严重弊端和神职人员的腐朽、堕落，主张废除禁欲主义和形式主义的宗教仪式。一致批判传统的经院哲学。路德对伊拉斯谟著的《愚人颂》读后受鼓舞和赞赏，伊拉斯谟赞许路德的《九十五条论纲》。

（2）他们两人都是学识渊博、精通外文的名家，兼过教授。在信仰观上都持"圣经至上论"。提倡和重视人依靠信仰圣经得救，强调管理教会应以圣经为律法。在行动上都重视亲自翻译圣经和对圣经作注释，他们两人对圣经的译、注工作，对欧洲人文主义和宗教改革运动发挥了划时代的作用。

（3）都不同程度地轻视下层劳动人民群众，反对民众参政；认为群众运动会造成社会的混乱等。

二人的不同点：

（1）对罗马教皇和天主教的态度迥异。

路德否定罗马教皇的神权，他把教皇制度视为教会的一切弊端和罪

---

① 威尔·杜兰：《世界文明史》（宗教改革），东方出版社1999年版，第581-583页。

恶之源。1520年，路德连续发表有关宗教改革的五篇重要论著和焚烧教皇敕令（12月10日），表示了同教皇的决裂，他走的是通过宗教改革，创建路德新教之路。但伊拉斯谟谴责的是好战的和贪腐的尤里乌斯二世等那一类教皇，伊氏的主导思想是企图依靠人文主义的教皇来领导和支持天主教会本身的改革，反对创立新教。他本人同教皇利奥十世、英王亨利八世等保持书信往来，伊氏把自己译注的圣经《新约》著述呈献给他们以及德皇查理五世和法王法兰西斯一世，希望自己得到帝王的支持。他的目的是使天主教的信仰和以罗马教皇为首的天主教会通过本身的改革得以巩固和长存。

（2）是在宗教哲学、对待信仰和理性问题上的分歧。

路德同伊拉斯谟围绕人的"自由意志"进行过论战。1524年，伊氏发表《论自由意志》一文，肯定在上帝主宰下，人的自由意志在得救问题上有一定作用。伊氏一方面承认上帝的绝对意志，"人应赞美和热爱上帝的无限恩典，它大量地赐予我们，并非用我们的功绩；人时刻应完全屈服于上帝的意志，如果上帝现在想让我们得救或死亡"[1]。但伊氏在另一方面又强调人的自由意志有一定的能动作用。他把事件分为：发生、经过、结局三个阶段。主张发生和结局由上帝决定，但自由意志在事件经过的进程中有作用。主因是上帝恩典，次因是人们有自由意志。伊氏强调的"人的自由意志"是指能接受知识教育培养个性和"善行得救"。维护个人的价值和独立性的人文主义原则。此篇著述影响甚大，后来被教会列为培养荣誉和基督教精神的"袖珍书"[2]。伊氏强调自由意志的作用符合人文主义精神，但主张"善行得救"则是"维护了天主

---

[1] 温弗里德·特里尔兹：《德意志文艺复兴人文主义纲要与文选》，莱比锡1981年德文版，第481-482页。

[2] 理查德·弗里登查尔：《路德及其时代》（*Richard Friedenthal, Luther und Seine Zeit*），慕尼黑1979年德文版，第552页。

教传统哲学"①。

路德则坚持"唯信称义";人的受罚和得救,决定权不在自己手中,而是受上帝的主宰;人类表面上的自由意志"是囚徒、是被征服者和奴仆"②。路德主张人的自由意志只限于在世俗王国中有某些作用,但在宗教领域中,永远是由上帝主宰万事万物,"善行"和罗马教廷的"圣礼"并不起作用。

(3)在政治上的明显不同。

伊拉斯谟本人是四海为家,是在欧洲各地生活的世界主义者。他心目中并无祖国观念。他出生在荷兰,但他并未想到要把圣经译为故乡的荷兰文。伊氏广交各国友人,曾为各国显贵所称赞。在社会问题上,他主张维持现状,巩固封建贵族的统治。

而路德则同伊氏截然有别。路德宣称:"我为德国而生,甘愿为他效劳③。"自己的目的是:"拯救德意志。"路德的宗教政治纲领是为实现德国的民族独立和国家的统一。路德提出的政教分离、以法治国的思想,主张"天塌下来,法律也要运行"④。这都是伊拉斯谟所没有的。

(4)关于宗教改革的目的、方法之不同。

伊拉斯谟同路德一样,都认为清除罗马教廷和教会积久的弊端,进行宗教改革是非常必要的。但对改革的主张和目标明显有别。伊拉斯谟是天主教的宗教改革家。他主张改革的目的是要强化天主教,反对"把教会撕成两半",反对建立新的教会。伊氏改革的方法重在两条:一是要民众直接读懂圣经,信仰和热爱上帝;二是扩大古典文化知识,通

---

① 查·哈勒:《君主、艺术家、人文主义与文艺复兴——近代的开端》,1973 年德文版,第 165 页。

② 理查德·弗里登查尔:《路德及其时代》,慕尼黑 1979 年德文版,第 555 页。

③ 赫·迪瓦尔德:《路德传》(*Hellmut Diwald, Luther, Eine Biographie*),1982 年德文版,第 9 页。

④ 斯·阿·班特:《伟人名言录》,1910 年英文版,第 204 页。

过教育，重整人类道德，恢复早期基督教的纯洁、平等状态。伊氏提倡细水长流，长期忍耐。他认为："路德的愚蠢批判，尽管有些地方是合理的，但整个批判的破坏性太大，它像服错了药一样，非但不能医治疾病，反而只会加重病人本来早已岌岌可危的病情……路德所作所为，只会使基督教人道主义者们所主张的改革教会的事业威信扫地①。"伊拉斯谟还宣称："改革必须在传统的社会政治体制的框框内进行……其他任何一种更为激进的批判和反对形式……在我们看来，是对社会和政治制度的基础的危险冲击，是导致全面混乱及平民造反的开端②。"伊氏在他致红衣主教洛伦佐·坎佩基奥之信中曾明确地写道："改革不成，我宁可等待一段时间，革命我不愿见的……你可相信，我伊拉斯谟对罗马是忠心耿耿的③。"

　　而路德则相反，他虽然曾得益于伊拉斯谟一些著作的启发，但他却从根本上动摇了对教皇和天主教会的信仰。他代表德国新兴资产阶级和新教诸侯的利益，力图通过宗教改革运动，确立出与天主教不同的路德新教。

五、路德后期的宗教改革

（一）整顿与强化路德宗新教会和提倡新教育

　　德国农民战争的硝烟战火在士瓦本、法兰克尼亚和图林根、萨克森地区被诸侯联军残酷镇压，闵采尔壮烈牺牲（1525年5月27日）。不

---

① 伊·恩·奥西诺夫斯基：《托马斯·莫尔传》，商务印书馆1990年版，第180页。
② 伊·恩·奥西诺夫斯基：《托马斯·莫尔传》，商务印书馆1990年版，第220页。
③ 威尔·杜兰：《世界文明史》（宗教改革），东方出版社1999年版，第583页。

久，德国提罗尔、萨克茨堡等地区起义农民斗争火焰还在继续燃烧时，42岁的路德同26岁的女修道士迦他琳·冯·波拉于1525年6月13日，在路德的修道院中正式举行了婚礼。路德表示，采此非常的步骤，是"抵抗魔鬼与世人，不独用言语，也用行动，作一完全的见证"①。这实际上是路德向天主教的禁欲主义和天主教会规定的教士必须独身的公开挑战。路德在宣传新教过程中一直是主张僧侣可根据自愿结婚的。

此前，1525年5月5日，信仰路德新教、长期公开支持路德的萨克森选侯腓特烈病逝。腓特烈之弟约翰继位为新选帝侯。路德为了取得新选帝侯继续大力支持自己，在腓特烈逝世后的第十天，便专门上书致尊公约翰。路德在信中写道：

"苦难是上帝用以管教我们的学校。她教导我们信仰和终身依靠她，要使我们之信仰不只是留在耳中、挂在嘴上，还要存留在心底。大人此前可谓正是在此学校内受过造就。仆相信，上帝将我等所爱戴之领袖召去，她自己好代替死者来与大人您更接近，并教导大人过去从尊兄处而来之安慰与依仗，而今从她的慈爱与权能得到力量与安慰，因她更为慈爱，更能安慰人。仆为安慰大人，匆促上书。望大人赐鉴……②"

1525年10月末，路德向萨克森新选侯约翰公爵正式提出了整顿和检查、监督各地路德宗教会的具体建议。路德在信中明确指出："您（选侯）应下命令对您所辖各地的所有教堂都进行一次检查，各地人民却渴望得到福音布道师……检查的程序可按下述步骤进行，即将您的领地划分为五个区域，每一个地区派遣两位从贵族或选侯属下的官员当中遴选出的视察员，去考察该地区教士们的生活情况，弄清他们的所需，

① 何礼魁著：《路德传》，中华信义会书版部1941年版，第222-223页。
② 《路德选集》下册，香港基督教文艺出版社1968年版，第340-341页。

然后将每年税收的一部分积存起来，以便扩充他们的收入[①]。"路德建议"视察"的目的实际是要监督、整顿和加强路德宗的教会和牧师的活动。此外，路德还建议在萨克森选侯辖区中没收天主教的教产，并把得来的钱用于支付路德宗教会牧师的薪俸待遇和开办学校[②]。

路德的朋友兼助手梅兰希顿和布林哈根一起撰写了《萨克森选侯国视察员给神父先生所授课程》的文章，路德随后为此文章写了"前言"。该文规定了建立路德宗"新国教"的方针和原则，以及视察员据此而进行的工作和活动[③]。萨克森选侯约翰很重视此事，并亲自选定派神学教授和熟谙法律的人充当视察员。1527年6月，选侯签署了《给视察员下达的指示和命令》，授予视察员以全权，到各地考核教士们对教理的熟悉程度，解除资格不够或不遵守路德学说的神职人员的职务。视察员们在两个月内便视察了38个教区的礼拜仪式、财政以及教士的行为，同时认真地登记教会财产。对神职人员，凡是反对路德宗改革观点的，不论是闵采尔派或是天主教派的人，一律必须离开萨克森选侯的各个教区。此外，还没收了一些修道院的教产、圣坛基金及其他基金，将其2/3用于路德宗教会的慈善或教育事业。更进一步采取的措施是：撤销原来的主教辖区，重新划分新的教区，每个教区新设督察1人，总揽宗教事务，直接对选侯负全责[④]。在萨克森选侯的公国境内，由政府负责管理和节制的新的教会组织法，成为路德宗新教各诸侯境内的教会机构和处理教会事务的根据。

路德在新教诸侯的境内，虽然并未把坚信天主教的旧教徒作为异

---

① 马格里特·阿·柯里：《马丁·路德书信选》，伦敦麦克米伦公司，1908年英文版，第147页。

② 格鲁布金：《马丁·路德关于世俗政权及其在宗教改革中作用观点的演化》，见《德国史年鉴》，1978年德文版，第273页。

③ 沃尔夫冈·兰德格拉夫：《马丁·路德》，新华出版社1988年版，第177页。

④ 弗里德里克·赫尔茨：《德国公众观念的演变》，伦敦1957年英文版，第379页。彼得·曼斯：《德国宗教改革》，弗顿堡1982年德文版，第357-358页。

端，表面上还允许他们保留市民的权利和"良心自由"，但是却不允许旧教徒建造礼拜堂、传播旧教教义及公开举行天主教的礼拜仪式[1]。

路德在加强路德宗新教教会的机构和效能的同时，特别提倡向青年给以新教的宗教教育为重点的新教育。路德早在1524年写的《为设立与维持基督教学校致德意志各城参议员书》中就指出过："若为一个城市的安全和繁荣，每年必须将一笔巨款花费在军火、道路、桥梁、水坎和其他无数的事项上，那么为什么不至少花费同样多的钱，聘请两个合格的人，来教育青年呢[2]？"路德强调道："我们必须有人传道，施行圣礼和牧养教会。但若我们让学校衰败，而不代之以基督教的学校，我们如何能得到这批人才呢？原来的学校，即令不消灭，也只是制造一批堕落和有害的骗子[3]。"

1526年，路德曾向约翰选侯上书《关于教育的建议》。信中写道："我等，特别是统治者的重要使命在于对青年的教育，不论在城市或乡村，务必在财政许可的范围内，由教会主持开办学校，阁下您是青年的主要保护者，应当像修建道路，架设桥梁那样，承担起办学的重任，在财力、物力上予以支持[4]。"

路德是德国最早提倡普及小学教育的主要创始人。他曾多次宣传说，教育孩子是国家和家长的神圣职责[5]。路德主张：父母应当把年满6岁的子女送入学校受教育。他发表过《关于送子弟入学义务的演讲》（1530年），这是一篇很重要的论述教育的文章。文中计分四个主要部分，即：（1）教育与宗教家；（2）教养的效果；（3）教师的任务；

---

[1]　何礼魁著：《路德传》，中华信义会书版部1941年版，第154页。

[2]　《路德选集》下册，香港基督教文艺出版社1968年版，第12页、第28页。

[3]　《路德选集》下册，香港基督教文艺出版社1968年版，第12页、第28页。

[4]　《世界大思想家选集》，东京第一书房，1941年日文版，第111-116页、第330-332页。

[5]　哈尔德·杰·格里姆：《宗教改革时代1500-1650年》，伦敦麦克米伦公司，1965年英文版，第226页。

（4）医生的职责①。路德在论文中明确指出：教育的目的有二：一是崇拜上帝，对神的奉献；二是给现世的统治培养人才②。路德虽然一贯重视并强调应由教会主持宗教教育，但他对教育的内容和受教育对象的范围都扩大了。他的教育观具有明显的强调世俗性，表现在路德主张儿童受教育的内容应广泛，要学语言、文艺，特别是历史……同时对各城市、各王国、各个君主和人民生活的情形，也应知道。这样，"可对世界各个方面有史以来的人物、生活、成败等均呈在眼前。扩大知识后，人们就形成了自己的意见，存敬畏上帝的心去适应环境，从历史的学习中知道什么是应寻求的，什么是应避免的，凭这个标准，可以援助并指导别人"③。此外，路德还主张应"叫他们学声乐、器乐和数学"，他反对"叫一个小孩读上二三十年古文"的做法④。综上所述，可看出路德的新教育观中除加强路德新教的宗教教育外，还扩大了多掌握知识和重视世俗性的内容。

（二）德国新旧教斗争的激化和起伏

1. 两次斯拜伊尔帝国议会

1526年6、7月，斯拜伊尔帝国议会开幕。当时由于社会上普遍认为由于教会特权和苛诈勒索，引起了德国各地农民战争的爆发，各地农民战争虽然相继遭诸侯镇压，但人们反教会、反诸侯的情绪仍然高涨，再加上法王法兰西斯一世在教皇支持下，成立了科尼亚克同盟（1520年5月26日）反对德皇查理五世。因而许多天主教诸侯没敢出席这次帝国

---

① 《世界大思想家选集》，东京第一书房，1941年日文版，第111-116页、第330-332页。
② 金正晴勇：《路德及其时代》，1985年日文版，第244-249页。
③ 《路德选集》下册，香港基督教文艺出版社1968年版，第26页。
④ 《路德选集》下册，香港基督教文艺出版社1968年版，第27页。

议会，所以这次议会中路德派的代表占了多数。议会期间不仅否决了奥地利大公斐迪南德代理德皇提出的继续贯彻1521年5月颁发的沃姆斯会议敕令及其他禁止宗教改革决议的要求，而且会上还通过了支持路德宗教改革的决议。主要内容有：宽赦反对沃姆斯敕令的人，宣讲上帝的道和语言应不受限制，在新的宗教大会召开以前，各邦都有权按照它对上帝和皇帝的保证生活、治理和行事，另外，决定僧侣可以结婚，俗人的信徒都可以用圣杯（指圣餐中领饮圣酒）。礼拜仪式时可用拉丁语亦可用德语，应大量减少节日等。

1526年这次斯拜伊尔帝国议会的决议，显然是路德派宗教改革主张的胜利，各邦权限的扩大对诸侯的利益和割据有利。这时正忙于同教皇打仗的德国查理皇帝和企图控制匈牙利和捷克的奥地利大公斐迪南德出于无奈只好暂时默认。这样的形势下，德国北部一些诸侯纷纷加入了路德派，建立新的教会组织，夺取教产，不再向罗马缴税。在各邦中，诸侯成了新教会的最高首脑，下设宗教法庭代表诸侯审理本辖区内的宗教事务和案件。

由于各地路德派新教会分别以该地诸侯为首，互不统属，全德国并无统一的路德教会，为了解决各地教会存在的问题，路德在萨克森选侯的委托下，从1528年10月起携同神学家尤斯图斯·约那斯和法学家汉斯·梅奇等，赴各地去视察、指导讲道、调查教会和牧师的工作情况，同时解决法律上的诸多疑难问题，共历两个多月的时间视察完毕。参加视察的人员共同定出详细的指示，要求各地路德派教会照办。这些参加视察的人员，后来便是路德宗教会最初的法庭成员（维登堡宗教法庭于1342年成立）。路德本人在这次视察归来后便着手编写供路德宗教会遵行的《小教理问答》（1529年9月出版）。

1526年斯拜伊尔帝国议会后，路德派迅速发展，引起罗马天主教派诸侯的强烈愤怒，他们在其领地内疯狂迫害信奉路德新教者，两派之间的矛盾日趋激化。这时德皇与西班牙联军对法王法兰西斯一世的战争得手，德皇查理五世在天主教诸侯的支持下，决定召开一次斯拜伊尔帝国议会打压路德教派。

1529年2月26日，斯拜伊尔帝国议会开幕。这次会议与1526年那次帝国议会迥然不同，是天主教诸侯占优势。会上宣读了德皇查理五世的谕旨，严禁进行一切改教的活动。4月12日议会通过决定并颁布德皇下达的新法令，规定1521年颁布的沃姆斯帝国议会反对异端的禁令必须严厉执行[①]。同时强调了"在路德教派诸侯的领地内，天主教徒享有充分的宗教自由，但在天主教诸侯的领地之中，严禁传播路德教派以及慈温利派和再洗礼派的观点，违者当以武力肃清"[②]。甚至还宣布在天主教诸侯辖区禁止路德派存在，不容许圣餐中俗人信徒享有圣杯权，尤其不得剥夺天主教会的权力和收益。

德国信仰路德宗的诸侯，对此次帝国议会的决定联合反对。他们公开在1529年4月19日提出了"抗议书"，声称1526年斯拜伊尔帝国议会的决议，这次会议上无权否决。他们不承认这次帝国议会的决议，不受其约束；如果他们被迫在服从上帝或皇帝之间做选择的话，他们决定只服从上帝。他们主张应复原按1526年斯拜伊尔会议中的议决案执行。即主张"允许新教的诸侯国，有权管理自己的内政和教会"。新教的抗议者们被称为"抗议者"（Protestant，又译为抗议宗）或称"复原派"（复原按1526年斯拜伊尔议会的决定）。后来，抗议宗（抗议派）泛指所有与罗马天主教分裂抗衡的所有新教徒们。4月22日，一部分抗议派又缔结特别的"秘密协定"，宣布互相支援以反击对抗议派的攻击。他们表示"必须敢于在上帝面前公开地进行抗议活动"[③]。先后参加抗议

---

① 谷勒本：《教会历史》，香港道声出版社1983年版，第314-315页。
② 维·恩·格伦：《文艺复兴和宗教改革》，伦敦1977年版，第142页。
③ 罗兰德日·巴因顿：《我在尘世间》，伦敦1978年，第248页。

派（宗）的有：萨克森的约翰选侯、黑森的腓力伯爵、勃兰登堡的乔治边地侯、安哈特的沃尔夫侯爵、不伦瑞克的恩斯特公爵和吕纳堡的弗兰茨公爵6个路德教诸侯。此外，还有德国和瑞士的14个新教城市，即海尔布琅、依斯尼、肯普滕、康斯坦茨、圣加伦、斯特拉斯堡、乌尔姆、魏森堡和温德海姆等城市的代表①。这些抗议派的代表虽然在4月25日呈交给皇帝的声明中都签了字，但他们之间的认识、看法和主张并不完全一致。特别是路德和瑞士的慈温利两个新教改革流派之间还有些分歧。双方在1529年10月3日至5日各组一个代表团于德国黑森的马尔堡（法兰克福稍北）举行过会谈，最后在圣餐问题上各执己见，新教徒之间的团结受阻，出现了分裂。

2.《奥格斯堡告白》

1530年2月24日，罗马教皇在博洛尼亚为德皇查理五世举行加冕礼，查理正式称为神圣罗马帝国的皇帝。查理决定亲自解决德国的宗教纠纷，否则不惜用武力镇压宗教改革运动。德皇加冕后发出传召，要求各个等级的代表出席在奥格斯堡举开的帝国议会，捐弃旧嫌，所有臣民都应在一个基督、一个教会、一个国家和团结的气氛中生活。

6月20日，奥格斯堡帝国议会开幕，由于1521年的沃姆斯敕令并未解除，路德不能与会。他留在萨克森的科堡，但与会议联系密切。路德希望皇帝不要做出违反上帝的道和帝国宪法之事，"要把皇帝所为或他的顾问们盗用德皇名义干的事，加以区别"。

查理五世在开幕式上宣布，要用公平合理的办法解决德国的宗教分歧和争端，再次要求新教徒提出他们的意见和主张。6月25日，路德派向议会宣读并交出他们的系统主张，称为《奥格斯堡告白》（*Augsburg*

---

① 马克斯·斯坦因美茨：《自1476年至1648年的德国》，柏林1978年德文版，第192-193页。

Confession）呈给皇帝。《奥格斯堡告白》共28条，内容包括路德教的基本主张和反对目前的弊端两个部分，由梅兰希顿起草，经路德审定，并经萨克森公爵、勃兰登堡侯爵和纽伦堡城的代表等签字。实际是路德教的基本信条。

《奥格斯堡告白》（以下简称《告白》）中宣布承认天主教已承认的教义，如早年尼西亚会议确定的"三位一体"、原罪说、耶稣复活、末日审判等天主教固有的教义，沿袭天主教原定的属于异端的派别，如阿里乌斯派①、再洗礼派等派别，并加以攻击。此外，关于圣餐礼，在《告白》的第10条中规定："基督的体、血真正存在并分发给那些领圣餐的人；我们的教会反对那些与我们不同主张的人②。"关于自由意志，提出"人的意志在民事审判和选择从属于理性的事情上，有一定的自由。然而，没有圣灵，它没有能力得到上帝的义或属灵的义"。（见《告白》第18条）这实际上都是不点名地强调路德派与慈温利派的界限。《告白》还强调，教会与合法的国家和社会制度都符合上帝的意志，应当尊敬与服从。在《告白》的第21、22、23条，多处引证奥古斯丁和教皇的言论，证明路德教在教义和仪式上，没有违反圣经或大公教会之处③，要反对的仅是一些弊端④。

值得注意的是，路德一再强调和标榜的"唯信称义"，在《告白》中没有重点阐析，仅在第四条中一带而过地写道："人在上帝面前不能

---

① 阿里乌斯（Arius，约250-336年），亚力山大城主教，反对三位一体的基督教中其信徒另一信仰派别，被尼西亚宗教会议定为异端。

② 在《奥格斯堡告白》第10条中就圣餐问题，明确写出："我们教会不赞成凡施教与我们不同的人（所以我们拒绝凡与此相反的教理）。"

③ "大公教会"即罗马天主教会，1054年东西教会分裂时西派以罗马为中心的教会称"公教""加特力教"。

④ 从《奥格斯堡告白》全文可以看出，并未强调各种弊端。全文见《历代基督教信条》，香港版，第60-94页。

凭自己的能力、功劳或善行得称为义，然而人因基督的缘故，借着信，就白白地得称为义[①]。"文中没有强调"唯信称义"中的"唯"字，是重要的缺陷。

因《告白》中对德国资产阶级的观点和要求，没有充分表述出来，因而向诸侯和天主教谋求妥协的企图比较明显。以至有些城市的代表不同意《奥格斯堡告白》的内容，另外发表了自己的信仰、主张的声明。7月11日，斯特拉斯堡、康（君）士坦茨、林道及门明根城发表了《四城告白》，瑞士的慈温利也单独发出声明《上查理五世论信仰理由书》，不同意《奥格斯堡告白》。

还应指出，路德派在上交《奥格斯堡告白》给皇帝时，因担心查理五世不了解他们希望得到的宽容、和解，为免遭德皇、天主教诸侯、教皇等联合镇压的命运，故呈《告白》的同时，另附有一信给德皇。信中强调基督教各派要"平心静气地""协商"，以便"生活在一个基督教会里"，因为"我们大家都是基督的臣民和战士"。

尽管路德派在《告白》中，调子降得很低，但帝国的奥格斯堡议会中，天主教诸侯多数派仍拒绝《告白》中的主张。1530年11月19日，议会通过决议，宣布从翌年（1531年）4月15日起将用武力镇压新教徒，还下令新教今后再进行教义和仪式等的改革，不得迫害其辖区内的天主教徒，但必须帮助镇压再洗礼派和慈温利派。在这种局面下，路德派诸侯和城市代表抗议并退出了议会。帝国议会中的天主教诸侯决议沃姆斯敕令继续有效，恢复天主教会的教产和审判权，授权帝国法庭审理帝国内部案件。路德派面临被镇压的危险。

奥格斯堡议会后，路德教会虽仍坚持唯信称义和廉价教会的主张，但已无建立民族教会之可能。已改神父为牧师，牧师可自愿结婚等没

[①]　从《奥格斯堡告白》全文可以看出，并未强调各种弊端。全文见《历代基督教信条》，香港版，第60-94页。

变。简化了宗教仪式，只承认洗礼和圣餐礼，用地方语言做礼拜等。

3. 《士马尔卡登信条》

1530年12月23日至31日，路德派诸侯和城市的代表在萨克森西南部士马尔卡登城集会，研究对付奥格斯堡帝国议会11月19日在多数天主教诸侯操纵下的决议案，北德的重要诸侯和城市多数参加，最后商定结成同盟，共同反击天主教诸侯的指控和武装袭击。同盟的领袖是萨克森选侯和黑森伯爵，签字加盟的还有吕内堡公爵、曼斯菲尔德伯爵及不来梅和马格德堡城市的代表等。后来这个同盟的势力逐渐扩大。新罗马教皇保罗三世（1534–1549年）上任后，鉴于德国新教势力渐增，天主教会内部支持本身改革的势头也扩大，乃扬言召开新的宗教大会解决分歧，士马尔卡登同盟委托路德起草一个文件，提交同盟讨论，此即《士马尔卡登信条》。

《士马尔卡登信条》在内容上与1530年6月25日提出过的《奥格斯堡告白》唯一不同之处便是坚持了唯信称义这一条主张[1]，并表示"就令天地和永不存在的东西都毁坏，我们在遵守这个信条上一点也不能让步"。而《信条》的主要内容则集中在宗教教义的讨论上。如有关福音、认罪、授职、修道，以及圣餐、洗礼等问题上，仍然强调了路德新教和天主教有四大共同点，其中如：三位一体、末日审判等双方并无分歧。在《士马尔卡登信条》中最为遗憾的是没有着重提出德国的民族独立、反对分裂割据，没有明确脱离罗马教廷的控制，因而这个《信条》并非路德的宗教改革脱离罗马教廷的"宣言"。路德教后来依附于新教诸侯，同《士马尔卡登信条》未能明确反对德国的分裂割据状态是密不可分的。

继路德新教诸侯和一些城市结成士马尔卡登同盟之后，德国的天主

---

[1]　路德：《士马尔卡登信条》，《路德选集》下册，第114页。

教诸侯，经过酝酿和准备，在1538年6月，以奥地利大公、巴伐利亚公爵、美因兹和萨尔茨堡大主教等为主，在纽伦堡成立了天主教同盟。此后，士马尔卡登同盟同天主教同盟双方，在帝国议会及其他场合中继续进行无休止的争论，始终未达成正式协议。

（三）路德后期的重要著述

自1520年路德后期的宗教改革期间，不论是两次斯拜伊尔帝国议会以及奥格斯堡帝国议会，都由于1521年德皇签署的《沃姆斯敕令》（即《帝国敕令》）的限制，没有德皇取消路德的异端罪名，未得到德皇准予安全行动的敕令，所以路德没有参加会议，只能留居在"抗议派"境内科堡这个坚固易防的城堡之中。路德被"抗议派"共尊为精神首领，他不仅及时了解帝国议会中的重要信息、交流看法和提出指导意见，而且许多重要文件、《告白》《信条》等都是由路德执笔草拟或由他审定的。

路德留居科堡同他1521年时避居于瓦德堡时，居然有某些相同之点：即这次路德也潜心写作，先后共写出大大小小12本书。他继续翻译出圣经旧约全文及拉丁寓言，他还编辑了饶有兴趣的成语格言。此外，他还写了很多信件，迄今留存下来的计有123封之多[1]。但这次与上次很大的互异和不同处，具体说来，（1）路德1521年避居瓦德堡时，改装易服，更名为"乔治"，共住10个月，而这次留居科堡期间，全国新教势力扩大，形势趋缓，路德并未更名。（2）上次他是德国各个阶层，特别是被下层大众拥戴的反对罗马教廷和德皇的英雄、领袖；这次路德的着眼点集中在创立路德宗教会、教义等问题的争论，他是不同教派之

---

① 何礼魁著：《路德传》，1941年版，第194-195页。

争中一派的首领。（3）这次路德靠信使的往来，从科堡直接指导了在奥格斯堡的斗争。他写出、送去的《劝告在奥格斯堡的诸侯首领》的小册子，后来被称为"路德的奥格斯堡信条[①]"。路德后期在1529年后最重要的贡献是他进行了系统的著述，加强了路德宗教会的教理建设。

1529年5月，路德刊行了他的两本《基督徒要学》[②]。大本的《基督徒要学》首先著成，是专门为年长的父母和教师而写。小本《基督徒要学》主要是为了教导儿童，作为基本训练的教材。两者都阐述路德新教基本教义，浅显易懂[③]。

路德居科堡期间，根据他一贯强调的德国人应该用德文阅读圣经的主张，他在翻译《旧约》同时，又写出了《论翻译》一文，利用自己对所译的《罗马人书》第三章第二十八节进行辩护和注释说明之机，在文中论述了"因信称义"和"善功"的真谛[④]。1536年12月，路德应萨克森选侯约翰之请完成了《士马尔卡登信条》（又译为《施马尔卡登信条》），共21信条。虽然该《士马尔卡登信条》在士马尔卡登同盟于1537年2月所召开的会议中因同盟成员中意见分歧未被全部采纳，但它是路德当时的观点和个人见解的反映，说明路德认为同天主教主要分歧之处是在"因信称义"上。

路德先后译完的全部德文圣经，在1534年终于正式出版。此前，《新约》的德文译本早在1522年9月已问世。路德对于篇幅甚大的《旧约》的翻译工作历时较久，直到1532年才把第三部"先知书"译毕。为使阅读者便于了解圣经，路德对大部书写出了序文。路德撰写的序文，多数是简短的内容提要，只有少数序文才涉及该书的时期、性质、作者

---

① 何礼魁著：《路德传》，1941 年版，第 193-197 页。

② 即《基督教信仰的纲要并说明》，又译为《大小教理问答书》，载于濑治著：《路德与宗教改革》，东京成文堂新光社 1980 年日文版，第 246 页。

③ 谷勒本：《教会历史》，香港道声出版社 1983 年版，第 315 页。

④ 《路德选集》下册，第 88-89 页。

和教义①。

1539年3月，路德脱稿完成的《论教会会议与教会》一文，是路德后期宗教改革最重要的代表作。文中宣布对罗马天主教会已完全失望，应当恢复教皇制度兴起以前的教会。本文系统地论述了路德宗教会的教理和教义，还对《士马尔卡登信条》加以注释和补充。

《桌上谈》是路德后期重要的著述之一。因路德的家庭是各界名流荟萃之地，家中经常有远近来的客人与路德共餐。路德在桌上互相交谈或回答友人及学生提出的问题，桌上交谈或议论的内容均由友人和学生做了记录。从1531年起（或从1532年初起，详见《路德选集》下册，第291页），一直到路德逝世前的最后一餐为止，路德所谈过的内容十分广泛，从谈论上帝、教皇、帝王，教会会议、教理、圣礼，甚至涉及犹太人、土耳其人等，无所不包，从中充分表述或反映了路德对基督教、对宗教改革及人世间许多事物的观点。《桌上谈》这本书直到路德逝世以后，于1566年才首次用德文出版。

在路德后期宗教改革活动中，还有一个重要事件，是路德支持他的挚友阿姆斯多夫当上了德国第一位福音新教路德宗的主教。在萨克森选侯公国中部的瑙姆堡——蔡茨教区的菲利普主教逝世后，选侯支持市民推选路德宗的新教人士担任完全福音路德新教区的主教。有些人公推路德，但路德婉拒了。最后终于选出维登堡大学校长阿姆斯多夫为新的主教。路德有过一句名言："我的思想在我的朋友阿姆斯多夫那里休息。"这充分说明他们俩人的观点完全一致。在1542年1月19日阿姆斯多夫上任主教职务的极其隆重的仪式上，路德专门就路德新教主教的职位等问题做了讲道②。

---

① 《路德选集》下册，第208-210页。

② 沃尔夫冈·兰德格拉夫：《马丁·路德》，新华出版社1988年版，第216-217页、第220页。

自1542年起，路德开始讲授《创世纪》，这时他已体弱多病。直至1544年，路德仍继续视察修道院，还为瑙姆堡——蔡茨教区的《宗教问答》一书写了前言。1545年3月，在路德写的《拉丁文著作集》初版问世前，他写了自传的序。晚年的路德，仍坚持了同罗马教皇继续做斗争。当萨克森选侯请路德写信答复教皇保罗三世（1534–1549年在位）发出的特兰托（Trento，又译特兰特）宗教会议的邀请时，路德写出了他逝前的最后一篇文章，其题目为《反对由魔鬼创立的罗马教廷》[①]。

1545年11月，路德停止了他在大学兼职33年的生涯。他应曼斯菲尔德伯爵们的邀请，在1545年1月23日，不顾体力不济和旅途的艰辛，冒着隆冬的严寒，在儿子们的陪护下，从维登堡前往他的家乡埃斯勒本，去调解伯爵之间因领地争端而引起的纠纷。路德从1月29日至2月17日，在他病重、生命的最后时日，仍在埃斯勒本做过四次讲道，主持过两次圣餐，还给两位牧师授职等。他最后那次讲道，因病体实在不支未能完篇而倒在台上。世界历史上声名卓著的宗教改革活动家、路德新教创始人马丁·路德，终因长期身患肾胆结石症和勤于著述，于1546年2月18日凌晨2时45分在他的家乡埃斯勒本与世长辞了[②]。路德享年63岁，他的灵柩在2月22日安葬于29年前他曾张贴过《九十五条论纲》的维登堡教堂之中。马丁·路德堪称是一位为宗教改革事业奋斗终生的历史巨人、思想家和活动家。

路德对当时罗马教廷的认识与批判，尽管有过含混模糊，或深或浅，或未切中要害之处，但基本态度是一贯的。路德的宗教改革反映了德国形成中的资产阶级的基本要求，也符合了新教诸侯的利益。路德对德国农民战争的诋毁，对人民宗教改革活动的否定均属史实，因他本人

---

① 沃尔夫冈·兰德格拉夫：《马丁·路德》，新华出版社1988年版，第216-217页、第220页。

② 塞里·缄普尔：《路德生平》，慕尼黑1982年德文版，第646-647页。德和义善：《世界思想家之五·路德》，东京平凡社1976年日文版，第28页。

从未参加过农民战争，故不属叛徒之列。马丁·路德的宗教改革，早、中、晚期既有一贯性亦各有特点。

由于16世纪20-40年代以来，德国新旧教斗争的起伏和变化，士马尔卡登同盟和天主教同盟之间的内讧迭起，德皇查理五世认为这对他加强皇室中央集权是极大的障碍。同时，德皇为了压抑新教宗教改革的发展，便同教皇保罗三世商定召开新的帝国议会或新的宗教会议。罗马教皇想维护和巩固天主教会的垄断地位，重点是反对异端。教皇和一部分天主教会人士认为天主教会内部应在教皇领导和主持下进行宗教改革，必能削弱或扑灭新教的宗教改革运动。经过德皇、罗马教廷、耶稣会之间的交流和酝酿，决定举行宗教会议。但对会议地点又有争论。德皇不愿去意大利，教皇反对去德国，最后决定在意大利北部的帝国城市特兰托举行。

特兰托宗教会议于1545年12月13日举行，时开时停，共开了长达18年之久，迄1563年12月3日才宣布结束。会议经历过教皇保罗三世、尤里乌斯三世（1550-1555年）、马赛勒鲁斯二世（在位三周）、保罗四世（1555-1559年）和庇护四世（1559-1565年），先后由五个教皇主持或控制。会议共历三个阶段。德皇、法国国王都不同程度参与或影响了会议及其决议，德皇同教皇及德国的新旧教之间的斗争在"改革"名义下不断展开。会间时而激烈，时而又有妥协。

德皇查理五世鉴于特兰托宗教会议冗长，问题难决，乃决定靠自己解决德国的宗教纷争。他任命三名分别信仰中世纪神学、伊拉斯谟派及路德派的神学家，为他起草制定了一个各方面都能接受的文件，并于1548年5月15日强迫在奥格斯堡召开的帝国议会中勉强通过，此即《奥格斯堡宗教妥协》（以下简称《妥协》）。在《妥协》文件中，宣布恢复天主教会规定的七种圣礼和有关的宗教仪式、节日、斋戒及教阶制，承认罗马教皇仍是教会的首脑。《妥协》里，有条件地采纳了路德派的一部分主张，如允许教士结婚、俗人信徒可领圣杯，以及同意改头换面的"因信称义"说。德皇靠利用调来的西班牙军队刺刀威胁下出台的《妥协》文件，曾遭到过德国各阶层的反对[①]。

1548年后德国形势更加复杂。查理五世经过1547年米尔堡之战，加强了皇权。这引起了力图巩固分裂割据局面的天主教诸侯的不满，罗马教皇趁机鼓动德国旧教诸侯反对德皇。1552年，法王亨利二世支持萨克森新选侯莫里斯大公互订秘密协定出兵入德境反对德皇。1548年3月–5月，莫里斯大公与一批新教诸侯在帕绍（Passau）集会后，并同查理五世之弟奥地利大公斐迪南德为首的天主教派谈判，决定另行召开由两派诸侯公正代表参加的会议解决两派长期以来的分歧，并主张新旧教分别享有同等的自由和权利。此即"帕绍条约"的主要内容。然遭德皇拒绝，而其弟斐迪南德却表示同意。1552年12月查理五世率军攻打法军占据的梅斯，又告失败，无奈乃把处理德国事务的权力交其弟斐迪南德大公。

（四）奥格斯堡宗教和约与路德教的传播

1555年，在斐迪南德大公主持下，研讨解决德国新旧教问题的奥格斯堡帝国议会在2月5日开幕。路德派新教诸侯决定抵制此次会议，他们于3月初在瑙姆堡另行召开会议，商定共同坚持1530年《奥格斯堡告白》的共同立场，互相支持。瑙姆堡会议实际是路德派向奥格斯堡帝国议会示威，表明如不承认路德新教的合法地位，则德国不可能和平安定。后来，他们又向帝国议会提高了条件，要求制定一项公法，保障帝国境内的路德教可以合法拥有已经还俗或将还俗的全部教产，要求路德

---

① 林赛：《宗教改革史》上册，商务印书馆1992年版，第388-400页。

教徒可以居住在各个天主教邦中，但不允许新教邦内存有天主教徒等。出席帝国这次议会的天主教代表对此勃然大怒。新旧教之间的战争面临重新爆发的危险。

在此关键时刻，代表德皇的斐迪南德大公和萨克森的腓特烈（此前被德皇废黜的约翰·腓特烈选侯和后被德皇确定的莫里斯选侯已先后死去）分别代表旧教和新教双方出面反复协商，经过几个月的争执和讨价还价之后，终于达成协议，经奥地利大公斐迪南德代表德皇查理五世于1559年9月25日正式签署了《奥格斯堡宗教和约》。

《和约》规定的内容是：

（1）路德教在帝国内合法存在，但不包括其他新教。

皇帝、选侯、诸侯和各阶层人士，将不因《奥格斯堡告白》所宣示的教义、宗教和信仰，而对帝国的任何阶层诉诸战争，对那些坚持它的阶层既不加以危害也不以暴力相加。同时笃信旧教的其他阶层也拥有相同的权利。对于"所有其他非上述两种宗教之信徒，不包括在本和约之内，而应完全予以排除"。

（2）凡1552年帕绍条约之前已没收之教产，"应认为是已被没收的，按照处理被没收财产中处理每项财产的规定加以处理"。（指没收的教产合法）[1]

（3）在谁的国家信谁的宗教。诸侯有权决定臣民的信仰，不服从者可以变卖财产后迁出。

以上三条经全体一致同意写进和约中。但尚有两个问题没有达成协议。

一个是教会权益保留权问题。天主教诸侯坚持任何旧教徒一旦改变其信仰，便自动丧失其原有的职位和封地，斐迪南德认为这个主张正

---

[1]   鲁滨孙：《欧洲史资料选读》第2卷，第113、117页。《世界古代及中古史资料选集》，北京师范大学出版社1991年版，第592-595页。

确，写进和约的第6条，但路德新教声明不受它的约束。

另一条是路德派要求天主教各邦里路德教徒们有信仰自由，但不能给路德新教所属各邦中天主教徒以信仰自由。此条遭天主教各邦代表的反对，没有能写进和约之中。不过在和约的第14条中规定，在帝国城市或自由城市中，双方"应当和平安静相处，任何一方不得冒险破坏另一方的宗教及其礼拜习惯和礼仪等因而迫害他们"[①]。

《奥格斯堡宗教和约》承认路德教与天主教在帝国的平等地位，是路德新教派经过42年来的艰苦斗争取得的胜利，它是欧洲第一个经统治者签署的宽容新教徒的和约，但其他新教（如加尔文教等）并不包括在内。和约虽承认帕绍条约以前已没收的教产为合法，但并未制定具体办法。此后宗教冲突、教产之争仍层出不穷。有人讲《奥格斯堡宗教和约》确立了"宗教信仰自由"，否！这种"自由"是属于当权诸侯的。诸侯辖区内的群众只能服从诸侯的信仰。这个和约实际上扩大了诸侯的权力，却损伤了德意志民族争取国家统一的民族利益。和约签订当年，查理五世退位，将德意志帝国和西班牙分别交给其弟斐迪南德为帝，交给其子腓力二世为王。神圣罗马帝国名虽存、实际已瓦解。自此，在欧洲哈布斯堡王室出现了两支。《奥格斯堡宗教和约》暂时缓和了德国境内的新旧教之间的矛盾，但宗教之间的分歧和斗争，在各国各地长期存在着是客观存在的历史事实。

马丁·路德的宗教改革震动了德国，也影响了欧洲。16—17世纪瑞士、法、英、尼德兰、波兰、捷克及北欧诸国都受到路德宗教改革的理念、思想、教义、习俗等多方面的不同影响。在德国，接受路德教"合法"化后，分裂割据局面更加剧，德国的北部和东北部路德教诸侯集团势大；南部和西南部天主教诸侯集团实力雄厚。普鲁士的条顿骑士团领

---

① 鲁滨孙：《欧洲史资料选读》第 2 卷，第 114、116 页。《世界古代及中古史资料选集》，北京师范大学出版社 1991 年版，第 591-596 页。

地还俗成为普鲁士公国后，路德教广为流行。在英、法、波、匈等国内路德教都得到了一部分信徒。

路德教在北欧传播最广，成为加强王权的有力工具。

1519年，丹麦国王克里斯琴二世（Christian，1512–1523年，系萨克森选侯之侄和德皇查理五世之妹夫）邀请萨克森选侯派人前往丹麦帮助推行路德的宗教改革，后来卡尔施塔特等先后赴丹麦传教。1524年，汉斯、陶森（Hans Tansen）在维登堡学成归国，人称他是"丹麦的路德"。丹麦国王克里斯琴三世（1534–1559年）于1536年10月，颁布哥本哈根敕令，教产归国王，1537年丹麦改奉路德教。

1519年，瑞典人奥拉夫·彼得森和拉尔斯·彼得森兄弟二人在德国维登堡学成回瑞典，各处传播路德的宗教改革主张，受到群众欢迎。瑞典国王古斯塔夫·瓦萨（Gustavus Vasa，1523–1560年）于1527年颁布韦斯特拉斯（Westeras）敕令，宣布没收教产，并在瑞典建立路德教会。

北欧的挪威是在1539年建立路德教会、改奉路德教的。

马丁·路德的宗教改革历程是欧洲宗教改革史中的重点章。路德教同加尔文教、同英国的"安立甘教"等新教的异同点，将在其他有关章节中另述。

第四章

奋争"千年天国"和"公有社会"
——闵采尔、盖斯迈尔和海尔高特的宗教革命

一、闵采尔毕生为争取"千年天国"而奋斗

（一）闵采尔的青少年时代

15世纪末的德意志，全国四分五裂、群雄争霸。强大的天主教会和贵族诸侯、达官贵人们，狂傲、为所欲为地横行国内。无论是在帮工、贫农的茅舍里，还是在骑士的寨堡中，到处都充满愤慨不满的情绪。闵采尔的"千年王国"的革命学说，如同闪电迅雷般刺破了黑暗的长空，启示了贫苦百姓求解放的道路。

闵采尔，这个光辉的名字，是德国人民的骄傲，也是世界革命人民的光荣代表。他不仅是德国农民、平民的宗教改革领袖，是伟大的德国农民战争的组织者和领导人，而且还是空想社会主义的先驱者之一。托马斯·闵采尔1489年12月21日出生于德国北部萨克森哈茨山区采矿工业

中心的小镇施托尔堡。他的父亲是一个铸造钱币的小手工业者，相传闵采尔少年时父亲死在施托尔堡伯爵的断头台上。闵采尔的母亲生于中等市民之家，亲戚中有很多神职人员。少年时，闵采尔深得母亲和舅父摩里茨的疼爱和指导。摩里茨是一个小印刷所的老板，兴趣广泛，知识面宽。闵采尔从小受亲戚的影响很大，熟悉了圣经中许多故事，立志长大学习神学。闵采尔聪明伶俐，又勤奋好学，小学时拉丁语的成绩在全班里名列前茅，得到老师们的好评。他在赫尔中学读书时，曾组织秘密团体，反对马格德堡大主教和罗马教廷的宗教专制。

闵采尔17岁考入莱比锡大学以后，又进入美因兹等大学主修哲学和神学，因成绩优异，获得学士和硕士学位。他还选修过医学课程。学生时代的闵采尔不仅阅读大量基督教神学早期权威作家（教父）的作品和宗教会议的文件记录，而且对历史上古典作家的著作也爱不释手。对《圣经》，据说绝大部分内容他都精读到倒背如流的程度。他为了能深入钻研《圣经》，还学会了希腊语言和希伯来语，在任何场合都能用圣经来论证自己的观点。在大学阶段，闵采尔一方面接受了人文主义思想，写过一些人文主义作品；另一方面，他对伊拉斯谟和胡登等人的作品都有了解，知识面十分广博。

闵采尔先后迁居艾斯累本和哈勒城，做过教区学校的教师和一些地区的传教士。他青年时期到各处游历，结交了许多贫苦农民、矿工、纺织工及印刷工人，目睹了人民大众的饥困生活。他利用传教士身份，广泛开展了宗教改革的鼓动。

1493年在德国亚尔萨斯等地农民和"鞋会"斗争活动的传说，对闵采尔的影响很大。1515年，闵采尔在弗罗泽当了女修道院的见习神父。他虽然执行着天主教神职人员的任务，但因目睹教会中的腐败和人民的贫苦，使他对圣经的内容和教会的教条产生了怀疑。

1517年10月31日，马丁·路德在维登堡教堂贴出反对贩卖"赎罪券"的《九十五条论纲》时，闵采尔正是28岁的青年。他曾拥护路德的主张，投奔路德，先后在维登堡和尤特博格小城公开发表言论，抨击罗马教皇，支持路德的宗教改革。

1519年9月末，维登堡大学教授卡尔什塔德和路德先后同德国著名神学家、坚决支持罗马教廷的约翰·艾克在莱比锡进行公开辩论。闵采尔观看了双方辩论的全过程，他开始发现自己同路德的观点虽然有相同之处，但并不完全一致。此后，当有人建议闵采尔去博伊蒂茨小镇的女修道院当神父时，他便去了。闵采尔一面担任繁忙的神职工作，一面非常勤奋地读各类书，包括神学、著名的法国神秘主义神学家约翰·陶勒（1300–1361年）的著作，以及古代犹太历史学家和军事统帅弗拉维·约瑟夫斯（约公元37–95年）的《犹太战争史》和一些编年史等。闵采尔一直专心地博览群书，研究各家的思想观点，对他本人博学多才、革命思想的形成有着重大的影响。

青年时期的闵采尔有两个突出的特点：一是艰苦朴素，节衣缩食、勤奋好学，尽量减少开支。他为了节约纸张，经常只用小的便条写字。他用来买书的钱，常超过自己的财力，因买书而欠债。他的学识很渊博，常广泛收集古代作家和人文主义学者的作品。二是他关心和同情人民的疾苦，乐于助人，敢于揭露社会矛盾。他当学生时经常放下学业，后来也常暂放下传教士的任务，外出接触贫苦农民、矿工、纺织工人、印刷工等，甚至到雇佣兵聚集的篝火旁，同他们攀谈。由于目睹人民的饥寒交迫，耳听苦难群众的激愤倾诉，他的思想和主张渐趋激进。闵采尔开始敬仰捷克的胡斯，赞成塔波尔派关于"上帝选民"的观点。他认为胡斯运动中激进的塔波尔派主张建立没有特权等级的自由教会公社，将土地交给农民是很好的主张，是"上帝的选民"，争取的是"人间的天国"。闵采尔反对那些掠夺人民财物的人，他认为欺压别人的人都是"亵渎上帝者"。闵采尔主张在德国进行激进、彻底的宗教改革思想，在他青年时期逐渐酝酿起来。

（二）从茨维考、布拉格到阿尔斯特德

1520年4月中旬，闵采尔由路德推荐，担任了茨维考城圣玛利亚教堂传教士艾格兰休假期间的代理神父。

萨克森选帝侯境内的茨维考城有一条从法兰克尼亚通向萨克森的大路，南德的商人经常通过茨维考把货物转卖到莱比锡、西里西亚和捷克。此城附近有银矿，纺织业也发达，工商业活跃，以生产呢绒和转卖货物而闻名。萨克森选帝侯把此城称为"自己领地上的一颗明珠"。许多教会的首脑也把茨维考城看成一块肥肉。

当这位中等身材相貌平常，长着一双敏锐和炯炯有神黑眼睛的闵采尔布道时，教堂里往往挤得水泄不通。因为他没有矫揉造作，敢于仗义执言、揭露社会矛盾，又能通俗生动地讲解圣经教理，而且不限于在教堂内传教。他用很多时间去工场、作坊或居民住宅走访。他经常去的地方是茨维考城的贫民窟——"狗街"。闵采尔起初联系的主要是织布工和梳毛匠，后来同附近矿工的来往也十分密切。他生活清苦，常把省下来的钱救济给穷人度日。

闵采尔同茨维考城矿工和纺织工人当中早已组成的"再洗礼派"来往频繁。再洗礼派对封建制度不满，要求实现平等社会。他们不承认教会宣讲的婴儿所受的洗礼终生有效，而主张信徒到成年时必须再度受洗。这一地区再洗礼派领袖是织呢工人尼克拉斯·施托黑。闵采尔本人并非再洗礼派教徒，当茨维考城市政当局打击压制再洗礼派时，他在讲坛传教中公开赞扬了施托黑。闵采尔的言行，逐渐引起上层市民的厌恶。市政当局认为闵采尔"不安分"，可能引起百姓的骚动，因而盼望原传教士艾格兰早日回来。面对市政当局对自己的不满，闵采尔在1520

年7月13日专门致函路德，敬称路德是"朋友中尊敬的榜样和灯塔"，请教自己下一步应怎么做？但路德的回信使闵采尔很震惊，路德并不同意闵采尔支持贫苦人民的激进改革要求，反而主张要"稳健"。这时，闵采尔同路德之间从观点到行动的分歧更大了。

不久，原主教艾格兰归期临近，闵采尔便离开玛利亚教堂转到较小的圣叶卡德琳教堂传教。经常来此教堂做礼拜的多是穷苦、衣衫褴褛不堪的贫民和呢绒工。闵采尔宣扬骑在人民头上的僧俗统治者必须消除干净；人民应当团结起来，建立秘密工人。因此他的传教获得更大的成功。在广大贫苦教徒的支持下，闵采尔的思想更加激进。他指出：人们被富人霸占侵吞去的财富应当追要回来，私有制应当取消同盟，准备反抗压迫者的暴动，用武力改变现存的社会秩序。在闵采尔的启发和引导下，茨维考城最先产生了"上帝的选民同盟"，亦即通称的"基督教同盟"。

1520年10月末，艾格兰返回茨维考后，竭力诋毁、攻击甚至威胁闵采尔，但都无济于事。闵采尔的信徒和影响与日俱增。1521年1月底，城内的一些制呢帮工向市政当局提出的要求中，已出现"一切人在上帝面前平等""实行财产公有"等条件。很显然，这些都是闵采尔传教时主张宗教改革后争取实现的要求。这时在茨维考城已出现两个营垒，一个是支持艾格兰的观点、以掌权的市参议会、市政当局为核心的上层市民集团；另一个是以闵采尔为核心的下层平民集团。1521年，茨维考城的工匠们在闵采尔和再洗礼派领导下，短期内曾连续举行了两次暴动。4月16日夜，正当一批帮工、织工和制呢工匠们酝酿再起义之际，萨克森选帝侯全权代表下属爪牙们突然进行了大逮捕，被列进逮捕名单的闵采尔被迫出走，先奔到邻近的捷克城市热特兹，随后，又辗转到达布拉格，这正是他多年来向往的胡斯终生奋斗过的城市，也是他认为宣传和开展宗教改革最理想的地方。

1521年4-11月，闵采尔在布拉格的奋斗和活动如下：

1521年春夏之际，德国爱尔福特的一个修道院想请闵采尔去当拉丁文教师，待遇优厚，但闵采尔不为所动。而鉴于捷克有革命的经验，布拉格城有着胡斯思想的光荣传统，当闵采尔作为路德派的代表抵达时，受到了当地广大市民群众隆重而热烈的欢迎。当时捷克人也曾邀过路德去避难，然而路德不敢前往，他躲到萨克森选帝侯的瓦德堡。根据闵采尔本人的意愿，最初他和他的助手、原维登堡大学的优秀学生马尔克的住处被安排在布拉格大学内。闵采尔布道时非常尊崇和赞颂胡斯，称胡斯为导师和为真理而献身的英雄，因此他的传教活动取得了极大的成功。闵采尔并不同一些名流学者和上层人物来往，反而主动同手工业工人、农民拥戴的捷克塔波尔派思想的主要继承人，如反对盲从礼拜者扬·米鲁什、毛皮工人马特维·波乌斯特甫尼克，以及反对圣像崇拜的天斯教堂中的下层传教士瓦茨拉夫等人来往密切，情投意合。闵采尔阅读了原塔波尔派的书简。他目睹了7月6日，布拉格人民在胡斯殉难纪念日这一天，发动的声势浩大的反对罗马教廷和德皇等的示威运动。1521年11月，闵采尔在他的《布拉格宣言》中表示："我要继卓越战士约翰·胡斯之后，使响亮的号角发出新的歌声。""我考虑的是至高无上的真理，我所咒骂的是不敬上帝的家伙……革新使徒的教会将在这里创建，并将扩展到全世界[①]。"

布拉格市政当局和一些富豪及上层文人、政客们逐渐发现"客人"闵采尔并非温和的路德精神的宣传者，相反地却同塔波尔派继承人和贫苦工人们来往频繁，于是想方设法限制闵采尔的活动，把他的住处迁出布拉格大学。布拉格的一些天主教人士也直接攻击闵采尔。1521年10月底，教会下令禁止闵采尔在布拉格从事传教。闵采尔并未屈服，而是给

---

① 威廉·威美尔曼：《伟大的德国农民战争》上册，商务印书馆1962年版，第204、205页。

予严肃的回答。

针对布拉格天主教会的禁令,闵采尔在1521年11月,在布拉格用拉丁文和德文分别写出一篇"抗议书",即《告捷克人民书》(又称《布拉格的呼吁书》或《布拉格宣言》),将它张贴到醒目地方。文中写道:"本人托马斯·闵采尔,施托尔堡人,现来到布拉格这个尊贵的卓越战士扬·胡斯的城市,兹向'上帝的选民'向所有的世人呼吁,向所有看到本文之人呼吁……孩子们希望得到面包,但没有人拿给他们……我平生最恨亵渎上帝者,为了战胜这些家伙,我才来到贵国……我冀求于你们的事只有一件,不要祈祷哑巴上帝,而应自己直接倾听上帝活的语言,这样你们就会懂得,那些装聋作哑的神父们是多么卑鄙地欺骗所有世人。请你们与我共同向反对真理的强大敌人做斗争吧!在贵国,一个新的使徒的教会即将创建起来,并会扩展到全世界。在不久的将来,政权将永远转归人民……如果我的话是在欺骗大家,那么我情愿承受立即死亡和永世毁灭之苦。"

闵采尔还号召农民起义,并说捷克的行动,将是各国斗争的信号。在这篇"呼吁书"中,闵采尔的一些后来才公开发表出来的思想,即上帝的启示、选民同不敬上帝者的区别、建立崭新的教会、权力应转归人民等观点,尽管还处于萌芽状态,但已初步提出来了。

闵采尔在布拉格的活动,受到敌对者的限制和打击,因发表"呼吁书",他被市政当局禁止在捷克居留。他的助手马尔克在广场上发表演说,竟被毒打。1521年11月底,逮捕闵采尔的警察,已出现在闵采尔的住处,他只能被迫离开布拉格重回故土——德国。1522年,闵采尔和助手马尔克曾辗转于图林根和萨克森的埃尔富特、缪尔豪森及哈勒城等地任传教士。他因积极宣传宗教改革的主张,不能久住而被迫离开。这一年,闵采尔同路德之间的分歧更为明显。1522年末,闵采尔来到艾斯累本城西南的阿尔斯特德小城再当神父。在此城任神职一年多的时间,闵采尔得到了当地铜矿矿工和贫苦农民的支持，是他一生宗教改革历史中的关键性阶段。

闵采尔抵达阿尔斯特德后，鉴于市长汉斯·蔡斯较为开明，他便常同市长谈心，力争得到他的支持。1523年初，闵采尔上任不久便在传教和举行礼拜仪式时不用拉丁语而改用群众能听懂的德语，他还把一些拉丁文的圣经译成易懂的德语诗，加配乐谱，又编写了几首新圣诗，领导人们诵唱。他在举行圣餐礼时不分僧俗，让所有人都能同时领到面包和酒两种"圣物"。他在布道时，经常联系社会实际，切中时弊，省掉烦琐的经文。

城内有一位名叫奥蒂丽雅的女修道士，端庄貌美，为人正派。因闵采尔勤奋热诚，深得人心，两人在往来中建立了爱情，最终结成终身伴侣。她对闵采尔的宗教改革活动和各项正义事业都积极支持。

闵采尔的传教活动，在阿尔斯特德的农民、矿工以及市民中产生了极大的影响，特别是他经常到工场作坊、矿坑及田野中同穷苦人们亲切谈心，他启发人们"上帝是指示人们应推翻亵渎上帝的统治者和恶霸的"。由于他布道温暖人心，甚至连周围的艾斯勒本、曼斯菲尔德、赞格豪森、哈勒等地，都有许多居民乘坐大车赶到阿姆斯特德来听闵采尔布道。听讲者经常超过两千人之多。

阿尔斯特德城内闵采尔传教活动的热潮，引起了附近地区上层统治者的仇视。1523年夏，附近黑尔德隆城堡的天主教领主曼斯菲尔德伯爵恩斯特宣布：严禁自己领地的居民去阿尔斯特德城听闵采尔的布道。这个伯爵甚至叫嚣说，阿尔斯特德传教士是在城市当局的庇护下胡作非为，应受惩处……闵采尔没有退让。他在讲坛上当众斥责恩斯特是"异端""恶棍"，是个强盗、压迫者。并且写公开信抗议，揭露这个恩斯特伯爵是"禁止传播神圣福音的狂妄分子"。信中说："假如你一意孤行……坚持那种不明智的禁令，那么，只要我们的心脏还跳动，我将永远咒骂你这个恶霸和笨伯。"信尾公开签名是：铲除叛教者的使者托马斯·闵采尔。

由于恩斯特伯爵提前向萨克森选帝侯控告了闵采尔，所以闵采尔不得不直接向选帝侯申辩。闵采尔在致萨克森选帝侯腓特烈及其弟约翰的信中明确地表示："人民对君主应该爱，而不是怕。诸侯应保护自己的臣民不受侵害。"他还要求选帝侯用刀剑"驱除妨害传播福音的恶魔……"。事实的结果是闵采尔要求选帝侯给予支持的愿望完全落空了。虽然闵采尔写出的著作《论德国教会礼拜仪式》《德国福音会弥撒》，费尽周折在阿尔斯特德印刷所出版了。但当他准备再印发《德国礼拜仪式规章》《论杜撰的信仰》等重要文章时，萨克森选帝侯却发令封闭了阿尔斯特德的印刷所。显然，上层贵族的立场是压制闵采尔发动的平民群众的改革活动。

1524年初，闵采尔集中精力在阿尔斯特德的下层群众中组成了秘密团体，即"上帝的选民同盟"（称"基督教同盟"）。闵采尔亲自领导头一批加入"基督教同盟"的30名成员在一个古老的城壕中，庄严地宣了誓。

不久，曼斯菲尔德的矿工彼得·拜尔和缪尔豪森的毛皮匠汉斯·罗得等人也参加了同盟。闵采尔不断派使者到各地联络，加上基督教同盟的成员分头活动后，同盟组织逐渐扩大。离阿尔斯特德城门不远的梅伦巴赫村有一座女修道院，因该院对居民勒索、压榨，引起群众的强烈不满。基督教同盟成员带领群众捣毁了该院的神像和装饰物，并焚毁了几处小礼拜堂。这次"梅伦巴赫事件"后，选帝侯责令严惩肇事者。局势紧张时，阿尔斯特德市政当局准备大肆逮捕破坏礼拜堂（"梅伦巴赫事件"）的肇事者。由于基督教同盟领导的斗争和支援，市政当局不得不决定延缓至7月13日对闵采尔等进行公开审查。

面对选帝侯和市政当局的压力，闵采尔对德国贵族继续进行揭发批判。7月13日，他在题为《先知但以理第二章讲解》的布道中指出：世界末日审判正在进行中，不敬上帝的人必受惩处。他们不应有生存之权，许多僧侣类同恶毒的蛇，许多贵族是狡诈的鳗，并说："现在蛇和鳗通同作恶""贵族是重利盘剥和偷盗抢劫的祸首"，他们不但霸占土地、房屋、原料和工具，而且"随意占水中的鱼、空中的鸟和田野中的植物""老爷们自己有罪过，所以把穷人视为仇敌"。他最后强调："如果诸侯不是口头而是真正承认基督，他们就应帮助铲除亵渎上帝者。如果不履行这一条，他们必失掉权势，他们的宝剑就要被夺走……"这次是闵采尔当着选帝候继承人约翰·腓特烈及一些王公、近臣都听到的"御前说教"。不仅如此，他还公开把布道原稿付印出版，引起萨克森执政者更加严厉的镇压。此后，不仅对闵采尔的任何著述禁止印发、传播，而且从7月中下旬起，对闵采尔等人不断传讯，最后下达逮捕并严惩闵采尔的命令。1524年8月7日深夜，闵采尔躲过戒备森严的城门，悄悄地爬越城墙，逃出了阿尔斯特德城。

（三）闵采尔的"千年天国"理想和《书简》

1524年8月15日，闵采尔在友人的帮助下，抵达帝国已获自治权的直辖市缪尔豪森。不久，其妻奥蒂丽雅与小孩也到达。缪尔豪森有一万多居民，此城染织业发达，下层人民反对城市贵族的运动早在1523年已开展起来。闵采尔在缪尔豪森期间十分忙碌。他和其助手海因里希·普法伊费尔等除布道、发动群众和出席一些会议之外，便是进一步宣传"千年天国"的理想。

首先，闵采尔的主张反映的是当时贫苦农民和城市平民的观点。他认为人们信仰的源泉本质上是"人的理性"，为了基督福音获得胜利，必须把宗教改革与社会的大变革同建立上帝主张的"千年天国"结合起来。闵采尔派对现实社会中的反动统治和封建压榨做了无情的揭露，在散发的《书简》中指出："城市和乡村里贫苦的、平凡的人们，都处于与上帝的意旨和任何正义相违背的境地。承担着宗教贵族、世俗贵族和政府的沉重负担。这些统治者们，人们连一根指头也不曾触犯过他们[1]。"诸侯和贵族不但占有土地、房屋、原料和工具，而且"他们随意霸占水中的鱼、空中的鸟、田野中的植物，这一切被认为应该属于他们……他们压迫所有的老百姓，破坏、抢劫穷苦的农民、工匠和整个世界"[2]。他们逼得农民不能狩猎捕鱼，甚至无权割草砍柴，因原属公有的山川和草地均被贵族所霸占。闵采尔还写道："凡是晴天我们必须流血流汗，去服劳役。只有雨天才准我们到自己田地里干活，这是什么时候、上帝的哪个戒条给了贵族们的这种权力！他们时刻都在逼迫我们为其割草、播种、耕地，甚至扫除、洗衣……[3]"闵采尔深刻地指出：富人们的宝库里堆满黄金，却强迫矿山、作坊的工人和帮工忍受饥饿和病痛去加班加点为他们干活，造成人间地狱的就是富人和贵族。"高利贷、偷窃和盗劫的主因就是我们的老爷与诸侯们。"闵采尔一再公开强调地宣传道："不敬上帝的人将从他们的宝座上被推翻，受屈辱者的地位一定会提高[4]。"他所谴责的"不敬上帝的人"指的就是僧侣封建主和城市贵族。

其次，闵采尔反对私有制的言论是十分突出的。他认为人民遭受压迫的根源就是富有者的私有财产制。他说：金钱和私有财产是"真正基督教"的障碍。闵采尔主张废除一切私有财产，"不能既侍奉上帝，

---

[1] 闵采尔派写出并发表的《书简》(1524年或1525年)，《世界通史资料选辑》中古部分，商务印书馆1964年版，第343页。

[2] 《闵采尔对财产不平等和穷人处境的看法》，《世界通史资料选辑》中古部分，商务印书馆1964年版，第342-345页。

[3] 威廉·威美尔曼：《伟大的德国农民战争》上册，商务印书馆1962年版，第204、205页。

[4] 《闵采尔论美好未来及为争取它而斗争》，译文据俄文版《中世纪史文献》卷三，莫斯科1950年版，第114页。

又侍奉财神"。他把小农所有制包括在"财产共有"的概念之中。闵采尔主张："根据基督对爱的要求，谁也不能高于别人，每个人都是自由的，一切财产应当公有""一切应是公有，每人应按需分配"①。闵采尔的观点超过了小私有者保存私有制的要求，实际上反映了正在沦为无产阶级的贫民无产者的愿望。恩格斯曾在评述中指出："闵采尔的纲领，与其说是当时平民要求的总汇，不如说是对当时平民中刚刚开始发展的无产阶级因素的解放条件的天才预见②。"闵采尔的"千年天国"理想正是空想社会主义先驱者的代表性观点。他主张的"一切工作、一切财产都要共同分配，最完全的平等必须实现"和"政权应交给普通人民"等口号，是同他主张的宗教改革、号召推翻封建制度、消灭贵族的城堡和僧侣贵族把持的修道院分不开的。

闵采尔认为德国布满了诸侯的"强盗窝"，这是人民贫困的根源。闵采尔反封建制度的斗争同反对诸侯分裂割据、争取国家统一富强以及激进的宗教改革的企图、主张一致，是很可贵的。

再次，闵采尔提倡的最激进的宗教改革主张是：他强调了人类得救的关键是要用"大震荡"（大打击）的方法。

闵采尔提倡的"大打击"，实际便是用暴力斗争、革命的手段。他公开讲："老爷们自己有罪过，所以穷人变为他们的仇敌③。"他在布道时主张：所有当时的政权，只要是压迫人民群众的，都应当推翻它。他还写道："……上帝的正义是不能容忍这些的，要揭露他们的可耻的政权！诅咒匪徒的制度！对这类暴君和凶手有什么可以说的呢？他们把该归国库、用于国家的全部捐税和收获都攫为己有，无耻地进行挥霍，

① 斯米林：《托马斯·闵采尔的人民宗教改革和伟大的农民战争》，莫斯科1955年俄文版，第264、266页。
② 《马克思恩格斯全集》第7卷，人民出版社1959年版，第414页。
③ 《闵采尔对财产不平等和穷人处境的看法》，《世界通史资料选辑》中古部分，商务印书馆1974年版，第342页。

倘若谁对此表示不满,他们便立即对其刑讯、砍头,甚至四马分尸。他们把你看作还不如一条疯狗……的确他们的政权并不是上帝给的,他们是魔鬼的伙伴,我们推翻这些暴君——魔鬼,才是上帝所喜悦的事业。他们绝非上帝的公仆,而是毒蛇和恶狼[1]。"

1524年,闵采尔在缪尔豪森付印后传播的"一篇万分激昂的著作"中公开指出,穷人不能再容忍了。他在著作的封面上写的警语是:"一座反抗王公、诸侯、僧侣而又护卫人民的铁壁已经形成了。他们要战就战吧!胜利是惊人的,不敬上帝的强悍暴君一定灭亡。"在全文的最后,闵采尔公开号召说:"整个世界必须忍受一次大震荡,这是关乎不敬上帝的人垮台而卑贱的人翻身的事情。"

最后,应着重指出两点:第一,闵采尔与他本国的盖斯迈尔、海尔高特等都是农民、城市平民下层宗教改革思想的代表,他们和同时代英国的托马斯·莫尔和意大利的康帕内拉也有许多共同之处。他们在揭露社会黑暗,提出建立一个没有剥削、没有私有财产、人人参加劳动和工作的理想社会方面是一致的;"而他们在并不明确社会变革的基本条件和途径,找不到实现其阶级力量等方面也是十分雷同的"[2]。闵采尔的"千年天国"理想是原始的、幻想的,乃属于空想社会主义思想先驱的观点。恩格斯对此曾分析道:"空想社会主义者之所以是空想社会主义者,正是因为在资本主义生产还很不发达的时代他们只能是这样。他们不得不从头脑中构想出新社会的要素,因为这些要素在旧社会还没有普遍地、明显地表现出来;他们只能求助于理性来构想自己的新建筑的基本特征,正是因为他们还不能求助于同时代的历史[3]。"由于当时时

---

[1]　《闵采尔论世俗政权和公社组织》,译文据俄文版《中世纪史文献》卷三,莫斯科1950年版,第115页。

[2]　《中世纪》第20卷,莫斯科1961年俄文版,第156页。

[3]　恩格斯:《反杜林论》,《马克思恩格斯选集》第3卷,人民出版社1995年版,第616页。

代和社会条件的限制，闵采尔没有看到实现"千年天国"所必需的生产的前提，对如何在地上建立"千载太平之国"并无具体步骤。闵采尔的思想尚未摆脱平均主义的框框以及神秘和宗教的形式。闵采尔的思想基础主要是向原始基督教求助。如恩格斯所指出的"采取宗教的形式，借助于原始基督教"[①]。第二，闵采尔的思想更为激进。他领导了德国平民的宗教改革和农民战争，这是与莫尔、康帕内拉等人的不同之处。莫尔的《乌托邦》中的奴隶劳动、康帕内拉的《太阳城》中的"智者政治"等观点，以及莫尔、康帕内拉企图用和平方法过渡到"理想"社会的幻想等，都较闵采尔的革命学说落后得多。就闵采尔来说，他的激进的"千年天国"的理想同宗教改革的目标是密切结合的。这是同《乌托邦》《太阳城》有别之处。尽管在闵采尔逝世一百年后，他本人的全部著述都被罗马教皇宣布列入"禁书目录"之中[②]，但他的思想的光辉是永存的。"自闵采尔以后，在每一次的民众大骚乱中都出现这种共产主义思想的微光，直到它渐渐与现代无产阶级运动合流为止[③]。"

必须指出，闵采尔的宗教改革思想和主张在现世实现"千年天国"的理想，同路德的宗教改革观点从1521年、1522年以后，闵采尔在布拉格和阿尔斯特德时期起，双方的分歧便日益明显和尖锐，闵采尔抵达缪尔豪森后，双方更进一步公开化地针锋相对。

当路德耳闻闵采尔打算在缪尔豪森定居并进行宗教改革活动时，路德便立即向缪尔豪森市政当局提供闵采尔在该城的住址，并在告密信中写道："此人在茨维考和阿尔斯特德等地不断向四面八方派出密使，那些人都是不爱光明、只爱黑暗的人。闵采尔的活动除了杀人、发动叛乱

---

① 恩格斯：《反杜林论》，《马克思恩格斯选集》第3卷，人民出版社1995年版，第447页。

② 《大英百科全书》伦敦第13卷，1974年第15版，英文原版，第620页。

③ 《马克思恩格斯全集》第7卷，第405页。

外，不可能有别的结果……"但市政当局接到这封密信时，缪尔豪森自由市的形势已发生很大变化，一方面因为此城已属帝国直辖，摆脱了封建领主的直接统治，而更重要的原因是闵采尔的信徒和亲密助手海因里希·普法伊费尔长期在缪尔豪森的活动，这里群众基础雄厚，多数群众支持、掩护闵采尔，当局难以下手。

闵采尔在缪尔豪森期间十分忙碌。他除布道、出席一些教会的会议和发动群众之外，还挤出时间继续写他的那本自阿尔斯特德就已开始写的《辩护词》。该文以针对路德对自己诬蔑的内容进行答辩的形式，揭露路德是乔装的"新教皇"，"甘愿充当诸侯的行尸走肉"。闵采尔在《辩护词》中写道：路德"你用一种错误的信仰把基督教世界弄得一片混乱，你助长了不敬上帝的歹徒的权势"。

这时，闵采尔同路德的主张互相对立。路德代表的是市民、资产阶级的利益，强调的是"信仰得救"原则。他认为，人们信仰的源泉是圣经，主张宗教改革的目标是建立民族的廉价教会，而这一目标，唯有依靠新教诸侯才能实现。而闵采尔宗教改革的主张，反映的是贫苦农民和城镇平民的观点。闵采尔认为人们信仰的源泉本质上是："人的理性"，为了基督福音获得胜利，必须把宗教改革同社会的大变革，和在现世建立上帝的"千年天国"的目标结合起来。路德一再攻击和诋毁农民的反抗运动。闵采尔则完全相反，而是力主应坚决组织和发动德国农民和城市贫民反抗、投入武装斗争。闵采尔在普法伊费尔的积极协助下，领导了缪尔豪森城的平民运动。他们不仅广泛传播《书简》的内容，主张政权属于公社，由公社选举，成立"永久市政会"，城市市民有权罢免、撤换市政会的成员，由永久市政会和市民共同管理城市的政务。

就在这时，德国南部施图林根农民暴动的消息传到了北方，鼓舞了北方人民的斗争热情。缪尔豪森的平民在1524年8月27日、9月19日先后发起了反对市长、反对市政会的暴动。起义者开始时捣毁了修道院和教堂，砸碎了塑像，进而要求取消苛捐杂税，驱逐作恶的神父，把政权交给人民。"缪尔豪森的两个市长都逃跑，隐匿到朗根萨尔查，另外十个市参政员也随市长逃去。城市贵族趁机活动镇压暴动，对工匠进行分化瓦解。结果缪尔豪森四郊的贫苦农民和帮工们主张撤换市参政会，但市内四个区与行会内中上层的人们和许多工匠都反对暴动。市参政会向自己的同盟者求援，爱尔福特、格拉和诺得豪森城市当局都答应支援缪尔豪森镇压暴动，黑森邦伯菲利普和萨克森的公爵主张把鼓动'叛乱'的传教士都驱逐出去……迄9月24日，由于这场斗争组织发动得不够充分而失败。1524年9月27日，闵采尔和普法伊费尔等及他们的许多拥护者都离开了缪尔豪森城[1]。"

闵采尔等不仅没有气馁，反而继续奋斗争取"千年天国"和美好的"公有社会"的意志更坚定。在距离缪尔豪森不远的地方，他们决定由"基督教同盟"的斗士们根据闵采尔的思想和观点写出《书简》向各地散发，应分散去萨克森、哈茨或艾希斯费尔德……发动各地的群众，继续斗争。闵采尔和普法伊费尔决定先穿过图林根森林前往法兰克尼亚，再跋涉到黑森林，因为那里城市平民斗争方兴未艾，或者去纽伦堡找自己的好友汉斯·海尔高特[2]。

（四）闵采尔思想的传播与缪尔豪森的"永久市政会"

闵采尔和普法伊费尔经过分析研究后，没有去黑森林等地发动群众和组织起义活动，而是前往法兰克尼亚的纽伦堡。他们认为尽早出

---

① 参见［苏］阿·施捷克里著：《托马斯·闵采尔》，生活·读书·新知三联书店1963年版，第195-199页。

② 汉斯·海尔高特并非农民，也没当过传教士、牧师或诸侯的秘书，而是市民知识分子、纽伦堡的印刷作坊主，是一位坚定、激进的宗教改革领袖之一。

版和传播《辩护词》更为迫切，而且同好友汉斯·海尔高特会晤，筹组激进的宗教改革活动十分重要。10月，闵采尔等抵达纽伦堡，他在给朋友的信中风趣地说："我有兴趣造反，愿意同纽伦堡人合演一出美妙的戏剧。"当时路德曾公开诋毁说："看吧，撒旦又在纽伦堡出现了，这个阿尔斯特德的幽灵！"闵采尔得知他本人原先交给海尔高特付印的揭露路德的《对虚伪信仰的揭发》，即将出版，非常高兴。书中他公开斥责路德向诸侯献媚……路德就是这样骗取了盛名，他的处境将如被擒之狐，人民会获得解放①。在纽伦堡，闵采尔极力避免公开宣讲发动造反、暴动的言论。他结交了一些年轻的学者和画家，其中有著名画家阿·丢勒的高足等。当纽伦堡市政当局看到闵采尔写的书和文章后，便下令全部没收，并将海尔高特和承印的工人们关进了塔楼。闵采尔又被迫离开了纽伦堡。

这时的闵采尔十分困窘，虽然忍饥挨饿，无钱雇用马匹，只能步行，但仍热情鼓励农民投入斗争。他宣传说：法律将制裁不敬上帝的人，他们呼喊也没有用。如果说上一次我用火枪谴责他们，那么现在我则要在天上同上帝一起雷击他们，他们早已恶贯满盈了。

1524年9月27日，闵采尔和普法伊费尔等离开缪尔豪森到纽伦堡，10月底抵达巴登地区（德国南部莱茵河上游与瑞士接壤的高原山区），11月初又到巴塞尔、苏黎世的阿尔萨斯等地……闵采尔在德国南方和西南方连续几个月，走遍了许多农村和城镇，广泛传播激进的平民宗教改革思想。直到1525年2月中旬闵采尔再度回抵缪尔豪森之前，他废寝忘食地在田野中、大树旁，或在人群熙攘的广场和集市上，形式多样地进行传教和宣传。闵采尔的激进宗教改革思想和争取建立现世的"千年天国"和"公有社会"的观点，更符合贫苦农民和城镇下层平民的心愿，

---

① 威廉·威美尔曼：《伟大的德国农民战争》上册，商务印书馆1982年版，第236页。

因而得到他们的拥护。闵采尔经常告诫农民："你们切勿受骗，不要幻想领主会自动让步！要谨防领主的欺诈和奸计。"

闵采尔在克莱特部的格里森村居住较久，长达几个礼拜。他不论天时多晚，气候多坏，任何山路、陡坡或羊肠小道，任何黑夜或小径，无人陪送，都到群众中去，孜孜不倦地按基督教义开导人们。他甚至去附近施图林根伯爵领地传播改革思想。同时他还亲自撰写和散发揭露领主、贵族们暴行的传单。10月底和11月初，巴登地区农民运动进入高潮，闵采尔在斗争活动的策源地之一的黑森林地区的瓦尔茨胡特小镇，同当地农民起义领袖胡布迈尔会晤。胡布迈尔毕业于弗赖堡（巴登地区南部重要城市，位于塞尔城以北）大学，获得博士学位，是一位勇敢、多才的神学家和传教士。他一向对闵采尔及其著述评价很高。胡布迈尔曾是瑞士宗教改革家慈温利（1484–1531年）的信徒，他同闵采尔接触后，通过交流和讨论建立了密切的关系。闵采尔通过做大量的工作，使很多地区日益觉悟的群众领袖先后加入了"基督教同盟"，除瓦尔茨胡特镇的胡布迈尔之外，还有苏黎世城的康拉德·格雷贝尔、格利森城的弗兰茨·拉布曼、门明根城的沙佩勒斯、莱普海姆城的雅科布·韦埃和斯图加特城的曼特尔博士等人。

1524年末至1525年5月，是德国人民激进的宗教改革和农民战爆发的时刻，是闵采尔及其徒弟兼助手普法伊费尔等组织和发动斗争的高潮。他们扩大了思想传播活动，扩大"基督教同盟"，特别是组织、撰写和散发了大量传单和小册子，发表了斗争纲领，给后人留下了可贵的历史文献。

1524年夏秋之季，在德国南方的士瓦本地区，施图林根伯爵领地中的农民和城市平民响应闵采尔，迅即组成了约3500人的起义队伍。同年冬，闵采尔及其学生卫德等提出了斗争纲领，称为《书简》（*Artikelbrief*）。在《书简》中指出城乡受苦人受宗教贵族、世俗贵族和政府的压榨，而这同上帝的意旨、同正义是完全违背的。人们连一根指头也没触犯过统治者，但却一直处于苦难的处境之中。《书简》谈的不只是农民，还包括"城乡"贫苦老百姓，毫无道理地被加上劳累生活的重担，无法再忍受下去了，否则他们注定会使自己和所有后代沦为乞丐。这个"基督教同盟"的纲领和计划就是要借助上帝求得解放[①]。

"和平的道路并没有绝望。获得解放应该尽可能不使用武力和流血。但是必须记住'如果在关于基督共同利益的一切事业上没有兄弟般的激励和团结，那就不可能得到实现'[②]。"

闵采尔在《书简》中明确提出要惩罚与人民作对的领主，对他们加以孤立、驱逐或消灭。《书简》的要点是发动人民大众起来斗争。《书简》强调：如果执政者和领主们同意共同利益原则而服从人民，那就可以避免使用武力，但如果他们反对的话，就必须实行大变革，使他们受到"世俗的斥责"的惩罚，并把他们从修道院和领地赶出去。《书简》的核心思想是发动人民起义夺取政权。

闵采尔在德国南方和西南方创建的"基督教同盟"成为很多地区激进的宗教改革和起义斗争的核心组织，他的学生、门徒成为组织斗争的领袖。当闵采尔看到德国南方斗争的燎原大火已熊熊燃起，他的主要助手普法伊费尔已离开南方北返，他本人在1525年1月中旬也踏上归途。他沿着多瑙河流域行进，并把自己同普法伊费尔过去共同起草的反封建斗争要求的"十二条款"的草稿带到了士瓦本地区。这份草稿是根据德国各地广大农民提出的在众多"怨情陈述"的基础上，加以概括归纳出的斗争纲领。其中一些重要内容曾成为士瓦本地区农民起义军1525年3月在门明根通过的反封建斗争纲领《十二条款》的主要蓝本。闵采尔对

---

① ［苏］阿·施捷克里著，叶中林译：《托马斯·闵采尔》，生活·读书·新知三联书店1963年版，第219页。

② ［苏］阿·施捷克里著，叶中林译：《托马斯·闵采尔》，生活·读书·新知三联书店1963年版，第219页。

《十二条款》的制定，有重大的贡献。

"怨情陈述书"主要是农民无法直接向政府部门进行法律诉讼而分别向领主提出的要求，涉及农民身份和生活处境的下降、租地困难、公共土地池沼使用权的丧失、赋税暴增等。抗议贵族、领主的经济压榨和残暴统治，主要要求的内容，其比重大体如下：

要求取消农奴制约占70%，有关公共土地、水泽、牧场、森林等使用权占81%，减低租税占72%，反对地主制度占83%，抗议司法制度占67%，以及主张宗教改革等①。

在"怨情陈述书"的基础上，产生了超出乡村局限的、带有普遍意义的要求激进的宗教改革和农民革命斗争的纲领性要求，其中著名的《十二条款》最早是在1525年2月产生的。《十二条款》的主要特点是：（1）常引用《圣经》条文，以神法为依据，比较理论化，内容广泛，触及宗教和社会改革；（2）超出经济范围，越出某地和个别乡村，概括性强，具有纲领性普遍意义；（3）条款精练，主要是斗争目标、方向和手段的归纳。其主要内容是：（1）农民在其教区中有招集和撤换其牧师的权力；（2）取消小什一税，大什一税应合理分担；（3）废除农奴制；（4）农民有自由渔猎权，按协议拥有捕鱼权；（5）农民按协议可采用树林和森林部分木材；（6）减轻农民的劳役负担；（7）领主应支付农民劳役的报酬；（8）重新规定合理的地租租额；（9）取消或改变司法官吏的任意苛罚；（10）原属村社所有的草地、耕地均应归还；（11）取消农奴死亡税；（12）根据《圣经》，农民可提出各种新要求。

据记载，在1524-1526年，德国宗教改革和德国农民战争高潮期间，德国各地的传单和小册子（1、2页，甚至几十页之多）曾大量印刷

---

① 参自朱孝远著：《神法、公社和政府：德国农民战争的政治目标》，北京大学出版社1994年版，第65-67页。

和散发出来，许多印刷所经常冒着风险，秘密和半公开地印刷宣传品，著名的《十二条款》先后印达25000册之多。

1524-1525年，在德国激进的宗教改革的理论中，以闵采尔提出并强调筹建的人间的"千年天国"很引人重视和向往。这种新的政治目标和构思，着重否定了君主和贵族世袭地位的合法性。1525年流行于士瓦本地区的小册子《致全体德国农民书》中，通过阐述神法原理，提出了统治世界的僧俗权贵，不论罗马教皇、皇帝、国王和诸侯，都应服从万物之主——上帝的权威和意志，贯彻基督之爱，人民应齐心合力建立人间的"千年天国"。

《致德国全体农民书》中，引用的《圣经》语录多达70处，内容包括许多宗教、哲学、历史和理论以及拉丁文。致农民书的整篇共十一章，其中第四章涉及农村的播种、犁地、采集等甚多，第六章谈及狩猎，说明写作者是对农村很了解的传教士。再者，根据《致德国全体农民书》的内容中并未详细论述农民的怨情陈述，而主要是论及政治的原则和基础，以及政府必须按圣经和神法行事，应实行共和政体，必须保卫帮助"普通人"，提出人民只能服从好的统治者，而且有推翻残暴的统治者的权力，根据《圣经》，作者强调了神法高于世俗权威的观点。

《致德国全体农民书》比《十二条款》要晚，成书时间在1525年3月至5月上旬之间。它是德国宗教改革和农民战争过程中最重要的政治文献。文件的全称是《致德国全体农民会议书，这些农民现在正在南部德国进行起义》；副标题是："不管他们的起义是正义的还是不正义的，不管他们是欠着他们的统治者，还是没有欠着他们的统治者什么，都将根据上帝的圣经来决定。本文件根据南部德国兄弟们的卓越的意见所写成。"全书共23页。《致德国全体农民书》没有作者的署名。谁是作者？众说纷纭，有些学者认为是闵采尔之好友执笔，另一些学者主张，文献的作者是瑞士慈温利教派的学者和德国西南部的农民领袖。而

《伟大的德国农民战争》的作者威廉·戚美尔曼则主张《致德国全体农民书》的作者是闵采尔。其主要根据是：1. 从文件的内容熟悉宗教、拉丁文、政治、历史和理论看，必须是受过良好教育的知识分子传教士；2. 此文件与闵采尔署名写的文件《应该如何统治》内容相似且都是十一章；3. 文件也是在闵采尔印发文件的纽伦堡付印；4. 文件中每句话和风格、语言，都是闵采尔特有的。虽时间久远、情况错综复杂，作者难以确定，但起码即使不是闵采尔最后执笔，其内容也肯定是在闵采尔的影响下写成的。

闵采尔在北归途中路经富尔达时曾被捕过，但未被当局认出来，后又被释。他在1525年2月中旬回到了缪尔豪森。

自1524年9月27日闵采尔和普法伊费尔被迫离开缪尔豪森后，这个城市中的群众斗争并未中止。毛皮匠汉斯·罗得的周围仍聚集着闵采尔的大批信徒。普法伊费尔在1524年12月13日返抵缪尔豪森后，城内下层群众对市政会和城市贵族的不满更为强烈，一场推翻旧市政会的斗争正在酝酿之中。闵采尔返回后，城市中贫苦平民的群情大为振奋。鉴于1523年城市平民的暴动因缺乏市郊农民的支持而失败的教训，闵采尔等特别加强了在郊外与乡村的传教和宣传，甚至号召市政会的一些成员参加基督教同盟。

1525年3月，缪尔豪森全城开始动荡起来，乡下的贫苦农民也纷纷进城，准备推翻市政会。缪尔豪森市政会下令紧闭城门，并派人严守。但这时城市已无法控制，许多教堂的神像被砸毁。在这种群情激愤的状态下，闵采尔派向市政会提出，让普法伊费尔以圣尼古拉教堂的牧师身份、闵采尔以圣母院牧师的身份出席市政会的会议，但市政会严词拒绝，城内群众斗争规模逐步扩大，许多帮工、工匠成群结队拿起棍棒、大刀、长矛，甚至火绳枪，发起了武装斗争。3月9日上午，缪尔豪森市政当局招募来的雇佣兵在城防司令官保东甘的指挥下，边操练、边准备镇压群众的暴动。这时暴动的群众组成了领导斗争的"八人团",指令叫一些富有贵族接受惩处,并控制了城门,开始没收修道院的财产,并向贫苦农民供应口粮。闵采尔派宣布应"按照福音书的指示生活""八人团"代表群众要求在缪尔豪森"实行符合上帝意旨的行政管理",历经三天的谈判无结果。市内各个行会纷纷集会抗议市议会[①]。这时城内大批起义队伍冲向尚未封闭的修道院,把神像和法衣扔进火堆,起义者越聚越多,城防司令保东甘率军镇压,遭到愤怒的群众痛打后吓得溜走。市政会中个别委员看到暗派的密使向诸侯求援的镇压军队并未抵达,他们中有人甚至也参加了起义。

3月16日,缪尔豪森市成群结队的群众来到圣母院。他们采用记名的投票方式决定了旧市政会的存废问题,最后根据绝大多数人的意见,宣布投票结果立即废掉旧的市政会。接着,在普法伊费尔的具体组织下,进行了新市政会的选举,先由到场的市民选出市民委员会,再由这个委员会选举出市政会。普法伊费尔为它定名并宣布为"永久市政会"。

1525年3月17日,在缪尔豪森市城内,永久市政会接收政权的仪式隆重举行。一个德国的城市下层平民和城郊农民的政权宣布在这一天正式诞生了。参加新政权宣誓并对其效忠仪式的不仅有到场的全体市民,而且还包括从来没有宣誓资格的贫苦大众甚至奴仆。不论是闵采尔,还是普法伊费尔,他们在永久市政会内都没有像梅兰希顿所造谣散布过的担任过"主席",他们既没有当"市长",也从未任过委员。闵采尔本人坚持自己仍然是圣母院的牧师,普法伊费尔仍然是圣尼古拉教堂的牧师。他们仅仅是有权出席永久市政会的会议。制定法令时,永久市政会要以"基督的法律"为指导进行讨论,而闵采尔和普法伊费尔有权宣布

---

① 参见[苏]阿·施捷克里著:《托马斯·闵采尔》,生活·读书·新知三联书店1963年版,第236-237页。

各项决议案和法令是否符合"上帝意旨"。

永久市政会成立后的工作处理有序、井井有条:

（1）凡是没收的教堂和修道院的贵重物品（如圣像衣饰、神父法衣、珠宝、丝绸、丝绒等）都公开拍卖掉，卖得的钱款全归入金库，永久市政会的金库有严格规定，由能干的人负责细心管理。

（2）永久市政会负责供应缺粮户大麦和燕麦，城内无粮荒。

（3）起义军攻下领主城堡后，没收的东西，均属公共财产，归农民集体所有，合理分配，不准私拿。

（4）闵采尔衣着朴素，生活节俭，凡别人多分给他的东西，总是坚决退掉。对此深得起义群众称赞，连梅兰希顿等人也充分肯定，无法否认。

（5）永久市政会建立后，普法伊费尔主要负责城内及辖区行政事务，而闵采尔则关注全德的宗教改革和农民战争，分批派使者到各地，同法兰克尼亚、士瓦本、莱茵河等地起义军联系，发动群众，他责成普法伊费尔加强对居民的军训、筑要塞、备战。他把城内圣芳济修道院变为枪械修造场，制造剑矛、火绳枪、铸炮等。闵采尔把从前宣讲过的许多主张，通过永久市政会开始试行，他的弟子在1525年春到各地更广泛地传播闵采尔的"千年天国"和"公有社会"的学说。

（五）弗兰肯豪森保卫战与巨星陨落彩虹照人间

1525年春，农民战争遍及德国大部分地区，全德近2/3的农民投入了战斗。这是欧洲中世纪历史上规模最大、影响最深远的反封建、反天主教会的激进的宗教改革同农民战争相结合的人民革命斗争。德国农民战争主要在士瓦本、法兰克尼亚、图林根与萨克森以及提罗尔和萨尔茨堡四个地区进行。3月末，法兰克尼亚的斗争非常激烈，起义军攻占了几百个城堡和修道院，士瓦本地区有六支农民军分头作战。在闵采尔等直接指挥下，图林根、萨克森地区的斗争另有一些特点。这里起义队伍把夺得庄园的土地、财产全部交由农民平均分配，从前穷苦人被迫同贵族、领主订立的契约等一律作废，旧官厅统治被取消，普通公众可任文职或负责宗教事务。闵采尔为了鼓舞群众斗志，专门写了一篇激情的《对阿尔斯特德人的呼吁书》。他呼吁道："别让暴君吓住自己，别怕敌人众多。只要鼓起勇气，我们就会得到上帝的帮助……"为了使起义军得到火药，他派一名瑞士人带900古尔登金币前往纽伦堡采购火药；他号召群众不要把得来的财物都分掉，应用它们换买抗击诸侯的弹药。起义农民听从闵采尔的号召，只均匀地分配了一小部分战利品，而闵采尔本人则带头坚决不要战利品。永久市政会从未变质。

1525年春，在农民革命风暴汹涌爆发之初，图林根诸侯一度惊慌失措。直到4月底才拼凑成反动镇压军。21岁的黑森伯爵菲利普极其反动和嚣张，他率军在5月3日抵富耳达城附近的弗劳恩山前，靠火力强的大炮，攻陷了高耳达城。继而通往缪尔豪森必经的埃森纳赫城也被菲利普和布伦瑞克公爵率领的两支反动联军攻陷。缪尔豪森北面的咽喉要地弗兰肯豪森的形势异常紧张。这时拥有重兵又惯耍假谈判手段的曼斯菲尔德伯爵恩斯特到达弗兰肯豪森。

1525年5月12日，闵采尔在弗兰肯豪森决战前夕，向恩斯特发出一封公开信，信中写道："我以永生的上帝的名义劝你放弃暴虐无道的行为，以便不再引起上帝对你的愤怒。你使信徒们遭受苦难，你穷凶极恶地玷污了基督的神圣信仰……你应当为自己在光天化日下所犯的暴行低头认罪……你寡廉鲜耻，上帝难以使你忏悔……"

预言家都说："你的巢穴应被拆毁，被砸烂。我们将用上帝的圣军来惩罚你！"

农民军的弗兰肯豪森保卫战困难重重，农民军武器奇缺，总共组成只有八千人的队伍，而三个诸侯的镇压联军有骑兵2600名、步兵6000名，携有很多精良大炮，这时萨克森新选帝侯又选骑兵400名、步兵2400名，开到阵地。闵采尔期待的南、北方的援兵始终未到。5月16日农民代表与镇压军谈判。这时诸侯玩弄诡计，提出：只要交出"伪预言家闵采尔及其喽啰，对暴民便可宽恕……"结果是意料中的，它引起了起义军中的分裂，其中一个贵族和一个教士煽动叛变，激起起义群众的坚决反对。闵采尔在战场当众发表了激动人心的演说。他说："诸侯是暴君，是不敬上帝的人，他们耗尽穷人的血汗，自己过着花天酒地的豪华生活。如果认为对大家有益，可以把我绑起来交给诸侯！"这时广大起义军挥动武器高喊："宁愿牺牲，决不投降，决不能把闵采尔交出！"起义群众情不自禁地唱起了闵采尔曾翻译的圣诗！

"来吧！圣灵，我主。我们愿意为战斗而牺牲……"

反动联军经过密谋策划后，决定用大炮攻破弗兰肯豪森起义军的车垒阵，之后占优势的步兵、骑兵拥进城门。在激烈的巷战中，约5000名起义军战士被杀，弗兰肯豪森保卫战惨败。被俘的300名起义者全被砍头示众。5月25日缪尔豪森也告失守。萨克森和图林根地区的起义基本结束。

闵采尔在弗兰肯豪森保卫战的战场上头部受重伤。在起义战士的帮助下，他爬过城墙洞口，退入弗兰肯豪森城内一所住宅的阁楼里。他浑身寒战，后处于昏迷状态之中。

战役停止后，有一个过路到此寻找过夜住处的汉诺威地区吕纳堡城的小贵族奥托·冯·埃博，偕仆从查找住处。他的仆从并不认识闵采尔，趁病者昏迷翻看他的口袋，想寻找财物。但闵采尔身无钱币，仅有一大堆信件。仆从请其主人查看，其中竟然有曼斯菲尔德伯爵恩斯特等人勒令托马斯·闵采尔投降的两封信，从而查明了闵采尔的身份。重伤的闵采尔被捕了。埃博这次的奇遇得到恩斯特伯爵一百弗洛林的赏金。

闵采尔被押到萨克森公爵等诸侯面前，这个身穿破衣、头负重伤、传教士身份的革命领袖,毫不畏惧,两眼炯炯。诸侯问他,为什么要诱惑穷鬼们闹事?为什么鼓动百姓不服从老爷们统治。闵采尔义正词严地答道:因为诸侯蹂躏了福音,诸侯迫害基督教徒,所以应当反抗和惩罚贵族们。诸侯昼夜不停地用各种酷刑折磨闵采尔,但他坚强不屈,有时缄默不语,有时历数他们的罪行。神父劝他忏悔,他回答:"忏悔?决不!"闵采尔在地牢中或被毒刑拷问或被绑在马车后拖地爬滚,遍体鳞伤,但他却一直视死如归。

诸侯议定将闵采尔处死。1525年5月27日凌晨,闵采尔被押到缪尔豪森军营内,他站在一圈雇佣兵中间,诸侯令他死前忏悔,他拒绝后,仍大声疾呼,自己干的是为穷苦百姓翻身的事业,死而无悔。他警告诸侯贵族们不要忘记许多暴君可耻的下场……这时,布伦瑞克伯爵亨利希装模作样地当众给闵采尔读"使徒信条"……接着刽子手一刀砍下,闵采尔身首分开,头颅被挂在高竿上示众。德国乃至人类历史上一颗为劳苦百姓谋翻身、争取享受人权和平等的巨星陨落了。同一天,德国平民宗教改革和农民战争的另一位领袖普法伊费尔也被枭首示众,同样英勇不屈地壮烈牺牲。

闵采尔虽然牺牲了,但他的美好理想和坚忍不拔、为劳苦大众而斗争与服务的精神,一直鼓舞着后代的德国革命者和世界穷苦大众。一些思想家和历史学家沸腾的脑海中经常掠过他的身影;在近现代欧洲各国许多人的著名演说或著作里,也常常回响着他的光辉思想。闵采尔是一位有丰富学识的先进知识分子,他的人间"千年天国"的彩虹永照大地,他以下层传教士身份忍饥挨饿地在各地奔波;斗争胜利时,他从不多要,甚至拒领战利品;在缪尔豪森起义胜利建成"永久市政会"时,他坚决不任官职,不要名利;他被俘后在各种酷刑下仍痛斥诸侯贵族,一直坚贞不屈,为革命群众树立了光辉榜样。

闵采尔的斗争业绩和光辉思想是永不可磨灭的主流,他反对剥削,反对贵族、领主压迫穷苦大众的斗争精神值得肯定和发扬；他的具有空想社会主义先驱思想的许多因素是难得的贡献。但是，在全面回顾闵采尔舍生取义的斗争实践时，有两点经验教训值得总结，一个是闵采尔的号召和目标，脱离了15-16世纪时的社会背景和生产力水平，当时并不具备立即筹建人间"千年天国"的历史条件；另一个是闵采尔的斗争行动和具体方式，如主张废除私有财产、捣毁修道院、砸碎神像等过于激进，如何争取市民阶层、分化骑士和同诸侯有明显矛盾的小贵族，怎样联合资产阶级宗教改革阵容的力量等，很少考虑，亦缺行动。这些不可能求全，但确不可忽略。

15-16世纪是德意志民族历史上的英雄时代，平民宗教改革和农民战争的历史意义，包括盖斯迈尔、海尔高特领导下斗争的经验教训都是极其宝贵的财富。

二、盖斯迈尔与提罗尔革命

（一）阿尔萨斯、萨尔斯堡等地的平民宗教改革和农民起义

从1524年末起，闵采尔和再洗礼派的密使便在多山的提罗尔等地很活跃，农民们在听了闵采尔传教士的布道以后，便陆续参加了士瓦本的农民起义军。1525年春，布里克森的农民武装起来，推举闵采尔的朋友米夏埃尔·盖斯迈尔为总指挥。

盖斯迈尔（1485-1532年），出身于南提罗尔的农民家庭。祖父是个从事耕种的农民，到他父亲这一代，家道逐渐转富。盖斯迈尔的父亲当上了矿主，同时还经营一个农场。盖斯迈尔在一个教会学校读书时，

他对学习古典文化很有兴趣，同时又熟谙写作，文笔娴熟犀利，得到亲友的称赞。他的父亲盼盖斯迈尔当文职官员，成为皇帝的官吏，后来通过在因斯布鲁克的皇家政府中的熟人给盖斯迈尔谋上了一个职位。盖斯迈尔靠自己父亲同贵族们的交情和自己的文笔与才干，在1507年当上了提罗尔代理总督的文书，不久，他又转任布列森大主教的秘书。从青年时起从政和涉及教会中的许多事务使盖斯迈尔对提罗尔政界和天主教会中的一些情况比较熟悉。他开始对政界和教会中的许多黑暗和污秽勾当感到憎恶。他同一些激进的知识分子和教会中正直的下层传教士们建立了友谊，尤其是通过书信同有见地、学识广博的闵采尔成了好友。闵采尔热情关怀平民百姓，痛恨贵族豪强压榨贫苦农民、矿工的情感深深启发了盖斯迈尔，使他逐渐支持和投身加入了贫苦农民反抗领主和贵族的斗争，并很快成为提罗尔等地农民起义军的领袖。

阿尔萨斯、萨尔斯堡和提罗尔等地的宗教改革斗争和农民战争，是在1525年春爆发起来的。4月中旬，斯特拉斯堡一带的贫苦农民奋起占领了柯尔特多夫修道院，赶走了院长和有民愤的教士，组成阿尔萨斯农民军队伍并提出了自己的"十二条款"主张。其内容和士瓦本地区农民的"十二条款"雷同，但有些差异。阿尔萨斯农民起义军的"十二条款"强调必须"正确宣讲福音"（第1条），它指出："过去总是根据贪欲和自私的目的进行布道，没有替贫苦农民讲话。"农民军提出："大、小什一税应一律取消"（第2条），"废除利息和各种杂捐"（第3条），"除了满意的人（后来指的是皇帝）以外，其他诸侯和领主概不承认"（第4条），"农民有权按照自己的意愿另选官员以代替现有的官员"（第10条），"领主所强占的公地，包括耕地和牧场，应复归公有"（第12条）[①]。通过上述的阿尔萨斯农民军所提出的"十二

---

① 威廉·威美尔曼：《伟大的德国农民战争》下册，商务印书馆1982年版，第560、561页。

条款"来看，显然比士瓦本地区农民军的"十二条款"更为激进。据戚美尔曼等历史学家的分析判断，这同闵采尔在莱茵河上游的宣传工作和活动是分不开的，它的很多内容保留了闵采尔的思想和主张。

下阿尔萨斯地区的农民军，于1525年5月上旬，分南、北两路攻打由世俗和僧侣贵族们统治下的贝尔肯等城市和斯特拉斯堡主教府所在地以及查伯尔城。北路农民军主力约2万人，在领袖伊拉斯姆斯·格贝尔率领下攻下了著名的毛尔斯明斯特修道院，砸碎圣像并烧毁了账簿文书。上阿尔萨斯地区的农民军也攻占了祖尔茨等城市。迄5月中旬，整个阿尔萨斯绝大多数地区，均归农民起义军所控制。

关键时刻，法国残暴又狡诈的洛林公爵安东，率该地反动军队和阿尔巴尼亚与意大利人雇佣兵共3万多人进入德国镇压阿尔萨斯的农民起义。5月17日，在查伯尔城决战中，农民军因寡不敌众，各地援军未到，查尔伯城陷落，农民军领袖格贝尔被俘。法国镇压军肆意抢掠烧杀，此次战役，农民军被杀者竟达1.6万至1.8万人之多。1525年5月下旬，在法国洛林的安东公爵的野蛮镇压下，阿尔萨斯地区的农民起义被镇压而失败。

萨尔斯堡地区的贫苦农民、手工业者和矿工（其中多数人来源于萨克森），在士瓦本地区高涨的农民起义的影响下，于1525年4月也行动起来对抗大主教和城市贵族的暴虐压榨。起义斗争的人们在小手工业者魏特莫泽尔和有过当兵经历的普拉斯勒领导下，加入了基督教同盟的活动，斗争过程中提出了"十四条款"要求，其中有宗教改革的内容，也有反对封建捐税压榨以及利于经济活跃和政治上平等的要求，大体上与士瓦本地区的"十二条款"是相似的。如教会中教徒有权自由选择牧师，取消大小什一税、废除人身税、死亡税等多种苛捐杂税，司法应公正，保养公路以利贸易等。萨尔斯堡地区的斗争和"十四条款"等要求，得到了市民的支持，起义军进驻了萨尔斯堡城市。

1525年5月，萨尔斯堡的起义军向南推进，先后攻占了上奥地利和施蒂里亚、克伦地亚、克莱纳的大部分地区。起义军在戈尔森击败了前往镇压的军队，使萨尔斯堡农民斗争的胜利形势，暂时得到稳定。

1525年春，盖斯迈尔领导下的提罗尔的农民军，到处捣毁了许多修道院，袭击领主的庄园、堡垒，将势力扩展到阿迪杰河畔的博岑（今意大利北部的博尔萨诺），并在梅朗（梅拉诺）设立了农民军的指挥中心，甚至把农民军的营寨设置到特兰托的近郊一带。

盖斯迈尔在1525年5月22日，邀集提罗尔各城市的代表前来梅朗城开会，共商当前和今后的重要事务。这时斐迪南大公一面紧急下令调集军队准备镇压；一面派提罗尔人将军弗伦德斯贝格等人为代表前去，诱使农民放下武器，听从即将召开的邦议会和平解决，并下令不许召开"梅朗会议"。

（二）盖斯迈尔与《梅朗条款》

盖斯迈尔领导下提罗尔农民起义的革命斗争，是1524-1526年德国农民战争的一部分。但它另有一些特点。（1）提罗尔农民军的斗争是1525年春大规模爆发的。这时是德国士瓦本、法兰克尼亚、萨克森与图林根三个地区的反封建斗争处于高潮后，被帝国、诸侯、地方贵族、僧侣贵族联盟力量的血腥镇压下相继惨遭失败的时期。提罗尔等地的农民起义是德国农民战争第四个重要地区。前三个地区斗争失败后的各地贫苦农民都把希望寄托于盖斯迈尔并且支援提罗尔农民军的斗争。（2）提罗尔是德国哈布斯堡王朝在奥地利的领地，是德皇查理五世之弟亲王斐迪南大公直辖之地，很受帝国重视。提罗尔是通向意大利的通道，并是铜和银矿的产地。盖斯迈尔在提罗尔的布里克森领导农民起义斗争时，同阿尔萨斯、萨尔斯堡的起义以及南部瑞士联邦反哈布斯堡王朝的斗争经常互有联系和支持，因而盖斯迈尔领导下的农民起义斗争，引起了哈布斯堡王朝、封建诸侯、贵族们的震惊和重视，他们力图联合粉碎这次起义。（3）提罗尔的革命斗争，比德国士瓦本等三个地区的农民斗争在目标上有进一步的更高要求。这里已经不限于怨情控诉、反封建压榨和反抗天主教会的特权欺凌，而是主张在政治上推翻封建贵族统治，建立由城市市民、平民和农民当家做主并参政的新政府。这同当时提罗尔的人民较自由、经济上较富裕，人们有一些参政经验、受瑞士联邦的影响，使提罗尔具有政治上革命斗争某些初步的基础有关。提罗尔革命斗争之初，盖斯迈尔也沿用了提出各项条件同统治者进行讨价还价的政治谈判的做法，力求争取到广泛的权利。

1525年5月下旬，盖斯迈尔认真起草向最高统治者斐迪南大公和因斯布鲁克议会呈交的各项要求的初稿，以便谈判时有所依据。1525年5月30日至6月8日，布里森、博琛和梅朗三个地区的起义者在梅朗集会，大会没有听从斐迪南大公取缔这次集会的命令，而且集会中不准贵族和上层僧侣与会。集会中通过了由盖斯迈尔等人起草的共62条的《梅朗条款》。其主要内容是要求取消教会和贵族们众多的封建特权，给人民以某些基本的权利，起义者们的要求基本上是温和的。6日22日，起义者的代表去因斯布鲁克向斐迪南大公的下属官员呈交了这份陈述的要求——《梅朗条款》。

在盖斯迈尔主持下制定的《梅朗条款》，是提罗尔革命早期的宗教改革与反封建压榨、争取人民参政要求的政治性文件，它提出的口号是要求建立以神法为基础、贯彻上帝话语的改革。其主要内容是：

（1）从第1条至第10条，强调应取消教会的特权，进行宗教改革。主张每一个城市和地区都有挑选、保留和撤换、罢免自己的牧师的权力，并以上交的什一税作为牧师待遇供奉。教会应放弃它的世俗权利。教会的收入应划归政府进行管理。什一税除支付牧师待遇外，其余部分用作对穷人的救济。精简修道院，在本地区只保留三个，其余应关闭，不保留女修道院。主教的特权应废除，教会和修道院均应服从世俗权力。各种宗教团体的财产应用于社会福利、建医院或救助穷人。

（2）第11条专门针对贵族，主张贵族的各种特权应全部予以取消。

（3）自第18条至第62条，除反对封建主经济上残酷剥削农民、赋税苛重外，主要内容是侧重于政治方面的主张和要求。要求政治和行政体制上加以改革；要求司法进行改革，主张派真正懂法律（包括习惯法）的人掌管法律事务。主张建立王权直辖之下的提罗尔政府，由提罗尔政府对提罗尔邦全境实行全权的行政管理，取消介于王权和提罗尔政府之间的一切统治者。

《梅朗条款》基本上是起义者们在政治和经济上的要求，它的各种要求和主张，是根据神法、上帝的有关话语和谕示，提倡的是人们和信徒之间兄弟之爱和贯彻公共利益。在条款中没有推翻、打倒现政府和自己建立政权的诉求，主要是提出人民要求参政，重点是在政治方面的要求和主张。

1525年6月12日，起义者将《梅朗条款》呈交给在因斯布鲁克召开的提罗尔全邦议会和斐迪南大公时，斐迪南一心想调集重兵镇压起义，他借口只是提罗尔的主管人，无权取消教会的特权和决定主教的去留，这些大事只能由他的兄长德皇查理五世审定，其实他的真实目的是为拖延时间。不久，缪尔豪森起义失败、闵采尔壮烈牺牲、图林根和萨克森地区农民军被歼以及特鲁赫泽斯率领的反动联军在维尔茨堡、科尼斯霍芬（6月2日）和祖尔茨多夫（6月4日）同农民起义军决战。德国农民战争主要地区失败的信息传到提罗尔后，提罗尔各地的贵族纷纷表态支持斐迪南，坚决拒绝起义军的任何要求。这时斐迪南强硬地拒绝了起义军的要求，但表面上对盖斯迈尔给予"谈判"的幻想。在8月11日，盖斯迈尔收到提罗尔邦议会的"邀请函"，要他本人前来参与议会谈判。这时，盖斯迈尔也希望通过谈判实现社会政治改革的愿望，但根本没有料到这是个圈套。盖斯迈尔一抵达提罗尔首府因斯布鲁克，便被以叛乱罪名义投进监狱，他的财产被全部没收，其妻遭受凌辱，他本人在监狱中遭受酷刑，共被囚7个星期。10月7日，盖斯迈尔设法越狱逃出，先后流亡到瑞士和意大利。11月下旬，斐迪南大公致信给瑞士苏黎世的议会主席要求尽快逮捕盖斯迈尔。这时，斐迪南大公镇压农民起义的各项准备工作已全部完成，严防提罗尔革命斗争的再次爆发。

盖斯迈尔从1525年10月至1526年1月这段时间，主要在瑞士的苏黎世流亡。他同瑞士宗教改革领袖慈温利有了密切的交往。盖斯迈尔开始称自己是一个新的摩西，其意他本人是法律和正义的执行者，他的一切活动，乃是为了在提罗尔建立上帝之法，消灭不敬神者。他提出，神法和他本人的社会改革的理想是结合在一起的，在提罗尔建立新的法制，是他提倡和实行革命的中心内容。这时他对斐迪南大公的幻想和温和改革的愿望已经在被欺骗投入监狱后全部破灭了。这段流亡生涯，正是盖斯迈尔从温和的改革者转向坚决的革命者的关键时期。例如，他在1525年6月19日致塞巴斯蒂安·斯普瑞次主教的信中曾表示"我永远会顺从你"，并声明"我成为农民起义军的领袖，是为了维持秩序，要保护主教的财产"。再者，直到1525年10月，他在致因斯布鲁克的信中，还声明他自己是忠于贵族的，要求议会撤销对他的审判。他强调自己所要求的仅仅是希望通过合法途径的谈判和协商，以便在提罗尔建立一个改良的新的秩序而已。但是他的要求被驳回，他的名字仍列在被通缉的名单之内，特别是在瑞士的流亡中他受到了启发，在先后得到了苏黎世、伯尔尼、圣·高尔、康司坦茨、格里森等地人民的支持之后，他完全放弃了从前企图通过谈判，说服上层贵族、官员们建立宪政下的政府，这种脱离实际的计划和幻想。

《梅朗条款》的不能实现、盖斯迈尔被通缉命运的不可改变，以及在瑞士得到宗教改革领袖慈温利等人的启发和支持，盖斯迈尔亲眼看到瑞士人民仇恨哈布斯堡王朝，拒绝向斐迪南大公缴纳赋税……他决定必须筹集武装，才能把提罗尔从哈布斯堡暴政下解救出来。1525年末和1526年1月初，盖斯迈尔终于在瑞士格里森组成了一支约700人的准备武装起义的军队。

（三）"神法"指导下的《提罗尔宪章》

自1526年初开始，盖斯迈尔积极投入通过武装起义和战争方式消灭和推翻不敬上帝、坚持压迫人民大众的政权，筹建反映和代表人民利益的政府为目标的事业。以斐迪南大公为首的提罗尔的掌权者，把除掉最危险的反叛领导者——盖斯迈尔列为首先应消灭的目标，他们不断增加刺杀盖斯迈尔的悬赏价格，甚至达到300-400古尔登币之高。但由于盖斯迈尔身在瑞士，而且为人正直，群众对他印象好，刺客们有所顾忌，很难下手。而盖斯迈尔之弟却在提罗尔首府因斯布鲁克被捕，并于5月28日被判决并处了死刑。

1526年春，盖斯迈尔通过和士瓦本农民军余部不断联系之后，决定在萨尔斯堡、提罗尔和士瓦本同时举行新的起义，他们曾多次打败斐迪南大公、巴伐利亚公爵和士瓦本反动联盟的镇压军队。例如，1526年6月14日，在萨尔察赫河畔的库赫尔，盖斯迈尔率军佯装退却，趁有利时机大举反攻，打得士瓦本联盟军大败而退，盖斯迈尔追击敌人到达萨尔斯堡附近。1526年7月，几经准备之后，盖斯迈尔亲率2000人的起义军，直接开入提罗尔，同从因斯布鲁克政府派来的镇压军和领主们的雇佣兵展开激战，不幸失败，无奈只好退回威尼斯。

军事失败后的盖斯迈尔，自1526年夏起，在威尼斯继续从事谋求进攻和解放提罗尔的活动。他一边继续同瑞士和威尼斯各地的政府展开外交联系，争取得到他们的资助和支持，一边在威尼斯的雇佣兵中充当军官时，继续撰写《提罗尔宪章》，这是他从1526年初便提出的"新的邦国制度"的设想。

盖斯迈尔本人是闵采尔派，他力争实现闵采尔的奋争人间"千年天国"和"公有社会"的理想，又进一步广泛发展、丰富了闵采尔的革命理想。他的"新的邦国制度"的设想，在他亲手撰写的《提罗尔宪章》中得到充分的体现，他弥补和纠正了闵采尔革命理想中在政治、经济和文化等诸多方面的众多不足。《提罗尔宪章》是16世纪时早期先进思想的历史性文件。

"新的提罗尔邦国制度"的主要内容概括说来是：（1）彻底消除"损害了神圣、永生的圣经、压榨穷苦百姓和妨害公共利益的不敬上帝的人""废除人间尊卑贵贱的差别，实现完全的平等"。（2）"取消弥撒、圣像、礼拜堂，破除一切迷信的邪恶。"（3）"成立由本邦各区选举成立的邦政府"，"选派三个精通圣经的人担任政府顾问"，法官由各村区选举产生。（4）"废除一切不合理的贡赋和关税"，将什一税用于布道、济贫和资助医院；发展牧畜业和农业；取缔高利贷；矿山收归国有；维修和建设矿区、道路和桥梁；巩固国防等[①]。上述主要内容，体现出"新的提罗尔邦国制度"其基本设想是：消灭阶级差别，在圣经的主导下，建设一个民主、统一、繁荣昌盛的新国家。

《提罗尔宪章》是为建立和实现"新的提罗尔邦国制度"的"宪章"，亦即新政府实现革命任务的最高法则和权力。在《提罗尔宪章》中强调了一个原则和两项基本任务。即必须以"神法——圣经为指导一切"的原则，基本任务是：（1）用军事斗争打退封建统治势力，人民建立自己的政府，实现人们之间政治上的平等；（2）推翻剥削制度和经济上的压迫，保证政府对矿业、生产和社会福利的控制。实际包括政

---

① 威廉·戚美尔曼：《伟大的德国农民战争》下册，商务印书馆1982年版，第950、951页。

治上和经济上两场革命斗争。

《宪章》第一条，奠定了"神法"指导一切的原则。"神法"即上帝之法、上帝的福音。盖斯迈尔强调：神法直接为人民政府的合法性服务，人民的政府是上帝授权的原理。在一切事务上不应寻求私利，首先要考虑上帝之荣耀，其次考虑公共利益，这样，万能的神必会赐予你们以恩惠和帮助。他本人流亡瑞士时说自己是一个虔诚的、诚实的人，是为了福音的缘故被迫离开了提罗尔，现在进行的是神法指示的事业。盖斯迈尔所设计的社会改革的顺序是：必须依靠武装力量攻占提罗尔的首府因斯布鲁克，夺取政权，然后建立人民的政府，依靠政权的威力，通过新政府的政策、法令，推动社会、法律、宗教和文化诸方面的改革，旧秩序被解除之后，经济发展便可顺利进行。简言之，通过革命斗争——政权——社会——改革——发展经济。

《提罗尔宪章》共24条。概括起来可分为四个部分：

第1-3条，是总纲，叙述革命的目的是实行神法，建立神权国家是为了实现上帝的荣耀。

第4-7条，专论反对无神论者之必要，驱逐危害人民的人。

第8-13条，论新国家及政府权威的性质和形式。

第14-24条，关于社会和经济改革等。

整个宪章的顺序，即是革命的步骤，分为：革命——权威——改革模式，均为盖斯迈尔对提罗尔革命的精心设计。

下面拟对重点条款加以简要评析：

第4条："取缔一切特权。"体现本次革命斗争的激进性，直接指向封建制度和整个封建秩序。比起以往农民战争所提出的"反抗领主滥用权力"、要求"减免赋税和压迫"（承认其有权力），明显有所发展。

第5条："消灭一切城乡和阶级的差别。"此条中具体提出"要拆除城墙和乡村中的城堡、堡垒，不要城市，只留乡村"。表现出盖斯迈尔等人草拟"宪章"时误以为土地上的平等便可免除等级之分和不平等。

第6条："取消非基督教的一切偶像、十字架、小礼拜堂和弥撒等",乃属于宗教改革范围的主张,显然是片面性的,违反了时代与社会的实际。

第8条:在政府驻地由大学教授解释《圣经》和讲授"上帝之言",可调和神法与政策之间的关系。实际是贯彻总纲——神法指导一切。但同时又主张政教合一,政府管宗教、教会是政府的下属部门。

第9、10条:提高司法效力,法庭除法官外另设八个陪审员,而且要通过选举产生,处理案件不得拖拉,办案不得领报酬。这是针对司法存在的问题,乃必要的司法改革的积极主张。

第14条:关于赋税的改革。取消关税和通行税。赋税由全体人民决定征收或取消;税额由全体民众投票决定。什一税应缴纳,并用以支付牧师之费用,多余部分救济穷人。赋税应用于公共利益,进口不征税,出口纳税等①。这两条值得注意。设想细致、可行,可供参考。

第16、17条:社会福利事业。内容详细、具体。要救助老弱病残孤儿。医院的职责、效力等。体现出革命是为人民服务的宗旨,关注一般公民的福利。

《提罗尔宪章》第18条至第24条全部是经济改革和经济建设的规划和措施。体现出以盖斯迈尔为首的提罗尔革命,已远超中世纪农民战争的水平,对人间"千年天国"已从憧憬、乌托邦进入设想和早期实践与摸索的阶段,体现出起义者已开始具有从中世纪向近代经济过渡的经济思想,这是难能可贵的。

第18条:集中写的是关于农业。盖斯迈尔根据他对提罗尔周边土地

---

① 参自朱孝远:《论盖斯迈尔及其经济思想》,载《贵州社会科学》2013 年第 2 期,第 78 页。

和经济状况非常熟悉的条件，具体提出了：在梅朗和特里恩特之间的沼泽地进行排水之后，能为牛、奶牛、羊提供养料，增加的粮食将会使肉类不短缺；在许多地方要种橄榄树和藏红花。在河谷地区的葡萄地上搭起葡萄架来栽种葡萄等。还计划每一个司法行政区都应清理公共土地，对扩大牧场和良田等都有具体的筹划，而非空谈。

第19、20条：有关工商业方面。严禁高利贷，取缔收费的欺诈行径，发扬公平交易和优质生产，在国土上应指定一个地方进行集中的商业管理，如特里恩特最合适，因它地处商道，又是繁荣的商贸中心。那里要成为工业区，生产丝绸衣料、帽、鞋和其他物品，应管理和制定物价，商品按实际价值交换。保留一种稳定的货币。官员及其助手领工资。教堂和上帝之家中的所有圣餐杯和贵金属得回炉，用以铸造于公众有益的钱币①。

第23条：对矿区进行国有化改造。将贵族、外国富商、公司所把持的冶炼场、矿区、矿产、矿藏的所有权，收归国有。《宪章》详细指出没收他们的财产的理由，他们是靠压榨工人、百姓，靠欺骗、垄断、囤积、高利贷等积累的财富，没收是对他们的惩罚。改造后的矿区实行国家行政管理。

第24条：矿业、盐场等均实行国家管理。由人们选出的总经理照管并汇报。私人不得冶炼任何矿产。矿业收入用于国家的开支及矿业的扩建。矿业向劳动者支付现金，不再用实物抵付，同矿主之间取得和平。

除上述24条之外，在《提罗尔宪章》最后，还有一些重要内容的扼要表述。它提出：新的国家力求同周边国家保持友好关系，国土中种菜的园地不得进行买卖。应建立统一的度量衡和法律，筹集防卫基金以

---

① 参见 "Michael Gaismairs Tiroler Landesordnung" in Adolf Laube, ed. Flugschriften der Bauernkriegs Zeit, Koln·Wien: Bhlau Verlag, 1975, 暨朱孝远：《论盖斯迈尔及其经济思想》，载《贵州社会科学》2013 年第 2 期，第 78 页。

备战争之需。提罗尔的主要目的是建立一个新的国家，即一个农民的平等、自由、独立和民主的基督教联邦，不脱离德国，不帮助德国的敌人，不转向奥地利或转向瑞士。

通过《提罗尔宪章》可以看出，改革的顺序是：革命、政治、社会、经济四个阶段，主张先建立强有力的公共政府，厉行改革。反映出1525年提罗尔革命达到了新的深度，比一般农民战争前进了一大步。它主要表现在：

革命的目标不是人民对政府的监督，是由人民直接掌握政权，新国家不是地区的联盟，而是变诸侯领地政府为人民的领地政府，特点是中央集权制。《提洛尔宪章》的目标是建立强有力的社会秩序，保护人民不受压迫和剥削，实现政治、社会、经济的平等。盖斯迈尔认为这是符合神法的革命。应该说它是比中世纪农民战争先进，而且具有筹建近代民主政治国家的构想。当然，《提罗尔宪章》的主张中，如推倒城墙、实行无利润的工商业生产，提出生产资料和商业活动全部由国家控制……许多政策尚存在有明显脱离实际的成分。这些都是历史时代的局限所致，不可苛求古人。

（四）德国农民战争的最后一幕

1526年7月，盖斯迈尔亲率起义军同占绝对优势的提罗尔政府镇压军和雇佣兵在提罗尔境内几经激战后最终失败，盖斯迈尔杀出重围退回威尼斯时，"农民战争的最后一幕宣告结束了"[1]。盖斯迈尔在威尼斯并未停息斗争，斐迪南大公和提罗尔的贵族、领主们，时刻担心提罗尔的平民、农民再爆发起义，在大公重金收买下，两名西班牙人刺客，于

---

① 《马克思恩格斯全集》第 7 卷，第 478 页。

1532年在盖斯迈尔的帕多瓦住宅中，将这位德国人民的优秀儿子、提罗尔宗教改革和农民战争忠贞的领袖盖斯迈尔阴谋刺死。

德国下层平民、农民在闵采尔和盖斯迈尔等领导下的宗教改革活动和伟大、不朽的德国农民战争，其性质、失败原因及其历史意义如何？这一重要的历史课题，马克思、恩格斯在许多著述中都曾专门论析或简要评述过。德国、苏俄、西方以及中国的历史学者们均有论著发表，甚至对有关问题的不同见解，也展开过研讨。现拟粗略地加以归纳并扼要论述之。

关于德国15-16世纪的宗教改革史，是世界历史中十分重要的课题之一。欧洲宗教改革运动过程中，德国产生了路德新教；法国、瑞士出现了加尔文教；英国产生了安立甘新教，各个新教不断传播、扩大，脱离了罗马教皇为首的天主教会系统，经过不断反抗斗争也逐渐摆脱了欧洲宗教裁判所（异端法庭）的枷锁和迫害，这是确切的史实，有其贡献和意义。但是，过去个别史学著作中对16世纪时的整个天主教会和1534年组成的耶稣会笼统地称之为反动或反革命组织是不确切的。原天主教（旧教）曾反对和抵制过新教的筹建和改革活动是事实，但天主教会中一些开明的先哲伊拉斯谟、托马斯·莫尔、柯列特等也曾提出并对天主教会试行过一些改革，对此不该忽略，也应适当地肯定。德国的闵采尔、盖斯迈尔等反映和代表农民和城市平民的宗教改革活动的史实不仅应予记述，而且对其影响，特别是从《提罗尔宪章》等近代共和制思想和百姓共和国萌芽等均属平民宗教改革和德国农民战争的历史贡献。

1. 德国平民、农民宗教改革、农民战争的性质如何？它同中世纪历次农民要求改革的斗争和农民起义有何不同？

首先，从社会的阶级矛盾分析，主要是以广大贫困农民同封建主、特别是反对天主教会僧侣贵族压榨的矛盾为主，平民、贫苦农民的斗争目标、基本要求，如闵采尔派的《书简》《十二条款》《海尔布琅纲领》以及《提罗尔宪章》……集中表述的是反封建主阶级的要求、纲领和主张，所以这次是以农民为主大规模的反抗封建主的阶级斗争。

其次，由于16世纪初，德国资本主义因素的萌芽和发展，新兴资产阶级要求发展资本主义经济和政治统一，有利于工商贸易的发展，特别在《海尔布琅纲领》中得到反映，资产阶级的代表人物文德尔·希普勒等人是法兰克尼亚地区起义军的主要领导者，因而这次斗争同过去1358年法国的"札克"起义、1381年瓦特·泰勒起义等有所不同，德国农民战争明显地具有资产阶级革命的性质。恩格斯称这次农民战争是"第一号资产阶级革命"[①]。然而，通过深入分析论证后认为，1524-1526年的德国农民战争是反封建的农民战争，具有资产阶级革命性质较为准确。

再次，德国人民的宗教改革和农民战争，不限于反对封建剥削的经济斗争，不单纯为了改革农村的农村秩序，而是要推翻特权等级的政治地位和权力。从闵采尔等制定的《书简》《十二条款》《致德国全体农民书》，特别是号召建立人间的"千年天国"和在缪尔豪森建立"永久市政会"以及盖斯迈尔的《提罗尔宪章》等文件，充分论证出这次人民的宗教改革和农民战争，不是"劫富济贫"，没有"滥用暴力"，农民信仰的并非路德教，而是"神法"——自己信仰的基督教。这次农民战争的性质应该像著名史学家列奥波德·封·兰克那样被赞誉为："日耳曼民族历史上最伟大的自发事件。"更明确地可以概括为这是一次反封建的宗教改革与构建早期民主政治相结合的农民革命运动。

最后，从闵采尔、盖斯迈尔等主持下写出的《书简》《十二条款》《致德国全体农民书》（亦译为《致全体德国农民大会书》）以及《提罗尔宪章》等文件的内容和奋争创建人间的"千年天国"和"公有社会"的目标与斗争实践来分析，15-16世纪时闵采尔、盖斯迈尔的白纸黑字印就的文献所表述的思想、观点，他们应列入空想社会主义先驱者

---

① 恩格斯：《关于农民战争》，《马克思恩格斯全集》第 21 卷，第 459 页。

的行列。德国革命斗争的主要领导者，英勇不屈，堪称中外历代农民战争领袖的榜样。

2. 关于德国农民战争失败的原因。

德国农民、平民的宗教改革和农民战争失败的原因较多，其中最主要、最关键、起决定性作用的原因是什么呢？1524–1526年德国各阶级之间的大搏斗时间不长，但声势浩大，十分激烈、残酷，战斗虽然主要在四个地区，但实际波及了德国的大部分领土。据统计，当时全德国约有2/3的农民，都不同形式地投入了斗争，起义较15世纪捷克胡斯战争的时间短，而其效果则互有特点。但较14世纪法英农民起义的规模和影响大。总结起来，德国农民战争失败的原因应分为以下几个方面：

（1）德国各地农民力量分散，组织性欠强，没有统一的指挥和行动，多次轻信敌人和谈判骗局，各地斗争陷于地方性，各自为战，彼此支援不够。

（2）新兴资产阶级经济上力量小，政治上软弱，虽参加了反封建贵族和反天主教会上层的斗争，但斗争激烈时常动摇、妥协，未能全面领导运动。

（3）农民的主要同盟者——城市平民的力量尚弱，无产阶级尚未形成。缪尔豪森附近的部分矿工参加了起义，当矿主用"让步"欺骗时，不少矿工便脱离了斗争行列。

（4）客观上，在德国敌人的力量当时较强大，诸侯及僧俗各类贵族反动势力联合，军事上优势明显，刽子手特鲁赫泽斯之流诡计多端，起义军在几次决战中常被敌人分化而各个击败。

综上分析，德国农民战争因当时德国天主教会诸侯、僧俗贵族势力大，社会历史条件的制约性突出，起义斗争难以持久而失败。

3. 历史意义巨大、深远，彪炳于史册。

第一，伟大的德国人民的宗教改革与农民战争是结合在一起，同步展开的。人民的宗教改革活动虽在先，但斗争目标、要求基本上是统一、相辅相成的。

德国平民、农民的宗教改革和农民战争，从根本上动摇了天主教会在德国的统治。农民战争中德国许多教会和教堂被捣毁，众多教会领地及其教产被没收，天主教会的势力在政治上、经济上的特权大为削弱，之后长期未能恢复。路德新教的势力在德国逐渐扩大，宗教事务的一部分最高权力逐渐移到世俗诸侯之手，起义斗争铲除了一部分反动、腐朽的封建势力，把德国社会向前推进了一大步。

第二，德国农民战争是德国史上的英雄时代，是德国反对封建制度的第一次大决战，沉重地打击了封建贵族的统治，许多封建主的城堡被摧毁，骑士或死于战火，或沦为诸侯的臣仆，此后，德国大部分骑士失去了他们的黄金时代。德国平民、农民的宗教改革和农民战争的革命烽火，也客观上促进了天主教会本身的改革，有利于逐渐清除教会内部的腐败、特权和陋习，进一步开展宗教的正常教务和活动。

第三，德国人民的斗争实践，证明广大农民是反封建的主力军，同时也说明农民要取得彻底解放，需要先进的无产阶级的坚强领导。而无产阶级只有和广大农民结合成巩固的同盟，才能使革命达到胜利。德国农民战争的斗争实践，证明像闵采尔、盖斯迈尔等同工农相结合的先进知识分子在斗争中的领导作用应予充分肯定。马克思曾写道："德国的全部问题将取决于是否有可能由某种再版的农民战争来支持无产阶级革命。如果那样就太好了……①"这是马克思一再提出过的工农联盟学说，其重要性十分明显。而德国农民战争具有构建早期民主政治运动性质的重大历史意义，更应予以肯定和深入总结。

① 马克思在1856年4月16日于伦敦致恩格斯的信。载于《马克思恩格斯选集》第4卷，人民出版社1995年版，第334页。

三、为"圣灵时代"和"公有社会"而献身的海尔高特

汉斯·海尔高特（Hans Hergot）是闵采尔的挚友。他是纽伦堡的一位印刷作坊主。他不是农民，也并不很贫困。他本人是一个劳动者、城市中坚定的有先进思想的革命者，是一位为了贫苦人民而献身的市民知识分子。他没当过诸侯、贵族的秘书或律师，没从事过教会的牧师和传教士，也和闵采尔、盖斯迈尔不同，没有高贵的学历和学位，但海尔高特的学识也很广博，他写出和印发不少文章和小册子。闵采尔发表的文章、书信深奥、生动，能打动人心；盖斯迈尔的作品，结构分明，充分说理，颇有律师文风；而海尔高特的文笔通俗、生动、易懂、大众化，反映出城市中贫苦平民和无产者们身心的渴求。德国宗教改革和农民战争期间，海尔高特不间断地为闵采尔秘密印发过革命著述品。为此，他曾不断受迫害，多次入狱而不悔。德国农民战争失败后，他继续坚贞奋斗，1527年3月，他在销售和散发革命小册子时被捕，被萨克森的政府当局以"宣扬叛乱"为由判处死刑，在5月10日献身牺牲。海尔高特虽然没有亲身在充满硝烟的战场上起义拼杀，但他献身革命斗争的精神永垂不朽。他光辉的思想启蒙了人们，为人类精神文明的发展做出了贡献，他的业绩彪炳于德国宗教改革和农民战争史的鸿篇之中。

（一）"向基督教新生活的转化"

海尔高特主要活动和革命斗争的地域是德国南部重要的自由城市纽伦堡。纽伦堡是德意志帝国50个帝国城市之一，这里工商业发达，文化较繁荣，一度曾是路德新教的中心之一。1522年它曾是帝国议会驻地，

全德的政治中心。

对神法的认识和理解方面，海尔高特本人不仅强调基督教原理和公共利益之间的关系，他更提出了应建立和发展一个新的社会制度，应"向基督教新生活转化"，即消灭私有制，向人间没有剥削的社会转化。

海尔高特主张基督教的新秩序应当是"众人皆平等"。他认为：基督教的发展和人类社会的发展是同步进行的。应分为上帝、基督和圣灵三个阶段。而圣灵阶段约起于1525年大革命——德国农民战争，它体现了神学和社会秩序的"第三次转变"。这次转变，是要建立平等的社会秩序，即"神将使一切等级、乡村、城堡、教堂、修道院黯然失色，他将创造一个新的社会，新的体制里面没有一个人可以说'这是我的'"。

向基督教社会的转化，即力图建立基督教新社会的制度。关于神法和公共利益的新解释，反映了1525年起义者对废除私有制、对"公有社会"的理解。首先，海尔高特所理解的目标和任务，并非减轻贵族、领主对人民的封建剥削，而是将城市、贵族、教会、修道院、领主等均消灭，一切事物，如森林、牧场均归公共使用，乡村将富裕。其次，海尔高特提出的新秩序，其要害和本质就是一切公有、人们平等。实行任何东西公用制，没有任何一个人可以高于其他人。

海尔高特的理论是对闵采尔建立现世"千年天国"论的一种发展。海尔高特不属于《圣经》主义者，他是圣灵主义学说的信徒。他的政治理想，带有原始基督教、中世纪的修道院制度和圣灵感应说的许多影子。他的神学理论也带有"精神派"和"千年天国"论的影响。精神派是16世纪在欧洲产生的一种激进的宗教改革派别，在法兰克尼亚的一些帝国城市和自由城市中具有广泛影响。

圣灵主义、精神派和"千年天国"派的宗教理论对海尔高特的影响很大，但海尔高特却是按神学来建立人间的基督教新社会的思想先驱。海尔高特告诉人们：写在纸上的《圣经》时代已经过去，而耶稣基督通过圣灵直接统治的"人间天国"时代已经到来。

海尔高特认为圣灵对向基督教新生活的转化起关键作用。新秩序一定要体现出完全的基督教特征，人们想要实现的新秩序，要比一切旧有的修道院制度来得伟大。海尔高特不同意路德对简化教义的主张。他主张七项宗教圣礼（圣仪）有四项好，其他三项亦不可缺。他主张必须推行基督教礼拜制度，必须按原始基督教的平等教义，才能体现基督教的本质，首先应恢复"使徒时代"的某些特征：即按圣灵行事，而不服从贵族和法学家制定的法律制度。其次他特别推崇圣灵的权威，从而否定世界上封建秩序的合法性。他一再强调世界上的法律是帮助贵族反对人民、压迫人民，这是不公正的。

如何认识圣灵？怎么认识和评价"使徒时代"？这是海尔高特分析的重点。他认为圣灵体现在人民的传统之中，基督教原理和价值同封建的社会秩序是直接对立的，封建时代的社会秩序违背传统、违背神意。而"使徒时代"的古老习惯法同神法具有一致性，都同现存的社会秩序对立。习惯法并非封建的契约关系，它是圣灵感应下的古代乡村社会的公社制原则。海尔高特并非完全肯定和简单地赞美"使徒时代"。他提倡的是要创造和实现新的"圣灵时代"。"圣灵时代"不仅完全同贵族、领主政治对立，而且也超越了以传统习俗为主的"使徒时代"。新的"圣灵时代"是通过圣灵直接对人间进行统治，把圣灵主义发展为一种新的政治社会制度，争取实现人们之间的平等互助，成为由基督直接统领和统治人间的"千年天国"，这样的"天国"中的政府成为体现为民众利益的服务，"圣灵时代"实际是消灭贵族同平民、富与贫、统治者和被统治者之间的差别，没有城与乡之间的差别，实现人与人之间真正平等的基督教新生活的时代。

海尔高特为实现"圣灵时代",提出消灭各种不平等的差别,应当在"向基督教新生活的转化"时,而自然地涉及人们之间的等级制度应取消,财产分配上的不平等也应消灭,进而引发到为了实现人们之间的真正平等,应当在财产分配上的平等问题。海尔高特指出私有制本质上是自私的,公有制才是平等无私的社会,基督教的原理和精神才能实现,福音才能真正成为基督教新生活社会的基础。

人们的社会必须根据基督教原理进行改造。财产的不平等,可以通过财产公有化进行改变,在新的社会中,土地、森林、牧场、水泽都归公有社会,根本没有地租、为地主服劳役之说,人们都为公共利益而服务和工作,这样下去便能实现"向基督教新生活的转化"。

对于老、弱、病、残者,提倡由社会负担和救济,这是社会的责任。

对于家庭生活,海尔高特提倡一种新的"供养人"制度,这是他的"基督教新生活"中的一项特殊淡化家庭的乌托邦倾向的反映。所谓"供养人"类似于教父、教母式的制度,具体做法是由教父母分别负责对孩子的抚养和教育,当孩子三四岁时,在教堂受洗后,供养人来接收孩子,男教养人应最虔诚,女教养人不仅应虔诚而且应最贤惠。他或她将孩子领到自己家中教养他们,成为孩子的父母(教父、教母)。等孩子们长大成人,爱上谁,便可成家,以神的荣耀和公共利益的名义结合。

对于手工业生产,在"基督教新生活的转化"中亦要求服从公共利益,克服私心。匠人为公共利益倾心传授技艺,任何人在本地区造出的物品,都可提供给别人。在基督降临节、耶稣升天节和圣灵降临节时人们都应禁食。

新生活中也有罪犯,将设"精神病院"予以改造,以拯救其灵魂。

海尔高特一再强调公有制是基督教社会中最本质的东西,而现存的世界是同基督教的原理和《圣经》完全对立。当公有制进入人们的生活中以后，世界将会改变。人们把公共利益应用于社会之后，真正的基督教的生活才能建立，人民会过上幸福的生活。他把公共利益同上帝、耶稣和圣灵统一联系，主张这是基督教最本质的原理，唯有公有制能使人们摆脱自私和争斗，是实现人类和平的基础。因此，神为人们设计出以人民利益为前提的社会制度，即基督教的新生活，只要人民努力，自愿加入新生活，互相合作，按神的旨意去做，基督教的社会和政府必能建立起来。

（二）"神法"的政府与"和平主义"的宗教改革

海尔高特曾把基督教理论演化为一种神法，再在神法中演化出社会制度、规则以及政治上和社会中所需的道德来源和精神需要。通过对神法的贯彻，会增强社会的凝聚力，进一步使人类团体变成真正的基督教徒的精神团体。

在"向基督教新生活的转化"小册子中，海尔高特重点阐述了"圣灵时代"中的新秩序，人们的平等、互助以及公有思想和公有制的基础等基本性的重要概念，也分析了"圣灵时代"同"使徒时代"二者之间的联系和区别。关于"人间天国"中的政府和神会，同教会之间的关系如何？地方上各类的结构、权限有何特点，海尔高特亦有专门的设想和论析。

海尔高特头脑中和笔下的政府是按神法行事的政教合一的性质，教会是在政府领导的权限之下。政府的任务是实现公共利益，要体现出道德权威、政治权威和知识权威等特征，这一系列权威是通过政府与教会两套制度和机构来发挥和操作的。

关于教会，海尔高特在小册子中的论述较扼要和简明。他把教会又称为上帝之家。他指出神在每个地区都建立了教区制度。教区由各地的人们共同来支持和管理，地区中一切增长物均属于教会和人们所有。任何一个上帝之家，实际上不仅是一个教堂，它还直接意味着包括圣灵和神的意愿，体现道德上的权威。它有两套领导机构：一是管理教化和灵魂得救；二是管理物质性等事务。上帝之家具有下述三种实际权力：第一，管理一切有关宗教方面的事务；第二，承担宣传公共利益的职责；第三，负责社会福利事业的管理，如照顾穷人、老人、病人等，使他们按上帝意愿在尘世中过上幸福的生活。总之，在上帝之家中体现和贯彻了道德上的权威，而政治上的权威则由政府部门去体现。

值得注意和重视的是海尔高特所设想、构思和笔下的教会中既没有教皇、教廷、主教、牧师及教士的论析，也无修道院、教阶制和新教会详细的新制度和规则。从1525年至1527年5月，海尔高特关于建立基督教公有社会和所出版的《向基督教新生活的转化》文件中，亦因海尔高特被送上断头台壮烈牺牲而阙如，这是历史的遗憾。

海尔高特对"神法"下设想的政府的结构、职能和特点，以及执行法律等问题均有涉及，并有较详的叙述。他主张：

政府有政治权威。根据宪法通过选举而产生政府，最基层是村，再往上是区、语言区（按三种圣经的语言分为拉丁语、希伯来语和希腊语区）及中央，共四个等级，各级领导人分别称主，由他们取代原有的诸侯、贵族和领主们。政府应发挥政治上的权威和知识上的权威。

政府应通过基督教的教化，使人们自觉地按"公共利益"的原则行事。创造基督教秩序，实现社会合作，人们"去私"和实现"平等"，履行基督教徒的义务和道德，要以精神道德为凝聚力实现社会合作。海尔高特主张淡化政府，不必建立庞大的政府机构和军事、政治及法律体系；政府只是教化人民实现基督教原则，不必严密控制人民；政府结构应较松散，不宜集权制；整个国家的军队不宜过多，军队相当于警察，服务于地方的事务。他甚至希望世界上最终消灭家庭、国家、军队和法律。

海尔高特主张政府应是知识上的权威，国家的管理者必须是真正的《圣经》学者（懂希伯来语、希腊语和拉丁语），懂经济和生产技术；而且强调各级政府都要办好学校，用知识、道德来教化和维持社会间的合作，政府的领导人本身应是贤良的学者，向人民宣传公共利益和基督教徒的新生活。

《向基督教新生活的转化》中还专门分析和研讨了法律问题。海尔高特主张公正的法律不能靠世人制定，必须靠圣灵才能解决。他认为世界上存在两种学问：一种是法律，另一种是圣灵。法律教给人们的往往是偏见，唯有圣灵教人的是智慧。关于人们学习的途径，他主张有两条：一条靠经验，来自学校和社会；另一条靠圣灵的感应，神给予的神秘的召唤。

圣灵与神法的基础有别：神法的基础是《圣经》中的条文，而圣灵的基础是神之智慧。神给人启示时，人才能具备爱和聪慧。人成为有德行之人时，则不需要法律。总之圣灵高于法律，圣灵是基督教的道德观念。

海尔高特是1524-1526年革命斗争的积极参加者，特别是革命斗争被镇压失败后，他仍然坚持通过写作、宣传、印刷文件小册子等继续进行斗争。他通过宣传和平主义进行宗教改革，争取实现"基督教新生活的转化"，以便完成在人间建立"千年天国"的夙愿。海尔高特宣传的和平主义，是在革命失败后高压情况下进行的一种特殊的斗争策略和方式。

海尔高特在《向基督教新生活的转化》小册子的最后曾写道："我的小册子不呼吁反叛，它不过是指出谁是邪恶的人，他们可以向上帝认罪以求神的宽恕，那么神也许不把他们如同他们对待农民那样打入地狱。当然，当神自己起来要攻击你们时，如我的小册子明显指出的那样，无辜者们是不需要惧怕的。任何人知道自己有罪，他应向上帝祈祷以求宽恕，当那一时刻到来之时，他将除掉野草……我们如果相信上帝之言，我们能够进入保佑之列……①"通过小册子中最后这段话，可以看出海尔高特继续为1524-1526年的革命斗争进行辩护，揭露把农民打入地狱的是统治阶级。并且指出，统治阶级血腥镇压农民战争后，鼓吹和提倡的和平及维护"公共利益"、平静与和平、秩序……语调虽甜蜜，实际是欺骗和麻痹人民。海尔高特在革命失败后，对政府、法律、军队十分反感，为反对恢复旧秩序，他盼望旧时代灭亡，期待和向往基督教新生活的到来，以及和平主义的公有社会能够实现。他主张"和平主义"的宗教改革就是要争取实现革命。

通过和闵采尔的联系、密切交往和不断印发闵采尔派的传单、小册子扩大革命宣传，进一步武装了海尔高特的思想，提高了他的认识，他明确了公共利益的核心是公有制度，此乃"人间天国"的基础。而实现和造就社会新秩序的两大杠杆则是废除私有财产和公共利益的建立。根据《向基督教新生活的转化》全文的观点和论析来看，海尔高特应属于空想社会主义思想先驱之一的行列，当然他的思想、规划和乌托邦蓝图尚欠充实和深化。

《向基督教新生活的转化》（简称为《新转化》），是1527年在德国莱比锡（不是在纽伦堡）首次出版的。这本小册子分为两个截然不同的两部分。第一部分阐述了同当时的社会和政治现实对立的不同模式，而第二部分则包括了对当时的政治和天主教会权力集团的直接与雄辩的批驳。这一个第二部分是1526年革命失败后理想和要求破灭的产物。值得注意的是第二部分中从没提及乌托邦式的乐观的第一部分的内容，显

———————————

① 引自海尔高特的《向基督教新生活的转化》第34节。

然写作第一与第二部分的时间和背景是不同的。

海尔高特是一位坚定的革命者，也是一位历史发展论者。他是一位城市中的革命者，不是农民，但在小册子中他对农村广泛涉及是难得的。他认为历史发展的更高阶段，即通过圣灵来实现的第三次转变即将来临。这种乐观的精神和企盼，对于为革命而多次入狱的海尔高特来说是难能可贵的。他在《向基督教新生活的转化》小册子中表达的是一种世界性的新政治秩序，而且充满基督教的精神，这是同1524–1526年德国平民、农民宗教改革和农民战争时期闵采尔、盖斯迈尔等不朽革命英雄完全相似的品格。因此，今后对闵采尔、海尔高特以及同期历史上农民运动史的文献、贡献和意义进行深入研讨和重新评价是很必要的。

第五章

瑞士的宗教改革与慈温利和加尔文的宗教学说

一、15世纪末与16世纪初瑞士的历史和社会背景

在欧洲宗教改革运动过程中瑞士是慈温利派加尔文教派产生的摇篮。这同瑞士15世纪末和16世纪初的历史和社会背景密不可分。中世纪时瑞士的地理位置处于德国和法国南部、意大利北部交通要冲，亦是阿尔卑斯山隘各条交通要道的中心。从13世纪中叶起，瑞士的瑞芝、乌利和温特瓦尔登三个山林地区的州，特别是圣哥达隘口是西欧商人必经的关卡，这个地区将意大利同西欧各地的工商贸易紧密联系起来，获利显著。

（一）瑞士的经济和政治状况

瑞士的经济状况：

15世纪末与16世纪初，瑞士全境经济发展很不平衡。大体上有两种

类型：一类是工商贸易较发达的城市州，如苏黎世、巴塞尔、伯尔尼等州；另一类是森林地带古老的农业州，如温特瓦尔登、乌利、瑞芝、瑞森和楚格等州。全境各州之间经济联系薄弱，各州局限于本地区的狭隘利益，没有形成统一的国内市场。

经济与工商贸易较发达的城市州，多处于德、意、法商贸中心地位。苏黎世的大多数手工业者已组织在行会中，该城有大量资本主义手工工场生产粗呢绒、丝织品和皮革制品并向外倾销，信贷和高利贷业亦较发达。巴塞尔、伯尔尼州，主要是商业、银行高利贷业发达。15世纪末分散型的资本主义手工工场较多。16世纪初时苏黎世是瑞士各城市州中最发达的工商业中心，封建关系日趋解体，资产阶级已开始形成，自由思想逐渐活跃起来。

瑞士的农业较多，其中有农业区和森林区。农业区中经济的特点是封建关系微弱，各地长期留存的公社制度在16世纪初已解体。大量的自由农民阶层并不受封建制的依附关系所束缚。瑞士的封建制主要在教会领地中或在州直接统治的属地（"福格特区"）普遍留存。农业区中贫苦农民和外来农民很少有土地，耕地被富裕农民掌握。因工商业不发达，长期流行实物地租的剥削形式。瑞士的森林区较多，主要是畜牧业，大量的牛羊及其产品（毛皮、皮革、牛奶、奶油、干酪等）运往城市州中各地出售，也输往德国和意大利。森林区中粮食产量较少，主要靠从德国输入。因瑞士的森林州生产力发展缓慢，因而出现劳动力过剩现象，贫苦的农民常应募成为雇佣兵，被西欧各国所雇佣，成为瑞士穷人的正常职业。长期以来，封建时代瑞士的雇佣兵对瑞士和西欧都有一定的影响。

瑞士的政治状况：

历史上瑞士处于神圣罗马帝国内并受奥地利公爵管辖。奥地利公爵长期从瑞士的国际贸易关卡口中获得巨额利润，并对瑞士的一些州实行残酷的统治。从13世纪末起，瑞士的一些州陆续展开反奥地利公爵统治、争取摆脱神圣罗马帝国的斗争。

1291年，瑞士的温特瓦尔登、乌利、瑞芝三州结成同盟，即联邦的雏形。他们共同发动反对奥地利公爵的武装斗争。1315年，打败奥地利的骑兵，影响甚大，三州的同盟更巩固。此后，瑞士许多州也陆续加入联邦。计有：琉森（1332年）、苏黎世（1351年）、楚格和格拉路斯（1352年）、伯尔尼（1353年）、弗赖堡和佐洛土恩（1481年）、巴塞尔和沙夫豪森（1501年）及亚本塞尔等州（1513年）都加入了联邦（联邦共包括13州）。此外，在15—16世纪时，以"联邦领地"名义，也吸收了瑞士东部的圣加伦、西部的日内瓦、纽莎德尔以及南部的瓦里斯等著名城市州，瑞士联邦的领土扩大的同时，军事反抗奥地利公爵的力量也显著增强。瑞士各州的联合，在争取民族独立和摆脱神圣罗马帝国的控制和压榨中逐步得到了加强。这一过程中，瑞士的苏黎世、巴塞尔等经济发达的城市州发挥了重要作用。这些城市新兴资产阶级的经济力量逐渐雄厚，他们从经济上支持独立。瑞士人争取摆脱神圣罗马帝国控制的斗争，政治上经常变换策略，有时联合德国的封建诸侯同法国的一些公国作战；有时又在法国的支持下，对抗德国的哈布斯堡王朝。当国外封建主军队前来镇压时，瑞士人常利用森林地带进行阻击，或采取以农民为主力的受过雇佣军训练的密集步兵方阵战术作战，由于争取民族独立的斗志的鼓舞，发挥了重要作用。

1477年，瑞士人联合洛林公爵，在南锡会战中，打败了法国勃艮第公爵"大胆查理"的军队，直接促使勃艮第公国衰亡。15世纪末，瑞士因东部疆域问题曾同德皇不断发生战事，在法国的大力支持和援助下，瑞士抵御了德皇的镇压，取得了一系列胜利。1499年在巴塞尔和康斯坦茨一带的多尔纳赫之役中，战败了德皇（7月22日），后经米兰加以调停，迫使德皇签订了巴塞尔条约（9月23日）。据此条约，瑞士在1499年虽名义上仍属神圣罗马帝国，实际上已独立（1648年威斯特发里亚和约，是公开宣布瑞士脱离帝国独立）。巴塞尔和沙夫豪森是在1501年正式并入瑞士的[①]。

瑞士的政治制度与欧洲一些国家不同，是实行联邦制的国家，当时有许多州结成的松散联邦，没有固定的中央政权机关。各州的独立性和权力很大，每州的重要事务均由州的议会决定。各州之间的事务与联系，根据彼此之间的协定和契约处理。每州和联邦的事务，均由富裕的上层人士掌握实权，每个州或几个州结成的联邦政治上自治权较强。在瑞士长期形成的雇佣兵制度，有专门从事雇佣兵组织的行业，常年约有8万常规的雇佣兵队伍。各州当局经常同外国签订专门的条约或协定，由雇佣兵的将领率领赴欧洲听命雇佣的国家去作战。瑞士各州掌握雇佣兵的大封建主和城市贵族、行会上层分子等从外国不断得到巨款后，他们同雇佣兵的将领们在瑞士形成了富有的统治集团，经常操纵或干预政治，尤其苏黎世、巴塞尔和伯尔尼等富有统治集团，实际影响和控制了瑞士联邦的统治和政策。

（二）瑞士的文化与宗教

瑞士虽然长期隶属神圣罗马帝国，但由于地理环境、历史传统及同周邻大国的关系，瑞士联邦内的语言并不统一。瑞士的北部因邻近德国的苏黎世、巴塞尔等，地区的语言为德语；瑞士西部因与法国为邻，如

---

① ［美］威廉·兰格主编：《世界史编年手册》古代和中世纪部分，三联书店1981年12月版，第600页。

日内瓦等地居民长期流行的是法语；而靠近意大利国的瑞士等地则通用意大利语。各州之间矛盾多，狭隘的地方分立主义观念，不仅影响国家统一，而且长期并未形成统一的文化和宗教体系，因而16世纪时慈温利的宗教学说和改革思想，加尔文的宗教观和改革活动在瑞士容易传开，并得到迅速传播。

在瑞士，各森林州同各城市州的文化和宗教差别很大。许多森林州同天主教集团（罗马教皇、奥地利的哈布斯堡王朝和法国天主教集团等）都分别签订了条约并受到限制，各州的统治者经常抵制新事物，反对自由思想的传播，也反对宗教改革运动。而瑞士的各城市州则与森林州情况迥异，由于城市中资本主义经济的发展，而新兴的资产阶级则仍被排斥在城市政权之外，受到城市贵族的压抑、打击，被垄断工商业的贸易行会寡头排斥，新兴资产阶层在文化和宗教领域反对天主教会的控制和专断，因而他们同封建专制势力之间的矛盾日益扩大，不断出现反封建的斗争。具体来说，形成中的瑞士资产阶层，在意识形态领域揭露天主教僧侣的腐败、贪婪和愚昧，提倡自由思想，向往出现有利于资产阶级的新型廉俭教会。经济上鉴于国内大量劳动力被雇佣兵制度吸引，而流出国外作战，令城市工商业，尤其手工工场缺乏雇用的工人，使他们不满。他们还主张天主教会的土地世俗化，反对教会对市民、平民剥削的不断扩大。在政治上，不仅资产者，连广大平民也要求瑞士中央集权化，建立一个统一、稳定的有利于国内外商贸的瑞士共和国。

15世纪末和16世纪初，瑞士下层贫苦的小手工业者、平民、帮工们不断反抗天主教会上层的专横和勒索，广大农民企盼成为自由的小土地所有者，摆脱封建领主的压榨，城乡间和城市州同森林州之间矛盾的加剧，各阶层同天主教会上层之间冲突的发展，特别是德国宗教改革运动的传播，在瑞士也酝酿了宗教改革的活动。

二、慈温利的宗教学说和改革活动

（一）慈温利的生平与人文主义思想的启蒙

乌尔利希·慈温利（Ulrich Zwingli，1484–1531年）在1484年1月1日（比马丁·路德晚生约50天）生于瑞士东部圣加仑州托根堡维尔德豪斯村中一个富裕农民的家庭。他父亲曾任本村的村长，叔叔在瓦仑湖畔的韦森镇担任神父。童年的慈温利在八岁时曾随其叔父在教堂中受教育并学习拉丁文，准备成年后也当一名神父。1494–1496年，慈温利先后去巴塞尔和伯尔尼进一步学习拉丁文。1498年，他前往维也纳大学向教授们请教和学习。他在与该校人文主义者们接触、请教和学习中受到极大的启发，对他的思想影响甚大。1502年，慈温利在巴塞尔大学由人文主义者维吞巴黑启发和指导学习《圣经》与神学后，开始萌生了应进行宗教改革的思想，他在巴塞尔等市市民阶层大力支持下，并在人文主义学者们的有力帮助下，于1516年根据他本人亲身了解到的事实，公开出面坚决反对瑞士的雇佣兵制度。因早在1513–1515年期间，他以雇佣兵神父的身份曾几次随瑞士雇佣兵到过意大利的罗马等地，目睹过在意大利的马里尼亚诺战役中法国大胜，罗马教皇惨败。此外，他受到了邓斯·司各特和当时流行的唯名论学说等观点的影响。慈温利在1506–1516年正式担任了格拉鲁斯的神父，十年神职实践的生涯，是他的宗教和政治观点逐渐形成的重要阶段。慈温利认为瑞士政治上的分裂，经济上封建制的压榨和束缚以及雇佣兵制度，使国家陷于无穷的灾难。他赞赏人文主义者的一些观点，力主在瑞士摆脱罗马教皇的控制，应建立起一个强大的中央集权制国家。

慈温利神父在格拉鲁斯传教期间，积极学习和钻研希腊文和希伯来文《圣经》，对基督教的教义进一步加深了解，许多教士称他为"当代的西塞罗"。1516年，慈温利在艾恩济德尔村继续任神父，讲解和宣传《圣经》的原理，力主对罗马教皇推销的赎罪券应进行抵制，他甚至鼓动和组织当地的群众在1518年8月，赶走了出售赎罪券的米兰方济会会长伯纳丁·桑普森。自1518年后，慈温利便积极投入瑞士的宗教改革运动。苏黎世著名诗人高特里特·凯勒（1819–1892年）在纪念慈温利的名为《宗教改革》的诗中写道："人们发现了一粒古代的小麦种子，深深地埋藏在金字塔底，藏在一具木乃伊尸体的黑色的手里，它在那儿已经沉睡了许多世纪。人们拿出这粒稀世的天赐的种子，试验着把它种在活生生的田地里，瞧，那儿长出了一颗美丽的麦子，使人赏心悦目，感到无限的惊喜[①]。"

（二）"六十七条目"的火焰和苏黎世大辩论

慈温利在瑞士开展的宗教改革活动，是以苏黎世城市为重要基地与中心发动和传播至各地的。

地处瑞士东北部的苏黎世距德国南部边境很近，早在6世纪初时，它便是瑞士的大城市之一，工商业发达。苏黎世城内制呢业、丝织业、皮革业等资本主义手工工场都较发达，由于新兴的资产阶层力量较强，故城市的自治权很大。天主教会康斯坦茨主教区对该城市宗教事务的控制并不严苛，城市内部的自由、民主气氛较浓。苏黎世的资产阶层和下层平民对慈温利的政治观点和宗教思想表示支持，是宗教改革活动能够开展和传播的有利条件。

---

① 《德国诗选》，钱春绮译，上海文艺出版社1960年版，第380-381页。

慈温利根据福音书中的见解和主张来论证自己的宗教学说和看法。他的宗教改革活动应该是从1518年8月组织群众驱逐罗马教廷派遣的兜售"赎罪券"的传教士开始的。慈温利的宗教改革活动虽然是在路德于1517年10月31日公开发表《九十五条论纲》影响之下，公开进行的，但他不是路德派的宗教改革者。学术界中有些学者主张慈温利是路德派宗教改革者，只是后来出现分裂，显然有误。史实说明，从宗教改革运动之始，慈温利虽在宗教学说中与路德有许多共同处，但也有具体分歧，而且慈温利自始便力主在瑞士应建立强大的中央集权制国家，与路德的政治主张是有明显别的。

慈温利宗教改革活动之初，他主张《圣经》是信仰的基础，主张废除烦琐奢华的宗教仪式，应建立廉俭教会，不承认罗马教皇是上帝的代表、主宰一切，反对崇拜圣像、雕像和"圣者"的遗体、遗物，反对斋戒、反对贩卖"赎罪券"。慈温利不承认圣礼（包括洗礼、圣餐等）有特殊的"神恩"和神秘力量，拥护废除教阶制、教士独身和修道院。他甚至主张建立教会中教徒有权选举牧师，组成民主管理机构、实行市民共和国。凡《圣经》中没有规定的体制和仪式等应一律取消，甚至公开提出苏黎世教会应脱离康斯坦茨主教而自主一切。慈温利公开提出，教会组织应民主，教徒有权选举牧师。路德曾主张过保留圣经没有禁止的宗教仪式，而慈温利则主张废除圣经中没有规定的所有仪式……慈温利的宗教改革学说和具体主张，显然比路德的宗教改革思想更为激进。1522年，慈温利公开拒绝罗马教廷任命他的职务，正式同教廷决裂。

慈温利在1523年1月29日，参加苏黎世市举行的康斯坦茨教区召开的辩论会。他向会议提出了自己的六十七条议案（即"六十七条目"）。会议中，主教代表称，像这样重要的事，应当由主教和学者们在巴黎、科隆和卢文的大学中解决，慈温利插话反问道："如果在维登堡不行的话，到爱尔福特怎么样？"主教接着说："不行，距路德太近，一切坏事都来自北方①。"当时引起会场的哄堂大笑。辩论结果是会议上大家不同意主教代表的主张，而同意慈温利提出的议案，即是"六十七条目"中所主张的：信仰得救的基础是《圣经》；反对教皇拥有特权和大量地产，反对高利贷和农奴制，拥护私有的小财产制等。慈温利并被任命为苏黎世市的宗教顾问。同年的10月底，在苏黎世又举行了一次关于圣像问题的辩论会。结果是慈温利的主张得到通过。市议会委托慈温利写文章，号召人们不要破坏圣像。这两次苏黎世会议，为瑞士的宗教改革运动奠定了基础，苏黎世成为宗教改革的中心。

（三）瑞士宗教改革与社会运动的结合

瑞士的苏黎世城在1524年4月起，决定实行慈温利主张的宗教改革措施，以简单的仪式代替弥撒，并取消圣像、圣物，而且用本民族的语言礼拜。后来在苏黎世出版了本民族语言的《圣经》，还用没收的天主教会一部分教产的经费开办了学校、医院和济贫院等。苏黎世市政府颁令不接受外国津贴，开始取缔雇佣制，违者处以极刑。苏黎世大议会的权力由该市新兴资产阶级和行会上层富裕者掌握。

苏黎世的宗教改革和政治改革产生了积极的影响。瑞士中下层的市民、平民以及农民相继投入社会改革运动之中。

1524年秋，苏黎世、圣加仑、沙夫豪森及土尔部等地的农民发起反抗封建主的暴动，领导者是激进的再洗礼派。后来和德国士瓦本地区及南部各地的农民起义连成一片，互相支持，给教会和封建主以沉重

---

① 慈温利的友人关于当时辩论会的报道，见鲁滨孙：《欧洲史资料选读》第2卷，第119-120页。

打击。在农民起义形势的压力下，1525年上半年苏黎世市政府宣布废除农奴制和什一税，加强政治秩序，整顿司法和财政，取消贸易限制等措施。但德国农民战争的失败，使瑞士的农民起义受到严重的不利影响，封建主对暴动农民加以屠杀或投入狱中。苏黎世政府在不利的形势下，取消以往的让步。瑞士一些农民起义的领袖也被捕入狱。这时的慈温利由于他的威信高，未被通缉。但他的政治态度软化了，采取了逢迎苏黎世市政权和攻击再洗礼派的错误立场。慈温利鼓吹苏黎世等市的政权是上帝赐予的，人人应该顺从。1525年，他发表了《论洗礼》，1527年又发表了《反对洗礼的骗局》等文章，攻击再洗礼派，他一度参与了对起义者们的迫害。由于这一系列的行为，特别是农民起义和社会运动的失败，大大地削弱了慈温利宗教改革和社会革新的社会基础。

1528年1月，瑞士伯尔尼市上层富裕阶层同苏黎世联合的同时，改信了慈温利新教。这是瑞士慈温利宗教改革运动中的一件有重要影响的大事。接着圣加仑、沙夫豪森、巴塞尔、格拉鲁斯、阿彭策尔，以及德国南部的斯特拉斯堡和米尔豪森（亚尔萨斯）都先后改宗了慈温利新教，宗教改革运动又活跃起来。

这时，以坚持雇佣兵制，对外出卖雇佣兵闻名的温特瓦尔登、乌利和瑞芝三个森林州以及楚格、鲁塞恩州，仍然坚持信奉天主教，并与罗马、德国的天主教势力联合，反对新教的任何改革。1528年11月15日，上述五个州和瓦累州共同联合成立了"瓦累同盟"，坚持天主教的信仰。稍后又有弗赖堡州加入。当1529年2月，奥地利斐迪南大公和匈牙利国王也加入该同盟以后，同盟便改名为"基督教联盟"。不久，在1529年3月，瑞士的新教诸州则更名为"基督教市民联盟"，于是在瑞士便形成了两个对立的阵营，双方的矛盾日益尖锐化，双方的斗争甚至战争迫在眉睫。

（四）慈温利同路德的争论与马尔堡会谈

慈温利在进行宗教改革过程中曾有一个雄伟的"三步走"计划，他认为应先把瑞士境内的天主教各州制服，再联合德国的路德派，共同组织一个反对查理五世及其兄弟奥地利斐迪南公爵的新教的国际联盟。为达到此目标，1529年6月，苏黎世便首先向瑞士的天主教州宣战。慈温利宣战的借口是苏黎世人雅可布·凯泽因宣讲福音被天主教州烧死于瑞芝，慈温利指挥军队奔赴南方，双方军队相遇于卡佩尔（苏黎世城南16千米）。这时，参加慈温利新教"基督教市民联盟"中的伯尔尼市和巴塞尔市唯恐苏黎世控制森林诸州后，统一了全瑞士，表现了动摇和观望，没有及时派兵支援苏黎世，致使慈温利陷于被动。经过格拉鲁斯行政长官出面为对立双方协调，于6月26日双方缔结和约，停止战争。和约规定：（1）天主教州仍维持自己原来的信仰，但需赔款和废除同奥地利斐迪南的同盟；（2）共管区的宗教信仰由居民投票决定，但若已取消弥撒和圣像者不再恢复；（3）双方不得因宗教问题再互相攻击。条约是和解的，明显比较有利于苏黎世。因当时土耳其正围攻维也纳，奥地利政府无暇援助瑞士的天主教州。形势所迫，瑞士天主教诸州的"基督教联盟"，只好接受以待日后报复。

由于慈温利新教派在国内取得一定的胜利，乃着手力图实现他们的联合德国的路德派，共同组织一个国际间新教的联盟，以便反对查理五世及其兄弟斐迪南。比较同情慈温利主张的黑森伯爵菲利普，便着手安排慈温利同路德的会晤。据慈温利的弟子布林格尔介绍，1529年9月3日，慈温利秘密离开苏黎世，在巴塞尔和斯特拉斯堡分别同奥克拉姆帕迪乌斯、布赫尔、雅各布·施图尔姆、黑迪奥以及两城市的两名议员会合，共同组成一个代表团前往黑森的马尔堡（法兰克福稍北）拟同路德会晤。但路德本人抵马尔堡的时间稍晚。陪同路德的有梅兰希通、尤斯图斯·约那斯、克鲁西格、弗里德里克·梅库姆、奥西安德、布伦茨和阿格里科拉。细心的黑森伯爵，安排双方进行预备性的商谈，先由路德同奥克拉姆帕迪乌斯、由慈温利同梅兰希通分别就一些重要的存有分歧性的问题，如基督的神性、原罪、上帝的道以及圣餐等问题，互相交换和沟通意见，看是否能达到彼此的谅解。当时的情况是：慈温利对路德敬仰、尊重，认为路德的学问和威望高，盼望请路德能出面帮助瑞士的宗教改革，然而路德却很小看慈温利，认为他不过是类似于再洗礼派的狂热分子。

　　在马尔堡的正式会谈是从10月3日开始直到5日，双方各出4个人正式谈判，有20多人在会外处于旁听地位。经过会谈，多数问题双方的观点基本上或接近一致，没有分歧的意见，但在圣餐问题上发生了严重的矛盾，即在基督圣体与圣餐中饼酒的关系上出现了严重的不同意见。路德根据马太福音第26节和哥林多前书第11章第24节的记载，他认为耶稣把饼分给门徒吃时说过"这是我的身体"，证明耶稣的身体确实存在于饼酒之中。路德坚持认为，这同鞘里的刀一样，人们虽然并不能透过鞘看到刀，但在鞘内确实有刀。路德在他的桌子上用拉丁文写着"这是我的身体"这几个字，他在辩论时指着这几个字说："我相信这句话的本意，如果诸位不相信，我不同他争辩，而是要予以反驳[①]。"路德讲过圣餐的功效如何，最终取决于领圣餐者是否真正相信圣餐乃上帝的身体，这是最重要的。路德的这种解释，实际上已经是接近了天主教中的一些说法。

　　慈温利和奥克拉姆帕迪乌斯则不同，他们继承了伊拉斯谟、约翰·韦塞尔和克里斯托费尔·赫尼乌斯等人的观点和看法，都认为圣经中那句话里提到的"是"，乃是"象征"或"代表"的意思，不能生

---

① 林赛：《宗教改革史》上册，第385页。

硬、错误地理解耶稣的身体真的存在于教徒吃的圣餐饼酒之中。慈温利在会谈中一再承认自己受惠于路德的很多著作，很高兴同维登堡的人团结起来。但路德的态度则不同，路德在给妻子卡特琳妮的信中说："黑森伯爵尽了最大努力使我们联合，希望我们即使没有取得一致意见，彼此仍应以基督的兄弟和手足相待，他为此拼命工作；虽然我们希望他们如意并渴望继续和好，但却不能称他们为基督的兄弟和手足①。"路德甚至认为，在圣餐问题上的看法如何，是检验一个基督徒的标准，凡不同意他的意见的人，都是福音的敌人。由于路德的态度，慈温利联合德国新教，扩大宗教改革运动的愿望无法实现。双方会谈结束时，签订了《马尔堡信条》，虽然在所商讨的15个问题中14个问题的意见是一致的，但由于在圣餐圣体问题上的严重分歧，所以《信条》中仅是表达了"信仰声明"而已，并无联合进行宗教改革运动的实质内容，慈温利原来的计划无法实现。后来他又设法联合法国和意大利的威尼斯，也未能成功。

马尔堡会谈未成功以后，黑森伯爵菲利普为了实现德国各地新教徒的联合，又安排路德同德国南部新教诸侯及城市的代表，在1529年10月16日于士瓦本巴赫会晤。路德准备了一个"十七款"，即《士瓦本巴赫信条》，其内容仍以他的《马尔堡信条》为基础，不妥协地坚持他对圣餐与圣体关系的意见。因德国南部受慈温利宗教改革的观点影响很深，德国南方和与会代表表示，路德提出的《士瓦本巴赫信条》同他们信仰和宣讲的教义不一致，拒绝签字，因而德国各地新教徒联合的努力也遭遇失败。各地新教徒之间的分裂，对瑞士和德国的宗教改革运动带来极其不利的后果。

---

① 路德致卡特琳妮（1529年），见鲁普、德鲁里编：《马丁路德》，第136页。

（五）天主教联军镇压下慈温利宗教改革的受挫

在瑞士，1529年6月26日，慈温利新教派同天主教各州之间的争斗和对峙，经过格拉鲁斯行政长官汉斯·埃布利的调停之后，签订了合约但因和约对苏黎世有利，天主教诸州不满，不愿履行。苏黎世乃采取各种压力，企图逼迫天主教的森林诸州屈服。特别是下令控制粮食和食盐等生活必需品对森林州的通商贸易，致使天主教各州面临困难，各州串联组织联军准备对苏黎世发动武装战争。

1531年10月4日，瑞士天主教各州的联军先发制人，突然向苏黎世宣战。在罗马教皇和萨伏依公爵派兵支援下，天主教联军8000人从楚格州北上，直逼卡佩尔。苏黎世仓促组织了一支2000人的军队御敌，由慈温利率领迎战。慈温利时为47岁的中年，身先士卒，英勇战斗，因苏黎世的士兵在卡佩尔不幸遭到侧击，在敌众，慈温利兵力不足的悬殊情况下，慈温利战死在疆场。后来，人们为了怀念这位领导宗教改革的先行者和英勇作战的改革领袖，在他牺牲战死处勒石追念。勒石上的祷文曰："乌尔利希·慈温利遇险时曾说：'他们能够杀害躯体，但不能扼杀精神。'他是为了真理和基督教会的自由英雄般地死去。1531年10月11日。"在这次卡佩尔战役中，苏黎世有1000多人战死，损失惨重。而后不久，伯尔尼和其他新教联盟城市派来援兵作战，亦被天主教联军击败。新教格里桑的援兵闻"基督教市民联盟"失败，中途折回。托根堡、格拉鲁斯竟然同天主教诸州议和。之后，在法国、萨伏依的斡旋调停下，瑞士的新、旧教双方于11月30日议和。缔和的内容是：天主教诸州同意苏黎世有权信仰新教，但苏黎世必须解散联盟，负担战争赔款；苏黎世完全同意天主教五州维持其天主教的传统信仰。在天主教联军的镇压下，苏黎世新教势力大衰。

慈温利的宗教改革活动由于慈温利的战死和卡佩尔战役的失败而受

挫，但必须肯定慈温利领导下瑞士宗教改革活动是有利于瑞士社会向前发展的运动，必须充分评估其影响和历史意义。慈温利宗教改革的新教派曾经在瑞士、德国南部甚至波兰、匈牙利等地推行，慈温利本人是一位反映和代表了新兴资产阶级观点的宗教改革家和进步的政治活动家。应特别指出，慈温利的宗教改革思想及其活动，为加尔文能够在瑞士推广其改革思想和加尔文教派在瑞士的建立和发展，奠定了良好的基础，这一重要贡献是有其重大历史意义的。

三、加尔文的人生与思想轨迹和特征

让·加尔文（Jean Calvin，英文又为John Calvin，即约翰·加尔文）是16世纪欧洲著名的宗教改革家和新教神学家、基督教新教加尔文教派的创始人。他又是近代平民教育的倡导者、教育改革的实践家。加尔文的思想及加尔文教对近代西欧新的价值观念的确立和资产阶级革命的爆发曾起过重要作用。

（一）关于加尔文的历史价值和评论的分歧

加尔文在世的16世纪，对加尔文的历史价值的认识和评论，主要标准是围绕宗教信仰、神学观念兼及社会问题。罗马教廷、天主教会对加尔文是极其敌视、大加挞伐，力图除之而后快的；基督新教的路德教派虽然在揭露和批判罗马教皇及其宗教和教会体系的基本观点中，同加尔文大多是持有相同见地和主张，但对加尔文的上帝观、教会观以及宗教理论等诸多方面均有明显分歧而加以反对和抨击；加尔文新教的信徒和支持者们对加尔文崇拜得五体投地，奉若上帝的代表；而人文主义者们对加尔文则是肯定与抨击兼而有之。

西欧启蒙运动时期，理性被视为圭臬，宗教和神学不再是人生的中心，贬抑宗教改革运动的议论纷纷出现，否定加尔文历史价值的评论甚多。如法国著名启蒙思想家伏尔泰对加尔文的评价是：他"自立为新教的教皇""忌妒心强，是个暴君"①。百科全书派的狄德罗认为加尔文是对国家和教会的威胁②。英国著名的历史学家吉本主张16世纪的宗教改革并未能使信仰自由，只不过是用一种束缚取代了另一种。改革家们同样实行僭政，把各种严刑峻法加于人民身上，对宗教异端处以极刑，加尔文便是典型③。在启蒙学者中，有些人甚至形容加尔文是一个狭隘的教义论者、单调的思想体系的编造者，说加尔文的教义桎梏了自由、营建了新的宗教裁判……

18、19世纪时，欧美的历史形势有了重大变化。英法资产阶级革命的胜利和北美独立战争的成功，以及马克思、恩格斯和历史学界关于加尔文改革活动和加尔文教对资产阶级革命促进作用评估中的肯定，对加尔文及加尔文新教的评价有了新的改变。法国著名历史学家、政治家基佐提出了新论点，他指出：加尔文虽然崇敬权威，但加尔文本人却竭力反对宗教和世俗僭政，故推动了基督世界的自由进步④。美国《独立宣言》的发表（1776年7月4日）与美利坚合众国诞生后，美国学术界中许多学者对加尔文称赞有加。如史学家班克罗夫特提出：加尔文的影响同美国争取独立和自由的历史是密不可分的。莫利认为：忽视加尔文在西

---

① 伏尔泰：《风俗论》，商务印书馆1997年版，第520-521页。

② A.G. Dickens and John M.Tonkin, *The Reformation in Historical Thought*, Basil Blackwell, Oxford, 1985, P.128.

③ *Edward Gibbon The Decline and Fall of the Roman Empire*, in great books of the Western World, Vol.41, Encyclopædia Britannica, 1980, P.P.334-335.

④ Guizot, Saint Louis and Calvin, *MCM: Han and Co*, London, 1897, P.362.

方进化史中的作用是半睁着眼睛看历史。英国史蒂文森甚至以加尔文是政治家为标题给加尔文立传记[1]。马克思、恩格斯对加尔文的改革活动曾给予很高的评价，称其为资产阶级真正的宗教外衣，是英国资产阶级革命的武器，指出加尔文的"信条正适合当时资产阶级中最果敢大胆分子的要求"[2]。而德国著名的历史学家兰克，甚至对加尔文赞誉，称他是"美利坚的真正奠基者"。

20世纪初，德国著名的社会学家、历史学家马克斯·韦伯（1864–1920年）的名著《新教伦理与资本主义精神》，作为论文于1904–1905年问世，书中强调了用社会学、经济学方法研究历史和宗教问题的重要性。韦伯书中提出的新教的伦理观念，如节俭、勤奋、发财致富及积极入世等同加尔文教派倡导的理念类似，一度引起了研究加尔文思想的热潮。

第二次世界大战后，20世纪70年代，美籍荷兰裔学者欧洲宗教改革史研究的著名专家奥伯曼曾将对加尔文的研究归纳为有六个派别[3]。它们是：（1）经典解释派：解释与说明加尔文的神学著作，视加尔文的神学思想为圭臬；（2）信仰告白派：从《威斯敏斯特信纲》和《海德堡教义问答》等角度，对加尔文和加尔文教进行讲解，认为《圣经》和预定论是其主要思想；（3）新正统派：提出上帝的启示只有在基督教里才能得到理解，它通过《圣经》以及作为恩典的契约反映在预定论中；（4）荷兰派：强调上帝对生命的所有文化现象的主权，其中包括一套社会神学、国家神学、政治神学，但并非严格意义上的神权政治；（5）反正统解释派：视加尔文为文化及研究的敌人、谋杀塞维图

[1] Richard Taylor Stevenson, John Calvin: The Statesman, Eaton and Mains, New york, 1907, PP.5-7.

[2] 《马克思恩格斯选集》第3卷，人民出版社1995年第2版，第706页。

[3] 本文引自刘林海著：《加尔文思想研究》中国人民大学出版社2006年版，第4-5页中对奥伯曼论述的归纳。（按：奥伯曼并未将对加尔文的研究归纳为有六个派别之论析）

斯（又译塞尔维特）的凶手、日内瓦警察统治的总头目；（6）历史学派：强调人文主义者加尔文的决定作用，他对教育兴趣浓厚，很关注政府事务。所争论的问题主要有人文主义者加尔文、教会的更新与统一、皈依与圣餐、圣经与科学、介于神学与道德主义之间的虔诚以及加尔文主义与民主理念等问题。

综上所述，西方学术界对加尔文研究有一定的成绩，但也反映出一些派别的片面性和不足。历史学界近几十年来结合加尔文所处的16世纪转型过渡时代的各种社会矛盾，多种思想因素的交叉，所开展的综合研究，有明显的新进展，然而评论中观点的分歧仍然存在，这也是正常的现象。

（二）加尔文的生平活动

让·加尔文（Jean Calvin，1509-1564年），1509年7月10日出生在法国北部皮卡迪省的努瓦荣城（Picardy Noyon）。其父杰拉德曾任该地区主教的秘书及主教座堂教士团、教会法庭的法律顾问、高级成员兼律师，属于努瓦荣城中富裕的资产阶级的代表人物。其母珍妮·勒·弗兰是该城一家旅店主的女儿，是一位忠实的天主教徒，不幸早逝。加尔文童年时是努瓦荣城一个主教的教子，在天主教的熏陶下，从小也是虔诚的天主教徒。加尔文的父亲杰拉德同当地贵族蒙特默私交甚笃，因而加尔文幼年时曾在德·杭热贵族家中接受过启蒙和礼宾教育。加尔文6岁丧母，其父续弦，家中不睦，对加尔文有着不利影响。

1521年5月，杰拉德给加尔文谋得一份教会职务，获得的薪俸（即教会中得到基金捐赠）作为加尔文受教育的费用和赴巴黎上学时生活经费的来源。1523年8月，14岁的加尔文随德·杭热贵族子弟一道进入巴黎大学蒙太古学院（College Montaigne）人文学科读书，并受业于著名学者马瑟林·科迪埃（1479-1564年）学习拉丁文。蒙太古学院学风严格，学者和青年精英云集，著名的尼德兰人文主义者伊拉斯谟和拉伯雷，以及稍后的耶稣会创始人伊格那提·罗耀拉等，当时都是这个学院的学生。加尔文学习刻苦努力，对人文主义的研究成绩显著，颇有心得。当时，德国路德宗教改革的思潮传入蒙太古学院时，学生中分成两派：一派对路德的学说和宗教改革活动大力支持；另一派坚决反对，双方斗争激烈。支持路德宗教改革的学生领导人被学校当局定为异端罪，而后被有关当局火焚，激起了支持路德派的学生们的全力反对，加尔文也参与了这次斗争，他支持路德派。1528年，加尔文完成哲学学业的学习，并获得了硕士学位。他本意继续攻读神学，但他父亲坚持送他到奥尔良大学深造，让他学习法律，在法学家皮埃尔·莱斯图瓦勒指导下，加尔文获得很多法律知识。1529年，加尔文又慕意大利著名法学家阿尔西亚特之名，前往布日尔（Bougor），听他的法学讲座。奥尔良是法国人文主义活动中心之一，布日尔当时受新教的影响亦较多。在那里加尔文接受了许多新思想。

加尔文在奥尔良和布日尔期间，开始用人文主义思想研究法学，亦结识了许多新教朋友，如奥立维、威尔马尔等。他受到了路德宗教改革思想的启发和影响，思想转变较大，开始支持新教的活动，并立志从事新教的改革。他向德国人威尔马尔学习希腊文、研究《圣经·新约》，奥立维将《圣经·新约》最先译为法文出版时，加尔文曾为之作了序。

1531年5月，加尔文的父亲病故，之后他重返巴黎，和一些担任过王室讲师的人文主义者，如吉劳姆·比德等共同研究神学和古典文学。加尔文积极学习希伯来文和拉丁文的《圣经》。从这时起，他考虑并提出了"用古代基督教的原理"改造现在的罗马（天主教）教会的问题。在他思想深处，产生了应改革宗教的观念和企盼。

加尔文在巴黎居住期间，他专心研究的成果是编写了一部对古代罗马斯多葛派哲学家塞内卡（Seneca，又译塞涅卡）著的《宽仁论》加以考证、评论和注释的学术著作，于1532年出版。这部书的中心内容是考证塞内卡给尼禄皇帝的建议原本。此书的发表证明加尔文已能用拉丁文和希腊文写作，而且已具有相当高的文学水平，加尔文从这时起热心于新教的活动。他同巴黎大学校长、新教学者科普（Coupre）逐渐成为好友。

1533年11月1日，科普在巴黎大学新年开学仪式上演讲时，引用了路德和伊拉斯谟的观点和赞同"因信称义"说，加尔文涉嫌与科普同谋，巴黎当局说他是科普演讲词的撰稿人，因而被斥为异端，当局下令查抄加尔文的住宅并追捕他。在法国政府和天主教会的迫害下，加尔文被迫流亡。

加尔文逃离巴黎，1534年5月，他放弃了天主教会给他的圣俸，断绝了同天主教会的联系，于1534年10月逃亡到瑞士的巴塞尔，化名为"卢卡纽斯"。他潜心研究《圣经》与路德的著述和路德教的教义，以及彼德·隆巴尔（Peter Lombard）的著作。加尔文的有关天主教的神学知识，大部分是从隆巴尔的《判决》（关于神学）和格拉太（Gratian）的《法令》（有关教会法规）这两部中古神学的教科书中得到的。但加尔文只是批判地了解和接受一些，更启发了他决心改革天主教会旧的观念。他的表兄奥威堂（Olivitang）是新教徒，把《圣经》译为法文，此书加尔文在1534年秋为其作了序言，法文《圣经》是1535年初出版的，加尔文这时已公开支持新教的许多活动。

1536年3月，加尔文27岁时在巴塞尔出版了他的名著《基督教信仰典范》（又译为《基督教要义》）。这本书的第一版是一部有关教义内容的手册，仅六章，是用拉丁文撰写的，阐述了他的宗教改革思想，概述了新教的基本要义，书中对新教的原理做了系统的论析。这部书使加尔文对新教的教义等具有很大的发言权。

加尔文的宗教改革观点，适应了日内瓦激进市民对宗教改革的愿望，在日内瓦市民的邀请下，加尔文离开巴塞尔在1536年赴日内瓦进行宗教改革活动。1537年，他为新教信仰者编写出适合青少年阅读的简明扼要的

《教义问答》。同年，日内瓦议会通过了由加尔文起草的《日内瓦教会组织与崇拜条例》。此条例是加尔文教会规划的蓝图，是后来的《教会法令草案》的蓝本。1538年加尔文邀从前的老师马瑟林·科迪埃来日内瓦参与了教育的领导工作，合作拟出《日内瓦初级学校计划书》。

（三）集三种思想理论因素于一身的加尔文

让·加尔文是16世纪欧洲著名的宗教改革家和新教神学家、是基督教加尔文教派的创始人。他同时又是一位著名的学者。他本人撰写了大量用拉丁文和法文写成的著作。《加尔文文集》共有59卷。加尔文的思想内容很丰富，集中反映了16世纪时西欧的思潮和社会矛盾，加尔文汇集了三种思想理论因素，在他毕生的著述和宗教改革活动的实践中都有明显的反映。具体说来，加尔文本身具有经院传统、人文主义观点与宗教改革的思想和实践。

加尔文少年时代接受的是正规的经院传统教育。他在1523年（14岁）入巴黎大学后，所学的课程内容、教学方式等，使他接受了经院传统的基本理论和方法，奠定了他对基督教的基本认识，接受了奥古斯丁路线的传统和以阿奎那为代表的思想方法。加尔文青少年时期掌握到的训练有素的经院方法，在他毕生职业生涯和宗教改革实践中，在教学、传教、论辩等诸多方面都充分表现出来。

加尔文在巴黎大学接受正统的经院传统教育的同时，他接触了人文主义思潮和马丁·路德的宗教改革思想。1528年加尔文获哲学硕士学位后，赴奥尔良和布日尔学法学时，是他的思想向人文主义转变的关键时期。他同著名的人文主义者科普成为密友，又师从人文主义大师比代之徒丹尼斯学希腊文。加尔文在写《塞内卡"论仁慈"注释》一书中，集中表述了自己的人文主义观点和方法。当时，加尔文的人文主义思想同他研究罗马法相结合。加尔文继承了罗马的传统，从法理学的角度，用人文主义的方法阐析并发挥了人与上帝的关系，是加尔文神学思想发展的一个特点。

16世纪20–30年代初的巴黎，是各种思想会聚交锋的重点城市。宗教是共同议论的内容之一。加尔文大学本科阶段接受的教育以从事教职为目的，接受了传统的神学；他学法律时也同宗教直接相关；北方的人文主义者的思想也频频以关怀宗教上的问题为重点。1534年5月4日，加尔文公开放弃圣俸，断绝同天主教的联系，开始投身了宗教改革活动之路。这一年他又发表了《灵魂休眠论》一文，反对再洗礼派的观点。1534年10月，加尔文前往巴塞尔，在1535年8月，他完成了《基督教要义》（六章）的写作，第二年（1536年）3月，加尔文在巴塞尔正式出版了《基督教要义》——他的经典代表作，书中对新教原理做了系统的论析，阐述了加尔文的宗教改革思想，确立了他本人在宗教改革运动中的地位。加尔文在前往意大利旅行的途中，拜访了前法国国王路易十二的女儿斐拉拉公爵夫人莱奈·德·法兰斯，这位显赫贵族曾保护和支持过新教徒，加尔文的宗教改革也得到了她的支持。加尔文的宗教改革思想，符合了日内瓦激进市民的愿望，他后来驻留在日内瓦。

四、加尔文的宗教学说和他在日内瓦的活动

1536年7月，加尔文同家人途经日内瓦短暂停留时，被该城新教牧师德国人法莱尔知晓后，法莱尔竭力挽留加尔文留在日内瓦共同推动宗教改革。加尔文的命运从此便同日内瓦结合在一起，日内瓦成为加尔文宗教改革活动的主要基地。

（一）加尔文宗教改革活动的三个历史阶段

　　瑞士日内瓦城邦原来是由天主教会的大主教所控制，并得到了强大的萨伏依公爵的支持。因城内新兴资产阶级经济力量的增强，逐渐控制市议会，掌握了城中的一部分军政大权。当时邻邦伯尔尼共和国拥有优良的雇佣兵队伍，伯尔尼早在1528年便接受了乌尔利希·慈温利的新教，因而他们积极响应日内瓦新教的宗教改革活动。日内瓦在新教牧师法莱尔和维雷的积极推动下，同天主教势力之间的斗争激烈。加尔文以《圣经》宣讲者的身份，投入日内瓦的宗教改革活动后，影响很大。加尔文毕生的宗教改革活动共经历三个阶段（有些书籍将加尔文的宗教改革活动划为两个阶段，那是仅限于他在日内瓦的活动）[①]。

　　第一个阶段（1536年7月–1538年4月）

　　加尔文在日内瓦同法莱尔合作致力于宗教改革。他主要的任务是宣讲《圣经》和新教原理。他在圣彼得教堂向牧师、市议会议员和市民们发表动人的演讲，赢得了群众的拥戴。1537年，他为新教信仰者编写出适合于青少年阅读的、简明的《教义问答》，同年，日内瓦议会通过了由加尔文起草的《日内瓦教会组织与崇拜条例》。此条例是加尔文为日内瓦教会规划的蓝图，是后来《教会法令草案》的蓝本。这个条例公布的目的是教育日内瓦居民对宗教改革运动应坚信不疑，约束人们抵制罗马教廷和天主教会的影响。1538年3月，日内瓦城邦中新教派同天主教派之间斗争激烈，天主教派得胜。法莱尔和加尔文被驱逐离开了日内瓦。法莱尔迁移到纳沙特尔，继续进行宗教改革活动直至暮年。加尔文则受到斯特拉斯堡著名改革家马丁·布塞尔的邀请赴斯特拉斯堡讲授神学并兼任流亡到那里的法国新教会的牧师职务。

---

① 参见郭振铎主编：《宗教改革史纲》，河南大学出版社，第312-315页。根据史实，加尔文1538-1541年在斯特拉斯堡阶段，非常重要，应充分阐述，不可忽略。

第二个阶段（1538年4月–1541年9月）

加尔文留在斯特拉斯堡约三年半，这是他一生中非常重要的时期。斯特拉斯堡是德国帝国辖下的新教城市，宗教权由路德教派的马丁·布塞尔领导和主持教务。加尔文在此城担任法国流亡教会的牧师职务时得到充分锻炼，使加尔文的宗教学说更加系统化和成熟。加尔文用法文为会员草拟出一套新教的礼拜仪式，后来这套仪式演变成为管理教区的教会章程。加尔文在该城同从事教育改革的德国著名的路德派新教中的教育创始人斯图谟成为好友，并在斯图谟主持的学校中为高年级学生讲授神学。加尔文还组织了会讲法语的新教徒们聚会活动，继续从事一些学术活动，同时也关心日内瓦的宗教改革。

迄1539年7月，加尔文在该城继续完成了对《基督教要义》的补充和修改，将原来的6章扩大为17章，增加了对《圣经》的研讨，补充了资料，特别是增加了必要的论证。与此同时，加尔文开始注释《罗马人书》，此后，他还不断注释《圣经》。其间，加尔文还专门写了《圣餐短论》一文，发表了自己对圣餐礼的看法。1539–1541年，加尔文曾到过法兰克福、沃姆斯、哈根、里根斯堡参加宗教会议，使他结识了著名的路德教派神学家兼新教领袖梅兰希通以及天主教会代表团团长卡斯帕洛·康塔里尼主教等人。加尔文这时切实看出新旧教之间矛盾日益发展，和解渺茫时，他毅然决定发展新教。这时，加尔文又相继出版了《罗马教廷评注》（1539年，这是研究《圣经》的著作）、《圣餐短论》和《答萨杜里多》（1539年，这是加尔文对圣餐礼的看法和神学思想的总结）。1540年（加尔文31岁），加尔文同再洗礼派改宗者、寡妇阿黛·德、波蕾结婚，波蕾曾全力辅佐加尔文进行宗教改革活动，不幸她在1549年逝世。1541年，加尔文著的《基督教要义》法文版面世。加尔文在斯特拉斯堡期间，获得了市民的称号。他通过教育活动的实践，熟悉了学校的组织工作，也积累了教育经验。

日内瓦城邦在1540年时，党派之间斗争正酣。天主教派在萨伏依公爵和天主教派头目萨杜里多及法兰西的卡佩特拉斯主教的支持下，一度掌控城市要务，而且权势嚣张，市民不满意他们的行径。市民们读到加尔文撰写的《答萨杜里多》一书，特别崇拜加尔文。这时在日内瓦继天主教派之后掌权的是亲伯尔尼派，使城市和教会现状每况愈下，因而倒台。市政当局请加尔文重回日内瓦。加尔文几经斟酌，决定在1541年9月13日重回日内瓦，并任日内瓦教会大牧师之职。

第三个阶段（1541年9月–1564年5月）

加尔文重返日内瓦时，日内瓦城里的状况是社会混乱、道德恶化、教会松垮，对日内瓦的独立威胁甚大。加尔文本人是一位有改革理论、年富力强（32岁）的神学家。他著的《基督教要义》既是神学著作，又是基督徒的生活指南，使加尔文一举成名。这部著作，提出了新的教会、人和社会的理想，描绘了令人们向往的蓝图。加尔文受过系统的法律训练，既有理论，又有组织才能，工作勤奋，生活节俭，特别是他强调必须发展经济，颇受日内瓦资产阶级的青睐。加尔文善于克制自己，既不像路德那样粗鲁，也不像法莱尔那样易于发怒。他的涵养能力为信徒们称道，也被反对他的天主教徒所肯定。

加尔文重返日内瓦后，在1541年，他第一项工作便是重新修订了1537年写成的《教义问答》。1541年11月，日内瓦市议会通过了加尔文主持起草的《教会法令草案》（又称《教会律例》，即"圣会律例"），作为组建其他各新教城市中教会的根据。法令中规定教会中的教职要按民主原则选出，教会中设长老、牧师、宣讲师及执事四种职位，教会的最高管理机关是由长老和牧师组成的"宗教法庭"。日内瓦的牧师团最初是9人，后来扩大到19人，早在1542年时加尔文便是牧师团的领导。牧师被分配到市里各个教区和乡区工作。加尔文在日内瓦圣彼得教堂区任主管，他担任牧师团的主席，他讲解圣经、出席市议会、参加长老工作。加尔文和日内瓦的官员一样，经过选举去管理财务、粮食供应并参加市政法庭。为了能监督牧师和平信徒，加尔文在1546年和1547年向日内瓦市议会提交了《察访乡村教会法令草案》和《监督乡村教会法令》。加尔文为了改革教会、改善社会秩序，他主持制定了一系列法规，如洗礼时的"取名法"（1540年）、"婚姻法规"（1545年）"节日立法"（1550年）、"誓言法"（1551年）等。此外，加尔文规定禁止演出无助于新教教化的戏剧等。加尔文还实行社会救济制度，照顾孤寡、老人、病人及贫困者。

加尔文一方面揭批以罗马教皇为首的天主教会的各种腐败恶习，写出《论教会改革之必要》（1543–1544年）等文章；另一方面，也先后撰文反对德国路德派和瑞士慈温利派的一些观点，如《圣餐礼的信仰告白》（1537年）、《圣餐短论》（1541年）、《捍卫圣礼教义》（1555年）、《再次捍卫圣礼教义》（1556年）、《对威斯特法尔的最后劝诫》（1557年）、《圣餐中真实领受基督体恤的正确教义释义》（1561年）等。

加尔文在日内瓦期间，工作十分繁忙，除写作大量的著作外，还兼作布道、授课及国际间宗教改革事务，他在日内瓦的地位逐渐扩大和巩固。1553年，日内瓦市议会认可了教会拥有绝罚权。1559年，加尔文获得了日内瓦市市民的荣誉称号。他的《基督教要义》一书最后在1559年全部增订完毕，全书扩大为4卷80章。

1564年5月27日，加尔文病逝于日内瓦，享年55岁。日内瓦小议会在他逝世的公告中称"上帝赋予他一种峥嵘伟大的特性"。

（二）加尔文的神学思想和主张

在加尔文的宗教改革思想中，最重要、最核心的内容是他的神学思想。加尔文认为，对神的认识与对人的自我认识密不可分。不认识神，便无从认识人，反之亦然。通过人对神的认识，可以得出对人乃至对整个社会的认识和了解。

首先，加尔文指出，上帝的意志是所有一切的原因。"全能的上帝"是神学思想的逻辑前提，即第一原理，亦即加尔文思想的出发点。

上帝具有两种权能，即"绝对权能"和"注定权能"。加尔文指出：上帝创造世界是为了人，上帝的存在是为了拯救人。上帝首先是人类仁慈的父亲，绝非威严的判官。上帝的父爱表现在他是造物主，是王，是救世主。上帝创造的一是宇宙万物，二是人及人类社会的各种制度。上帝是善的根源，万事万物都是上帝的造物，恶绝不在上帝创造的范畴之内。

加尔文时时以第一原理为坐标，他把上帝的意志作为唯一的标准，全能、全知、全善、正义、必然、偶然等成了上帝意志的代名词，逻辑上的矛盾律均被排除，上帝达到完善状态。加尔文认为，理解上帝不能仅停留在知识层面，在此基础上的践行才是目的。

其次，加尔文神学思想中的重要内容是"预定论"，又称"前定论"。他批判地继承了奥古斯丁和托马斯·阿奎那的预定论，明确地提出了预定论同时包括选民和弃民，将二者并列。加尔文主张，人永远不可能洞悉上帝的计划，选民与弃民都有可能，上帝把人的命运交给自己，鼓励人应积极努力，靠实践判断一切，看自己的行为是否符合选民的标准，人应努力追求，而不是坐等，有了果实，必是选民。关键不在于上帝的预定，而在于个人的态度和表现。弃绝与得选是个人选择的结果，如何表现是判断的唯一标准。

最后，加尔文把《圣经》作为信仰的唯一权威和依据。《圣经》首先是上帝的启示，《圣经》作为"上帝之道"，是体现上帝意志的最佳工具。人们正是通过这种启示，认识和理解上帝。

　　加尔文对《圣经》的态度，既体现了他的人文主义思想，又表现出他同其他人文主义者的不同。这既反映了他思想上同天主教会的某些相同处，又表现其不同点。加尔文精通拉丁文、希腊文，具有广博的知识、敏锐的观察力，他推崇伊拉斯谟和比代（法国人文主义大师），伊氏译的《新约圣经》，是加尔文注释《圣经》的参照。加尔文的注释，一向从原文入手，他据希伯来《旧约》直译成拉丁文；注《新约》则根据希腊文本，并参考伊代译本和拉丁文通行本。他注释时力求简明。加尔文对《圣经》的注释，是基于对《圣经》的理解，并能重视客观的历史态度，忠实于原意。他认为：《圣经》应对人的思想解放有积极意义（是解放基督徒被束缚的良心的武器）。《圣经》是信仰和宗教生活的唯一准则，与人们日常行为密切相连。新旧约是一个整体，全部《圣经》体现的精神是一致的，所不同的是表达形式。

　　在内容统一的基础上，表达方式的区别是：（1）不同阶段的具体表现方式不同。《旧约》中的教会处于童年期。（2）形象不同。《旧约》不是本质，只是影子；《新约》是真理本身，是本质。《新约》中的教会已成年。（3）含义不同。《旧约》是文字，《新约》是精神。（4）精神状态不同。在律法状态下人受奴役、束缚；在福音状态下人自由，上帝借基督终结了律法。加尔文认为，人以律法为鉴，把自己交付上帝，完成救赎。（5）范围不同。《旧约》只及于犹太人，《新约》则及于所有民族。

　　加尔文的发挥是：《圣经》对于人们，一方面是领会上帝无上的智慧；另一方面是人生活的指南和希望。《圣经》给人福音，信徒从阅读《圣经》中认识到自己已被赋予恩典，获得了救赎的希望。

　　加尔文从《圣经》迈出了反对天主教的第一步，福音内容使他看到了有利于天主教会的上帝。

（三）加尔文的政治思想和教会改革观

1. 世俗政权

在《基督教要义》第四卷"政府"一章中，加尔文专门写了"属世"的政府①。加尔文认为世俗政权和教权一样，都是上帝创立的，是上帝的造物，服务于彰显上帝意志的目的。上帝为了帮助怠懒无知的人类摆脱困境，乃建立世俗政权。它是上帝的眷顾和神圣法令，体现上帝的爱与关怀。它与宗教一样都是彰显上帝意志的工具，是人们通往天国的工具。加尔文主张权力来源于上帝的同时，把政治权力推到最高地位，认为权力和官吏都是上帝的工具。世俗政权主要包括两个部分，一是执行具体职能的官吏，二是官吏行使职能的依据——法律。官吏代替上帝的职责：（1）事上帝；（2）事人，赏善、罚恶，两者并用。

法律即上帝之法——《圣经》。上帝之法包括三部分：道德律、礼仪律、裁判律。

加尔文对政体的看法有优劣之分，他反对个人或民众掌权。他主张君主政体易导致僭政；贵族政体易变成寡头政体；极端民主则无政府状态。贵族政体与民主政体相结合——共和政体最理想。

2. 政教关系（政府与教会之间）

人受两个政府管辖：一是精神政府：良心上虔诚、敬畏上帝、王是基督、道是法律、宣讲福音。二是世俗政府：维持人的职责、公民义务，规范外在行为，王是官吏（君主）。二者是平等的，无高下之分，乃职责不同。

加尔文不主张政教分离，政教应分权与合作。教会立法，世俗政权批准并执行法律，所有案件先由宗教法庭办理。

---

① 加尔文著，钱曜诚等译：《基督教要义》下册，生活·读书·新知三联书店 2010 年版，第 1537-1573 页。

加尔文宗教改革与反封建教会的反抗，重点依靠和借助现存政权之力。

3. 教会的观念

加尔文关于教会的理论：强调教会的救赎作用，教会在很大程度上是恩典得以实现的场所，或有形的恩典，实现选民计划的落脚点。他既注重教会的本质，也重视形式。加尔文认为人的得救只能在教会里实现。上帝是信徒之父，教会是母，母亲的孕育、生产、哺育、看护和引导是我们进入生命的唯一方式。

加尔文主张教会本质上是"圣徒交通"的组织。信徒的心和灵魂是一体的。教会有两种，一是无形教会，二是有形教会。无形教会指选民，包括地上的圣徒，还包括自创世之日起所有被选的人，有形教会是教会更常见的形式。此外，教会还有普世教会与地方教会之分别。

加尔文强调普世教会是以基督为唯一首领，信徒靠两个纽带联系起来，即亲密的兄弟姐妹之爱，破坏共同教义的是"异端"；破坏兄弟之爱的属宗派分子。善世教会是由各个民族所构成，位于不同地方，都承认共同教义，同一宗教的统一名义下，分布在许多城镇、乡村的个体教堂。加尔文新教在英格兰、苏格兰、法国、瑞士、丹麦等地以加尔文为精神领袖，但在组织形式上规定：（1）应同各地具体环境相结合，灵活化；（2）不必同日内瓦模式一致，有利于加尔文教派在欧美各地广泛传播。

加尔文教派指斥、批判罗马教廷的问题主要是：僭取了上帝的权力，违反古代教会的传统。存在迷信、偶像崇拜、善功称义、弥撒、祈祷、禁食、地狱……基督教早期的民主传统被破坏，教阶制是压迫群众的工具。

加尔文倡导新教会应以古代教会为范例，民主、平等管理，防个人专权，传统从简，防止机构臃肿。他主张教会的权力主要是精神上，涉及宗教与道德生活，主要包括教义、立法和裁判三个方面。教义：主要是订立和解释信条，有争端时用民主讨论方式处理。立法：除上帝所立两版律法外，还有教会组织法、程序和礼节。司法裁判权：主要在戒律和绝罚权。监督社会的道德。绝罚权由管理教会的宗教法庭实施。要区分私罪和公罪。重罪用绝罚。戒律的几个阶段：（1）劝诫，（2）再劝诫，（3）召至宗教法庭绝罚。

4. 圣礼

宗教改革时期，新教根据《圣经》只保留洗礼和圣餐礼两种，去掉天主教传统的坚振、告解、婚配、终敷、神品五种，理由是后五种没有《圣经》依据。

5. 教会改革

日内瓦议会在1541年11月20日通过《教会法令草案》，《教会法令草案》规定：教会中只设四种职位：（1）牧师：乃使徒，主持圣诫、圣礼，宣扬上帝之道，负责教谕、警告、劝勉、谴责，纠正信徒错误。每周聚会一次，研究《圣经》，解决教义分歧，每三个月讨论戒律等。（2）宣教师：相当于先知，教授圣经真教义，指导牧师，保护教会，兼学校教师。（3）长老：长老是新教制裁法庭的成员，权大，称为新教的警察。加尔文教会又称长老会。有名望的牧师、宣教师才能晋升长老。长老监督教徒言行及每个人的生活，教徒捐款，教会收入、支出，发放教职人员薪俸，劝诫犯错误或生活不规者、劝勉改正。（4）执事：有两类，一类是济贫、分发、保存财物，管施舍、财产、租年金；另一类是照顾病人、津贫津贴。

加尔文重划城内教区为三个教区，规定布道的时间、地点及内容，还有关于洗礼、圣餐礼的具体规定。

加尔文把资产阶级的自由、民主、共和作为加尔文教的基础，教职人员从信徒中民主选举产生。反对天主教会的一系列规定，如反对教阶制；反对偶像崇拜；反对繁杂的宗教仪式和宗教节日；反对神职人员是神与人之间联系的中介人，个人与上帝的联系直接通过《圣经》，《圣经》是宗教信仰的唯一基础和最高法律；还废除崇拜偶像、朝圣和斋戒。

加尔文教高举古代民主教会的旗帜，反对浪费，反豪华，倡导廉价教会。教会选举中，规定候选人须严格审查，不得混进天主教徒，实际受新兴资产阶级的控制。

6. 社会改革

加尔文认为改革教会是落实新教理论的重要环节之一，但同时要实现理想社会，出新人，必须实行更大范围的社会改革。他不赞同路德的平信徒皆教士，也不同意慈温利式的由全体会众管理教会。加尔文崇尚中庸哲学，主张共和政体，即一定民主之上的共和，防止个人专权，也应防混乱。平信徒参加宗教活动，而非都管理教会，执事和长老由小议会和牧师指定，宗教法庭中的长老都是议会成员。加尔文不容忍信仰自由，不允许异党，不允主权在民。

加尔文重返日内瓦后，重视改革社会生活上的混乱状况，他制定一系列立法。

1545年，他向议会提交了《婚姻法》，1546年，日内瓦实行戏剧审查制度，议会发布法令，规定洗礼时禁用的名字。1547年，颁《监督乡村教会法令》，1550年，议会立法改革节日。1551年在《誓言法》中，详细规定了信徒的宗教行为和社会行为，违者轻则受宗教法庭的质问劝告，重则由政府治罪。从1550年起，市区开始实行监察制度。一系列的立法，将日内瓦人的宗教和行为道德均处于控制之中。

加尔文重视对社会救济制度的改革，设置新的机构并使其工作规范化。日内瓦总医院建于1535年，是宗教改革的创举，是社会救济的总机构。照顾孤寡、老人、病者及穷困人。

　　加尔文的教育改革，稳定并巩固了日内瓦的宗教改革，为加尔文教派的传播发挥了巨大作用。教育成为实现宗教理想的重要手段。加尔文主张通过教育塑造"新人"，争取成为上帝的"选民"。靠信仰、行为成为"选民"。具体说来，成为"选民"的主要要素是：（1）尊重理性与科学，（2）积极投入现世，（3）克己爱人，（4）对上帝虔诚，严守教规，执行戒律。

　　此外，加尔文对经济社会方面的主张是支持工商业和高利贷，主张人们发财致富，鼓励积累资金、商业竞争和扩大企业。他宣称这一切都有助于灵魂得救，都是为了实现上帝的愿望。

　　恩格斯曾评述道："加尔文教是当时资产阶级利益的真正的宗教外衣""符合资产阶级中激进的人们的要求"[1]。

（四）加尔文同路德宗教改革学说的比较

　　16世纪时，20-40年代路德的宗教改革学说（或简称路德主义）同30-50年代加尔文的宗教改革学说（或简称加尔文主义），都是基督新教主要教派的学说。以《路德文集》[2]和《基督教要义》[3]为蓝本对路德主义和加尔文主义展开系统的分析和比较，能较深入地研讨出两者的异同处。本文拟从两种宗教改革学说产生的历史背景、上帝观、得救观、伦理观和教会观五个范畴入手，试作评析。

1. 历史背景

　　路德主义是15世纪末与16世纪初德国经济、政治特点的产物。当时德国社会经济虽有进步，资本主义手工工场有明显发展，但经济上分

---

① 《马克思恩格斯选集》第4卷，1995年版，第532页。

② 《路德文集》上册、下册，香港基督教文艺出版社1968年版。

③ 《基督教要义》（上、中、下册），北京三联书店2011年版。

散、发展不平衡，大城市处于边疆，边境地区的对外贸易繁荣，没有形成统一的国内市场，农业上在农奴制束缚下，封建主与农民阶级矛盾尖锐。经济的特点导致德国政治上分裂，地方诸侯集权，中央权力衰落，天主教会特权突出，诸侯贵族、下层群众同罗马教廷及教会矛盾尖锐、复杂。

加尔文主义是法国与瑞士日内瓦历史条件的混合产品。法国的资本主义经济是欧洲大陆上发展较快的类型。中央集权国家形成后，天主教成为国教，国内新兴资产阶级要求产生出为其利益辩护的新的神学理论和新型教会。加尔文主义酝酿于法国，但因在法国天主教教会与各级政权联合控制和迫害下，传播新思想和新的宗教学说被视为异端，加尔文等被迫流亡到瑞士。当时日内瓦的新兴资产阶级通过斗争掌握了市议会和新生政权，正在寻求神力的支持，希望借助新宗教的权威，以便完善和巩固政权，因而加尔文主义在日内瓦得到发展便逐渐成熟。

加尔文主义主张用新的精神鼓舞人心，建立新的社会秩序，它是对人们困惑彷徨心灵的激励，是新兴资产阶级改造社会的武器。加尔文等宗教改革家们，到处都鼓吹坚强、严格的勇敢进取的精神，加尔文主义为世俗政权性质的改变，提供了标本。两者历史背景的不同，决定了历史任务的某些区别。

2. 上帝观

路德主义主张上帝是仁慈的上帝，慈爱、恩典、拯救、赦免人们的罪是其唯一的属性；加尔文主义的上帝，其属性有三，即慈爱、审判和公义。

路德主张上帝创造世界是为了人的得救，《新约》中的上帝，强调的是上帝的慈悲和拯救世人……人是主体，强调的是作为爱，作为奉献和牺牲，而不是天主教的惩罚体现的上帝。

加尔文的上帝形象是《旧约》的上帝形象，加尔文学说的出发点和中心，其目的是上帝而不是人，上帝并非《旧约》中的判官，新、旧约内容一样，是福音。加尔文认为，上帝是父亲，父爱表现在上帝是造物主，是王，是救世主。上帝是善的。他的创造物分为两部分：一是宇宙万物，二是人以及人类社会的各种制度。上帝的父爱特别表现在眷顾，突出在上帝的义和公正上，不容忍恶，从不接纳罪人，上帝是善的根源。加尔文强调"全能的上帝"是他思想的出发点，是他其他思想的前提或第一原理。他的上帝观消除了传统神学中的各种矛盾，尤其是人的自由意志与上帝的全能之间的矛盾，彻底瓦解了罗马教会的理论基础。

天主教会的"善功称义"，教会及教皇逐渐取代了上帝的位置，成圣、得救要靠善功，而善功的效果如何，要依教会和教士们评断。路德提出"唯信称义"，强调个人信仰，加尔文的观点是在"唯信"基础上，强调上帝全能，能把人引入光明。称义的全过程都是上帝决定的，并非教会、教士的善功所致。

3. 得救观

长期以来，天主教会的得救观，不仅被解释为"因信"，而且还包括因圣礼、因教义、因礼拜、因捐献、因行善、因苦行及购"赎罪券"等，完全违背了保罗的初衷，实际上是部分地恢复了犹太教的律法主义。

路德反对律法主义，强调应恢复信仰的绝对权威，信仰是一切的标准、源泉，是万能和绝对的。唯有信仰，才使一切良善，有价值……路德强调仅凭着信，人就可以从原罪中得脱，被上帝称为义人。路德认为信是基督徒的义，基督徒的生命，是基督徒的救赎和一切。路德得救观的全部意义，就在于使人有罪蒙赦免，信徒借"信"作了万有之主，不再有求。

加尔文的得救观是继承和发展了奥古斯丁的理论。奥氏认为人由于有原罪，故人的本性只能向往于恶，不能向往于善，人无做善事的能力。上帝必须为拯救人而做全部工作。但上帝赦恩并非向所有人都施赐，它只给上帝"拣选"的人。这种拣选是早在人类产生之前已被"预定"了的。

保罗重视人的自由意志，但奥古斯丁完全抹杀人的自由意志，认为世间的一切都出自上帝。加尔文也彻底否定人的自由意志，认为世间所发生的一切，都是上帝所全部安排好的。路德把"称义"作为终点，但加尔文把"称义"只作为一种原因，"称义"之基督徒只是一个刚入伍的兵，从此开始为上帝服务。加尔文虽然也讲人们受苦受难，但主张继续努力，外表苦，心里应甜，越有赦罪的感觉，在苦难中奋斗、呼号，意志越坚强，增强必胜的信心。路德认为信徒的能力是虚脱的，加尔文主张是一种敢于迎击一切的奋勇精神，努力实行圣洁敬虔生活的愿望。加尔文重视积极进取，争上游。

加尔文强调实践的重要性，人的意志即上帝的意志。想成为上帝的选民或弃民，完全是自己的选择。想成为选民者，首先须有信仰，其次必须靠行为的实践中体现出信仰的果实，在自己一系列实践中证明自己是上帝的选民。加尔文称义理论实际上更强调人的行为表现。

4. 伦理观

中世天主教会的伦理观是消极的。消极避世观念，这同原罪理论直接有关。因原罪理论，故约束和规范人的行为，禁欲思潮兴起并发展，现实的社会价值被贬低，社会经济被认为不义；尘世生活是痛苦的，提倡避开尘世，禁欲苦修，倡独身，教士不结婚；本身改革失败，对改革者镇压，则矛盾日增，与社会经济发展不适应。长期以来，天主教以宗教、禁欲、独身、避世等，视为最高价格理念。社会等级理论，神学笼统一切。

路德的天职观等使天主教会的等级理论受到冲击。路德强调的主要是信徒的主观心理活动，推崇人的内心信仰，主张恢复社会道德，对社会伦理的基础关注不够。路德1520年、1524年虽两度撰文反对高利贷，但他局限于试图以小农经济取代商业经济，停留在中世早期理想中。

加尔文伦理观的突破与他第一原理密切相关。他指出，天主教会的传统观念同全能上帝之命题相违。他主张积极对待现实社会，人应热爱生活，坚决反对天主教会的禁食规定，认为这违背上帝赋予的自由，食物可维持人的生存。他反对酗酒，勿沉溺于佳肴，但不主张粗茶淡饭；反对刻意追求服饰、发型，但也不要走极端。他认为音乐属于娱乐，有其价值，但禁止下流放荡的歌曲。他指出极端禁或纵欲都错误，人富时易沉溺、贫穷时易缺乏耐心。他强调人要学会约束自己，合理利用任何东西，掌握好用的"度"；应尊重个人选择，不强制独身、禁食，一切自愿是美德。

加尔文反对消极避世，认为现世本身是善的，是来世的准备，积极投入在得救信心基础上进取。加尔文出身市民家庭，对商品经济比农民出身的路德了解更深刻。16世纪40年代，他建议日内瓦市投资纺织工业，不反对借贷、正常的高利贷，海上贸易和交换是必需的。他对经济生活提倡了"公平原则"，主张人们发财致富，鼓励积累资金和商业竞争，宣称这一切有助于灵魂得救，是为了上帝的眷顾，认为反对财富是亵渎上帝，贫富是上帝对人的考验和锻炼。

加尔文承袭了路德的天职观，把天职与上帝的拣选直接联系起来，说"天职"是上帝意志的体现。但他的消极面是说人应安于命运，为资产阶级的发财致富找到依据，也为贫苦群众受剥削压迫做了解释，即富人享福、穷人受苦是天意，人应忍受。"天职观"既是资产阶级反封建主阶级的武器，也是其剥削劳动人民的工具。

5. 教会观

加尔文认为罗马教会背离了真教会的标准，在最基本上，即"正确崇拜上帝方式的知识"上、"得救赎源泉的知识"上，严重背离了

《圣经》权威与古代教会的传统。罗马教会已将古代淳朴民主的教会毁坏得面目全非，"圣礼"受玷污……教会政府变成污秽不堪、难以忍受的暴政。他指出：不仅教义，而且圣礼、教会组织、教会法等亦违背了上帝的意志，僭取了上帝的权力，违反了古代教会的传统。在迷信、偶像崇拜、善功称义、弥撒、祈祷、禁食、地狱……都表现出罗马教会的错误。基督教早期民主、平等的传统被破坏，以教皇为首天主教教阶制成为压迫民众的工具，封建教会机构庞大，腐败严重，教会人员道德败坏……改革必行。

加尔文主张新教会的建设以古代教会为范例，实行民主、平等，坚决反对天主教的教阶制，防个人独裁，民主管理教会，机构民主选举产生，传统从简，防机构臃肿。

他主张应政教分权，教会从属政府，教会的权力包括教义、立法、裁判三部分。教义：一是负责订立信条，二是指有权解释信条。立法：两版律法，人间爱的教会组织法、程序和礼节崇拜法、正常运转的法……裁判：世俗裁判与教会裁判分开，施戒律、绝罚，监督社会道德。

路德不太主张实施戒律和绝罚，教会逐渐让给世俗诸侯。慈温利则主张由政府实施。

加尔文坚持必须由教会实施戒律，尤其是绝罚权。（1）目的不是惩罚，在于改正、警告，爱是前提。（2）正确区分私罪或公罪。私罪私下劝诫；分轻、重罪；被绝罚者禁参加圣餐礼，举行庄严的悔改仪式。（3）掌握实施戒律的几个阶段：a. 私下劝诫，b. 再劝诫，仍不改，c. 被召至宗教法庭，d. 实施绝罚。（4）戒律，尊重个人自由、自愿，无统一标准。

圣礼：新教将七种减为洗礼、圣餐礼两种。

加尔文既反对罗马教会的变体论，也反对路德的同体论，不同意路德的局部临在论，或普遍临在论，更反对慈温利的象征论、纪念性论。

小结：加尔文认为教会问题，是反对罗马教会斗争的需要，是各种神学理论化为实践的场所，是选民必不可少的一项标志，是人得救必须入教会的必备条件，教会之外无救赎。

教会有"有形""无形"之分，真假之分，以及普世教会、地方教会的差别。应以原始教会为典范，教会权限只限于精神领域，不得染指世俗权力，不能使用武力。教会最高权力机构是宗教法庭。

（五）加尔文新教的贡献、历史意义及局限性

让·加尔文是16世纪与马丁·路德、慈温利等同一个世纪内，相隔几十年的另一位欧洲著名的宗教改革家、新教神学家、基督教新教加尔文教的创始人。

加尔文的思想及加尔文教对近代西欧新的价值观念的确立和资产阶级革命的酝酿和爆发，起过重要的作用，直接促进了瑞士、英、法、尼德兰等国家和地区资产阶级斗争的胜利。它在各国的不同特点，迄今史学界的研究成果尚阙如。

1. 加尔文出身于城市富裕的资产阶级家庭，青少年时代受过良好的学校教育，接受过经院传统、人文主义和宗教改革各种思潮的影响，自青年时代便投入宗教改革活动和斗争的实践之中。

2. 对加尔文这位历史人物的评价上，历来分歧很多，褒贬相差悬殊。我个人的管见是：应从历史贡献、阶级分析的代表性、理论观点的价值，三个主要坐标加以评析。肯定主流，但切忌否定、缩减问题，应一分为二，指出其局限性和错误。

3. 对新教中加尔文教同路德教、慈温利教和安立甘教进行对比，指出其异同，涉及许多宗教范畴。难度大，只能逐步，由浅入深地展开。

4. 加尔文教为何对资本主义的发展有显著的推动作用？具体表现如何？不能笼统化、概念化，应结合名人名著深入论析。

5. 马克斯·韦伯在《新教伦理与资本主义精神》名著中对加尔文教的评析，曾受到哪些赞誉和评论？应怎样掌握和论析？有待学界再探研！

6. 加尔文在烧死塞尔维特问题上，"塞尔图斯案"中加尔文的表现如何？卡斯特里奥与加尔文的分歧焦点是什么？加尔文亲临审讯中表现怎样？加尔文与宗教法庭的关系？日内瓦计有53人以"不信上帝"罪被烧死，7人被逐出境的实情如何？尚待详察。

7. 加尔文教对异教徒、对劳动人民是否残忍？应结合具体史实设专题研讨。

| 第六章 |

法国的宗教改革和胡格诺战争

一、16世纪前期法国的政治状况、阶级关系及意大利战争

15世纪末法国完成了政治的统一，16世纪前期人口约1500万，巴黎城市居民达30万人。法国经济有明显发展，在呢绒、纺织、印刷等行业中已出现资本主义手工工场。诺曼底、布列塔尼、普瓦都、里昂等地呢绒业、丝织业较发达，巴黎的化妆品、珠宝业驰名欧洲。法国的商业和外贸很兴盛，马赛港及地中海沿岸同西班牙、意大利、非洲及西亚有频繁的商贸往来。法国全国人口的90%从事农业生产，封建生产方式基本上占统治地位。法国与英国不同，变耕地为牧场或用暴力驱逐农民的现象比较罕见。在法国，资本主义成分渗入农业的过程甚是缓慢。法国天主教会占有全国约1/4的耕地，它的收入相当于国家预算的2/5，却享有不向国家缴纳任何赋税的特权。教会依靠王权，王权竭力保护教会的各种权利作为封建统治的重要支柱。

（一）法国的经济、政治概况

法国国王法兰西斯（又译为弗朗索瓦）一世（1515–1547年在位）时，君主专制制度逐渐强化。法国的大贵族渐失去称雄割据的实力，但他们在经济和政治上仍拥有各种特权，如在中央操控御前会议，指挥陆、海两军，在各地把持省长等高官职位。他们中多数人力图从王权处阿谀取宠，在国王周围得到高官厚禄，享受豪华的生活。在法国鬻官制盛行，与任命制两者并举。鬻官制使资产者向封建贵族靠拢，成为封建统治阶级中的成员，16世纪后，法国的政治状况和阶级关系更加复杂化。

法国的鬻官制度虽在一定程度上增加了王室政府的财政收入，但从长远看，却是饮鸩止渴式的愚蠢危害之举。主要表现是：1. 官僚机构空前庞大，冗官冗职充斥全国，贪腐层出不穷；2. 政府指挥失灵，三级会议停摆，国家职能低下；3. 各种流弊迭起，社会矛盾加剧。

将法国总人口的增长状况同官员膨胀速度对比，则看得十分清楚。1500年时，法国总人口约1640万，1600年增达1850万人，百年间增加210万人，增长率为12.8%；但同期法国官员的增加数却高达100%。官僚比例高得惊人，乃欧洲其他国家所无法比拟的。因此法国的封建官僚机构，人浮于事。富有的资产者买官后成了所谓的"穿袍贵族"，并跻身于统治阶级的行列中。但原有靠传统门第而高贵立命的"佩剑贵族"们，则对这些富有的"暴发户"甚为轻视，并不承认他们的贵族地位。在法国的三级会议中，"穿袍"的新贵族未能进入贵族等级的130名代表之列，他们仍然充任为第三等级的代表。"贵族"之间的矛盾实际上更加复杂化和加剧化。

在法国，15世纪时，封建庄园便很少由贵族亲自经营。多数贵族把庄园的土地佃给农民租种，征收货币地租。法国大多数农民属于世袭佃农。佃农负担苛重，除向地主缴租服劳役外，还要向国家上缴户口税、人头税、盐税等，向教会纳各种什一税。他们中经常有人破产流入城市出卖劳力，或铤而走险、反抗斗争者，故阶级矛盾亦尖锐。

法国新兴的资产阶级，对社会影响深远。16世纪时，他们常购买国家公债，向政府贷款，充当包税人，因而蓄积了财富，并同国王建立联系，支持巩固法国王权，这是法国的特点之一。

法国资本原始积累时期，工场手工业中的工人及帮工的处境很差，"价格革命"使工人实际收入下降，处境恶化。政府颁令压抑工人，凡失业的流浪者和拒绝低工资受雇者多受监禁或苦役之惩。工人经常被迫进行罢工斗争：1539–1541年，巴黎、里昂曾爆发多次印刷工人大罢工；1548年，以波尔多为中心的西南部贫苦的城乡居民掀起过反抗收税吏及其代理人的斗争，群众高呼"打死盐税商"，波尔多城市的政权一度为起义群众所控制。

16世纪时，由于城乡下层群众反对封建压榨和法国资本原始积累残酷掠夺的斗争不断高涨，封建贵族期待扩大王权以便维护他们在政治上和经济上的特权地位；新兴的资产阶级为了抑制封建贵族的特权和镇压下层人民的反抗斗争，也拥护强化君主的权力。双方的利益、矛盾开始凸显，而法国国王法兰西斯一世凌驾于封建贵族和新兴资产阶级二者之上，法国的君主专制制度便开始确立和发展起来。法国的法学家们公开宣称："国王的权力不受任何人和任何事物的限制"。国王的诏令往往用"此即朕的意志""必须遵行"，君主的命令是"必遵的法律"。

（二）意大利战争

中世纪晚期法国历史上有一件对外的重大事件是持续进行了60余年的意大利战争（1494–1559年）。这是法王路易十一（1461–1483年在位）的独生子法王查理八世（1483-1498年在位）发动的，他率军进侵意大利的米兰。此后，法国为扩大本国版图实行对外的扩张政策。在查理八世的远房叔父路易十二继承了法王之王位（1498-1515年在位）后，又继续侵占那不勒斯和米兰。当法王路易十二之侄（亦女婿）法兰西斯一世继位后，更进一步扩大了对意大利的侵略战争，并直接同德皇查理五世交战。法兰西斯一世对内发展经济，对外野心很大。他即位之初便下令禁止从佛兰德尔和西班牙输入毛织品，大力扶植国内的毛纺织业，并同土耳其缔结商约，即位当年便率军重新占领意大利的米兰。1516年法兰西斯一世迫使罗马教皇接受《波伦亚教务专约》，根据这个专约的规定，法国的所有大主教、主教以及修道院的人选，均由法国国王提名之后，才由罗马教皇履行委任的仪式，法王有权获得法国教会中的经济收益，罗马教廷在法国教会中的司法权受到严格的限制。在当时的法国政教合一的趋势十分明显。

1517年，法王法兰西斯一世在政治野心的驱使下，曾竭力谋取过神圣罗马帝国的皇位，但终因财力不济、实力不足且贿赂不力遭落选。1519年，神圣罗马帝国的皇位由奥地利哈布斯堡家族的西班牙国王查理一世所得。这一结果，对旷日持久、断续相继的法国对意大利的战争，法国直接面对德国和西班牙两大势力的对抗有很大影响。1521年，法国在意大利米兰的驻军被德皇查理五世的军队所逐。1525年，在意大利巴威亚（又译帕维亚，位于米兰城之南）的重要战役中，法军兵败，法王法兰西斯一世本人被俘，被逼以重金赎身，且丧失了在意大利占领的全部土地，同时放弃了对境内勃艮第公国的管辖权。获释后的法兰西斯一世不久便公开废弃承诺，并重新出兵进入意大利。

此后，法兰西斯一世同德皇查理五世之间，双方又进行了三次为掠夺和侵占意大利领土的战争，法国仍失利。1544年，德皇查理五世率军攻入法国，德军距巴黎仅70余公里，法国不得不求和。法兰西斯一世去世（1547年）之后，王位由其次子（长子早逝）亨利二世（1547–1559年在位）继承。在对待意大利战争的问题上，亨利二世继承其父的政策。但这时法国同哈布斯堡家族的西班牙及奥地利之间的战争，已远离意大利，双方争斗角逐的中心地带已转移到法国的东北部至莱茵河之间那一片纷争的是非之地。经过一系列的厮杀争战之后，法王亨利二世终于同哈布斯堡家族的西班牙与德国，在1559年签订了著名的"卡托·康布雷济"（亦译为"卡托·堪布累济"）和约，结束了连绵历经65年的意大利战争。条约规定：法国以收复加来港，获得洛林的麦茨、土尔、凡尔登三个主教辖区各城，而放弃了对意大利一切领土的要求。连绵不断长达65年的意大利战争，耗费了法国大量的财力、物力和人力。法国虽以失败告终，但长期战争巩固了法国的君主专制，通过同意大利的联系，促进了法国文艺复兴的活跃。

二、法国文艺复兴的传播和宗教改革活动的扩大

（一）法国文艺复兴的传播

从15世纪末至16世纪上半叶，意大利文艺复兴的影响传入法国后，文艺复兴得到广泛传播，法国的文学、艺术、雕塑、建筑、科学都有突出的成就，人文主义思想和新文化均有显著的发展。但法国的新教思想、新教势力以及新教在国内的传播力度，都远不能与同时期的德意志相提并论，其原因主要是法国王权充分发展，对本国教会的直接控制力很强。在法国，国王是天主教会的实际首脑。当新教传播的斗争矛头直接指向罗马教皇时，法国的王权会默许或同情，甚至采取支持的态度；

但是当新教将反对的矛头由教皇转移到法国天主教的基本信条及具体礼仪时，国王则采取排斥或公开反对的立场。在法国，实际情况长期以来是"信仰事小，王权事大"。

在法国，从历史时段来划分时，16世纪的前期，主要是文艺复兴的传播，以1530-1540年最为明显。虽然对外有连续不断的意大利战争，然而法国从国王、贵族到整个骑士阶层，目睹了意大利古典文化和艺术的风采，以及装饰精美的天主堂和洗礼堂、宏伟壮观的官邸建筑、瑰丽的壁画和优雅的雕塑，这使他们为之倾倒。法王和一些贵族们，不仅从意大利带回大量艺术佳作，还招来大批意大利的工匠到卢瓦尔河畔和塞纳河畔大兴土木，意大利文艺复兴的建筑风格在法国大放异彩。新的宫堡建筑群大多坐落在诺曼底和索洛涅·卢瓦尔河谷与巴黎四周的森林中。这里恰好是16世纪时法国金、银、货币的主要铸造区。16世纪的后期，法国则是由宗教问题激化的宗教战争居于主要地位，以1570-1590年的"胡格诺战争"最为突出。

法国的人文主义和宗教改革运动，在文艺复兴运动的初期便有密切联系。勒费弗尔·德·埃塔普尔（1455-1536年），是法国的杰出人物。他是伊拉斯谟的挚友和主要合作者。埃塔普尔是《新约》的拉丁文译者，除《圣经》外，他还将亚里士多德的一些名著译为法文。他同伊拉斯谟一道，宣传"信仰得救"学说。他出任莫城代理主教后，又将语言学家比代、希伯来文学家瓦达布尔以及宗教改革家法雷尔、鲁塞尔等人集合在周围，组成"莫城小组"①，在法国北部建立了宣传新教理论的活动中心。四福音传播活动兴起的同时，法国研究和复兴希腊、罗马、拉丁古典文化的热潮也兴起。翻译和评注古代经典作品，成为许多学者热衷的活动。比代出版了《希腊语言评注》，译出了修昔底德的著

---

① 莫城位于法国今塞纳——马恩省北部。

作，还发表了对古代罗马货币等物质文明的研究。另有学者多莱发表了《西塞罗鉴集》等。

在法王法兰西斯一世的支持下，比代（1467—1540年）曾先后建立了枫丹白露皇家图书馆和法兰西研究院（1530年完成），以整理、评介希腊文、拉丁文及希伯来文的文献为主，成为法国古典语言、文学、哲学研究的中心，促进了文艺复兴的广泛传播。

16世纪中叶时，文艺复兴在西欧各国取得了不同领域的突出成就。在意大利，达·芬奇、米开朗琪罗、拉斐尔等的绘画、雕塑造型艺术特别繁荣；在英国以莫尔、莎士比亚和法兰西斯·培根等的文学、戏剧和哲学最为显著；在西班牙则以塞万提斯、维加的小说和戏剧为代表；在德国，主要是马丁·路德、约翰·勒克林、丢勒、小汉斯·霍尔拜因等的宗教、哲学和绘画比较出色；在法国，人文主义思想以拉伯雷、蒙田、加尔文、埃塔普尔等在文学、宗教方面为突出的代表人物。

在法国，16世纪的"知识发酵"的时期中，文艺复兴传播的重要成就在医学、博物学、数学等领域中亦有重大表现。法国著名的外科医生帕雷（Pare，1510—1590年）被尊为"近代外科科学之父"，他曾是侍奉法国四位君主的著名御医，发表过多部医学巨著，如《火绳枪及其他火器创伤的治疗方法》（1545年版）、《人体解剖学概论》（1561年版），他还首创截肢结扎大血管的止血术等。在博物学方面，生物学家贝隆（Belon，1517—1564年），是近代胚胎学和比较解剖学的奠基人之一，著有《海洋稀有鱼类自然史》（1551年发表），研讨了海豚胚胎的状况与成因，写成《若干珍品和纪念物观感》（1553年发表），介绍了欧洲人未知的许多动植物和药材。还在《鸟类自然史》（1555年版）一书中，描述了200多种鸟类，并附有插图说明，对鸟与人类的骨骼系统加以比较。农学家德·塞尔（De serre，1539—1619年），本人在法国首次种植了桑树，并著有《农业天地》一书，对法国农作物的种植加以全面考察。此外，在数学领域，微他（又译为韦达，Viete，1540–1603年）是杰出的代表，他被称为"近代代数符号学之父"。他是世界上第一位引进系统的代数符号的人，对意大利著名数学家卡尔达诺的方程式，做过重大改进。他在《论方程的整理和修正》一书中，提出了"四次方程的解法"，解决了当时数学领域中的最大难题。他发表的《应用于三角形的数学定律》（1589年），是欧洲第一部有关数学的重要论著。他后来又出版了《分析术引论》（或译为入门，1591年），乃近代初等数学最早具有代表性的教科书。

在法国，帕利斯（Palissy，1510–1589年）是对制釉技术的研究和革新的自然科学家、地质学家、化学家兼技艺高超的工匠。他发表过《增加财富的诀窍》（1563年）、《论令人羡叹的水与泉的特性》（1580年）。他对中国白釉的生产技术曾加以探索，发表过《黏土的艺术》一书，改进了陶器上釉的工艺技术，对法国的制陶和制瓷技术有显著的贡献。

法国文艺复兴传播过程中，人文主义新文化最杰出的代表人物及其名作，应是文学领域的拉伯雷、蒙田和多比涅、政治思想家博丹和宗教范畴的加尔文。

拉伯雷（1494–1553年）创作的五卷集的《巨人传》（又译为《巨人和巨人之子》或《高康大和胖大官儿》），花了近20年的时间才完成。小说具有深刻的人民性，嘲讽了禁欲主义的教会和饱食终日的贵族，深信人的智慧能战胜愚昧与黑暗。

蒙田（蒙泰涅，Michel de Montaigne，1533–1592年），法国另一文坛巨擘，开创了随笔式方法创作体裁的先河，著有《随笔录》（又译《品尝集》）三卷本。他以散文形式描绘生活、死亡和审判，通篇用第一人称，描述和审视自我，注重内省和沉思。

多比涅（d'Aubigné，1552–1630年）的传世之作是宗教史诗《悲怆集》（1576–1616年出版），全诗共分七集，用鲜明的对比手法，将贫困和奢华、痛苦与补偿、天上与人间、上帝与恶魔相对照，将16世纪后半期法国人的悲苦和激情对照，集史诗、抒情与讽喻于一体。

让·博丹（Jean Bodin，1530–1596年）的主要著作《主权论》（又译《论国家》），强调国家权力至高无上，主权统一不可分。君主是国家主权的唯一承担者，任何臣民不得分享。君主无权侵占别人财产、无权擅自征收捐税。主权与治权有别，又贬低教皇与贵族之权能。

（二）宗教改革活动的扩大

16世纪初，当法国国王及其军队在意大利领土上作战之际，法国国内宗教领域的改革活动亦逐渐兴起，天主教会的统治地位亦受到严重的挑战。法国国内长期存在植根深远的"异教"势力，对天主教会统治不满的情绪从未消亡。从意大利传入的人文主义思潮，以及从德国路传入的路德等新的宗教观念，都推动了对法国天主教会背离思想的日益发展。从16世纪20年代起，法国王权对新教思想的态度开始出现变化。一方面，新教思想在国内的传播，开始得到王室的有限支持。法王法兰西斯一世为了对抗罗马教皇和神圣罗马帝国皇帝查理五世，一度在1532年积极地力图同德国各新教诸侯结盟，甚至特许本国新教徒在王宫布道。另一方面，法国的官方和正统的天主教会对国内新教思想的传播和宗教改革活动的扩大所进行的迫害和镇压，也在不断加温。1525年，法国莫城的新教团体曾被强行解散，其领导人埃塔普尔等被迫逃往德国境内新教诸侯国内避难。在法国境内，经常出现搜捕新教徒的活动，甚至被捕的新教徒常被酷刑处死。由于宗教改革活动的不断扩大，16世纪30年代，在法国，新教徒同占统治地位的天主教会之间的斗争日益激化。

1534–1535年，法国的新教徒在巴黎和奥尔良等大城市中，到处张贴推动宗教改革的传单和标语，公开指斥罗马教皇、红衣主教、主教、教士以及天主教会中的僧侣是祸害百姓的"害人虫"，呼吁人们进一步扩大宗教改革的活动。以巴黎大学为首的法国传统势力则公开号召对新教徒严厉镇压，大约半年，仅在巴黎一地便有约80名新教徒被捕处以火刑烧死。1536年是法国宗教改革史中最为关键性的一年。在这一年的3月，宗教改革家、法国人文主义者和宗教改革的旗手加尔文（Calvin，1509–1564年），将自己亲著的《基督教原理》一书由拉丁文译为流畅易懂的法文，并出版面世，以此为指导，建构了一个教义和组织崭新的基督新教。此书多次出版，广为流传。

加尔文1509年出生于法国北方小镇努瓦永[①]，是法国早期人文主义者比代的学生，青年时代他思想上曾受路德的影响。1572年左右接受了新教的观点，他经常有被法国政府拘捕之威胁，乃流亡到瑞士的巴塞尔及被称为"新教的罗马"的日内瓦。加尔文的宗教改革思想同路德有许多相似之处，都主张信仰得救、应建立"廉价教会"、反对罗马教廷的专权。加尔文特别强调"先定论"，即从创世之日开始，人们便有"选民"和"弃民"之分，任何人都难改变自己的命运。加尔文虽然长期身在国外，但他在法国本土的影响却日渐扩大。随着加尔文所著的《基督教原理》一书的一再印刷流传和再版，引起法国广大民众对腐败、专横的罗马教廷的痛恨，因而加尔文的主张和新教受到各阶层的欢迎。法国的许多封建贵族出于反对王权，谋求扩大本身私利和权益的需要，也支持加尔文新教的组成和扩大。到加尔文逝世（1564年）时，《基督教原理》的法文本已出了26个版本或译本，并广泛流传。加尔文教在法国的信徒不断增多，其中上层贵族的比例不断扩大，据加尔文晚年的估

---

① 位于今瓦兹省东北端。

计，法国当时的新教徒（俚语俗称为"胡格诺教徒"①），约达30万人之多。

　　法国以法兰西斯一世为首的王室和正统掌权的天主教会，对日益扩大的加尔文教，越来越忌惮，乃加快了封杀和迫害的措施。1540年，法王颁布了《枫丹白露敕令》，下令对加尔文新教徒进行严厉的审判。1543年和1544年，巴黎大学的天主教神学家们两次颁布禁书目录，对加尔文和路德等人的著述一律焚毁。1545年，法王又颁令对普罗旺斯地区的新教徒发起清剿，烧毁了24个村庄，约3000人被处死。1546年，在一个小莫城内，便有61名新教徒被捕，其中有14人经受酷刑后被烧死，余者遭鞭刑并长期被囚禁。

　　1549年，法国设立了专门惩治加尔文教徒的法庭——"火焰法庭"。此后三年间，有500多人被判罪，其中60人被处以死刑。继法兰西斯一世之后，法王亨利二世（1547–1559年在位）时期，法国对新教仍继续严禁和高压，但新教仍继续发展和扩大。1555年，巴黎组成了严密的新教会组织。迄1559年，法国全国已分别组成有40个新教的组织和教堂，计2150个小组。在加尔文的号召和倡议下，1559年在巴黎召开了全国性的"新教牧师大会"，法国新教终于形成了全国性统一的组织。

三、胡格诺战争与南特敕令

　　16世纪50年代，法国国内的形势有了明显的变化。法国宗教改革活动扩大后，新教的势力虽遭法国王室和正统的天主教会的抑制和镇压，

① 即"Huguenot"，一般认为这是瑞士人所说的是"Eidgenossen"（德文），其意为"同党"或"同盟者"。

但仍继续得到扩展。法国南部不仅农民、城市市民和中小地主相继加入或信奉了新教，而且一些大贵族也接受或参加了加尔文教。法国新教贵族趁意大利战争中法王战败，王权势衰之际，仿效德国的新教诸侯，在法国趁机没收天主教会的教产，甚至同王室抗衡。这些信仰加尔文教的贵族称为胡格诺贵族。新教的胡格诺贵族集团主要是以法国南部和中部贵族波旁家的安东（那瓦尔国王）和法国海军上将科里尼等人为首领；而天主教集团则以法国东北部大贵族吉斯公爵和蒙莫朗西这两个同王室有姻亲关系的大家族等为首，同法国国王联合行动。双方为争夺权益，特别是对法国最高统治权的争夺，矛盾日益尖锐化。因而出现了以宗教名义进行的争夺国家统治权的军事对抗和长期厮杀的内战，即著名的"胡格诺战争"（1562–1598年）。

（一）"胡格诺战争"

"胡格诺战争"时期的一个关键人物是法王法兰西斯一世逝世后的继任者法王亨利二世的王后凯瑟琳·德·美第奇（1519–1589年）。亨利二世死后，法国王位相继由其三个儿子承袭。即长子法兰西斯二世（1559–1560在位，不足17个月）、次子查理九世（1560–1574年在位）、三子亨利三世（1574–1589年在位），亨利三世奢华无度，被刺身亡。法国三个国王之母——凯瑟琳太后，虽曾是罗马教皇克勒门特七世（1523–1534年在位）的亲侄女，但她本人并无强烈和坚定的宗教信仰。作为法国最高的掌权人，凯瑟琳经常在新旧教的矛盾冲突中采取折中妥协的策略，目的是保持和平与统一，避免爆发战争。1562年1月，法国在凯瑟琳太后的主持下，王室曾颁布容忍新教存在的《普瓦西敕令》。它规定，在一些指定的地方，胡格诺教徒拥有举行其本教宗教仪式之自由。

胡格诺战争正式爆发于1562年3月，吉斯公爵率其侍从军队路过西北的瓦西镇时，公开袭击了正在做礼拜活动的胡格诺教徒，当场杀死20多人（有些史书中记述为，死者约300人）。此事件是法国内战公开爆发的信号。随后，胡格诺集团和天主教集团双方都武装起来。胡格诺集团在南方陆续攻占了不少城市，名义上属于"宗教争端"的胡格诺战争（1562–1594年）正式爆发了。

1562–1572年是胡格诺战争的第一阶段，其间经历了10次战役。

1563年3月，法国的太后凯瑟琳在卢瓦尔河畔的王室行宫昂布瓦斯再次颁布敕令，即《昂布瓦斯敕令》，承认新教徒的信仰自由，力图恢复国内的和平局面。然而，胡格诺教徒加强了攻势，继续扩大地盘。1568年9月，法国王室宣布废除以前颁布过的所有宗教宽容敕令，进而对国内胡格诺教徒展开新一轮的全面围剿。国内新、旧教对峙的局面并未改观。内战初期，战争主要在胡格诺派同法国政府之间进行，天主教派主要站在政府一边参战，有时也独自与胡格诺派直接作战。两派都争取国外的支援，英国和德国新教诸侯支持胡格诺派；西班牙则支持天主教派。但"支持"的目的都是企图趁机夺取法国的一些领土和权益。

1570年8月，法国太后凯瑟琳在巴黎西面王室的另一个行宫"圣日耳曼"又一次颁布敕令（即《圣日耳曼敕令》），因为此敕令是太后的手下人同胡格诺派共议之后颁布的，故又称"圣日耳曼和约"。根据敕令，胡格诺教徒重获信仰自由，可在全国举行宗教仪式，并首次获得了由胡格诺教徒已实际控制了的设防要塞，即蒙托榜、科涅克、拉罗舍尔和拉夏里特四个地区的所有权。太后凯瑟琳为了进一步巩固政权，试图进一步达到新旧两个教派的和解，决定将自己的女儿马格丽特·德·瓦洛娅嫁给那瓦尔国王年轻的亨利，婚礼于1572年8月18日在巴黎举行。但是由于天主教阵营一些首领对太后凯瑟琳的决定不满，他们派人刺杀了前来参加亨利婚礼的新教派重要领袖海军上将利里尼，结果引起法国胡格诺教徒的激愤和全国性骚乱。

1572-1585年是战争的第二阶段，比第一阶段更残酷激烈。

在严重的形势下，天主教派领袖吉斯公爵和太后凯瑟琳决定对国内的胡格诺教徒采取坚决的镇压措施，乃密谋对聚集在巴黎的胡格诺教徒实行屠杀，以震慑各地胡格诺教徒。1572年8月23日的深夜（即8月24日凌晨2时），在巴黎各教堂统一的钟声信号指挥下，由亨利·吉斯（老吉斯公爵之子）统率，对聚集在巴黎的约3000名胡格诺教徒进行了屠杀。因8月24日是圣徒巴托罗缪的忌日[①]，故历史上称此事件为"圣巴托罗缪之夜"。

在此事件中，那瓦尔国王亨利被迫改信天主教，但几年之后又重返新教阵营。大屠杀并不能解决新旧教派之间的矛盾和争夺国家政权之争。此后，法国各地新旧教之间的内战、矛盾和争夺辖地与政权之争日益激烈。1573年，胡格诺教派在法国的南部和西部组建了脱离北部、脱离王室统辖的"联邦共和国"。

1576年5月，法国王室又颁布了缓和新、旧教之争的新的《博略敕令》[②]，在敕令中宣布为"圣巴托罗缪之夜"的死难者平反，又给他们更多的可以设防的城市，目的是通过敕令力图使脱离法国国王辖下的胡格诺教派组织的"联邦共和国"瓦解；与此同时，也由于争夺法国王位的继承权问题，以吉斯公爵父子为首的天主教派同法国王室之间的矛盾亦日渐尖锐。1576年，吉斯派在法国北部也组建了"天主教同盟"，既同南方的胡格诺教派直接对抗，也同法国王权抗衡。法国国内的矛盾和争权斗争更趋复杂化。

1585-1594年为战争的第三阶段，这个阶段是从"三亨利之战"

---

① 圣巴托罗缪据称乃耶稣的使徒之一，生活于公元1世纪，具体生平不详。他逝世的具体日期，传说是8月24日。但在法国北部的康布雷城，据称定为8月25日，在波斯等地传为6月。西方天主教界通常将圣巴托罗缪定为从事皮革工作之人的守护神。

② 博略位于法国南方的埃罗省内，在蒙特利埃市的东北方向。

（1585—1589年）开始。

　　胡格诺战争的后期，新旧教派之间的宗教战争已完全让位，变成政治斗争和争夺法国王位之争。1585年，法国亨利三世同吉斯老公爵之子亨利·吉斯之间矛盾激化，天主教集团已一分为二。亨利三世决定并宣布由其近亲那瓦尔的国王亨利为法国王位的继承人。这样一来，"天主教同盟"终于同法国王权决裂。

　　1585年后，法王亨利三世、法国王位继承人那瓦尔的国王亨利以及吉斯公爵之子"天主教同盟"首领亨利之间，展开了错综复杂的斗争，既有新、旧教之间的分歧，更重要的乃是争夺王位、争权夺利的斗争（史称"三亨利之战"）。"天主教同盟"下属的法国北部诸城纷纷宣布独立，巴黎城的天主教徒也拒绝服从法王亨利三世，巴黎全城在"十六人委员会"领导下，形成了独立的政权。与此同时，法国各地又掀起了农民起义的热潮，法国陷入四分五裂的状态，法国政府濒临垮台的命运。1588年5月，法王亨利三世逃出巴黎，12月，他密谋派人刺杀了亨利·吉斯（吉斯老公爵之子）及其弟马颜公爵。1589年4月，法王亨利三世和胡格诺派领袖那瓦尔的国王亨利结盟，分别率军向首都巴黎推进。但8月，法王亨利三世本人在进军巴黎的途中被天主教直接派遣的一个名叫雅·克勒芒的多明我会修士刺死，法国的瓦洛亚王朝至此终结。于是，那瓦尔的国王亨利根据原已决定并宣布过的协议，以波旁家族传人的身份，继承了法国王位，称为亨利四世（1589—1610年在位），从此开创了共历时约200年的法国波旁王朝的统治（1589—1792年）。

　　法国新国王亨利四世继位之初，地位极不稳固，混战持续不断。天主教贵族势力亨利·吉斯之弟马颜公爵招募新军，继续同胡格诺教派作战，1590年亨利四世进军巴黎不克，而西班牙军却来法国攻卢昂。亨利四世为了摆脱困境，结束国内各地激烈的内战局面，于1593年7月，不顾胡格诺教徒的反对，再次决定放弃自己的新教信仰，并在圣德尼大教堂中庄严地宣誓重归天主教的怀抱，以便换得北方大贵族和天主教徒们的支持。他公开声称："为了巴黎，是值得做弥撒的！"1594年3月，亨利四世终于以法国国王的身份，率部进入巴黎，成为法国公认的国王，持续多年的胡格诺战争迄此结束。

（二）亨利四世的《南特敕令》

法王亨利四世依靠自己的政治和军事实力，特别是稳定全国局面的政策，在此后的几年时间，逐步缓和了国内的形势。他为了安抚自"三亨利之战"以来受到打击的天主教徒，平息胡格诺教徒对法王改奉天主教的严重愤懑情绪，经过一系列的准备工作之后，亨利四世在1898年4月13日颁布了著名的《南特敕令》。其主要内容是：宣布天主教为法国的国教，全国恢复天主教的礼拜，凡被没收的天主教会的土地和财产一律归还；胡格诺教徒得到信仰和传教、举行宗教活动的自由（巴黎及其周围地区除外）；胡格诺教徒拥有和天主教徒同等的权利，可以担任国家的任何官职；为了保证自身的安全和履行国王的敕令，胡格诺教徒在国内可保留约200个设防的城市；等等。《南特敕令》是法国新、旧教及矛盾各方妥协的产物，这在欧洲是第一个宗教宽容的法令。尽管在《敕令》中有关的条款（特别是有关的保留设防城市的规定）曾为后来的法国留下了隐患，但在当时使这个多年矛盾交织复杂难解的国家获得了和平局面，法国王权得到恢复和巩固，持续30多年的内战混乱局面逐渐得到改变，可见其积极意义。

四、君主专制的巩固与宗教改革及巴洛克浪潮

（一）法国君主专制统治的加强

　　法国宗教改革虽然是以加尔文的《基督教原理》为新教信仰的基本源泉，但根据16世纪时法国本身的国际环境和政治条件，法国走的是一条同德国、英国不同的宗教改革道路。在德国，以路德的宗教观点为依据，是自下而上发动起来的宗教改革，依靠新教诸侯的支持，最终取得了1555年《奥格斯堡宗教和约》的"教随国定"原则，路德派新教最后实现了长期的确立。而英国在国王亨利八世的主持下，实践的是自上而下的宗教改革，历经爱德华六世、玛丽女王复辟以及伊丽莎白一世的改革，使英国国教——安立甘教成为英国专制王权的政治工具，长期居于天主教和新教的中间地位。在法国，继法兰西斯一世之后，在太后凯瑟琳和法王亨利三世等主持下，宗教改革活动的进程长期围绕意大利战争和胡格诺战争的政治形势而起伏变化，王室几度颁布容忍新教存在与活动的"敕令"，又几度废除宽容新教的"敕令"，完全以政治需要为转移。最后法国以国内的政治和军事力量为依据，将天主教确定为国教的地位，成为法国君主专制统治的有机组成部分。欧洲不同的宗教改革历程和结果，证明欧洲各国宗教改革存在不同的背景与特点，分别有重要的历史影响。

　　1589年，法王亨利四世继承王位时，法国已处于崩溃的边缘。他的加冕仪式在5年以后才得以进行，而且没能在传统的加冕地点——兰斯大教堂中举行（因当时控制着兰斯城的反对派不准法王踏足兰斯），而只能在无名分的沙特尔大教堂草草举办。长期的胡格诺战争，各方军

队的蹂躏和掠夺，造成经济衰退，农田荒芜、贸易锐减。巴黎印染业的规模只及战前的1/6，战前在图尔从事丝织业的工匠师傅约800名，但在1596年时仅剩200人，同年，在巴黎的公共墓地的乞丐竟有约8000人之多。法国早在16世纪70年代至80年代，倾家荡产的农民就不断掀起反抗斗争以求生存。1579–1580年，多菲内农民起义频发，1586年，诺曼底爆发的农民起义规模空前。1593–1596年，"克洛堪"起义席卷了法国西南部各省广大地区，农民组成四万多人的武装同城市贫民联合攻打贵族的庄园，严惩税吏和贪官，起义者称痛恨的人为"克洛堪"（即鼠类），"打鼠"成了起义的斗争口号[1]，历史上称这次斗争为"克洛堪"起义。

　　法国农民起义的高潮和城乡贫民的反抗斗争，严重威胁了法国新旧贵族和富有资产者的利益，他们急切地盼望法国君主专制政权保卫他们的权益。法王亨利四世继承法国王位时年方36岁，他精力充沛，酷爱投身政治和巡游各地。他可能当天在法国南方重镇里昂，而两天后很可能在东北边陲的梅斯城中出现。他厌烦烦琐的宫廷礼仪，但对笼络和收买贵族、操纵官吏却十分热衷和熟练。亨利四世警惕一些反对派的贵族王公们在其辖地中策划阴谋，他尽量用金钱收买他们，甚至封以各种"名义"、赐以恩惠，将他们笼络到王宫中予以监视，对个别密谋反对法王者则以"叛国"之罪严惩不贷。

　　法王亨利四世在政治上坚决执行《南特敕令》中确立的新旧教徒任官职时，享有同等权利的规定。出身新教家庭的苏利公爵（约1559–1641年）[2]特蒙重用即属典型事例。亨利四世曾公开称赞苏利道："朕知道他对朕是忠心耿耿，而且他也是诚心希望朕及朕的国家能够荣耀和

---

① 　"克洛堪"，法语（Croquants，意为"老鼠类"，Auc Croquants，意即"打鼠"）。

② 　苏利本名是马克西米连・德・贝杜纳，少年时便辅佐那瓦尔的亨利走南闯北。1596年他跻身于"国务会议"，1598年被委任为全国"财政会议"的首脑，1606年受封为苏利公爵。因领受封地苏利（位于今法国的卢瓦雷省内）而得名。

幸福。"苏利对法国经济进行多方位的全面领导,将发展农牧业视为经济活动的重中之重。苏利有过一句名言:"耕地和牧场是哺育法兰西的双乳,是真正的秘鲁金矿和宝藏[1]。"苏利还反对无限制扩大丝绸及丝绒等奢侈品生产的倾向。他为此曾提醒亨利四世,这种倾向"只会让您的臣民喜尚奢华、懒散好闲和没有节制地花销"。1601年,法国王室政府还委派新教徒拉斐玛负责全国制造业的组织管理工作。同时,法国开始对丝织业、制毯业、亚麻业、陶瓷业、玻璃制造业及铁器制造业等行业提供补助、贷款及免税等多种优惠。1595年,亨利四世在一份诏书中写道:"臣民同邻国和外国人民进行自由交易,乃是使自己生活达到小康、富裕和殷实的主要手段之一。我们不愿阻止任何人靠经商来保本求利。"在这一政策的推动下,1602年、1604年和1607年,法国分别同德国汉萨同盟、英国及西班牙都签订了商贸条约。1604年,成立了东印度公司和加拿大的商业公司。1608年,又在北美洲建立了魁北克殖民地。

此外,在行政方面,法王亨利四世也做出重要调整,将成员混杂、内讧不断的国王参政院分解为国务会议和财政会议等几个分支机构。国务会议处于核心地位,处理内政与外交大事,成员限12人,并且将王室的宗亲一律排除在外。向外地仍派"督办官员",重建了社会政治秩序。当然法国的鬻官制、税收和司法制度等方面的顽疾短期内仍难以遏止,贵族间矛盾重叠仍冲突不断[2]。西欧国际间特别是法国同天主教的神圣罗马帝国哈布斯堡王朝互争高下的局面长期持续着。

法王亨利四世初步巩固了君主专制的统治之后,便在1610年之初策划了由天主教为国教的法兰西同德意志新教(路德教)诸侯国结盟共同反对天主教的哈布斯堡王朝的道路。按计划,亨利四世亲自率军从法国的西南部、东部和东北部兵分三路向德国出击,将大战的时间定在1610

---

① 当时西欧的传言,南美洲的秘鲁拥有取之不尽、用之不竭的黄金和各种宝藏。

② 据粗略统计,仅1601年的一年间,法国就有约4000名大小的贵族们在决斗中死去。

年5月19日，为了王国的利益，新、旧教之争早已被抛到九霄云外。然而，未及启程，在1610年5月15日下午，亨利便被一个狂热的天主教徒刺杀。法王的惨死，客观上避免了一场血腥的大战。国王驾崩，新国王必然继位，刚刚9岁、尚不知国王应理何事的路易十三于1610年坐到了御椅之上，他在位33年。

法王路易十三（1610–1643年）继位后的最初几年间，掌握控制政权的是守寡的年轻太后马丽·德·美第奇（1610年时仅29岁）。意大利裔的她，虽早已是法国人，但仍以来自故乡的意大利人为自己的心腹，其中最得宠的是女侍加莉盖及其丈夫孔契尼。在孔契尼夫妇的操持和鼓动下，王太后便与先夫亨利四世的头号敌人西班牙王室和解。在法国，一些"白胡子老头"的开国元老或因不满孔契尼，或遭排挤而相继退隐出朝外，年仅50岁出头的苏利公爵便是其中之一。王太后和孔契尼把持朝政的几年间法国政权混乱无序。在众臣和一些贵族的压力下，法国政府被迫于1614年10月27日至1615年2月23日召开了三级会议。由于会议中各等级代表相互攻讦，互不相让，会议以无果而收场，于是决定长期"休会"。这一"休"就长达175年，再未举行三级会议。

（二）法国历史上的黎世留

仗势欺人、横行霸道的孔契尼，引起朝廷上下的不满。1617年4月24日，在年仅16岁的国王路易十三的策划下，孔契尼在罗浮宫连中三枪而亡。此后，法王路易十三将政权交给了心腹——御鸟总管（又称"驯鹰长"），直到1621年。不久，17世纪前期，在法国君主专制政治中曾发挥重要作用的黎世留（Richelieu，1585–1642年），一个毁誉参半的政治家终于逐步升至法国政权的中央。

对于黎世留的个人特征、才华、能力和历史作用，当时和后代法国内外的人们和史学家们的评价分歧较大，如果颂扬他，反对的人不少；倘若否定他，则反对的人更多。他出身于贵族家庭，22岁便获得主教头衔。1607年10月，黎世留参加巴黎大学（索邦神学院）组织的论文答辩会，以优异的论文和出色的答辩成绩，在他22岁的当年便获得了博士学位。1614年，黎世留以教士代表的资格参加过三级会议，因他坚持维护王室权威的观点，曾引起王太后马丽的关注，被擢升任国务秘书。1622年，37岁的黎世留荣获红衣主教头衔。1624年，他入选国王的参政院，并长期担任首相（1624–1642年）之职。

在黎世留任法王路易十三时代的首相并实际主政的18年时间里，法国政治局面出现了较大变化，是法国君主专制统治巩固的时期，也是法国宗教改革过程中新、旧教关系得到重大调整、变化的时期。从黎世留本人的功与过和实践中的业绩来评析，他是政坛中极具特点的政治人物。

据传黎世留在25岁（1610年）尚未踏入宫廷大门时，便为自己未来的举止订立过一些"准则"，即被后人称奇的《自用宫廷行止守则及警言》[1]，在其中他曾写道："为让君主关注自己，必须在君主路经之处侍立，但次数不能过多，以免讨嫌；要看准风向，不要在君主生气时跟他谈话；对各种恶神都得烧香，为的是求得善神保佑而恶神不降祸；语言和文字均要十分谨慎，不到万不得已时，不要乱发言论，也不要落笔成文，因为有些事一旦出口或落笔，就将无法挽回；如果听到一个鲜为人知而寓意不俗的典故，回家后，应将之认真记下，以备将来有机会派上一用。"从这段记叙可见其才能和工于心计之处。

首先，为了扩大和巩固法国的君主专制统治，黎世留特地从"穿袍贵族"中选拔官吏，设立非常法庭，惩治叛乱的贵族。在他任首相期

---

① 有人认为此段奇文乃后人假借黎世留之名而炮制出的一篇伪作。此文实有其应用价值，可证其世故惊人，可视为后人对黎世留处世原则和心计的描述和小结。

间，被处死的大贵族计有公爵2人、伯爵4人、其他贵族41人。他严禁贵族之间内讧，特地颁令拆除封建主特建的堡垒，一切贵族须严遵国法，向国王效忠，违者严惩。

其次，慎重处理法国宗教改革过程中长期遗留的问题。1625年，一部分胡格诺贵族在拉罗舍尔举兵叛乱，黎世留亲率众军平定，趁机废除了《南特敕令》准予胡格诺教徒可设防城市等一切政治和军事特权，消除了"国中之国"的隐患，这是黎世留不忘宗教问题的业绩表现。但在几年后的1629年6月，法王的《阿莱恩典敕令》中，又颁布了胡格诺教徒仍拥有完全的信仰自由。

复次，法王和中央对各部门大臣及地方各省的控制进一步加强。由法王直接控制、任命各部大臣，由中央直接任命、管理各省总督并定期调动换防，统管各省的司法、警察、财务大权，沿袭并扩大对各省督办官的使用范围。自1630年建立起严格的出版审查制度，翌年（1631年）创立了反映中央政府意志的官方报纸《法兰西报》。

再次，黎世留实行重商主义的经济政策，促进工商业的发展，增值财富。保护新建立的贸易公司，鼓励、支持航海和殖民活动。17世纪上半期，法国除在加拿大巩固和扩大殖民统治外，又入侵西印度群岛和非洲的塞内加尔、马尔加什以及东印度群岛等地。

最后，在对国外的政策上，以打击德国、西班牙哈布斯堡王室势力为主要目标，纠集和扩大反哈布斯堡的联盟。在三十年战争（1618-1648年）初期，煽动其他国家对德参战，后来法国直接投入战争，为法国建立在欧洲的霸权奠定了基础。

除上述黎世留掌政时明显的关于巩固和扩大君主专制统治的业绩外，他还无情地压榨和统治法国广大的人民群众，这也是应严肃指出，并在评析黎世留这个人物时不可忽略的。

第一，黎世留为了维护帝王和封建统治阶级的利益而毕生效力，为统治和压迫人民竭尽所能。他在自己的《政论集》中曾把劳动的人民大众比作牲畜骡子。他说道："应当把他们看成骡子，骡子惯于载重，如长期休息会比劳累对它更有害。"他还说过："如果不用穷苦把百姓压制到某种适当的限度，他们就未必相信理智和法律给他们规定的秩序。"这是他阶级立场必然的表露。

第二，法国庞大的官僚机构、不断扩增的常备军以及长期国内外战争所用的大量军费，全部重担都靠沉重捐税压在人民群众身上。苛捐杂税十分繁重，仅以人头税为例，1610年时为1.150万里佛尔（又译"锂"），而1643年却增达4.400万里佛尔（锂）。黎世留当政下，法国城乡百姓的生活并未改善，各地城乡起义斗争不断爆发。1624年，克尔西省起义农民包围了奥尔城，要求降低赋税，1635年，在波尔多和佩里格城爆发平民起义，同时有农民加入。1636–1637年，法国南部和西部广大地区又爆发了新的"克洛堪"起义，农民在城市下层群众的支持下，曾占领许多城市。1639年，在诺曼底爆发了"赤足汉"起义，在"赤足"的约翰领导下，城乡居民纪律严明，袭击税局，一度控制了整个诺曼底地区，严重地动摇了法国的专制统治。

第三，黎世留对农民生产关怀甚少，对百姓日常生活中的困苦极不重视。凡有城乡人民的反抗，便力主无情镇压。法国著名农学家奥利维埃·德·塞尔的庄园1628年遭王室军队的抢劫，宰相闻之无动于衷。他在《政治遗嘱》中曾写道："所有政治思想家都一致认为：如果民众活得太舒适安逸，那就无法让他们履行自己的义务。"他对工商业的发展，特别是对外商贸的扩大亦关心和务实不足。

黎世留长期重视在欧洲大陆扩张和争霸，但对海外的殖民与贸易较同期的英、荷却明显逊色。对"毁誉参半"的黎世留的全面评价尚有待历史学的深入研究。

（三）法国宗教改革的发展与"巴洛克浪潮"

16世纪末和17世纪上半叶，在法国是一个重要的时期，胡格诺战争的结束、《南特敕令》的颁布和君主专制的巩固，促使科学理性逐渐兴盛，宗教气氛渐趋和缓，宗教世俗化运动发展起来。在法国，天主教与新教严重对立和尖锐对抗局面已逐渐减弱。

16世纪上半叶，在罗马教廷支持下，以罗耀拉为首在巴黎成立的耶稣会，旨在从内部对天主教进行改革，提高天主教会机体内在的抵御力，以回击新形势下新教兴起和改革的挑战。耶稣会在17世纪的法国和西欧，发展成为天主教最大的修会。耶稣会组织纪律严密，它在神学思想范围内，具有灵活、折中的特点。在自由意志说与先定论两种信仰观之间持中间立场，特别是并不排斥科学思想和科学的学说。耶稣会的传教活动在17世纪时已波及欧、亚、非及美洲。早在17世纪上半叶起，法国的耶稣会士便赴中国开启了活动，他们不仅向中国传播了一些西方的自然科学知识，也同时向欧洲传播了中学，发挥了重要的桥梁作用。

17世纪上半叶天主教内部改革过程中另一重大事件是以王港隐修院（即修道院）为代表的宗教纯洁化活动。这种改革的先导是日内瓦教区的主教圣·法兰西斯·德萨尔（Saint Francois de Sales，1567–1622年）。他于1608年和1616年先后发表了《虔敬生活导言》与《论上帝的爱》，鼓吹虔信宗教的人文主义。改革运动的中心设在巴黎附近的王港隐修院，它所致力的主要是修道会内部的改革，如完善圣职圣事，改进修士的教育，特别是通过强调遵守严格纪律和加强默念、静修来静化道德生活。除德萨尔的宗教学说外，作为天主教非正统派的詹森主义，对隐修院的活动也有重大影响。詹森主义以奥古斯丁的著述为依据，其纲领见之于詹森（Jansen，1585–1638年）倾22年的心血所著的《奥古斯丁论》（他死后两年出版）。詹森认为人性是由于原罪而败坏，自由意志随之丧失。他的这部著作的基本观点是：人得救只能依靠上帝的恩宠，而不是凭借个人的善行。由于该著作不仅否定新教的改革思想，反对强调人的责任，而且否定人的自由意志的存在与救赎的普遍性，因而同时受到新教徒和耶稣会两方面的评介和批判。但是，王港隐修院通过自身崇尚虔诚、整肃纪律的努力，通过对深入研讨教义和严格道德约束的倡导，对社会精神生活的规范化方面仍然起到了积极的作用。

除上述天主教内部的宗教改革之外，在17世纪上半叶另一引人瞩目的潮流亦开始出现，此即无神论思潮，它与宗教活动是针锋相对的。据统计，17世纪20年代，仅在巴黎一地便开始出现约5万名不信教者和无神论者。流行于上流社会的自由思想乃是文艺复兴世俗的自然主义思想的延伸和发展。这种思潮在上流社会的沙龙中亦有市场，在莫里哀的一些作品中得到了很明显的体现。

总的说来，17世纪，宗教宽容开始逐渐取代宗教偏见和迫害，而成为新的时代精神，整个17世纪逐渐成为科学理性与民主思想滋长的温床，这是历史的潮流和事实。但是在法国，政治上向绝对君主制发展，宗教文化向近代世俗文化发展的过程中，宗教冲突和多种矛盾仍不容掩盖和忽视亦乃事实。1627–1628年，法王路易十三亲率大军曾攻陷新教派严密设防的"国中之国"——海港城市拉罗歇尔。而自诩为"笃信基督的国王""天主教保护者"、于1643年继位的法王路易十四，为了实现"一个信仰、一种法律、一位国君"的大一统局面，在1685年明诏撤销了曾被其先王亨利四世宣布为"不可改变"的《南特敕令》[①]。此举在历史上曾导致大量胡格诺派教徒离开法国。据不完全统计，当时法国因此减少了约40万居民，资金流失约6000万里佛尔（锂），近万名海军

---

① 参见张泽乾著：《武汉大学学术丛书》《法国文明史》，武汉大学出版社1997年版，第308-310页。

和万余名陆军官兵投效国外①。这些均属与法国宗教改革历史有关的17世纪法兰西王国的史实。

巴洛克浪潮是创新和变革的文化运动，它肇始于16世纪后期的意大利，勃兴于17世纪的整个欧洲。在西方文化艺术发展史上，17世纪通常称为"巴洛克时期"。巴洛克浪潮不仅包括建筑、绘画和雕塑等造型艺术，而且涉及音乐、舞蹈和文学等多种文化领域。它是宗教人文主义、世俗人文主义和科学人文主义汇合、交融的积极结果。巴洛克运动实质上是在教会和各个国家共同参与下，欧洲运动统一性的产物。

17世纪上半叶是巴洛克浪潮在法国兴起的时代。它同席卷整个欧洲的巴洛克运动既有一定的联系又有区别和不同的特点。它是由法国本身的历史、政治环境和文明特质所决定的。和欧洲其他国家比较，法国的巴洛克具有相对的节制性和明显的二重性。在法国，巴洛克运动乃是宗教宽容气氛和科学思想影响的产物，也是各种社会力量和阶级关系大体实现平衡并处于深刻变动过程之中所产生的意识形态。

在法国，巴洛克人文主义是文艺复兴人文主义的丰富和深化，巴洛克与古典主义既有相拒性又有互通的一面，它是一种新人文主义。建筑是法国巴洛克风格最具代表性的成就之一。1527年为法王法兰西斯一世专门精心修建的罗浮宫以及此后经法王亨利四世、路易十三、路易十四时代的不断扩建和改造，都充分表现出巴洛克建筑风格的堂皇。在绘画、雕塑以及音乐、舞蹈等领域，法国都有代表性的名作问世，而且经常与古典主义风格并存或融合。17世纪是法国文学的黄金时代，巴洛克浪潮中文学的突出成就和独特地位，堪与建筑相提并论，构成古典主义的两大主流。古典主义文学潮流是特定历史时期的产物，它首先适应的是绝对君主专制政治制度的需要，既迎合了封建王室的高雅情趣，又反

---

① 张芝联：《法国通史》，北京大学出版社1988年版，第121页。

映了新兴资产阶级同封建贵族相妥协的趋向，亦表现出日渐得势的资产阶级的心声和思潮。

　　巴洛克浪潮中古典主义的胜利和某些新颖的趋向，为西方的文化艺术谱写新增了辉煌的一页。这一时期的历史和文化，尚有待于深入开拓和综合研讨。

| 第七章 |

英国独特的宗教改革历程

一、宗教改革前夜英国的经济和社会态势

（一）经济发展迅速和资本主义萌芽

15世纪末与16世纪初，英国正处于从封建制向资本主义过渡的历史时期。资本主义关系在国民经济的各个部门——工业、商贸、农业、航海、采矿、建筑等行业中逐渐发展起来。

英国的工业，特别是毛纺织业在16世纪发展迅速。15世纪时，英国长期是羊毛生产地和输出国，每年向尼德兰出口巨额的羊毛。16世纪时英国的许多农村和城镇毛纺织业发展很快，甚至许多茅舍中都有织机，对外的羊毛出口锐减。据记载，1354年时英国输出羊毛32000包、呢绒5000匹，而1547年，羊毛输出减为5000包，呢绒对外输出则剧增达122000匹。到1564-1565年时，英国毛织品的出口量已占输出品总量的81.6%，英国的呢绒在欧洲市场中已居首位。英国许多农村中织布业也

有较大的发展。

英国的资本主义生产萌芽在毛纺织业中比其他部门迅速，15世纪中叶时已较早地出现了分散的手工工场，16世纪时集中的手工工场增多，集中在英国的东部和西南部地区。除毛纺织业外，建筑业也发展甚快。1480-1540年，英国兴建了大量的教堂建筑，贵族、乡绅、骑士等竞相建造豪华别墅，自耕农也分别筑房建家，许多因素促使与建房相关的采石、伐木业等有所发展。采矿、开挖煤田、锡产量均明显上升，金属制造与加工家庭日用品等轻工业亦有所扩展。随着工业的发展，商贸日趋繁荣，国内市场扩大，伦敦成为全国商贸中心。世界新航路开辟后，欧洲贸易中心转移，英国在海上贸易的作用增大，航海与造船业明显扩大起来。

随着工业的发展，英国的农业也出现深刻的变革。15世纪最后三十年和16世纪初数十年间，在英国的农村出现圈地运动的高潮。因尼德兰与英国国内毛纺织业的发展迅速，对羊毛的需求量显著增加。羊毛价格急剧上涨后，许多地主贵族圈占荒地、森林、牧场等公有地，更扩及小农的租地，用暴力、退佃等各种方式将小农从耕地上赶走，用栅栏、篱笆、沟渠等将土地圈起来改为牧场，专门养羊，以图获重利。圈地运动中，英国的广大农民被从世代耕种之地赶走，被剥夺了生产和生活资料，成为无产者，被投入出卖劳动力的市场中，逐渐转化为受资本主义剥削的城镇中的雇用工人。

英国的地主贵族有的成为养羊的牧场主；有些将圈占后的土地租给农业资本家，收领资本主义地租；有些中小贵族逐渐资产阶级化，成为新贵族；许多农业资本家发展为从事资本主义经营的农场主。16世纪初，英国的城镇广泛兴起，但规模小，人口仅2000-4000人[①]，中等的城镇如诺威奇和布里斯托尔等，在1530年人口仅1万人[②]。人口最多的伦敦

---

① P.Hughes, *The Reformation in England*, V.1, P.5.

② A.A.G.Smith, *The Emergence of a Nation State*, P.10.

人口为5万–6万人。城镇的规模虽不大，人口不多，但财富的增速却明显。其关键是城镇中由于资本主义萌芽和工商业的发展后财富增加的情况与农村明显有别。据统计，1334年时，英国城镇中的财富约占全国财富的7%，到1524年时该项比例已上升为15%。伦敦之例更为突出。14世纪初，伦敦比当时地方性的富有城市如布里斯托尔富达3倍，而1520年时，伦敦已比同时期地方性的富有城市诺威奇要富达10倍之多。据威尼斯商人当时在伦敦亲眼看到的情况曾记述道："伦敦城计有52家金店，店中的珍宝比罗马、米兰、佛罗伦萨和威尼斯各金店中的珍宝加起来还多。"这个商人在书信中的形容，显然夸大，但这正说明这时伦敦之富已居意大利诸名城之前列。这时伦敦城人口3/4的底层居民仅占有全城财富的4%，而人口中5%的顶层却拥有伦敦城财富的80%，贫富悬殊。

英国，随着资本主义关系的萌芽和发展，新兴资产阶级逐渐成长起来，他们已成为英国经济和政治生活中的重要力量。社会中不同等级的特点渐趋明显。全国在都铎王朝前期的总人口约220万人，国王与教会是最大的土地所有者。全国5%的土地归英王所有，20%的土地归教会拥有。世俗的和僧侣贵族及国会上议院的议员是社会的上层，居统治地位；英国的骑士、士绅和普通乡绅、资产阶级、富商们是英国的中产阶级；广大的自耕农处于中等阶级之下，贫苦的劳工、农场雇工之上的处境。互异的等级和社会上不同的阶层在英国宗教改革的历程中的表现和作用亦有所不同。

（二）都铎王朝的君主专制

英国历经30年之久的玫瑰战争于1485年结束，都铎家族的亨利取得王位，称亨利七世（1485–1509年在位）。都铎王朝（1485–1603年）自此始。英国资本主义生产关系的发展，自然经济的逐渐解体，使大封建主阶级日趋没落。经过玫瑰战争，旧封建贵族互相残杀殆尽，残存者也大为削弱。都铎王朝建立之初，约克家族仍觊觎王位，1491年，约克党人珀金·沃比克更自称王族，发动叛乱，图谋夺取王位。英王亨利七世面对动荡的局势，采取了一系列加强王权的措施。

首先，都铎王朝依靠新兴贵族和资产阶级的支持，竭力加强中央集权，实行专制统治。君主采取多种措施，削弱和打击大贵族势力，下令禁止贵族私蓄家兵，原有家臣、家兵一律解散，平毁贵族的一切堡寨。

其次，在1487年建立"星室法庭"[①]，直接隶属国王的特别政治法庭，有权随时传讯或逮捕贵族及国会议员，有权对受审者施用肉刑。对于反抗或不满君主专制的贵族进行严惩。1497年，用武力坚决平定沃比克等人的叛乱，将其处死，并镇压了其他叛乱者。

复次，通过联姻方式，扩大了国内外的联合力量。1486年初，英王亨利七世实现其誓言与约克王室女继承人伊丽莎白公主成婚，促使国内约克和兰开斯特两大派的联合。1489年，亨利七世让长子阿瑟同西班牙国王斐迪南之女凯瑟琳订婚，英国同当时专制大国西班牙结盟，对都铎王朝特别有利。

再次，政治领域注意政策与制度的连续性并加以改造。原有的政务会继续为英王出谋划策，管理王国具体事务，裁决争端。其成员由英王直接选定。都铎王朝以前政务会中任职的40名官员，其中22人仍成为亨利七世的臣子。直到1509年亨利七世去世前，他先后召用了政务会官员227人，其中贵族43人、教士61人、廷臣45人、律师27人，余为行政官员，组成情况与从前相仿[②]。英王还充分利用国会使其成为御用工具，也重视从布衣中破格录用有才之士和教士为亲信臣僚。

最后，亨利七世特别推行重商主义政策，奖励航海、海上贸易及向

---

① 法庭设于威斯敏斯特宫内一间天花板上原绘有星图的大厅内，故名之。

② J.Guy, *Tudor England*, PP.10-11.

海外扩张，鼓励发展工商业，支持出口呢绒制品，禁止羊毛出口。英王直接作出许多规定和新措施：凡建造大船者给予补贴，给"商人冒险家协会"发特许状；对向海外扩张有功者奖励。1497年英王特批约翰·卡波特出海探险，卡波特发现纽芬兰后，被授以"海军上将"称号。对外争取国际承认，先后同丹麦、佛罗伦萨、尼德兰签订商约，扩大海外贸易，并建立海军等。

英王通过一系列的政策、措施，得到了新兴资产阶级、大商人、银行家、新贵族们的支持，稳定了社会秩序，扩大了王权，君主专制的局面初步形成。

（三）罗马教会的骄奢腐朽及对英国的榨取豪夺

在中世纪西欧，罗马教会是封建神权统治的国际中心。它垄断整个意识形态领域，它拥有天主教世界地产的1/3，向教徒征收名目繁多的捐税，是西欧最大的剥削者。从传统上看，英国在宗教改革前，是一个正统的天主教国家。英王亨利七世开创了都铎王朝，但对英国的教会并无影响，他本人是一个虔诚的天主教徒，死时也被葬于威斯敏斯特天主教堂内他私人的小教堂中。英国天主教会占有全国1/3的土地，是"古老土地所有权关系的宗教堡垒"。16世纪初在英国天主教会内约有12000名修士、修女和行乞修道士[1]。宗教改革以前，英国教会的年收入达到270000镑，而同一时期英国王室的年收入只有100000镑，仅占教会收入的1/3[2]。

宗教改革前，英国教会仍隶属罗马教廷的统辖之下。罗马教廷为了便于直接控制英国教会和更有效地行使权力，选派代表常驻英国。英

---

[1] K.Powell and C.Cook, *English Historical Facts 1484-1603*, P.101.

[2] A.A.G.Smith, *the Emergence of a Nation state*, P.13.

王爱德华三世（1327–1377年）在位时，罗马教皇仅"圣职授职费"一项，每年在英国的收入等于英国王室岁收入的五倍。英国通过教会向罗马教廷上交的除圣职授职费外，还有英格兰全境中每一个家庭必须上交"彼得便士"户税，英国教会每年需将"彼得便士"税款中2/5上交教廷。此外，教廷临时性征收的还有"教职会议的助金"（"十分之一税"）和"教皇使节巡视费"，而英国高级教职（主教、修道院长等）定期上访罗马，必须提供高额捐款等。

英国的天主教会长期处于大主教沃尔西的统治之下，沃尔西本人早年在牛津接受教育并任职于牛津，1507年他开始为英王服务，得到赏识后，职位快速上升，1512年成为国王的重要廷臣。1512年、1513年沃尔西谋划了对法战争，同时他在教会中的职务也破格高升。1515年他出任英国大法官，同年又成为红衣主教。1518年进一步担任了教皇特使。他在英国手握国家和教会双重大权，极力谋求政教两者之间的平衡[①]。

大主教沃尔西异常奢侈，拥有约千名仆人，宅第豪华远超王宫，年收入相当于20世纪的50万英镑[②]。他的私生子还是小学生时，沃尔西已安排他为威尔士校长、贝弗莱大学堂教长、约克副主教及里士满副主教等职务，这些肥缺的年收入高达2700镑，是一个普通乡村牧师收入的250倍[③]。

英国宗教改革前，都铎王朝同教会在反对德国路德新教在英国的传播上虽然有一致的共识，但两者之间的矛盾亦日趋发展。权力上二元结构之间互争高低，君主不断强化专制统治；而英国教会则强调和重视罗马教皇的绝对权威。国家法同教会法互有差异之处，在政治权力和经济利益等诸多方面经常出现不可调和的矛盾。

---

① G.W.O.Woodward, *Reformation and Resurgence*, P.223-224.

② 丘吉尔著：《英国国家史略》（上），新华出版社 1985 年版，第 477 页。

③ A.G.Dickens, *The English Reformation*, P.39.

英国天主教会的腐败、贪婪和弊端比比皆是。教会当中许多有识之士已有所觉察。他们看到教会的诸多问题，指出应进行认真改革，以便解除存在的危机。英国杰出的人文主义者、圣保罗教堂教长科内特曾指出英国教会存在的主要弊端有四：第一，许多教士心存野心，本身对教会事务不热心，而设法谋取世俗的职位并兼职；第二，放纵肉体的欲望，纵欲使得道德松弛，教会的威信丧失；第三，贪婪、腐败，招致俗界对教会怨愤增多；第四，教士们过多地关注和投入了世俗的事务，而不能尽心竭力地完成上帝赋予其本身的职责。因而科内特教长呼吁教会本身必须进行改革，并号召所有教士共同承担起清除弊端的责任[1]。

英国天主教会所征收的税名目繁多，如"遗嘱检验税""丧葬税"等，任何贫困死者，倘不交足丧葬费，则不能葬入祝圣过的墓地之中。教会法庭中所征之有关法律诉讼等费用高得惊人，一般平民无力缴纳，则必然败诉。科内特教长曾尖锐地指出："一大群无知与邪恶的教士遍布于教会之中。"[2]据调查后的记载中写明："早在1520年以前，林肯主教管区12.5%的教区牧师，都拥有一个女人[3]。"这同天主教会中惯常规定的神父不仅不能嫖娼，而且终生都必须独身是完全相悖的。教会及一些教士的贪婪和腐败行径，激起了英国百姓们极大怒火，人们常痛斥教会中那些主教和教士们，说"他们不是牧人，而是披着牧人衣服觊觎羊群的贪婪的狼"[4]。

在英国，教会问题有本身的特点，英国国会早在1295年已建立，王权与市民阶层（第三等级）的联系和互相支持的基础形成较早，许

---

①   J.H.Lupton, *Life of John Colet*, PP.293-299.

②   A.G.Dickens, *The English Reformation*, P.45.

③   J.Guy, *England*, P.24.

④   E.R.Eldon, *The Tudor Constitution*, P.337.

多教士与俗人们有着密切的日常联系，教会也对俗人中的要求和主张比较了解。再者，许多教士在本身的权益上与王权和俗人直接有关，如英国的惯例，主教的任命，最初是由英国国王提名的；而且许多任教会职务的高级教士，常同时在王室中兼职，很难想象他们如何对抗英王和王室的权益。另外，很多教士和神父也是地主、绅士和世俗界工商人士的好友，甚至在英国不少教士已习惯把自己的产业交给俗人代为管理和经营，因而在这种背景之下，英国的教士们很难团结起来对抗世俗力量。

在英国，反对教会的斗争和活动，在世俗的下层群众当中，往往把希望寄托在国王和贵族们身上。如16世纪20年代时，西蒙·费歇著述的文章《穷人的祈求》中，他曾代表穷人向英王呼吁，提请注意当时英国共有52000个教区教堂，若每个教区内有10户人家，则共有52万户。如每户每个季度在5个教士的命令中分别需缴纳1便士，那么每户一个季度肯定是5便士，在这种情况下，每年对于每户来说四个季度加起来必然是沉重的负担。他在文章中恳求国王应保护穷苦人免受教会的勒索，他指出教会不仅给百姓制造痛苦，也损害了国王的权力，所以国王同英国的穷苦人的共同敌人是英国的教会①。这篇公开发表出的文章，既反映出教会对俗人经济的榨取，也说明穷苦百姓希望英国国王和王室看到教会损害了国王的权力，教会是国王的敌人。

16世纪初，英国教会因都铎王朝初期英国王权专制的加强，以国王为首的世俗力量同以罗马教皇为首的教会力量，在许多事务上虽有合作，但在另一些重要事务上亦存在着众多无法调和的矛盾。英国民众的反教会潮流同英国的异端传统有密切联系，英国的异端邪说与人文主义为英国宗教改革开了先河。

---

① C.H.Williams, *English Historical Documents 1485-1558*, PP.670-671.

（四）异端活动与人文主义

在英国，反对教会，要求宗教改革的异端活动和传统，最早应上溯到14世纪的威克里夫时代。

关于"宗教异端"的标准问题，14世纪90年代，剑桥大学部分神学博士做出过阐述。他们认为"异端"指的是与天主教信仰和教会决议相违背的错误信条；"异端分子"指的是与天主教信仰、教会决议及正确理解圣经相违背的新的信念或教义的发明人，或这类发明的追随者、捍卫者。实际情况是：判定某种新的神学思维和主张是否属于"异端"，起关键作用的是教会的决议。教会组织有权对其判定是否属于"宗教异端"。

14世纪末，英国出现两个"异端"派别活动，一个是以牛津大学神学家威克里夫为首的知识精英；另一个是大众化（教职界中）的罗拉德派，其创始人是下层教士。

约翰·威克里夫（John Wycliffe，约1330–1384年）出生于约克郡北部的西普斯韦尔，曾就学于牛津大学巴利奥尔学院。他先后获得神学学士与神学博士学位，在巴利奥尔学院相继担任代理院长和院长。约自1374年，威克里夫开始受到国王青睐，涉足政界。他学识渊博，活跃在牛津大学知识界，极受学生欢迎。1375年他曾撰写两篇论文——《论神权政治》和《论世俗权力的统治》，从论析教会财产权开始，否定教皇对英国教会行使权力，并最终提出他的主权与治权思想。他的思想核心是王权至上，主张国王政府享有最高主权和对内治权，主张教会隶属国家，教皇尤其不能对英国行使权力。威克里夫有关宗教改革的观点和主张，后来在他的两部名著中曾扼要论析过。一部是《内政权要论》（又译为《论主权》，1379年发表），另一部是《论圣餐》（1382年发表），集中反映了他反对教权世俗化和扩大化的观点。

有关威克里夫的宗教改革的学说、主张，他的王权至上理论、对教皇权和天主教会弊端的批判，以及约翰·保尔的见解与名言等，在本书第二章第二题中已有详析，故不再赘述。

威克里夫反对教皇的立场、观点和活动，引起教会对他的迫害。

1377年2月，坎特伯雷大主教首先采取行动，对威克里夫进行审判。同年5月，教皇格利高里十一世相继发布五项敕书，号召英国教会制裁威克里夫，由于英王的保护，未能得逞。此后，威克里夫对圣餐礼中新解释的否定"化体"说，再做出发挥。他公开宣讲在弥撒礼中对面饼和酒祝圣时，绝无物质上的变化，而饼和酒并没有变成基督的肉和血。威克里夫否定"化体"说，是同正统教义相抵触的异端观点。威克里夫在牛津大学受到神学界的谴责，被迫离开牛津。

1382年，威克里夫一案的性质发生了变化。1381年瓦特·泰勒起义中，坎特伯雷大主教西蒙被杀，继任大主教的威廉·考特尼对威克里夫的迫害更加厉害。1382年5月，伦敦黑衣修士法庭从威克里夫著述中选取了24个观点，要求威克里夫回答，并列举出24条罪状，牛津大学对威克里夫的著作发布了禁令，1384年12月31日威克里夫因中风发作离世。他去世后被教会叛定为宗教异端[1]。后来，因天主教会分裂出现"两个教皇并存"（一个在阿维农，另一个在罗马），未对威克里夫再做处理。康士坦司宗教会议结束教会分裂后，公开宣布将威克里夫开除教籍，烧毁他的著述，并挖出他的尸体，公开焚尸扬灰。

在威克里夫之后，对英国宗教改革有重大影响的是罗拉德派的异端活动。罗拉德派起源于牛津大学，威克里夫否定教士的特殊地位，并反对教会征收捐税，符合下层群众的利益。英国一些贫穷传教士反对教会上层的特权，也拥护威克里夫的许多观点。他们常穿着粗布道袍自由

---

① 刘城著：《英国中世纪教会研究》，首都师范大学出版社1996年版，第248-250页。

传道，罗拉德派逐渐扩大。"罗拉德"是荷兰语"喃喃祈祷者"之意，其核心成员均系威克里夫的信徒，但更激进。威克里夫的主张是改革教会，但罗拉德派则抨击社会制度不公，反对教会和世俗封建主，要求建立人人平等的社会。他们大力传播威克里夫思想及其著述，宣讲其学说。1382年威克里夫离开牛津后，他的一名助手约翰·帕维把威克里夫用拉丁文写出的小册子译成英文，分发到罗拉德派人员中。罗拉德分子并没有把著述留下来。英国的教会法庭是在1410–1415年前后，才将罗拉德派的主张和立场做出判定，主要是以罗拉德派在教会法庭受审时的记录为依据[1]。

罗拉德派的基本主张和特点，概括归纳起来是：（1）强调圣经是唯一的权威，必须认真研读，直接获得启示，应以圣经为标准衡量教会制定之法、宣讲之教义；（2）否认教会组织之权威地位，对教会的一些制度应改革，抨击教会以开除教籍作为对教徒的惩罚；（3）反对缴纳什一税、反对朝拜圣地；（4）否定圣徒与圣徒遗物可制造宗教奇迹，主张把希望寄托在向神像的祈祷无异于偶像崇拜；（5）对"化体"的教义表示怀疑[2]。罗拉德分子的情况多种多样，每个教徒的立场、主张、活动都不尽相同，是否参加教派的活动也互异，多数以持有英文版的圣经为依据。罗拉德派的观点集中表现在1395年制定的《十二点结论》中，对圣礼的否定比威克里夫更坚决，力主英国教会独立自主[3]。

在英国，英王亨利七世时期，基督教人文主义和希腊学说的影响已开始传播。人文主义的杰出代表鹿特丹的伊拉斯谟在英国的影响最为突出。他所著的《基督教骑士手册》（1503年）、《愚人颂》（1511

---

① 参见刘城著：《英国中世纪教会研究》，首都师范大学出版社 1996 年版，第 251 页。
② 参见刘城著：《英国中世纪教会研究》，首都师范大学出版社 1996 年版，第 252 页。
③ P.Hughes, *The Reformation in England*, V.1 P.127.

年）和《基督教君主的教育》（1516年）等，特别是译出的《圣经》
（英文版），促进了人文主义的传播和宗教改革的兴起。在英国，希
腊学说和人文主义的倡导活动以威廉·格罗辛、托马斯·林纳克和约
翰·科内特等人文主义倡导者为主。格罗辛和林纳克在牛津大学讲授希
腊文，对亚里士多德和柏拉图哲学、荷马史诗以及索福克勒斯的悲剧等
给予崭新的诠释，推动了人文主义思想的活跃。科内特本人是富商、伦
敦市长之子，他1493–1495年先后在法国和意大利研究神学，广泛接触
了古希腊罗马文化。他回英国后，从人文主义立场出发，同经院哲学的
神学家论战。他还把对圣保罗著述的研究作为自己在牛津大学讲授《圣
经》的基础，对《圣经》加以字句的分析和新的注释。科内特主张"考
虑历史的前后联系，应信仰一个个体的赎罪的基督"[1]。科内特在英国
的一项重大成就是他创办了圣保罗学院。这是一所具有人文主义教育纲
领的新院校，在此学院内，青年们在掌握希腊文和拉丁文的同时，研究
基督教文献及古希腊罗马文学和经典作家的文史哲著作。1505年科内特
之父逝世，给他留下大笔遗产。1509年，科内特任圣保罗学院的教长，
他用巨额资金在圣保罗大教堂内开办了一所文法学校，让学生钻研《圣
经》，阅读柏拉图和名家的著作，通过研究，为英国培养出大量人文主
义学者。

英国著名人文主义者托马斯·莫尔（1478–1535年），少年时在大
主教莫顿家中当侍从，受过良好的培养，在牛津大学学法律，后在伦
敦律师界时钻研了基督教古典学说及柏拉图、亚里士多德、奥古斯丁等
名家学说，与人文主义泰斗伊拉斯谟结有深厚友谊，发表了名作《乌托
邦》（1516年）。在英王亨利八世赏识下，1522年被封为爵士。他的宗
教观念同伊拉斯谟、科内特一致，是正统的、不彻底否定教会的一切。

---

① J.Guy, *England*, P.18.

英国的人文主义者并未加入异端行列。英国人文主义的传播，加速了民众的启蒙，对教会腐败的批判有利于宗教改革。

英国的人文主义同宗教改革并非直接的因果关系。这是因为在英国，一方面，人文主义运动处于较脆弱的状态。伊拉斯谟和莫尔是天主教义的捍卫者，前者重视人的理性，后者主张信仰是最高的力量，天主教信仰代表着上帝的旨意，应捍卫它。另一些人文主义者，如科内特主张："改革和恢复教会地位的工作，必须由我们基督教先人开端，由我们所有教士和牧师来承担。"[①]另一方面，许多最有代表性的文艺复兴学者，如伊拉斯谟和莫尔虽提倡新学说并对教会的腐败提出尖锐的批评，但他们并非新教徒，并未接受新学说。老一辈学者，如滕斯托尔虽具有国际声誉，但一生都持保守的态度。而与克兰默、拉蒂默同时代的加德纳、希思等人，也始终反对改革派的主张。

必须指出，16世纪20年代，德国宗教改革学说传入英国后，剑桥大学中一些年轻学者巴恩斯、比尔尼等在剑桥的白马酒店常聚会讨论路德著作与因信称义学说及售"赎罪券"的弊端，其中有些人曾是日后英国宗教改革的主要力量[②]。当时有的著名人物，如威廉·廷代尔就因译《圣经》并同托马斯·莫尔论战而出名[③]。但是因英国国王对路德持反对态度，比尔尼、巴恩斯都被英国政府处死，廷代尔也因被人出卖，亦被处以火刑。英国较长时期是正统的天主教国度，人文主义思想虽传播，但未直接引起宗教改革运动的出现。在英国主要是由于英王亨利八世的离婚案导致同罗马教皇之间矛盾尖锐化，才引起自上而下的具有英国特点的宗教改革的爆发。

---

① A.J.Slavin, Humanism, *Reform and Reformation in England*, P.19.

② J.R.H.Moorman, *A History of Church in England*, P.167.

③ G.R.Elton, *England under the Tudors*, P.111.

二、亨利八世的传统与变革和"独尊法案"

（一）亨利八世继承下的国教政策

英国创建都铎王朝的英王亨利七世（1485–1509年在位），基于内政和外交上的业绩，使英国君主专制的中央集权制度确立。亨利七世逝世时，他的长子亚瑟（又译阿瑟）早在1502年3月已故，便由次子继位，称亨利八世（1509–1547年在位）。

英王亨利七世的特点是为人严谨、深沉、干练，特别在处理内政、军事和外交上出手不凡，他有纵横捭阖的权谋，为都铎王朝创下了辉煌贡献。新国王亨利八世则活泼开朗，自幼受过良好教育，又多才多艺，是欧洲文艺复兴时期诸多王子中的典型代表①。当时一些国家驻英使节向国内报告新英王亨利八世情况时曾赞喻道："亨利陛下身材高大，肤色白皙，很漂亮，金棕色的头发按法国人的款式剪短梳直，即使扮成女人也丰姿绰约……他能讲法语、英语和拉丁语，也会讲一点意大利语，善于吹笛和演奏拨弦古钢琴，本人会谱曲，能拿新谱即兴歌唱，拉弓的力气超过任何一个英国人，骑马比武也令人叹为观止……""他喜欢打猎，又酷爱网球运动，看他打球真是莫大的快事……"②总之，一些使者对亨利八世夸奖备至。更重要的是根据一些文献记载，亨利八世这个人还有两点特别引人注意：他青年时便能和同时代杰出的神学家讨论托马斯·阿奎那的神学理论；他还对国内外的形势注意观察了解，为人显示出刚毅、果断风格。因而有的学者曾对亨利八世统治下的英国预测

---

① 　J.R.H.Moorman, *A History of Church in England*, P.167.

② 　转引自丘吉尔：《英语国家史略》（上），新华出版社1985年版，第469页。

道："一个新的时代显然正在出现[①]。"

英王亨利八世即位之初，国内要求废除教会特权、上层教士骄奢淫逸及对社会各阶层残酷压榨，改革宗教的呼声日益扩大，不仅罗拉德派的主张在农民和城市平民中广泛传播，而且新兴资产阶级也要求改革教会。自1521年，牛津和剑桥要求宗教改革的人，热心传播德国宗教改革的信息。路德的作品，特别是他写的《教会被掳于巴比伦》，在伦敦的青年教师和学生中产生了很大影响。英王亨利八世为防止"异端"思想在国内的传播，将路德的著述列为禁书，他本人甚至在1521年亲自撰写了《述七圣礼斥马丁·路德》进行讨伐。亨利八世写道："凡是不服从世界上基督徒的最高领袖者，当然罪不容诛。""一切教会，不但应服从基督，而且应服从基督的代理人罗马教皇。"他还向教皇表白："不仅愿以自己的臂膀，而且愿以自己的整个身心保卫教皇。"亨利八世当时把这篇文章献给罗马教皇利奥十世，请求教皇赐给他"基督教卫士"的称号。在西欧宗教改革的浪潮冲击时，罗马教皇很希望亨利八世能出面维护罗马教皇的地位，便答应了他的请求。

但16世纪20-30年代后，随着英国经济、政治的发展变化和宗教形势的演变、人文主义运动的扩大以及新教在英国的传播，英王亨利八世的宫廷中又出现了重大的难题和冲突。

（二）亨利八世与凯瑟琳"离婚案"的始末

英国历史上16世纪上半叶英王亨利八世同王后凯瑟琳的"离婚案"，曾是一件影响重大而且情节复杂的历史事件，应从其源头溯起。

英王亨利八世之父亨利七世开创都铎王朝之初，英国国力并不强，

---

① G.R.Elton, *Reform and Reformation*, P.17.

人口也不多。当时的西班牙是欧洲最强的新兴的君主制国家。亨利七世为了政治上联络和争取西班牙的支持，乃利用子女相互联姻的方式，争取到自己的长子亚瑟同西班牙国王斐迪南与王后伊莎贝拉的女儿（公主凯瑟琳）于1489年订了婚。英国和西班牙两国协力对抗法国，并从法国得到了战利品。西班牙兼并了法国边境的部分土地，而英王则每年都得到法国的贡金，其数量在最初几年约等于英国王室正常年收入的1/5[①]。1501年，西班牙的公主凯瑟琳非常隆重地抵达英国同王子亚瑟成婚。但不幸的是，次年（1502年）3月，16岁的英国王子亚瑟竟夭折死于肺结核。英王亨利七世为了保住英国同号称日不落王国西班牙之间的联盟，命次子亨利（1490年生）同其兄亚瑟的遗孀凯瑟琳订了婚。

1509年亨利七世逝世时，次子亨利八世（1509–1547年在位）继位为英国国王，便同凯瑟琳成了婚。这桩婚姻在最初十年间尚未出现大的波澜。但是婚姻的合法性在宫廷和臣民中引起了议论，主要是围绕着一个人是否可以娶他兄长或弟弟的遗孀。中世纪时代在欧洲，人们一向以《圣经》为判断是非的最高依据，但《圣经》上，对于这类情况却存在着完全不同的说法和论断。在《圣经·旧约·申命记》中声称："弟兄同居，若死了一个，没有儿子，死者之妻，不可出嫁外人，她丈夫的兄弟当尽弟兄的本分，娶她为妻，与她同房[②]。"这种记述是适合亨利八世同凯瑟琳的情况的。但是，在《圣经·旧约·利未记》中却写出："一个人若娶他弟兄的遗孀将无子女[③]。"当时的教会法是根据《圣经》中的后一种说法，是禁止这情况的人们再有此类婚姻的。英王亨利八世同其兄亚瑟的遗孀凯瑟琳成婚，据记载是得到了教皇特别恩

---

①　转引自：丘吉尔：《英语国家史略》（上），新华出版社1985年版，第408页。

②　《圣经·旧约·申命记》，第25章，第5节。

③　《圣经·旧约·利未记》，第20章，第21节。

准的①。

亨利八世同凯瑟琳之间"离婚案"的危机最初主要是在两个问题上爆发出来的。一个是在王位继承人缺男儿问题上，另一个是英王亨利八世除王后之外在宫廷中另有情人所致。后来则发展扩大到宗教范围和国际间利害关系以及英王与罗马教皇的权限等矛盾冲突之中。

关于王嗣继承人问题曾是亨利八世长期公开强调急需解决的大问题。王后凯瑟琳同亨利八世婚后生了六个女儿，但大多夭折，只有1516年生下的女儿玛丽存活。凯瑟琳十多年来还流产过几次，始终没生下男儿。迄1525年凯瑟琳已40岁，据说她七年来再未怀过孕②。因而都铎王朝在王嗣上无男呈现继承人危机。亨利八世本人自幼便是一个虔诚的天主教徒，他熟悉《圣经·旧约·利末记》中记述的"如与弟兄的遗孀成婚便无后代"的诅咒。在英国，人们中不论王公贵族或市民都没有忘掉多年来常因王位继承问题而引发的内战。

亨利八世对王嗣问题更是格外重视。为了免除都铎王朝持续的威胁，他在1521年便以怀疑的"叛逆"罪名处死了昔日英王爱德华三世最小的儿子的后代白金汉公爵爱德华·斯特发，以免改朝换代③。再有一具体实例，亨利八世的私生子亨利·菲茨罗伊引起了人们注意。1525年，这个私生子被任命为里士满伯爵，还担任了一些荣耀职位。当亨利八世同王后凯瑟琳离婚案开端时，罗马教廷经酝酿策划后，准备取得王位继承权。这一策划和建议被亨利八世所否决，理由出于"道德"的关注④。王嗣问题也同这时国际关系的变化有关。

凯瑟琳同亨利八世"离婚案"爆发危机的第二个问题，常被历史学

① ［英］威利斯顿·沃尔克：《基督教会史》，中国社会科学出版社1991年版，第454页。

② G.R.Elton, *England under the Tudors*, P.98.

③ G.R.Elton, *England under the Tudors*, P.100.

④ G.R.Elton, *England under the Tudors*, P.100.

家所忽略。这便是亨利八世当时迷恋上了年轻貌美的情人，急于另换王后，促使他迫切想要同凯瑟琳离婚。

1527年，亨利八世同宫中一个大臣的女儿安妮·博琳（24岁）热恋。安妮是亨利从前一个情人之妹，她不满足只当亨利八世的情人，表示必须当上名正言顺的王后，否则便结束同亨利的情和爱。这是促使亨利八世摆脱凯瑟琳王后的一个重要原因。

然而英王亨利八世的"离婚案"十分复杂，其过程也冗长。

当时，由于下述原因和情况使这宗"离婚案"不仅复杂曲折，而且短期内无法解决。第一，凯瑟琳表现出惊人的意志和态度，拒绝任何条件下的"离婚"和妥协，必须维护她王后的地位和尊严，再高的待遇也绝不离开自己的宝座，更不同意到女修道院中隐退。第二，凯瑟琳是德皇查理五世（即西班牙国王查理一世）的姑母，查理五世在侵意战争中获胜，洗劫罗马的同时，罗马教皇克莱芒七世事实上已被查理五世所控制，教皇绝不可能批准英王亨利八世与凯瑟琳的"离婚案"。第三，"离婚案"的承办，英王亨利八世主要依靠的是在英国掌控国务和教会两方面最高权力的重要廷臣沃尔西，沃尔西既任英国大法官，又是红衣主教（1515年），后又担任教皇的特使（1518年），英国教会完全在沃尔西的掌控之下，他本人周旋于英王和教皇之间，力图在双方之间搞平衡，以便不损本人的权势和地位①。第四，西欧主要大国之间在16世纪初政治利害角逐激烈，由于宗教改革风潮突起，在亨利八世"离婚案"中互有影响以致久拖难决。如西班牙和神圣罗马帝国，甚至法国均不愿英国强大而抵制亨利八世实现"离婚"；英国国内新兴资产阶级和宗教改革派在国会和法庭中却支持亨利八世扩大王权，为英王第二次婚姻的合法性努力传播扩散舆论。

---

① G.W.O.Woodward, *Reformation and Resurgence*, PP.223-224.

亨利八世的"离婚案"主要经历了两个阶段。自1527年5月至1529年9月是第一阶段。英王依靠沃尔西力图通过与罗马教皇的"合作"，实现离婚，而教皇由于本身的处境和国际间利害的牵制而拖拉难决。1529年春，德皇在罗马的代理人正式宣布反对英国的离婚案，并请求教皇将此案重新召回罗马加以审判，以便否决离婚[①]。自1529年3月31日至7月，在意大利布莱克弗来尔斯开庭的宗教法庭中，凯瑟琳摆出众多证据坚决反对离婚，使案件拖延难定。

鉴于三年来，沃尔西在主办英王"离婚案"中并无成效，又兼沃尔西本人多年来财富暴增，激起英国国会特别是支持亨利八世"离婚案"成功的人们对沃尔西的不满，其中包括期盼得到王后宝座的安妮·博琳。安妮同其母一道陪同亨利八世去察看了沃尔西在伦敦的豪华府邸后，亨利八世决心将沃尔西撤职。1529年9月8日，英国国会发令宣布免去沃尔西的官职，英王也拒绝接见，不听沃尔西的申辩。10月9日，国王法庭以违反《普雷穆奈尔法规》对沃尔西起诉[②]，使沃尔西完全垮台。此后便开始了亨利八世"离婚案"依靠英国国会，摆脱罗马教皇的第二阶段。

1529年10月至1534年12月为第二阶段。在这一阶段，沃尔西的大法官职位由托马斯·莫尔继任，但作为人文主义旗手之一的莫尔，由于坚持天主教的立场和反对亨利八世的"离婚案"，不仅从未有助于英王，反而遭到英王从支持、依赖他转为憎恨和把他下狱。1530年11月，莫尔遭到逮捕，被送往伦敦，在途中病倒，不久便撒手人寰。英王在第二阶段中决心要做到：一是把英国教会放在自己的绝对控制之下，二是借助英国国会之力对抗罗马教皇，不仅解决"离婚案"，而且使英国摆脱德国、西班牙的干预。

---

① 　D.Loades, Politics, *Censorship and the English Reformation*, P.59.

② 　D.Loades, Politics, *Censorship and the English Reformation*, P.60.

（三）"独尊法案"

英国亨利八世在"离婚案"中的第一阶段，由依赖同罗马教皇的合作而久拖不决，进而转向利用民众和国会逐渐摆脱罗马教皇的第二阶段。

1529年，关于亨利八世，将罗马教廷驻英代表，约克大主教兼国王的枢密使沃尔西免职，英国国会在1529年11-12月，召开了在英国历史上有重要意义的第一次会议。这是在亨利八世及其主要支持者的大力筹划下召开的，会议中通过了三个重要的法令。它集中规定了教会与教士征收的费用标准并有多重限制，如禁止兼领或遥领圣俸、谴责教士出租土地与房屋的行为等，这些法令表明国会有权干涉教会事务。这是国会用立法对英国教会势力的打击，实际是对教会的进攻，这次国会的会议是英国宗教改革的开端。这次国会引起了英国支持凯瑟琳势力的惊慌，教会中有几位主教忙向教皇呼吁，要求教皇宣布这几项法令是干涉教会事务而无效。当时教皇虽未公然宣布，但政教双方的争斗已从观望转向逐渐展开。

英国宗教改革开始之初，坚决支持亨利八世的两个重要人物发挥了核心的作用。在剑桥大学任教的托马斯·克兰默，早在1529年8月，便向亨利八世建议，在当时英国的大学中开展对英王婚姻合法性的讨论，征询著名大学中学者的意见。如果能说明亨利八世同凯瑟琳这桩婚姻本身不合法，则可完全避开需要"离婚"这一棘手问题，又可大增对罗马教皇的压力[1]。亨利八世接受了这一建议，1530年，他派出许多人去欧洲诸大学收集反映，果然，牛津、剑桥及法国、意大利的许多大学支持英王亨利，然而在德国、西班牙许多大学的反映却相反，不利于英王的"离婚案"。此后，托马斯·克兰默受到亨利八世的重用，开始为安

---

① K.S.Latourette, *A History of Christianity*, V.2, P.801.

妮·博琳之父维尔特群伯爵服务[1]，并逐渐成为英王的亲信。另一重要人物是托马斯·科伦维尔（1485-1540年），他出身贫苦，其父曾做过酿酒工、漂洗工和铁匠，他本人曾在意大利和尼德兰当过士兵、商人，因熟谙英国法律，在国会中积极支持英王，1530年末以后在政务会中逐渐成为核心的领导成员[2]。托马斯·克兰默和科伦维尔都是新教徒，特别热心参与领导英国的宗教改革活动，又都积极推动英国国会做出了支持英王亨利八世扩大王权，限制教会和主教、教士的权限与财政收入，尤其是削弱教皇权威的众多决定。

英国国会自1531年1月召开了第二次会议，同年5月又举行了第三次会议，1532年2月召开第四次会议，1534年1月至3月召开第五次会议。历次会议都通过重要法案、决定和规定，如教会的立法必须由英王批准；教会向罗马教皇上交的年贡改交国王，取消教皇法庭的最高司法权。国会还规定教皇无权批准、任命英国的神职人员……应着重指出，在国会的第五次会议中，通过了四项重要法案，如《教士的屈服和禁止上诉法案》《王位继承法案》等。它强调英国不承认上帝之外的至上权威，只有国王和国会才有权在王国内执行各项法律，禁止英国教士和俗人向罗马教廷上诉，确认亨利八世同安妮·博琳的婚姻及其后嗣的继承权，违者以叛国罪论处[3]。在国会的第四次会议后，1532年8月，原坎特伯雷大主教逝世，英王任命克兰默继任了坎特伯雷大主教之职。1533年1月，安妮·博琳怀孕，英王同她举行了秘密婚礼。克兰默宣布英王同安妮·博琳的秘密婚姻有效。在6月1日，安妮·博琳加冕为王后。

英国国会在1534年11月12日召开第六次重要会议。这次会议通过了英国宗教改革的三项重要法案。首先是《独尊法案》。在《独尊法案》

---

[1]   G.W.O.Woodward, *Reformation and Resurgence*, P.197.

[2]   A.A.G.Smith, *The Emergence of a Nation state*, P.24.

[3]   H.Gee and W.J.Hardy, *Documents Illustrative of English Church*, PP.115-243.

（又译为《至尊法案》）中规定："国王陛下，他的后嗣与继承者，这个王国的诸国王，应取得、接受和被称为安立甘教会的英国教会在尘世上唯一的最高'首脑'，享有全权纠正异端、革除流弊之权限[①]。"英王拥有任命教职和决定教义之权。其次是通过了《首岁收入与十一税法》，规定从主教到各教区牧师的任何圣俸的新就职者应把第一年的收入全交给国王，所有的圣俸职位每年必须交纳十分之一的所得税。最后是通过了著名的《叛逆法》，规定从1535年2月1日起，蓄意侵犯国王尊严和称号，否认国王是英国教会的最高领袖，把国王看作教会分裂者或暴君的人均为叛逆者，将处以极刑[②]。这三项法案的颁布，便正式完成了英国宗教改革第二阶段（1529–1534年）的任务，亦即实现了英国宗教改革前期的目标。

此后在托马斯·科伦维尔主持执行《叛逆法》的工作中，约有400件要案经过他手审理，约65人被处决，未起诉16件，14人被无罪开释；在被调查的案件中约有200件，因可疑或伪证被放弃，多人仅是形式上受到过一些惩罚[③]。英王亨利八世在新兴资产阶级和新贵族，特别是英国国会的鼎力支持下，终于消除了罗马教皇在英国的统治地位，确立起英王在安立甘教中的最高统治地位。一切教规须经国王指定的"三十二人委员会"审查，凡与国家法令抵触的一律废除。

自英国国会通过并宣布《独尊法案》（1534年11月）后，在1535–1536年，亨利八世利用《叛逆法》坚决维护王权至上，又委科伦维尔主办处理没收国内修道院土地和其他财产。

英王亨利八世规定所有臣民必须宣誓：（1）承认亨利与安妮的婚姻及其后嗣的继位权；（2）谴责亨利与凯瑟琳的婚姻，实际是否定教

①　G.R.Elton, *The Tudor Constitution*, PP.364-365.

②　H.Gee and W.J.Hardy, *Documents Illustrative of English Church History*, PP.247-251.

③　G.R.Elton, *Reform and Reformation*, PP.191-192.

皇的权威，承认英王是英国教会的最高主宰。对第二项，著名的罗彻斯特主教费歇尔和大法官托马斯·莫尔坚决不同意，抵制和违抗亨利八世的旨意，铁腕兼冷酷的亨利八世从1535年3月曾处死5名教士，5月又将违命的费歇尔处死。当时尽管莫尔声望甚高，法国、英国众多人都反对囚禁和处决莫尔，且莫尔于1532年5月辞去大法官职务退出官场，但1534年4月莫尔因拒绝宣誓支持英王为英国教会最高首脑，被囚进伦敦塔中。1535年7月，他被亨利八世处死[1]。英王对莫尔和费歇尔的处死，在欧洲引起重大反响，托马斯·科伦维尔等重臣乃分别向法国和罗马去信吹捧英王的耐心以及被处决两人的"颠覆活动和罪行"……当时的统治者为其"政治需要"把处决人作为解决冲突的唯一办法，编造一些"莫须有"的"根据"，这在中外历史上亦是司空见惯的悲剧。

亨利八世时，英国有800多座修道院[2]。为了解决英国政权财政上的需要和安抚与收买新贵族和资产阶级支持宗教改革，在英王授意下，科伦维尔主持了对英国修道院和教士的普查（自1535年1月至7月），评估了各个教会的状况与财产、地产、租金等问题，收集了许多修道院和教士腐败的证据，起草了详细报告上交国会。1536年2月，英国国会通过法案，决定：凡年收入不超过200镑的修道院全部收归国王所有，由英王及其继承人可按其意愿动用[3]。根据这一法案，总共关闭了376个男女小修道院，从这些修道院中被遣散的教士约有1万名，他们得到了可观的年金[4]。当时还成立了一个王室岁入的增收法庭，没收的修道院土地及其财产全归国王，并由王室法庭判决相应的诉讼案件，此举使王室对教产加大了掠夺，扩增了王室收入，进而扩大了王权。

---

① 朱孝远总主编：《塔中书》，经济科学出版社2013年版，殷宏译序，第1页。

② 杨真：《基督教史纲》（上），第362页。

③ G.R.Elton, *The Tudor Constitution*, PP.383-387.

④ 莫尔顿：《人民的英国史》（上），第246页；丘吉尔：《英语国家史略》（上），第305页。

（四）安立甘教在传统与变革之间确立

在英王亨利八世主持下，由托马斯·克兰默和科伦维尔鼎力承办的宗教改革活动，得到国会历次重要会议的支持，特别是《独尊法案》和《叛逆法》的制定，使王权显著扩大。当时国际形势也有利于英王。法国曾是英国对抗西班牙的盟友，德皇查理五世忙于地中海和西班牙（他本人是西班牙国王查理一世）事务，无精力顾及英国的变化。但到1535年与1536年之际，西欧形势有变，法国开始时而同西班牙联合，又时而失和，英国国内要求宗教改革的势力同维护天主教的势力之间的斗争也连续不断。这时独掌霸权又贪色无厌的亨利八世恋上一个女人简·西摩，他对亲法国的新王后安妮·博琳（1533年产下的是女婴，即伊丽莎白公主）很失望，不再宠爱。当废后凯瑟琳逝世（1536年1月），亨利八世永释心腹之患后，科伦维尔秉承英王的心意，开始收集证据，以"通奸、乱伦、妄图谋害国王"等罪名，逮捕了王后安妮。1536年5月17日，坎特伯雷大主教克兰默宣布亨利与安妮的婚姻无效。5月19日，当年亨利八世"朝思暮想"、频送情书的安妮被送上绞刑架，同月30日，亨利八世同简·西摩公开成婚。

1536年在英国是要事相继出现的一年。由于国内亲西班牙的废后凯瑟琳之逝和亲法的安妮被绞杀，以及国外西、法两国关系在这一年的恶化，使国内新、旧教之间的矛盾和冲突加剧，英王亨利八世决定在宗教方面保持中立的折中政策。1536年7月，英国颁布了著名的《十条款法》。这是新旧思想的一种混合体。它肯定与确认了传统的天主教教义和礼仪的合法地位，特别是肯定了三项重要圣事（圣礼），即浸礼、补赎与圣餐，主张合理地采用一些仪式与肖像，但并不承认其他的各项圣事，同时，在为死者祈祷及向圣徒祈祷等一些问题上却小心谨慎地倾向于执行新教路德教的观点。

1537年，科伦维尔发布了第一道王室命令，规定教士每季度必须布道一次，反对对神龛和偶像的崇拜，要用英语而不用拉丁语传播教义。2月，他们在《基督徒的制度》（即"主教书"）中包含了有关教会的重要论述。强调罗马教会与英国教会是平等关系，"主教书"重申《十条款法》中所提的浸礼、补赎与圣餐三件主要圣事，另外四件则被定为次要圣事。1537年10月，简·西摩产下一名男婴（名爱德华，即1547年1月英王亨利八世逝世时继位的爱德华六世）后便逝世了。

英国都铎王朝内部上层的斗争继续加剧。保守势力以诺福克和加德纳为代表，他们同以科伦维尔和克兰默为首的宗教改革派之间激烈地争夺权力。亨利八世则力图在两种势力之间令自己保持至尊地位，并尽力使两派平衡。由于英国王权扩大，国力渐强，亨利八世担心法国和德国随时可能入侵英国，本人在宗教态度上日趋保守。1539年6月，英国国会通过的《六条款法》（又被称为"取消意见分歧法"），使诺福克、加德纳保守派占了上风。

《六条款法》的内容规定"化体"学说属真理；公共祈祷不容怀疑；教士独身应遵行；俗人遵守虔诚誓言乃义务；集体祈祷很重要；私下祈祷仍必要[1]。这六条，说明亨利八世在礼仪、教义等具体问题上并不顺应路德派做法。

英王亨利八世在第三次婚姻中的简·西摩死后，又经过了由科伦维尔推荐的同克勒弗的公主安娜的第四次婚姻，以及同保守派诺福克的侄女、22岁的凯瑟琳·霍华德的第五次婚姻。历次婚姻都同国王的权臣之间政争有关。第五次婚姻显然是保守派（即维护天主教礼仪的"传统派"）占上风所致。关键时刻，法国向亨利八世表态，只要除去科伦维尔，法国将恢复同英国的友好关系。王权至上的亨利八世在保守

---

[1]　J.R.H.Moorman, *A History of Church in England*, PP.177-178.

派的鼓动支持下，于1540年7月，将被新教徒视为对付"旧教僧侣的锤子""基督的勇敢士兵"的科伦维尔送上了绞刑架[①]。英国宗教改革一度处于低潮。

亨利八世第五次婚姻时，他比新婚的王后凯瑟琳·霍华德年长30岁。婚后亨利八世发现霍华德同老情人仍有暧昧关系，他便故技重演，在1542年2月把凯瑟琳·霍华德囚进伦敦塔，并在从前安妮·博琳（第二次婚姻的王后，即后来1558年继位为伊丽莎白女王之生身母亲）就刑之处将其处以极刑。亨利八世处死王后不久，又在翌年的1543年7月12日在汉普顿宫同名叫凯瑟琳·珀尔的33岁女学者（已死过两个丈夫）进行第六次结婚。这时亨利已经53岁了。

英国宗教改革独特的历程并未停止。1543年，亨利八世命令克兰默大主教担任指导三个主教负责修改1537年的"主教书"，文件名为《基督徒必要的教义与学问》，即通常所说的"国王书"。它包括：（1）对圣餐和化体说，得到了捍卫；（2）重新确认了称义、善功在人们得救中的作用。这样一来，将路德的某些学说加以否定。亨利八世坚决维护王权至上，一方面使英国的安立甘教中一直处于传统的天主教教义、礼仪继续保留，另一方面，宗教改革过程的一些变革的内容亦决不放弃。这样的英国宗教，乃是独特、处于平衡状态的宗教。亨利八世期望下的"没有教皇的天主教与新教结合的国家"在英国处于逐渐形成的过程。铁腕的亨利八世既处死否认独尊的虔诚的天主教徒，又同样处死否认传统天主教化体说的一些过于激进的新教徒。在英国，亨利八世的宗教政策是力图保持激进的宗教改革派同保守的天主教派两者之间的平衡。他于1545年2月在国会的著名演说中，既批判了旧宗教的不宽容，也谴责了激进派带来的动荡和不安，并对它们之间的仇恨而表示担忧[②]。

---

①   J.Guy, *Tudor England*, P.178.

②   G.R.Elton, *England under the Tudors*, P.200.

1546年12月，英王亨利八世，在身体病弱的危险中专门召集大臣，决定了继承王权的顺序是：独子爱德华、公主伊丽莎白，并同时任命了一个16人的摄政委员会，由其辅佐爱德华到18岁时亲政[①]。1547年1月，57岁的亨利八世病逝时将王位留给不满10岁的小王子，即爱德华六世。

三、爱德华六世、玛丽及旧教与国教的反复博弈

（一）爱德华六世推行新教的改革

爱德华六世（1547-1553年）继位时不满10岁，王权实际由其舅父赫特福德掌握，其舅父被封为索美塞得（亦译萨默塞特）公爵，并任英国的"护国主"。索美塞得公爵本人是新教主义者，为人高傲，常凌驾在枢密院之上。他利用大权，推行了一系列新教的改革措施。

1547年11月爱德华六世时代，国会开幕，原来的国会成员约1/3仍在选。国会下令拆毁旧教堂中的十字架，拆掉圣徒画像。国会继续坚持并调整了亨利八世执政时的一些政策，如违背亨利八世规定的王位继承顺序则是叛逆罪；否定国王为最高权威的人，亦应处罚；凡定为叛逆罪者应有两个见证人等。但教会中主教等人事的候选人，必须从国王提出的候选人中考虑。亨利八世时未被充公的附属教堂和教会学院继续收归国有等[②]。爱德华六世初期，新教中瑞士苏黎世的慈温利学说在英国的传播和影响比路德派、加尔文派的影响更大。

1548年1月，克兰默继续坚持新教的改革措施，发出调查表给各

---

①　J.Guy, *Tudor England*, P.198.

②　G.R.Elton, *The Tudor Constitution*, PP.393-394.

地主教，征求对弥撒等宗教仪式的意见，最后在1548年3月，颁布《布道集》通向了用英语祈祷之路[①]。英国保守派反对《布道集》，由于保守派的主要代表加德纳公开对抗《布道集》，他在同年6月被关进伦敦塔，一直被囚至爱德华六世统治的最终时刻（1553年）[②]。

1549年，英国国会又通过了著名的《划一法》，规定所有神职人员在祈祷时向教皇宣读统一的祈祷书。同时，英国国会还通过了《爱德华六世第一祈祷书》，此书大部分乃克兰默所编写，其中吸收了一部分路德思想，又保存了大部分天主教仪式。国会规定这个祈祷书作为法典，通令全国一律遵守[③]。《第一祈祷书》成为英国国教中后起的各教派联结的纽带，对以后使用英语的其他国家的教派也有深刻影响，因而在英国历史上有重要意义。

英国新教的改革活动，在爱德华六世执政初期虽在继续进行之中，但1549年这一年是英国出现危机的一年。危机主要表现在三个方面：一是旧教——天主教保守派的反对力量仍抵制慈温利思想，反对路德、加尔文学说；二是这一年农业歉收，物价飞涨，人民生活受到重大影响，由于毛纺织业迅速发展，引起圈地运动的热潮，加深了社会中的阶级矛盾；三是各地农民暴动频发，在英国的诺福克郡爆发了著名的凯特起义。当时英国执政的操实权的索美赛得（萨默赛特）公爵虽谴责了圈地，并力图阻止圈地激化社会危机，但并未生效，特别是对罗伯特·凯特起义由于镇压不力，遭到许多贵族和权贵的严重不满和反对。英国的沃里克（又译窝立克）伯爵等一些贵族联合起来，镇压了凯特起义，将凯特和50余名起义领导人逮捕处死。沃里克伯爵通过镇压起义，迅速扩

---

① A.G.Dickens, *The English Reformation*, P.208.

② G.R.Elton, *England under the Tudors*, P.206.

③ H.Gee and W.J.Hardy, *Documents Illustrative of English Church History*, PP.358-365.

大了实力，并在社会统治上层提升了自己的声望①。这次动乱，公开显示出索美赛得在政治上的无能，他虽然得到穷苦阶层的欢迎和支持，但由于损害了贵族、乡绅的利益，遭到英国朝野权贵们的一致反对。1549年10月，索美赛得公爵被拘捕。沃里克伯爵由于实力的扩大，被封为诺森伯兰公爵，并煽动年幼的英王爱德华六世反对舅父索美赛得公爵。1551年10月，索美赛得被判处叛逆罪，1552年2月，他在绞刑架下被处死。索美赛得因主张和执行宗教较宽容的政策，在英国国教中保留了不少天主教的思想主张和宗教仪式，因他触犯了贵族统治阶级的利益，故悲剧的命运不可避免。在索美赛得公爵任护国主期间，英国的新教事业曾有所进展。英国的胡珀等著名的新教改革家都在他的领导下工作过。英国这一时期曾出版了大量新教书籍。据统计，这一时期中，英国出版的394种新教书当中，出自新教改革者手的不少于159种。

依靠联合贵族势力镇压凯特农民大起义的诺森伯兰公爵，为了扩大自己的权力，继续在政府和教会中扩大新教的势力。他将枢密院中天主教势力排挤出去，迄1550年2月，有5名天主教重要人士被逮捕。1550年这一年及以后，有4名天主教主教被撤职，离开了任职的原主教区，另外两个天主教的原教区中的主教位置也出现空缺，都由新教势力补充到这些教区之中②。胡珀当上格罗切斯特的主教，里德利亚始任伦敦的主教。此后，在英国各地新教加强的过程中，英国的新教阵营内也出现过矛盾和分裂。以克兰默和里德利亚等为首的温和派同以胡珀等为首的激进派之间展开了斗争。胡珀等人的宗教思想是主张在英国的安立甘新教中彻底清除天主教思想和仪式残余，实际上，胡珀是英国清教思想的早期代表。但因当时新教阵营面对国内天主教势力的影响还较多，胡珀等激进派的主张难以实现。迄1551年3月，英国新教的改革仍由克兰默等

---

① S.Atkins, *England and Wales under the Tudors*. P.118.

② S.Atkins, *England and Wales under the Tudors*. P.120-121.

控制①。

　　英王爱德华六世时期推行的新教改革以1552–1553年最为重要。1552年5月，各地主教在坎特伯雷聚会，对克兰默编纂的《主教书》和《布道集》进行讨论和补充，11月经枢密院审议和讨论，英国国会通过了"再度统一法案"，规定人人必须按时做礼拜。而礼拜的仪式，应严格按照《祈祷书》中的规定执行。三次违反规定者则处以死刑。根据1552年5月以来，在坎特伯雷各地主教集会讨论的意见及枢密院的审议和修改，最后经克兰默最终拟定了英国教会的全部信仰原则为《四十二条信纲》②，从教义上肯定了英国国教的地位。《四十二条信纲》的内容基本上是反对中世纪时落后迷信的天主教教条，也反对极端的再洗礼的许多观点，其中一些条款的提法接近于《奥格斯堡信纲》。1553年6月12日英王爱德华六世（逝前一个月）正式签署了《四十二条信纲》，并宣布在英国执行。虽然爱德华六世病重不到一个月就病逝。但《四十二条信纲》是英国国教《三十九条信纲》的基础，1553年英国国会要求英国人一律遵行《四十二条信纲》。

　　爱德华六世时期新教改革的重要影响，主要表现在两个方面，首先，使英国宗教——安立甘教具有明显的新教色彩。根据爱德华六世的《第一、第二祈祷书》和《四十二条信纲》，逐步承认了路德的"因信称义"说，同时也承认了加尔文的"预定论"和"拣选说"。爱德华统治后期（1552–1553年6月前）英国新教激进派的影响扩大，形成新教教派的安立甘宗，孕育了英国最早的清教徒。其次，主要影响到英国日常宗教生活的重要改变，特别是礼拜仪式的三个新趋势，即（1）简洁化③；（2）公众化；（3）变拉丁语为本国语言——英语化。此外，旧

---

① A.F.Pollard, *The History of England: A Study in Political Evolution*, V.6, P.52.

② J.Guy, *Tudor England*, P.203.

③ J.R.H.Moorman, *A History of Church in England*, P.187.

教教士独身规定的废除，各地圣坛逐步让位于圣餐桌等诸多革新受到教士和信徒们的称赞。在英国，同欧洲大陆联系较多的伦敦东南地区，多支持新教改革；而英国的北部和西部旧的宗教传统较多，改革较慢。

英王爱德华六世统治晚期，在国内掌实权的诺森伯兰公爵为了按先王亨利八世先前所定的王位继承法，使爱德华六世之异母生的姐姐玛丽不能继位，曾让自己的儿子同亨利七世的孙女简·格雷郡主结婚，并立简·格雷为女王，其阴谋遭到全国反对。1553年7月6日爱德华六世逝世，玛丽继位。诺森伯兰公爵兵败被处决，英国女王玛丽于8月3日进入伦敦。

（二）玛丽时期天主教的复辟

英王爱德华六世（系亨利八世第三次婚姻王后简·西摩于1537年10月产下之王子，1547–1553年继王位。夭逝时尚不满16岁）之后，继王位的是玛丽女王（1553–1558年在位）。她是亨利八世与王后凯瑟琳第一次婚姻后凯瑟琳于1516年产下的公主，玛丽继王位时，时年37岁。

玛丽自幼即随其母，是一个极其虔诚的天主教徒。她周围的亲友多是保留天主教和罗马教廷权威的人。玛丽继位后，在1553年9月，英国国会通过了第一次选举。10月，国会通过了一系列重要法案。颁令废除爱德华六世时教会所立的法规，禁止教士结婚，取消公祷书，特别是公共的礼拜仪式应恢复到亨利八世统治末年的形式[1]。这次国会还宣布原皇后凯瑟琳和亨利八世的婚姻有效。

玛丽即位后，最棘手的问题是她本人的婚姻。她已37岁，作为女王对婚姻问题特别慎重。最后她接受了西班牙驻英大使的意见，仔细考虑

① 　G.R.Elton, *The Tudor Constitution*, PP.408-409.

后，选择了与正鳏居、又坚信天主教的西班牙国王腓力（又译菲利普）二世订婚。当时英西关系不好。英国各阶层对西班牙畏惧又憎恨。因新教思想的影响及对女王婚事的憎恨，1554年在肯特郡爆发过托马斯·怀亚特领导下的暴动。因缺乏统一的强有力的领导，被政府军击溃。

1554年4月2日，玛丽的第二届国会开幕后，女王采取了重要措施。她驱逐了一大批结过婚的教士（因他们违反成年教士应独身的誓言），当时约有2000名教士被驱逐，约占英国全部教士的1/4[①]。

1554年7月，西王腓力二世抵英，与玛丽成婚。婚后，英女王玛丽在英加速恢复天主教，在英大部分支持和同情新教改革的主教和神职人员都被陆续撤掉职务。一些虔诚的新教徒开始逃亡到国外。当时约有800个新教活动家从英国流亡到欧洲大陆，其中有大主教、主教、神学博士、传教士及绅士、商人等[②]。大部分是去到新教改革已取得重要地位的城市，如苏黎世、日内瓦、巴塞尔和法兰克福等地。新教徒们组成一些流亡团体，出版书刊进行宣传。据粗略统计，出自英国女王玛丽时期自英国流亡在外的宣传材料竟达98种之多[③]。众多的流亡者在伊丽莎白女王继位后，陆续回英时，许多人成为英国清教徒中的主干力量。

1554年10月，玛丽女王又召开了英国的第三届国会。玛丽下令要求各地应选举明智勇敢和具有天主教信仰的人担任代表出席国会，结果国会代表中几乎没有新教人士。这届国会是英国向罗马教廷加速和解的过程，新教及其他教派均属非法。11月红衣主教波尔以罗马教皇的特使身份返回英国。波尔出身于英国王族，与亨利八世是表兄弟，1521—1527年，他游学意大利，身边聚集了许多杰出学者，他坚信在英国扑灭"异

---

① G.R.Elton, *England under the Tudors*, P.218.

② 参见［英］阿萨·勃格里斯：《英国社会史》，中国人民大学出版社1991年版，第141页。

③ J.Guy, *Tudor England*, P.238.

端"（新教）是完全必要的。英国国会在11月通过决议，恢复以前所采
用的异端法，对反天主教的异端分子按古代法律惩治。在1554年底，又
通过第二个取消法案，下令废除亨利八世时期与教会有关的六个法令以
及爱德华六世时期的一个法令。一度被取缔、破坏的神像则到处重现。
把英国的教会再次恢复到1529年以前的状态。规定罗马教皇再次取得对
英国教会的最高领导权。重开宗教法庭，对书刊的检查权从政府交还给
教会。只是规定以前教会的财产仍归现在的持有者继续占有①。

　　玛丽女王大规模迫害"异教徒"、俗人的暴行，自1555年起愈演愈
烈。1555年2月4日，伦敦圣保罗教堂的名誉受俸牧师约翰·罗杰斯首先
在史密斯菲尔德被烧死。不久，著名的清教之父胡珀遇害，他坚持了自
己的信仰，在三刻钟的文火焚烧中死亡。3月有一名俗人受害。8月当众
烧死了一名妇女②。新教中最著名的三位领袖人物克兰默·拉蒂默和里
德利亚都经过宗教法庭的审判。拉蒂默和里德利亚是10月6日被处火刑
的。拉蒂默当时已70多岁高龄，他在就义前，曾发出名言："我们以上
帝的恩典在英国点燃这样一个火炬，我相信它将永不熄灭③。"而英国
宗教改革的主要设计者，推行新教事业的主持人克兰默，虽然在玛丽女
王即位后，他曾七次宣布放弃过对新教的信仰，但在被行刑就义前，他
走向火刑柱时，当众宣布否决了自己以往的一切声明，郑重表示自己坚
定地信仰新教。

　　在英国，玛丽女王时期天主教复辟，火烧"异教徒"高潮的1555年
2月至1558年11月17日玛丽逝世，据统计约有300人被火刑烧死，而比较
准确记载在赛西尔文件中的受害致死的人数是282人④。许多工匠、农民

---

① 　H.Gee and W.J.Hardy, *Documents Illustrative of English Church*, PP.384-415.

② 　A.F.Pollard, *The Polical History of England*, V.6, P.381.

③ 　K.S.Latourette, *A History of Christianity*, V.2, P.809.

④ 　A.G.Dickens, *The English Reformation*, P.266.

也横遭迫害。其中多数是加尔文派和再洗礼派，5/6是伦敦人、东盎格利亚（盎格鲁）人和肯特人。而其中大多数是贫困的寡妇，绝大部分的年龄是仅17或20岁的青年①。玛丽女王统治时期，她对新教徒的镇压和迫害，使她本人在历史上留下"血腥玛丽"的称号。据统计，玛丽统治时期（1553–1558年）新教人士遇难的人数已超过亨利八世在1529年处死罗拉德的人数和伊丽莎白处死天主教极端分子的数目。

英国女王玛丽统治时期天主教的复辟和对"异教徒"的迫害，其后果和影响主要表现是：（1）激起了英国人民，尤其是新教信仰者们的强烈不满和巨大的敌对反抗情绪。中上层阶级中对现状十分担忧。（2）新教人士及出版界通过书刊在英国及欧洲大陆揭露了玛丽及天主教复辟时期的暴行，引起各界对新教的同情和支持。（3）英国新教徒们以自己的身躯和鲜血，证明并非仅是信仰的狂热。牺牲者中不仅有新教的首脑和骨干，而且还有不少下层普通群众。他们无畏的反迫害精神是可贵的，从而确立了英国人的历史地位，为后来伊丽莎白时期新教的发展开辟了道路。

西欧大陆的法国同西班牙在16世纪时都是新兴的中央集权的君主专制大国，在商贸及外交上有着利害相关的矛盾和斗争。1557年西班牙与法国爆发战争时，西班牙国王腓力二世要求英国支持。玛丽女王不顾国内财政困难及国会的反对，毅然在1557年6月同西班牙联手向法国宣战，结果令英国遭到沉重打击，使英国在欧洲大陆占有200多年的战略要地加莱于1558年1月被法国占领。这是玛丽执政晚年的重大失误。对法战争的失败、政治外交危机的重压和1556年以来英国在传染病侵袭下，近20万人的死亡，使久病的玛丽更加愤懑，她在1558年11月17日逝世。12小时后，英国的红衣主教波尔也撒手人寰，英国两个天主教复辟的首脑同时离开人间。

---

① A.G.Dickens, *The English Reformation*, P.267.

四、伊丽莎白与民族国家的勃兴

（一）伊丽莎白重建英国的国教会

伊丽莎白是英王亨利八世第二次婚姻中王后安妮·博琳于1533年产下的女婴。1558年11月玛丽女王病逝后，按亨利八世生前所定的王位继承顺序，其同父异母所生的妹妹伊丽莎白便在内外矛盾重重的腥风血雨中以25岁接近而立之年登上了王位。

1558年末，伊丽莎白女王继位（1558–1603年）时的有利因素是，在"血腥玛丽"统治下流亡国外的新教徒们喜出望外，不满玛丽施政的众多国内居民和重视纯粹英格兰血统，希望没有混杂西班牙血统者当国王的英国人对伊丽莎白亦广抱好感。这些是玛丽逝后，英国政局没有出现大波澜的原因。但王位易人之际，亦是英国危机重重之时。围绕王位问题和英国内政的危机的主要表现是：（1）伊丽莎白的身份。罗马教廷和英国天主教会一直视伊丽莎白是"非法"的私生女。伊丽莎白出生时，王后凯瑟琳尚在世，英国的坎特伯雷大主教新教徒领袖克兰默宣布亨利八世与伊丽莎白之母安妮·博琳婚姻无效的两天后（1536年5月19日）伊丽莎白之母便被绞刑处死。（2）财政危机。伊丽莎白即位时英国财政危机严重，债务难以应付。亨利八世末年王室开支每年56000镑，而玛丽女王末年王室年支高升六倍多，达345000镑，伊丽莎白上台时欠有250000镑债务[①]。（3）宗教矛盾突出。玛丽女王在位时间虽短，但天主教复辟势力猛增，英国众多的天主教徒普遍拥戴信奉天主教的

---

①   A.F.Pollard, *The Political History of England*, V.6, P.186.

苏格兰女王玛利·斯图亚特争夺英国的王位①。（4）国际形势的不利因素。当时的法国、西班牙和苏格兰都是天主教势力的主要支柱，都希望用苏格兰的玛利·斯图亚特代替伊丽莎白任英王。

英国女王伊丽莎白当政后，在政策上大体经历了两个阶段。1570年，罗马教皇公开下令废黜伊丽莎白，革除她的教籍，解除英国基督教徒效忠女王的宣誓，发起并煽动叛乱时的前十二年（1555–1570年）是第一阶段，自1570年后是伊丽莎白女王执政后的第二阶段（1570–1603年）。

伊丽莎白继位后，面对上述的危机、矛盾和不利的条件，为了避免国内矛盾激化，她鉴于国内天主教势力仍然较强大，虽然她本身自幼便倾向路德新教派，但她一直并不明确表示自己的宗教选择。伊丽莎白在第一阶段之初，力图使各方各派的人们都对她抱有希望，以便稳定政权。她固定亨利八世时的英国教会，确立女王在英格兰教俗世事务中的最高地位；她所组成的枢密院中仍照旧保留了一部分玛丽女王时期的旧人；对玛丽时期被迫入狱的新教徒采取陆续缓慢释放的办法，以免引人注目；而对教堂也多半维持原状。伊丽莎白是靠英国的新贵族和资产阶级的支持登上王位的。她知道这些王权的支持者最希望和期待的是要有一个强有力的中央集权的政府，需要一个有权控制或没收教会财产的国王控制下的教会，应推行反对西班牙称霸的政策。青年时代继位的伊丽莎白同幼年继位为王的王子不同，根据自幼所受的教育以及她生母被绞刑处决后自身的遭遇和处境，她决定逐步委任有助于自己王权的重臣。她最先任命了同情新教的威廉·塞西尔为国务大臣、尼古拉斯·培根为掌玺大臣。

1559年1月25日，伊丽莎白召开了国会。由枢密院递交给国会下议

---

① 玛利·斯图亚特是英王亨利七世长女，苏格兰王后玛格丽特的孙女，英国的天主教徒不承认伊丽莎白为接替主持天主教复辟事业玛丽女王之后的女王，认为信奉天主教的玛利应继承王位。

院三个提案：一个是恢复国王对教会统治的独尊（至尊）法案；另两个是关于恢复爱德华六世时期的新教仪式，迄2月21日提案合并后下议院均顺利通过。但提案在国会的上议院中却遭到了反对。因上议院中的天主教的主教们对激进的新教仪式不满，很难接受伊丽莎白一个女人成为英国教会的首领。其后，由于新教的大臣的反击，加上旧教的一些主教病逝，政府对原议案做了修改、妥协后，在复活节后的1559年4月29日，英国的国会终于通过了王权新的《独尊（至尊）法案》和统一祈祷式的法令。重新确定新教为英国国教。在教义上是新教，但在组织上和仪式上保留了许多旧教的规定。

这一届国会还通过并颁布了新的《划一法》，规定全国教堂都应以新制定的《公祷书》作为唯一的礼仪标准执行，如违背《公祷书》将被剥夺教职和公职，情节严重者将判处终身监禁。如礼拜天或宗教日不去教堂做礼拜，将处以罚款[①]。为了强化按《划一法》的实行，还任命了皇家巡回法官，另发布命令管理教士和通过教区照顾穷人，教士可以结婚，但必须先征得主教、两个治安法官和新婚双方父母的同意。此外，还规定了书籍的检查制度，严禁买卖圣职等。

新的《独尊法案》和《公祷书》是一个折中的产物。如国王是教会的最高首脑改为国王和女王陛下是精神和教会事务的最高长官，如规定英语为礼拜仪式的使用语，排除了"化体论"的内容，把圣事限于浸礼和圣餐两项，然而许多旧的形式仍保留下来。

伊丽莎白女王挑选出的新任坎特伯雷大主教帕克，早年便是里德利亚、拉蒂默等的朋友，他虽从事宗教改革，但并不激进。英国新的英格兰国教会主教团着手制定新的信纲，这是极其重要的任务，开始是以爱德华六世时期1553年制定的《四十二条信纲》为基础，进行反复讨论、

---

①   G.R.Elton, *The Tudor Constitution*, PP.410-413.

修改，由女王最后审订批准，1563年由国会通过正式公布，称为著名的《三十九条信纲》。英国国教的官方教义从此正式确立，并沿袭至今。

《三十九条信纲》（亦称《三十九信条》），继承了《四十二条信纲》的主要思想，采纳了大量的新教教义。肯定《圣经》为信仰的唯一准则。主张因信称义，否定炼狱说，反对偶像崇拜。强调由国王而不是由教皇担任英国教会的最高长官。用英语举行礼拜仪式。但也保留天主教的教阶制、主教制和一些宗教仪式。教阶由大主教、主教、会长和会使等组成，什一税照样征收（改交国王）。在礼仪上保留不少传统色彩。伊丽莎白还先后公布《公祷书》，规定英国国教的仪式和供神职人员向教徒宣读《讲道集》。《三十九条信纲》保留了不少温和的内容。

英国国教会的教义和许多规定和仪式，是适应了政治斗争和当时形势的需要而制定的。伊丽莎白本人的信仰、举止和生活安排，经常是为了政治上的需要而变化。如王宫教堂中的圣台，有时放上十字架和烛台，有时则撤去。有时是为了表示对路德新教派的友好，有时是为平息国内天主教徒们的情绪。

伊丽莎白女王通过积极谋划和采取对新旧教妥协、调和的政策，使英国国教会确立。1570年，罗马教皇不满于英国国教会的巩固，下令废黜伊丽莎白，解除英国基督教徒对女王效忠的宣言，这促使英国女王和新教徒同罗马教廷及天主教势力的矛盾尖锐化，伊丽莎白的宗教政策进入第二阶段。

自1570年后，天主教阵营用各种力量，通过许多途径进行反对英国国教的斗争。他们一方面支持英国国内的反对派，组织反伊丽莎白女王的叛乱；另一方面，企图组织外国军队入侵英国，罗马教廷除加强耶稣会在英国的活动外，还设立英格兰学院，招募英国旧贵族或天主教徒的子弟，加以训练后，返回英国。在罗马教廷和西班牙的支持下，英国天主教会又活跃起来。

伊丽莎白女王在第二阶段中加强了对国内天主教势力的打击。首先，利用政府中信奉新教的官员和国会中反对天主教的议员们颁布了一系列反对天主教会，特别是反对耶稣会活动的法令，规定任何旧教徒或有旧教嫌疑的神职人员，如有活动者均以叛国罪从严处死[1]，禁止将罗马教廷发布的文件带进英国。她还颁布法令，要求所有英国臣民，都必须到国教会的教堂中去参加仪式和活动，违者应罚款。1586年，两名耶稣会士和两名教皇的代表，以及西班牙驻英大使和一批英国的旧贵族密谋杀害女王伊丽莎白，然后拥戴玛利·斯图亚特担任英王[2]，结果密谋败露，玛利·斯图亚特被处死。

玛利·斯图亚特在英国被公开处死一事，在欧洲震动极大。罗马教皇西克斯特五世异常愤怒，号召欧洲的天主教徒都应去同英军作战，并支持和出钱供西班牙国王腓力二世组织军队进攻英国。1588年，西班牙派出庞大的无敌舰队远攻和入侵英国，结果西班牙大败，从此西班牙的国力衰落，海上霸权开始衰退，而英国则逐渐成为海上强国。

英王伊丽莎白在她执政的第二阶段，对英国人民加强了思想控制。她派出重要官员，严防各地的"异端"活动，搜查各种可疑场所，对反抗专制王权的一切可疑人员残酷镇压。据粗略估计，伊丽莎白统治的后期，国内约有123名教士和60名俗人因"异端"的行为被处死。另有200余人死于监狱之中。

英国都铎王朝伊丽莎白女王统治的后期，通过宗教改革活动和加强严厉镇压一切涉嫌反对伊丽莎白女王或国教会的人，同时严密监视国教徒的思想和行动，使英国国教会与国家政权合为一体，成为君主专制王权的工具。

---

[1]　J.R.H.Moorman, *A History of Church in England*, PP.204-205.

[2]　原苏格兰女王玛利·斯图亚特，1568 年 5 月被废除后逃往英国，曾被伊丽莎白以"保护"名义软禁。

（二）英国都铎王朝宗教改革的特点和影响

英国的都铎王朝（1485–1603年），经历了亨利七世（1485–1509年）、亨利八世（1509–1547年）、爱德华六世（1547–1553年）、玛丽女王（1553–1558年）和伊丽莎白女王（1558–1603年）先后五代国王，共历118年。

英王亨利八世时期，英国的资本主义经济逐渐发展，对外贸易扩大，君主专制的王权得到加强。自1522年后，英国同西班牙的关系逐渐恶化，因英国天主教会每年将巨额贡赋奉献给罗马教皇，引起英国人民的不满，特别是罗马教廷干预英国政务，英国天主教会上层的跋扈，阻碍了王权的扩大和巩固。各种矛盾的错综复杂发展，终于引起了英国的宗教改革。

自1533年，亨利八世同罗马教皇正式决裂，下令禁止英国教会向罗马教廷缴纳岁贡。从1534年英国国会通过《独尊法案》，宣布国王为英国教会最高首脑起，直到在伊丽莎白女王时期，英国国教安立甘宗得到了完善和确立。英国宗教改革，促进了政教合一和民族国家的勃兴，迎来了历史上开始辉煌的伊丽莎白时代。英国的宗教改革从亨利八世开始，中经爱德华和玛丽至伊丽莎白时代的四个阶段，走了一条曲折、反复、独特的宗教改革之路，把它和同一时期欧洲大陆地区的国家和地区的宗教改革相比较，英国宗教改革有下述三个明显的特点：

（1）综合折中性。主要表现在政治和宗教改革的合一及传统的旧教（天主教）和激进新教（加尔文教、路德教）之间的折中。英国的宗教改革历代都是由王权主持、自上而下，并由国会颁令执行。英国亨利八世和伊丽莎白女王，他们所进行的改革实际都是强化王权的君主专制的政治改革，是在宗教改革旗帜下进行的，宗教是服务于政治的工具。英王力图通过宗教改革使英国成为政教一体的民族独立、强盛的王国，在整个宗教改革的历程中，政治始终发挥着决定性的作用。

宗教的折中性主要表现在顺应了广大英国民众的心理状态和习惯。一方面，鉴于天主教会本身的弊端和腐败，人民对旧教教义的烦琐早已不满，希望能有所改革；另一方面，多数人世代沿用下来的宗教仪式和习惯，亦有诸多的眷恋，内心深处传统的心理对宗教改革期待折中而并不愿截然换为另一种宗教。迄伊丽莎白时代形成的国教安立甘宗，乃当时天主教徒和新教徒之间的妥协和折中的产物。人们（包括教士）当中，习惯和传统的心态值得考虑，试举个实例加以说明。如天主教会原规定教士必须终生独身，不得婚娶，但爱德华六世宗教改革时，明确颁令教士有结婚的权利。从颁令到玛丽女王执行天主教复辟的四年间，据统计，埃塞克斯地区享有结婚权的教士319人中仅88人结婚，多数教士仍继续独身。在伦敦是1/3的教士结婚，在诺威克仅1/4教士结婚。类似的实例，说明习惯和传统心态加上具体的原因、条件等制约下，许多改革是难以一步到位的[1]。

（2）兼容并存性。以伊丽莎白时代确立的国教《三十九条信纲》和《公祷书》为例，可充分说明兼容并存性有充分的体现。在《三十九条信纲》中，既规定因信称义、救赎、三位一体等问题均以欧洲大陆新教学说为据，同时又确定尊重《圣经》，执行教阶制。在《公祷书》中采纳了《爱德华六世第二祈祷书》中新教的基本思想，同时也兼容了许多天主教的礼仪，如礼仪中应穿法衣、用蜡烛等礼拜用品等。在旧教与新教争执最为激烈的圣餐礼中的"化体说"问题上，伊丽莎白时期《公祷书》和其他文献中多采用含糊的表达方式，以求得旧教、新教说法兼容的效果。

除了在宗教学说和仪式上表现出兼容和并存的特点外，伊丽莎白执

---

① A.G.Dickens, *The English Reformation*, P.245.

政初期对国内外的天主教徒和清教徒也采用了宽容的政策，只要不损害王权和民族及国家的利益一律不严惩，而且鼓励外国移民进入英国。容许新教移民信仰自由，还分别在伦敦等地重建玛丽女王时关闭的移民新教教堂①。英国较宽松的宗教氛围有利于民族国家的勃兴。

（3）反复曲折性。英国宗教改革走了一条不同于欧洲大陆的曲折反复的道路。宗教改革前，亨利八世从1509年即位起，直至1521年本是虔诚的天主教徒，对新教一直持对抗的态度，力阻新教思想传入英国。1524年他曾被教皇利奥十世封为"信仰卫士"，他曾两次荐举首相沃尔西出任教皇，均失败。亨利八世是利用专制国家实力和民族情感，为争夺英国教会最高领导权和教产，以及解决本人"离婚案"而开始走上领导英国宗教改革之路的。他的路线是"没有教皇、保持天主教传统"的宗教改革。亨利八世之后的两代都铎君主，分别根据其母后和自身的信仰，各自将英国的宗教推向两个极端。

爱德华六世自幼在两位伊拉斯谟的人文主义导师的培育下，成为坚定的新教徒。他执政时期虽仅六年，却在新教大臣主持下，废除了亨利八世保留的天主教许多传统而加强新教的教化。玛丽女王继位后，由于坚定的天主教宗教情结，使她执政时（1553–1558年）厉行天主教的复辟，使英国的宗教改革大反复，这是欧洲大陆任何国家所未有的，而是英国仅有的全国性曲折。

伊丽莎白女王统治时期，基本上恢复了其父亨利八世的综合折中和兼容并存性的宗教改革的特点（或称之为原则）。宗教服从于政治、服从于王权至上的民族国家的方针，是伊丽莎白女王所坚持的。伊丽莎白所执行的是英国大多数人可接受的决定。英国是没有走激进的新教改革之路，也没有保持传统的天主教会一切习俗的国家。英国独特的宗教改

---

① P.M.Crew, *Calvinist Preaching and Iconoclasm in the Netherlands*, P.96.

革历程和最终的结果，以及伊丽莎白时代的经济、政治和科技政策促进了民族国家的勃兴。

英国都铎王朝自亨利八世至伊丽莎白女王执政的94年间，自上而下、反复曲折的宗教改革历程，对英国的影响十分明显，特别是在政治上的变革是巨大的，对其影响，西方史学家曾称其为"都铎革命"。

（1）英国宗教改革最突出的影响是确立了王权至上。在《独尊法案》第七条中，申明在英国，不论世俗或宗教领域，外来的任何权力或权威，都不得实施改变王权至上[①]。明确地废除了教皇对英国的统治权，在政治领域，包括大法官等许多重要领域不再由教士担任，而世俗化。新建的国王政务会、强大的枢密院及国会作用的扩大和屡颁有关宗教与教会事务的决定，都是与宗教改革相伴而产生的。国会中，下议院议员的新特点及其政治上的作用和国会结构，后来的变化都与宗教改革的影响有关。

（2）通过宗教改革也影响到英国的经济方面的诸领域。亨利八世通过国会颁布法令，直接剥夺了教会的财产，解散了一些中、小修道院。据粗略估计，从各地教会得来的财富，包括土地、矿产、渔业、木材采伐业等年收入约为13万英镑，而金银物品、宝石饰品、神职法衣等动产多达140万英镑。宗教改革期间停止向教皇上缴"圣俸"、对教会征收税款的加重等使财富从教会向王室政府大转移。爱德华六世期间，曾进一步掠夺教会财产，被政府没收的约有2347座附属教堂、90座学院和110所医院[②]。此外，宗教政策的某些改变，国外拥有技术、财富的移民进入英国，以及对外贸易的扩大，对经济的发展都有促进作用。

（3）都铎王朝后期，英国宗教改革的深入，对文化教育、科学的发展和传播也有积极影响。不仅突破了长期以来教士们对文教事业的垄

---

① *The Statutes of the Realm IV*. P.350.

② A.G.Dickens, *The English Reformation*, P.207.

断地位，扩大了资金来源，也活跃了英国意识形态和科技领域新成果的涌现。

（三）清教的兴起和长老派、独立派的形成

伊丽莎白女王时代，宗教改革后的英国教会同国家政权合为一体。国王是国教会（安立甘宗）的最高长官，高级神职人员即国王任命的官吏，他们从布道台上宣布国王命令，维护都铎王朝，严密监视教徒的思想和行动，镇压一切涉嫌反对封建王朝或国教会的人。在这样的背景和情况下，人民对封建政权的不满和反封建斗争的锋芒常指向国教会。

1559年，英国国会重新通过颁布《独尊（至尊）法案》，实现国教会的国家化，并取缔天主教，排除了枢密院中的天主教徒。伊丽莎白支持向海外扩张，建立对外贸易公司、殖民和海盗活动。英国新兴的资产阶级随着英国经济的发展，其力量是逐渐强大，他们力图增大政治和经济上的权限，因而专制的封建王权成为他们扩大发展的障碍。资产阶级中的激进人士主张用加尔文教的精神和主张，改革英国国教的教义、组织和活动仪式，清除国教中天主教的影响，主张在英国建立新教派。因为他们主张"清纯"的教会，"清洗"掉旧教会的残余，故自称他们为是"清教徒"。

16世纪60年代初，在国教会内清教作为一个宗教派别逐渐形成。1563年，他们在坎特伯雷的一次会议中第一次公开提出自己的宗教主张。他们制定了清除国教会中天主教礼仪、习俗的《六条款》，如精简宗教节日活动，除礼拜日及主要的基督纪念日外，取消其他宗教节日；各区主教有权决定各区老、病弱的教徒不必跪接圣餐等旧规定。清教活动最初主要在伦敦等各大城市中展开。清教徒公开演讲抨击天主教的仪式和习俗。在剑桥和一些大学礼拜堂内，清教徒更为活跃，他们经常忽

视，甚至公开违反英国国会在1559年公布的各项法令。1565年1月底，英国坎特伯雷大主教奉命调查传教士中对国教教义、仪式及习俗中的不同意见，并采取一些严格措施，制止国内清教徒活动的扩大，但英国国教会同清教徒的斗争并不顺利。

英国一些支持清教徒的神父，利用各种机会宣传和鼓励信徒们同情和支持清教，许多富裕的手工业者和商人不满国教会的情绪日增，激进和狂热的清教徒散发了许多传单、小册子鼓动反对国教会的活动，以及用各种形式抵制或反抗国教会中留存的天主教仪式。

随着清教徒在英国各地斗争的深入，不仅城市中的工场主、商人、店主、富裕的自耕农、农场主，甚至新贵族，女王周围的高官显贵中也有不少清教徒和各类同情者。

16世纪70年代后，清教徒中主张建立由长老领导的独立教会组织，这派清教徒被称为"长老派"。长老派最初兴起于剑桥。1570年长老派的著名首领卡特赖特在剑桥发表演讲，宣传其主张。1572年，清教徒的长老派要求英国国会应改组国教会，取消主教制，改行长老制，由长老负责各教区的组织工作。长老会由长老、执事和牧师组成，十二名长老组成的代表会议领导长老会，在全国有英国教职会议。长老派是自下而上的独立的教会组织，与国教会完全不同，改变了教会隶属国家的旧关系。

长老派成立有本身的下属组织："先知会议"和"圣经研讨会"。成立"先知会议"的目的是提高传教士的知识和传教质量。16世纪70年代，其活动已遍及英国各地；"圣经研讨会"是1571年在伦敦成立的，80年代许多地区有其分支机构。1582年，长老派已建立全国性组织，东盎格利亚的清教徒召开了第一次联合会议，1587年9月，在剑桥召开全国长老派联合会，会上讨论了《宗教律书》准备脱离国教会，建立本身独立的教会。

继长老派之后，16世纪80年代，又一个重要的清教派别——独立派形成了。独立派和长老派是平行发展的。

独立派与长老派的不同处：（1）组成的阶级性有别，长老派是以富裕的资产阶级和上层贵族为主组成，代表他们的利益和主张，是个温和、保守的集团，在组织上并未同国教会完全割断关系。而独立派是以中小资产阶级、中小贵族为主，包括农村的自耕农和城市市民所组成，他们的主张激进，是清教运动的左翼。（2）目标不同，长老派的主要目标是改革国教会，清除天主教的传统残余，但独立派的目标是建立完全独立的教会组织，每个教区都独立，由教徒公众管理教会事务，每个教徒可直接同上帝交往，自由祈祷和讲经。自1580年起，独立派的首领布朗·哈里森、贝罗等人，分别在伦敦、诺里季建立起独立派组织，提出主张并开展了活动。

英国的独立派主张，不仅英国的国教会组织，而且任何由国家统治下的教会制度，都违背真正的宗教精神，进一步认为教会团体必须脱离政权的管辖，不受政权控制，实行成员、信徒都一律平等。主张教会不应为政权服务，实际上是用国家的共和政体取代君主专制。英国的清教兴起和清教运动开展后，宗教改革的矛头，便逐渐由反对罗马教皇转而反对王权，逐渐转向以民主共和思想反对封建的君主专制。

必须指出，英国伊丽莎白女王统治的后期，英国的宗教改革历程出现了两个新的倾向。一是通过宗教改革的发展，英国实现了"都铎革命"，君主专制的"王权至上"得到确立，国会作用扩大，促进了经济的发展，没收天主教会教产增加了国家的财富，宗教改革对文教科技的发展和传播也有推动作用；二是英国清教的兴起和清教徒的主张与活动，在伦敦、剑桥等一些地方有较大影响，16世纪末，英国王室的一些重臣、高官和驻外使节，不同程度地支持了清教徒的部分主张。

16世纪80-90年代，英国伊丽莎白女王政府为了巩固政权，曾坚决对清教徒的首领采取了种种打压措施。

（四）16世纪末英国的社会与宗教

都铎王朝时，英国的宗教改革经历了独特的曲折历程。英国与罗马教廷决裂后，英国从中世纪天主教会的体系中分离出来，成为一个拥有独立的国教安立甘宗的新型的国家。但英国始终并未在欧洲大陆流行的路德教和加尔文教体系的控制之下，而是在旧教与新教之间选择了综合折中、兼容并存的改革之路。这一条新路使英国在信仰与实践上同欧洲大陆新教国家有所差别。它基本上脱离了欧洲大陆的新教阵营，成为欧洲独立的一个新教国家，英国有了自己民族特色的新教会——英国国教会。

英国的宗教改革推动了民族国家的兴盛，迎来了一个历史上比较"辉煌"的伊丽莎白的女王时代。16世纪末，英国的资本主义经济发展迅速，毛纺织业成为"民族工业"，圈地运动加速了原始积累，海外贸易、海盗掠夺和殖民侵略，使英国一跃成为海上霸国之一。伊丽莎白曾采取各种措施加强民族宗教的地位和权势，甚至规定只有坚定信仰国教的人士才能胜任高官重臣。英国的国会成为颁布国教会有关法令的最高权威机构。英国由于宗教改革，开始有了英文的《圣经》和《公祷书》。民族的国教会进一步培育和扩大了英吉利丰富的民族精神。英国宗教改革的成果直接促进了君主专制政治的强化和巩固。

16世纪末，随着英国经济、政治和文化的发展，在宗教领域中的变化乃历史规律的必然。在罗马教廷和西班牙的支持下，英国国内天主教势力的活动一度增长和活跃起来，伊丽莎白曾对其加以严厉镇压和打击，任何有反抗国教会活动的天主教徒均以叛国罪论处。据统计，伊丽莎白在16世纪80-90年代共有123名天主教教士和60名俗人被处死刑，另约有200人死于狱中。天主教徒的反抗被镇压之后，为了巩固英国宗教改革的成果，16世纪末，伊丽莎白女王的晚年，压抑、打击和迫害清教徒便成为她维护国教会地位的重要手段。1583年，英国女王任命约翰·费特季夫特为坎特伯雷大主教制定"六项条款"，根据《三十九信条》和国教《公祷书》的规定，在林肯、诺福克、萨福克、肯特、埃塞克斯等地，将200多名不认真执行的神父解职，将许多涉嫌信仰清教的人加以传讯，凡拒绝交代问题者则送交刑室法庭惩处。1593年4月，英国国会通过了"女王臣民效忠法"。法中规定：凡年逾16岁以上坚决拒绝参加祈祷式或唆使他人反对女王者，一律监禁，如三个月内仍不悔改，则永远放逐国外，拒绝出国者或未经许可擅自回国者均处死刑；凡窝藏罪犯者视窝藏时间长短，每月罚款10镑。接着将清教独立派首领格林武德和贝罗均处以绞刑。对清教徒的打击、迫害，也不断升级。

1603年，伊丽莎白女王逝世，都铎王朝结束。苏格兰国王詹姆士继位为英国国王。此后，英国进入斯图亚特王朝（1603-1649年）的统治时期。

第八章

天主教的心脏热土和内部改革

一、罗马教廷的暴虐专制与贪腐搜刮

　　15世纪末，西欧资本主义生产关系产生后，民族国家兴起，民族意识成长，强烈要求摆脱外来的以罗马教廷为首的控制，发展民族经济，增强国家实力。然13世纪罗马教皇英诺森三世（1198–1216年在位）以后，教皇与罗马教廷权限处于极盛时期。罗马教廷有一套行政系统、法律和税收制度及驻外使节。教皇之下的枢机主教团，负责处理重大的政教事务。罗马教皇不仅是基督的"全权代表"，甚至有权废黜一些君王、解除臣民对国王的效忠义务，甚至将其国土赠予别人①。罗马教廷的专制特权在各国政治、经济等多方面都有明显表现。

---

① 　罗马教皇庇护二世和保罗二世在 1464、1465 年曾废黜波希米亚国王乔治·波廷耶布罗德，解除臣民对国王效忠的义务，并将其国土赠给了匈牙利国王赛厄斯·利维努斯，另一次是 1511 年，教皇朱利亚二世开除纳瓦尔国王出教，将其国土赠给阿拉贡国王费迪南。

（一）欧洲各国各阶级同罗马教廷之间的矛盾尖锐化

15世纪末和16世纪初，在各种错综复杂的矛盾中，罗马教廷曾是各国各阶级、各阶层共同痛恨的对象。各国高级僧侣在罗马教廷的支持下，多数是各国的大封建主和地方行政、司法长官。他们占有并管辖各地大量土地和人口。教会不仅征收贡赋，要求农奴执行各种封建负担和义务，还利用宗教手段，如征收什一税，出卖圣职、出售各种圣物，甚至出售"赎罪券"……各种欺骗讹诈的手段，肆意压榨人民的血汗。据统计，16世纪初，罗马教廷每年从德国榨取的钱财达30万古尔登之巨[①]。

在德国，天主教会占有1/3以上的土地和农田，政治上七个选帝侯中教会占三个。许多城乡中遍布天主教的教堂，如科隆城内有大教堂11座，19个教区教堂，男修道院22个，女修道院76个。不伦瑞克是一座小城，竟然有教堂15个、礼拜堂20多个、修道院5个，此外，还有在俗修女院12个[②]。德国在卢森堡家族的西吉斯孟一世（1411–1437年，1433年称皇帝）和腓特烈三世皇帝时期，教皇的代表有权出席帝国议会，倘若教皇的代表未到，则帝国议会不能召开。开会时，教会诸侯坐在教皇代表的右侧，世俗诸侯坐左侧，帝国官员不能独自提出议案，必须同教皇的代表协商后共同提出。在德国，教士统由罗马教廷掌握任命之权，有任何争执时，只接受罗马宗教法庭的判决；教产被认为是罗马教廷的财产，只向罗马纳税，世俗政权无权问津。

经济方面，罗马教廷的搜刮经常不断变换花样，什一税（粮、牲畜和蔬菜均收十分之一）实际往往超出这个比例数。教士上任第一年收

---

① 德国金币名称。刘明翰等主编：《世界史简编》，山东教育出版社1987年版，第277页，2010年增订版，第237页。

② 林赛著、孔祥民等译：《宗教改革史》上册，商务印书馆1992年版，第105页。

"首年捐"（annate）。主教、大主教出巡时的旅费等，称为巡视费，之后由罗马教皇或教廷独吞。大主教们的礼服、披肩等的费用由其辖区分担，卖官鬻爵、行贿等更是经常现象。

自14世纪起，罗马教廷发行赎罪券（又译赦罪符，indulgence），是罗马教廷搜刮的一种重要的新方式。罗马教廷宣传人死后灵魂无瑕者可以升天堂，生前犯大罪者下地狱（永罚），犯小罪者应在炼狱（即涤罪所）里接受暂罚。净炼后才能升天堂。教皇指出：基督、圣母和诸圣徒功德无量，除赎己罪外，可归入功库。主教有权免掉人们的一部分罪罚，教皇有权免除全部罪罚。

路德曾指出："在罗马造成了一种不堪述说的局面。在那里有买卖、交换、贸易，有撒谎、欺骗、偷盗、奢侈、卖淫、奸诈和其他各种亵渎上帝的事，甚至敌基督者的统治也不能比这更无耻。"路德又写道：在罗马"抽税和抢劫是何等的横行呀！好像教会所有的律例，都仅是为得钱而布置的一种网罗，叫人必须费钱求释放，然后他才算是基督徒"[①]。德国的广大农民、平民和低级教士坚决反对罗马教廷的盘剥和贵族的压榨。

在法国，君主反对罗马教廷干涉法国内政，农民是天主教的虔诚信仰者，要求建立法国的民族教会。封建贵族集团，南部是以胡格诺新教徒为主，东北和中部则仍坚持天主教会的系统，听命于国王。新兴资产阶级支持新教信仰，反对罗马教廷的专制和搜刮。

在英国，15-16世纪初，资本主义经济比德、法的发展迅速。新贵族和资产阶级的经济力量和政治地位，其势力都较强。他们对罗马教廷、旧贵族的专制、搜刮极其愤慨，民族意识高涨。在英王亨利八世及其子女继承王位后，英国国教与罗马教廷的斗争，几经反复，经历各个

---

① 路德：《致德意志基督教贵族公开书》，见《路德选集》上册，金陵神学院托事部、基督教文艺出版社 1968 年再版，第 186 页。

不同阶段。英王和国会坚决抵制教皇对教会及政法事务的控制，通过自上而下的宗教改革，建立了英国国教（以三十九信条为基准）。

瑞士政治制度是联邦政治，经济水平不平衡，封建势力较弱，城市各州（伯尔尼、巴塞尔、苏黎世等）反对豪绅，揭批上层僧侣的贪婪，要求教会土地世俗化、取缔雇佣兵制。

尼德兰的资本主义经济比同时期其他国家的发展更为迅速。手工业者和贫苦农民渐摆脱农奴制束缚。加尔文教影响广泛，反抗西班牙和本地封建主的斗争取得胜利。资产阶级性质的加尔文教教义适应于尼德兰革命的要求。

14–16世纪初是西欧各国经济发展较迅速，民族国家相继中央集权化，民族意识逐渐高涨之际。罗马教皇中暴虐、贪腐最为突出的计有：本笃十二世（1334–1342年在位）、英诺森八世（1484–1492年在位）、亚历山大六世（1492–1503年在位），他们的猖獗、荒唐和劣行，严重地阻滞了历史的发展，加剧了各国各阶级同罗马教廷之间矛盾的尖锐和扩大化。罗马教廷最跋扈和倒行逆施的是公开查禁书刊和强化"异端裁判所"的恐怖活动。

（二）查禁书刊，屡颁"禁书目录"，制造"文字狱"

罗马教廷对威克里夫和胡斯的压抑和迫害是很典型的。

约翰·威克里夫是英国的一位世俗教士，曾任教于牛津大学。他反对教皇干预世俗事务，揭批教士拥有地产……先后发表过《君主权》（1379年）、《论圣餐》（1382年），对变质说提出异议。他把圣经译成英文（包括旧约全书和新约全书），揭露教士中一些人唯利是图、享特权，揭露教皇、教廷，批判出售"赎罪券"。他著有《论圣经的真理》（1378年），论证罗马教会并非永无讹误。

威克里夫维护民族国家的职权，对一些"圣事"提出疑问和批评。教会将他的观点列为异端、谬论，加以查禁。他本人被迫离开牛津大学，受批判。

扬·胡斯，捷克神父、学术名家。他任教布拉格大学，1402年曾任布拉格大学校长，1403年任皇后的解罪神父。

胡斯主张在捷克用捷克语传教，揭露教皇、教会及德国殖民者侵占大量土地、财富等各种特权。认为应支持德国教会进行改革。罗马教廷禁止传播胡斯的言论、主张，将他开除出教。1415年7月6日，他被处火刑烧死。

罗马教廷加强了对思想文化的控制，15世纪时更为严厉和猖狂。1479年，教皇西克斯都四世颁令严惩科隆大学中"异端"书籍的读者和出版"异端""禁书"的印刷人。此后，教皇亚历山大六世更扩大其权限，严禁违反天主教会权益的书籍的传播。1515年，教皇利奥十世下令各地普设书籍检查员，违者罚款，情节"严重"者应处以极刑。1527年，罗马教廷下令把一切"异端"书籍的读者一律开除出教。1543年，教皇保罗三世建立起查禁书刊的专门工作班子，接着在巴黎大学（1544年）、卢汶大学（1546年）、科隆大学（1549年），先后公布了"禁书目录"。1559年，教皇保罗四世正式公布了罗马教廷的特定的"禁书目录"（简称为Index）。"禁书"中包括伊拉斯谟、哥白尼等名家写的名著，甚至非官方的拉丁文《圣经》。凡被没收的"禁书"，都在宣判仪式上烧毁[①]。甚至开列出被禁的作者和七十二家出版商的黑名单。1564年，罗马教廷又公布了第二版禁书目录。被列入其中的著作者，从16世纪到17世纪，据统计有：哥白尼、布鲁诺、伽利略、笛卡尔、马勒伯朗士、斯宾诺莎、霍布斯、洛克、休谟、萨伏那洛拉、霍尔

---

①   A.G.Dickens, *The Counter Reformation*, Thames and, Hudson, 1977, pp.118-119.

巴赫、爱尔维修、伏尔泰等，他们的著述严禁在社会上流传。

罗马教廷规定，凡被列入"禁书目录"中的书籍或有"问题"的书，不论有无"罪恶"，都有赎罪的"价目表"，教廷根据"价目"，可以向交出具体金额的人，消除该人的"罪行"，这是教廷长期的生财之道。

除颁布"禁书目录"之外，罗马教廷还另行颁布过应被"净化"的书目。这类书是所有作者应对本人的著作中有必须修改部分的书。倘该书作者不愿被列入"禁书目录"中应被"净化"之书，必须由教区的主教加以核定，不容许轻易放松审查和免除应"净化"之列。人们有权对"危险品"向有关部门检举和告发。

1566年，罗马教廷中负责出版事务的枢机主教瑟莱特斯等人，根据特兰托宗教会议的决定，编写出《教理问答》，供神父使用和广泛宣传。1571年罗马教廷中专门设立了禁书目录部，由教皇亲自主持。此后的教皇如塞克斯都五世（1585-1590年在位）和克莱门八世（1592-1605年在位），在1590年和1596年也先后成立过专门查处"禁书"的专门班子，一直没放松过对文化和人们思想的严格控制和迫害。

（三）强化"异端裁判所"的恐怖活动

罗马教廷早在13世纪就建立的宗教裁判所（亦名"宗教法庭"，又译为"异端裁判所"），在14-16世纪时，更加强了恐怖活动。他们残酷迫害一切被称为"异端"的人，不仅对所有不满或揭露天主教会中特权、专制或贪腐的教徒和百姓，冠以"异端"的罪名，而且对文化或科技等方面有贡献的先进人士和主张或筹建基督新教的人，都冠以"制造"社会不安、"违反上帝训谕"或"叛徒"等罪名加以论处。一般情况下，对于被称为"异端"人士者，普遍加以审讯、拷打、刑罚、下狱、财产籍没，包庇"异端"者同罪。多数人被处死，"悔罪不够"或坚持不屈者则被火刑烧死。

在西班牙统治下的尼德兰，宗教裁判所对争取民族独立、反对西班牙暴政的所有人士，均予以杀戮。据雨果·格劳秀斯记述，因争取民族独立被屠杀者达10万人以上。据著名史学权威兰克（1795–1885年）的统计，迄1562年，尼德兰的路德新教徒因反抗西班牙反动当局被杀害者达3.5万人之多。另据威尼斯驻尼德兰的大使瓦杰尔所揭露，仅荷兰与弗利斯兰两省内，再洗礼派信徒被屠杀者即达3万余人。西班牙军驻尼德兰的司令阿尔发公爵自称，他在驻尼德兰总督的六年任期内，经他本人以"异端""不安分子"之罪名而被处决者达1.8万余人。

在法国，罗马教皇庇护五世（1566–1572年在位）曾多次向法国国王腓力二世建议，必须坚决、无情地镇压新教徒，甚至可以出售一部分教产。罗马教廷赠给法国政府1500万里弗尔，并帮助筹派一批雇佣兵前往法国参战，镇压新教运动。法国胡格诺战争第一阶段（1562年3月）新教徒被杀23人、伤者100余人。内战第二阶段，在1572年8月24日的"圣巴托罗缪之夜"的大屠杀，胡格诺教徒被杀者多达2000余人。法国内战的第三阶段，于1588年12月22日夜，胡格诺教徒的首领亨利·介斯及其弟均被杀。长达30年的法国"宗教战争"，新旧教徒死伤惨重。罗马教廷并未调解法国内战的双方，这是完全违背基督教宗旨的。1597年，法王亨利四世改宗旧教，并协助教皇将菲拉拉划归教皇所有。原系人文主义荟萃繁荣的菲拉拉，逐渐成为宗教裁判所活动地之一。

特别应着重评述和揭批的是"异端裁判所"对科技、文化界的压抑、打击和迫害的史实及其严重罪行。

尼古拉·哥白尼（Nicolaus Copernicus，1473–1543年）是"日心地动说"的创始人，自然科学、天文学奠基的巨人，曾遭罗马教皇、教廷多年的压抑、打击。哥白尼的学说公开被斥责是"错误的和完全不同于圣经的异端邪说"，其著述一律被列为"禁书"，加以烧毁。

乔尔丹诺·布鲁诺（Giordano Bruno，1548—1600年），受天主教会、罗马教廷残酷迫害致死的事例，更属非常典型。

布鲁诺是文艺复兴时代意大利伟大的思想家、哲学家、自然科学家。他为科学而献身，是捍卫真理的不屈的殉道者。布鲁诺虽然从小受洗，是天主教徒，获神学博士学位，得到了神父教职。但他拥护唯物主义观点和哥白尼的日心论的科学真理。他遭教会迫害，被革除教籍，先后在德国、捷克等国外漂泊，后因上当受骗，回到罗马，于1593年被关进宗教裁判所监狱。八年之久的狱中酷刑、凌辱，毫无罪行的不屈战士布鲁诺，被冠以"异端"之名，1600年2月17日，布鲁诺被活活烧死在罗马的鲜花广场上。牺牲前，刽子手用木塞堵上他的嘴巴，唯恐他讲出真理。罗马教廷又把他的骨灰抛撒入台伯河中，力图消除布鲁诺的辉煌影响。

但事与愿违，289年后的1889年，罗马的宗教法庭在科学和事实面前终于不得不为宁死不屈的伟大思想家平反。布鲁诺永远活在全世界人民的心中。

另一位世界实践物理学的开拓家、伟大的物理学家、力学家、哲学家、天文学家伽利略奥·伽利略（Galileo Galilei，1564—1642年），在罗马教廷残酷折磨、迫害下，高龄、病弱垂逝之年仍维护真理、坚持科学新说的事迹，是特别感人的。

伽利略是发现了世界闻名的物理学伟大的三大定律（钟摆等时性、抛物线、落体加速度）的物理学家，又是天体望远镜的发明者，《对话》《星际使者》等名著的作者。早在1616年3月26日，伽利略便遭到宗教裁判所的审讯，令他今后不许再讲授和维护"日心地动"学说，否则将同布鲁诺的下场一样。但伽利略仍坚持科研和著述，他的《对话》一书虽受到广大读者赞誉和嗜读，但仍被罗马教廷明令禁止发行，全部没收。同时被人诬告他影射攻击教皇等，要受审判。1632年10月1日，年近七旬的伽利略，本已是多病之身，医生开了证明提出："伽利略多病，让他从佛罗伦萨去罗马，恐途中病逝……"但罗马教皇乌尔班八世（1623-1644年在位）冷酷地下令："把他抓起来，锁上铁链，押到罗马！"1633年2月13日，伽利略挣扎着抵达罗马，立即被逮捕入狱，并不准同任何人接触。宗教裁判所对他连审了几个月，因伽利略拒不认罪，被激怒的教皇下令不准他睡觉，隔四小时轮审一次。最后伽利略虽被逼无奈，在悔过书中签了字，但他喃喃地自语道："可是，地球仍然在转动！"

晚年的伽利略，贫病交加、双目失明，78岁时离开了人世。三百多年后，1979年11月，此时的罗马教皇虽然对他平反昭雪，真理终于战胜邪恶，但历史上件件悲剧，桩桩血泪的史实将永存人间。

二、天主教著名人士的改革思想和实践

（一）尼古拉·库萨的"海克力士"活动

尼古拉·库萨（Nicolaus Cusanus，1401-1464年）是15世纪德国著名的人文主义学者和天主教宗教活动家，也是学识渊博、见解精辟的哲学家兼神学家。

尼古拉原姓克列布斯，德国南部库萨村人，因此，人们通称他为尼古拉·库萨。他的父亲出身船主，经营商业和航运业，也经营渔业和农业。尼古拉青年时，先后读过四所大学。15岁时，入读名校海德堡大学，一年后又远赴意大利到名驰欧洲的帕多瓦大学主攻法学，于1423年

获教会法博士学位。之后，他回德国的科隆大学专攻神学和哲学。尼古拉最后又赴意大利的波伦那大学研读民法并获得民法博士学位。尼古拉不仅精通法学、神学和哲学，而且熟谙拉丁文、希腊文和希伯来文。他对天文、地理、历法和数学、物理等均有高深造诣。尼古拉·库萨是欧洲第一个绘制出精确度极高的中欧和东欧地图的学者，他曾提出过改革旧尤利安历（儒略历）的草案，并发明过用水量计时和测定人体脉搏的方法。

尼古拉·库萨青年时期，对他一生影响最大的是他的老师塞萨里尼。塞萨里尼是当时名声显赫的拉丁文作家和希腊文学大师，后来晋升为天主教会的主教，后改名为"朱丽安"。塞萨里尼在1431年曾作为罗马教皇的全权代表，主持了著名的巴塞尔宗教会议，是欧洲宗教界中的大名人。尼古拉很崇拜塞萨里尼的学识，在自己的著述中多次衷心称颂他为自己的导师，在天主教会内，他也尽量按塞萨里尼的榜样和指示活动。

从15世纪30年代起，尼古拉的主要精力都用在天主教会的宗教活动上。罗马教皇马丁五世（1417-1431年在位）时期，欧洲各国君主同罗马教皇争夺权力的斗争仍酣。马丁五世于1431年在巴塞尔召开了宗教会议，这次会议拖延长达18年之久也未能结束。德皇等君主同罗马教皇争夺权力展开尖锐的斗争。教皇马丁五世委托朱丽安（塞萨里尼）不仅主持宗教会议，而且参与研究天主教中的要务。尼古拉当时虽只是朱丽安的一名随从人员，但从此在政治舞台上和天主教会中崭露名声，影响日显重要。尼古拉在宗教活动中力主天主教的统一，反对分裂。他曾撰写了一篇《天主教协调》的文章，提出天主教会内部的各种矛盾务以协调共议的方式处理和解决。这一观点符合教皇的利益，故他本人得到教皇的重用。

罗马教皇尤金四世（1431-1447年在位）继任教皇后，教皇同西欧君主之间围绕限制罗马教廷征税、任命神职人员的权力、各国君王加强中央集权化等问题的政教之争，达到白热化的程度。同时，由于各国工商业的发展，市民阶层力量扩大，各地异端运动显著发展的形势，尤金四世在佛罗伦萨专门召开了宗教会议，决定东西方教会进一步联合，特地委派尼古拉为专使前往君士坦丁堡。尼古拉在出访拜占庭帝国及同东正教教会联系期间，收集了大量希腊古代的典籍、文稿，充分显示出自己的才华和能力，深得教皇的赏识。从此，教皇把尼古拉·库萨视为自己的亲密助手。因而，尼古拉被当时天主教会的人们称赞为教皇尤金四世的"海克力世"（即希腊神话中的大力士）。

尼古拉·库萨在哲学理论方面，先后出版了《论有学问的无知》《论假设》《为有学问的先知辩护》《朴直者论智慧》等代表作。在哲学思想和观点上，他论述了上帝与宇宙的关系、有关宇宙有无中心，以及关于认识论、对立与统一的辩证关系等学术上有不同见解的问题。从基本方面评述，尼古拉在学术上肯于钻研，有明显成就，是15世纪欧洲著名的人文主义学者。但他确认上帝的存在及上帝在人类和自然界中拥有支配地位，他基本上仍是坚持神学的唯心主义世界观的。

必须指出：尼古拉·库萨是天主教会中对罗马教廷的弊端和严重错误肯于揭露和进行批判的、坚持真理的、正直的天主教徒。他对1440年著名的人文主义者罗伦佐·瓦拉通过认真考证，写出的《论伪造的君士坦丁的赠予》，乃是8世纪时罗马教皇伪造的证据，瓦拉戳穿了罗马皇帝君士坦丁"曾授予教皇统治意大利乃至统治整个欧洲"的谎言，这个历史骗局一直延续、流传达700年之久。尼古拉·库萨坚决支持瓦拉的揭发，并以瓦拉为挚友，投入了对罗马教廷谎言的揭露和批判，这是尼古拉极其可贵的表现。

15世纪50年代初，尼古拉·库萨已升任红衣主教，声望很高。当时的教皇尼古拉五世（1447–1455年在位），根据本身的人文主义思想曾试行一些天主教本身的宗教改革措施，尼古拉·库萨积极支持改革。他受教皇的委派从1450年至1460年曾以主教身份在德国、尼德兰和奥地利等地从事活动，以便巩固天主教会的影响。1460年，奥地利大公西吉斯孟曾将尼古拉·库萨逮捕，强迫他签订有损于罗马教廷的协定。后来，尼古拉·库萨寻机潜逃，回抵罗马。此后尼古拉·库萨留在教皇庇护二世（1458–1464年在位）身边，担任教皇参谋的职务。1464年尼古拉·库萨在执行天主教本身改革的活动中患病身亡，享年64岁。

（二）伊拉斯谟的《愚人颂》

德西底留斯·伊拉斯谟（Desiderius Erasmus，1466–1536年）是15世纪中叶与16世纪上半叶西欧人文主义的泰斗兼语言学、考订学权威，是天主教宗教改革的思想家和活动家、杰出的教育思想家。

伊拉斯谟，出身于尼德兰北方沿海商业城市鹿特丹的一个神父之家。他18岁时（1484年）母、父相继去世，青年时先后在斯坦因奥古斯丁教团的修道院中做修士，26岁时获教师职位，28岁得修道院院长的推荐，被布鲁塞尔宫中的教长康布雷主教亨利聘为拉丁文秘书。伊拉斯谟通过艰苦自修后，精通希腊文、拉丁文，钻研《圣经》与古典文学，先后出版了大量文学、拉丁文文法译文及神学等作品。他30岁（1496年）获神学硕士学位、40岁时（1506年9月）在意大利都灵获神学博士学位。伊拉斯谟在1509年夏完成了传世名著《愚人颂》（1511年在巴黎首次出版）[1]。

伊拉斯谟在欧洲文艺复兴和宗教改革时代知名度极高。人们把他誉

---

[1]　《愚人颂》是伊拉斯谟的众多名著之一，是欧洲文艺复兴时期传播最广、影响巨大的著作之一。在他生前已出版达40版，计有欧洲各国文字的12种译本。盛传1632年时剑桥大学师生中已人手一册《愚人颂》，人们熟读不厌。中译本在我国为刘曙光译，北京图书馆出版社2000年版。

为"人们的指路明灯"，深受一些君主的高度重视。伊拉斯谟在世时，德皇查理五世曾表示要在帝国议会上钦赐他一个永远固定的席位；英王亨利八世希望他到英国永久居留；法王法兰西斯一世盛邀他访问巴黎，并且准备要他出任新筹设的法国皇家学院院长一职；虽然伊拉斯谟曾尖锐地揭批过罗马教廷和天主教会中的暴虐、专制和贪腐搜刮等弊端，但有些开明的教皇还准备给这位天主教徒授以副主教的教职。西欧许多著名大学曾竞相聘请他担任教授……著名的瑞士新教宗教领袖改革家慈温利称赞伊拉斯谟是"最伟大的哲学家兼神学家"；瑞士和法国加尔文教创始人加尔文也尊崇伊拉斯谟是"西塞罗以来的第一人及抒情文学的奠基者"……此外，他从青年时代起，同欧洲各国知名学者多有结交，在大学进行教学和研究，其众多著述已广为流传。他对《圣经》的译注，对福音的诠释及对古典文献的探研，是阿尔卑斯山以北（时称为"北方"）文艺复兴时代公认的文坛之翘楚。

伊拉斯谟同许多人文主义学者们一样，不仅不反对宗教，而且坚信基督教，是一位虔诚的教徒。他坚决维护基督教的原理和宗教道德。他反对的是那种贬低人的理性，否定原始基督教要义的腐化堕落的教会和罗马教廷中一些暴虐专制的当权者。他着重以现实生活中人的道德伦理规范来看待宗教和社会问题。他是"强调回复《圣经》真面目的人文主义福音传道狂"[①]，伊拉斯谟的基本思想是重建原始基督教，致力于人文主义和福音的传播，以便推动社会前进和发展，此即史学家评述后所称的基督教人文主义。

自16世纪初，伊拉斯谟先后发表了《基督教战士手册》（1501年）、《愚人颂》（1509年）、《和平的抱怨》（1517年）、《知己谈话录》（1518年）和《西塞罗》（1525年）等代表作，主要是嘲讽和

---

① G.R.波特编：《新编剑桥世界近代史·文艺复兴》第1卷，中国社会科学出版社1999年版，第153页。

揭露了经院哲学家们的迂腐和浅薄，揭批了一些教皇"用刀剑毒药和一切其他方法维护其地位"。伊拉斯谟主张《圣经》是神学的唯一源泉，基督教的信仰就是一种伦理规范。"圣经的真理可以被安宁的心所掌握①。"

伊拉斯谟根据基督教人文主义观点，针对天主教会和罗马教廷存在的诸多问题，他的改革思想和主张，归纳为下述诸方面：

第一，揭露、批判罗马教廷和天主教会内的愚昧和腐败，主张应清除教会中的弊端，整顿与革新教会。

他在《愚人颂》等著述中指出，教会中一些僧侣和经院哲学家"实际上他们是一无所知，但却强不知以为知"。这些人相信"凡增加知识者就增加忧患，而智慧越多，忧伤也越多②"。他指出：某些教皇和神职人员多半是利用诡计、狡诈而骗权、财，骗信任、荣誉，是卑鄙行径无所不用的人。伊拉斯谟公开攻击教阶制，否认圣礼的玄妙，主张废除教会的特权和弊端，进行改革，应"回到效法基督"的"黄金时代"。

第二，主张圣经是唯一权威，把学习古典文化同发扬基督教的传统结合起来，以理性重整人类道德。

他强调"圣经至上""圣经是唯一的标准、唯一的权威"。伊拉斯谟的口号是："回到圣经去，他毕生都遵守这一原则③。"他说：圣经中包含着基督教的真谛，它存在于爱和信仰之中，只有在圣经中才能找到这一真谛本来的真诚④。每个普通人都可以通过直接读圣经，走向上帝，成为神学家。

第三，提倡和平主义，反对侵略战争，反对暴力，主张发展教育、

---

① 罗伯特·施图佩里希：《鹿特丹的伊拉斯谟及其世界》，柏林1977年德文版，第131页。
② 威尔·杜兰：《世界文明史》（宗教改革），东方出版社1999年版，第374页。
③ 罗伯特·施图佩里希：《鹿特丹的伊拉斯谟及其世界》，柏林1977年德文版，第119页。
④ 赫尔伯特·斯泰美茨：《德国史手册》，斯图加特1970年德文版，第23页。

科学和文化。

他认为基督教是和平友好的宗教，反对以宗教名义的战争，战争适于野兽而不适于人类。战争是瘟疫、是邪恶、是对上帝意志的背叛。战争的根源是一小撮君主、教皇、诸侯怀野心，利用战争争权夺利。他们在各民族中播下不和的种子。人民辛勤建造的城市，由于诸侯的愚蠢，而遭到劫掠和破坏[①]。他对"十字军东征"很反感。

第四，主张由贤明君主当政，国家的政策应以基督的训诫为指导。

伊拉斯谟认为君主政体是一个国家有效的统治方式。他向往开明君主专制，主张君主应以德治国，从道德上对人民负责。国家的一切规定，应符合基督教的道德和规范，还应限制财富过于集中，要向奢侈品多征税，还应多设学校。他论述教育问题的著述颇多[②]，是一位杰出的教育思想家。

综上所述，伊拉斯谟关于天主教的改革思想和本身的实践有诸多特点和贡献，其进步性是明显的。

其一，伊拉斯谟在深入研究《圣经》时，他通过诠释、注解、考证，订正了拉丁文普及本圣经中的许多讹错，他将古希腊文译成拉丁文，使欧洲人能直接读到古希腊文本的圣经和经典作品，他是当时首要的圣经研究学者和圣经评注学的奠基人。伊拉斯谟的工作和众多著述，揭露了教会既往和当时的弊端，为欧洲的宗教改革运动做了准备和贡献。其二，伊拉斯谟的一切主张和实践，都是要人们坚定对上帝的信仰，维护对天主教的皈依，以天主教的学说为依据加强教育；按福音改变教会的现状，认真领会圣经。他企盼在贤明的罗马教皇领导下实现天主教会的改革。伊拉斯谟参照几部《新约》希腊文译稿，发现罗马教廷

---

① 马克斯·斯泰美茨：《德国的早期资产阶级革命》（文集），1995年德文版，第187页。
② 伊拉斯谟有关教育的论著计有：《基督教战士手册》（1501年）、《论正确的教学方法》（1511年）、《一个基督王子的教育》（1516年）、《论童蒙的自由教育》（1529年）等。

钦定的哲罗姆通俗注释本中，内容上错误甚多，乃重新考证，译出《新式万有圣经》（巴塞尔弗罗本出版社，1516年版）。他强调"应认真考查各节的思想内容，了解它是如何产生的？何时？在什么条件下？依据什么及为什么而作"[①]。伊拉斯谟的《箴言集》曾包含了大量格言、谚语和有趣的事，成为欧洲知识界常用的手册。其三，应当指出，伊拉斯谟强调了教会、教皇以及主教等僧职人员中存在的一些问题，并非天主教会本身的问题，天主教会的信仰是崇高的，需清除和改革的乃是教会中的一些弊端，天主教会中的问题应用"和平手段"、由教会本身自我改革便可实现，不需另建新教。伊拉斯谟对16世纪欧洲宗教改革运动爆发后逐渐传播、扩大，以及基督新教的建立和发展认为没有必要的观点，毋庸讳言乃是他认识的局限性所致。

概括说来，伊拉斯谟的主要贡献和功绩，突出表现在下述几个方面：

首先，他毕生不辞劳苦地复兴并促进恢复了古典文化，他将古希腊文的圣经和人文作品译成拉丁文，使当时的欧洲人读到了拉丁文的新约和古希腊作家的文史作品。他又以清新娴熟隽永的文笔，写出大量人文主义的佳作，启迪了人们的思维，开阔了人们的眼界。德国进步的史学家戚美尔曼曾写道："他（指伊拉斯谟）的创作尖刻地反对当时教会和世俗的蠢行……他那构思巧妙的笑话，语言表达非常优雅，轻松明快，犹如万箭齐发，直中鹄的……称他为开辟道路的新精神闯将，是当之无愧的[②]。"

其次，伊拉斯谟是典型的基督教人文主义派，是有自己见解、特色的天主教改革家，他主张回到新约圣经和教父圣典丛书当中，实现生活和道德的改革。他是同托马斯·莫尔、伦敦的科列特、法国塔布列斯

---

① 鲁·思·班敦：《改革先驱伊拉斯谟》，哥廷根1969年德文版，第138页。

② 威廉·威美尔曼：《伟大的德国农民战争》上册，商务印书馆1982年版，第159、160页。

的勒非甫耳等人一致的早期有本身特色的天主教改革家①。在欧洲宗教改革运动，即路德新教、慈温利新教及加尔文教等先后产生的高潮中，天主教会能继续通过改革而存在和强化，是同伊拉斯谟等的贡献分不开的。

最后，伊拉斯谟通过对经院哲学、罗马教廷和天主教会本身的抨击、揭露和批判，为欧洲宗教改革运动做了准备。伊拉斯谟曾形容教会中有些僧侣是"精神错乱的蠢物"，明明是贪婪者，却"表白自己没碰过一文钱"。他笔锋所及对一些主教，甚至教皇都公开揭批。他对路德《九十五条论纲》表示赞许、反对"赎罪券"的售卖、强调教会应以圣经为律法等，后人曾有过生动形象的比喻，传说是"伊拉斯谟生的蛋，由路德孵出了小鸡"。从1521年11月起，伊拉斯谟被聘为弗罗本出版社总编辑后，他在出版界为宗教改革更扩大了阵地。伊拉斯谟逝世后，罗马教皇保罗四世（1555–1559年在位）曾公开宣布伊拉斯谟为第一类异端，并指示伊拉斯谟的任何著作、文章均为禁书，但伊拉斯谟虽逝，他的业绩、影响却永存人间。人们曾把英国的宗教改革运动称为"伊拉斯谟运动"，伏尔泰、海涅、莱辛、歌德等把伊拉斯谟视为同侪和榜样，20世纪以来，欧洲出现过"伊拉斯谟复兴运动"和"伊拉斯谟学"。

（三）托马斯·莫尔的《乌托邦》《塔中书》与生平

托马斯·莫尔（1478–1535年）是国际上著名的空想社会主义思想的鼻祖，是英国杰出的人文主义思想家，卓越的人文社会科学、哲学家，同时他还是一位对天主教本身的宗教改革有过重大贡献的实践家。对他这方面的突出业绩，往往是人们忽略而未能加以评述和总结的。

---

① ［美］菲利普·李·拉尔夫等著：《世界文明史》上卷，商务印书馆1998年版，第24页。

　　莫尔青少年时代有几件经历的事实，是引人注意和令人惊叹的。一件是莫尔12岁那一年，按当时颇流行的惯例，他正在学识渊博、德高望重、威信和影响甚广的英国红衣主教莫顿的家中当少年侍卫。当时他的表现非常出色。因为莫尔平素聪慧伶俐，有雄辩的口才和表演才能，又正直可靠、善解人意。莫顿大主教曾向宾客朋友夸赞并预言说道："在我们桌旁做服侍的这个孩子，将来会对每一位能看到他成长的人，表明他会是一位出类拔萃的人物。"另一件是青年莫尔当律师时，光明磊落地处理各种案件，为人正直、廉洁奉公，"宁肯自己受损失"也要尽力设法"降低诉讼人因司法立案照例应当支付的各种费用"，使莫尔广受同事们的爱戴和称赞。

　　特别具有代表性的一件影响重大的事情发生在1504年，年仅26岁的莫尔被选为英国下议院的议员。当英国国王亨利七世有一次向议会无理地勒索一笔封建性的巨款当国王的"补助费"时，莫尔竟然敢当众反驳英王，义正词严地否定了国王的要求。他的这一举动使出席议会的王公大臣都非常震惊，结果在议院中公开否决了英王亨利七世的主张。莫尔的这种敢于仗义执言的无私品格表现出他可贵的品质。

　　还有一件莫尔同情被压迫的下层劳动者的事迹，也可看出莫尔对工人们的感情和立场。1517年4月末至5月初，伦敦的帮工和小手工业者们联合举行过一次反对外国商业霸权势力的起义，被镇压后有411名起义者（包括11名妇女）被反绑双手在城内游街，然后将被处绞刑。莫尔闻讯后，忙和伦敦金融中心区的一些代表们一同向国王求情，英王才赦免了这些起义者的死刑。此事充分说明莫尔的人道主义的世界观和对被压迫者的同情。

　　值得提及的是莫尔的一部杰作——《理查三世的历史》，莫尔生动地塑造了残酷狡诈的暴君理查三世的极其丑恶的阴险形象。理查三世在其兄国王爱德华四世病危期间，曾公开保证要扶持其年幼之侄继任王位，但当其兄爱德华四世刚逝、尸骨未寒之际，他便急不可耐地暴露出野心，不仅把已故国王的亲信全部杀尽，而且秘将其两个幼侄缢死，埋入伦敦塔内。他唆使一个传教士造舆论宣布原王位继承人乃"私生子"，其叔理查·格罗斯特（即理查三世）是"合法"国王的继任者……莫尔根据历史文献和传闻资料写成这部《理查三世的历史》的历史著作，写得扣人心弦、脍炙人口，第二版于1587年被莎士比亚写成名剧《理查三世》后，轰动全英。托马斯·莫尔的文学成就名扬于英伦三岛的学术界，莫尔本人的正直品质通过作品昭然明示出来。

莫尔本人坚持他对天主教的信仰，执着地反对英国国王亨利八世同王后凯瑟琳的离婚案，直到他本人因此被国王判处死刑仍不悔……他不同意英国进行宗教改革的一些事实，在第七章中已简叙过；他反对圈地运动和同情贫苦农民而发出"羊吃人"的谴责等，在《乌托邦》名著中亦十分明显地阐述清楚。而莫尔本人倡导天主教会和教士、信徒本身应进行改革的思想和主张，在他的名著《乌托邦》和同挚友伊拉斯谟的书信内，以及他逝世前被囚伦敦塔内所记述的《塔中书》中，他都曾鲜明地提出和坚持过。这一切，实际上都是他本人对天主教宗教改革的主张和贡献。

在莫尔所著的《乌托邦》一书第二部的《关于乌托邦人的宗教》部分，莫尔特别强调了下述几个要点：

其一，天主教徒们应像乌托邦人那样虔信基督是唯一的神、"最高的神"，"称他为父，把万物的起源、生长、发育、演化、老死都归之于他"，"他是全世界的创造者和真主宰"。只要"提到基督的名字，他的教义、他的品德、他的奇迹"，人们都"愿意接受这个宗教"，"不少人都接受了我们的信仰，并经过洗礼"[①]。

其二，号召天主教徒应像乌托邦人那样，极端轻视"涉及迷信的一切占卜方术"。日常应"不偷闲、勤干活，多行善"[②]。

---

① ［英］托马斯·莫尔著，戴镏龄译：《乌托邦》，商务印书馆1997年版，第103、104页。
② ［英］托马斯·莫尔著，戴镏龄译：《乌托邦》，商务印书馆1997年版，第108页。

　　莫尔指出，乌托邦人认为"探索自然，于探索中赞美自然，是能为神所接受的一种礼拜形式"。如"要在死后得到幸福，就必须勤干活，多行善。因此他们有的照料病人，有的修路清沟，改建桥梁，挖除杂草沙石，以及砍劈树木，用车辆运送柴粮等到城市中去。不管对公对私，他们都如同仆役般操作，比奴隶还卖气力"。"他们自己辛苦不停，让别人安闲，但又不以此居功。他们既不贬低别人的生活方式，也不表扬自己的生活方式。他们越是奴隶般地操作，越受到所有人的尊敬①。"

　　其三，呼吁天主教会的教士（任教职之神父等人）应献身宗教、竭尽圣职，监察社会风纪，力戒腐化邪恶，争取受到国内外尊敬。

　　莫尔强调"乌托邦人的教士是极端献身宗教"的②。每个城市中的教士数目，不超过十三人。遇到战争，其中七人随军出发。主教只有一名，是教士的首领，"所有教士都由国民秘密投票选举产生"。由"教士主持礼拜、掌管宗教仪式"。"任何人如因生活放荡受到教士传唤或申斥，都被人认作奇耻大辱。"教士可将非常坏的分子逐出教会的活动，"不许他们参加礼拜"。"教士负有教育儿童及青年的任务""把关心培养他们的品德和关心他们读书求知，看得同等重要"。

　　"没有其他的公职比起教士职位在乌托邦更受人尊敬了。""一个人品德上经过择优拔萃而提升到高贵职位，选拔的唯一考虑是贤良。""教士所以人数少而又特殊，就是为了防止他们现在给以崇高敬意的尊严的教士职位，由于分享的人太滥而变成无价值。""只有普通道德修养的人是不够担任这个职位（指教士）的③。"

　　乌托邦教士在国内外到处受到尊敬，"都承认乌托邦教士人身是神

---

① ［英］托马斯·莫尔著，戴镏龄译：《乌托邦》，商务印书馆 1997 年版，第 108 页。

② ［英］托马斯·莫尔著，戴镏龄译：《乌托邦》，商务印书馆 1997 年版，第 109 页。

③ ［英］托马斯·莫尔著，戴镏龄译：《乌托邦》，商务印书馆 1997 年版，第 111 页。

圣不可侵犯的"①。

其四，教堂应条条道路通到一个目标，即崇拜神格，务必朴实无华，使人们肃然起敬。

教士的法衣，既不绣金，也不镶嵌宝石，使人们时时想起上帝的恩泽。

莫尔所设计的教堂美观、工艺精细，能容很多人，但光线不必太强。"过多的光会令思想分散，微弱的光能使精神集中，虔诚得到促进。"教堂中没有神像，使每个人可自由去体会神的形象。根据上帝以慈悲为怀，对万物有好生之德，故教堂在各种节日均"不宰杀牲畜作献祭用"。

在教堂中"教士及会众一齐念诵有固定形式的庄严祷文，每个人可以应用到自己身上"。从祷文里，每人认出神是万物的创造者，是统治者，是一切其他幸福的给予者。每人感谢神赐予自己全部的恩泽……②

应当指出，莫尔在《乌托邦》中，专门述及教堂朴实无华，教士的法衣"不像人们预期的那样贵，既不绣金，也不镶嵌宝石……"③。他主要是针对欧洲宗教改革运动以来，新教一些人士，揭批天主教会的教堂奢华、罗马教廷的奢侈腐败等，而有意提示天主教会应进行改革的内容中包括了廉俭教会、教堂方向，力图加以改革的设想。

通过托马斯·莫尔同挚友伊拉斯谟之间，以及伊拉斯谟写给别人的一部分书信中，亦能清晰地观察和分析出莫尔的基督教人文主义观点及对天主教本身进行宗教改革的企盼和主张。

莫尔在致伊拉斯谟的（481号）④信中，曾表示我为彼得赞同我们的《乌有之乡》而高兴……因为统治下的若是自由人民，那才更光荣。那

---

① 　[英]托马斯·莫尔著，戴镏龄译：《乌托邦》，商务印书馆1997年版，第111页。

② 　[英]托马斯·莫尔著，戴镏龄译：《乌托邦》，商务印书馆1997年版，第114页。

③ 　[英]托马斯·莫尔著，戴镏龄译：《乌托邦》，商务印书馆1997年版，第113页。

④ 　编号系根据艾伦（P.S.Allen）编的《伊拉斯谟书信集》，见《乌托邦》附录一。

么贤明的先生们决不会存心妒忌，以至于对别人心怀恶意，而自己过着幸运的生活。

莫尔在致伊拉斯谟的另一封信（499号）[①]中写道："我周围是一群亚马乌罗提城的达官贵人……这等人和我们相比是些可怜虫，他们以外出为荣，全身孩子气的打扮和妇女般的服饰，戴着令人作呕的金子打成的链，而且可笑地用紫袍、宝石以及其他无谓的玩意儿来打扮[②]。"

伊拉斯谟在致德国人文主义者骑士胡登的信中曾这样描写莫尔："他一贯憎恨专制，一向喜爱平等……莫尔天生贪求的是不受羁束……一般贵人用以消磨时间的打球、掷骰子、赌牌和其他游戏，他无不深恶痛绝……他对朋友的事的照顾却是最殷勤不过的……他生性厌恶猥琐的财货……谁也无从劝他去接受任何一方的礼物……他总是急于使自己对所有的人有益，异常富于同情心，因此随时助人为乐。对某些人，他解囊相助；对另一些人，他用自己的职位给以保护……可以称莫尔是为一切处于逆境中的人们的共同的辩护士。扶助受压的人，使陷入迷惑困难的人得到解脱，为相互间有隔阂的人达成和解，莫尔认为能做到这些便是他的莫大收获……他的《乌托邦》旨在揭露各个国家产生不良情况的根源……他的辩锋是意想不到的尖锐，能以子之矛，攻子之盾，使第一流的神学家为之目瞪口呆。判断力犀利而精确的科利特在私人聊天中常说：'英国只有这一个天才家，虽然才华杰出的人不在少数。'他在虔敬上狠下功夫，但绝不奉行任何迷信仪式。他定时祷告神，不是惯例式的，而是出于衷心的[③]。"

托马斯·莫尔，在1534年4月，因拒绝宣誓支持英王亨利八世的宗

---

① 编号系根据艾伦（P.S.Allen）编的《伊拉斯谟书信集》，见《乌托邦》附录一。

② ［英］托马斯·莫尔著，戴镏龄译：《乌托邦》，商务印书馆1997年版，第122页。

③ 原载于［英］托马斯·莫尔著：《乌托邦》附录一《莫尔和伊拉斯谟的书信摘录》，《伊拉斯谟致胡腾（999号）》，商务印书馆1997年版，第124-132页。

教改革政策，被关入伦敦塔监狱之中。次年7月6日，他被英王亨利八世下令处死。莫尔在伦敦塔被囚期间，对天主教中存在的弊端和问题以及应加改革的问题陆续写过众多看法和意见，以后全部辑入《塔中书》内①。《塔中书》中包括书信、《安慰的对话》及第一篇《耶稣受难》、第二篇《论领圣餐》、第三篇《基督的悲伤》、第四篇《教训与祷文》。书中处处流露出莫尔对基督教世界现状和天主教会的忧虑、关心及改革的建议。

莫尔对天主教会存在的各种问题和弊端进行了评论，并对如何反思与改革问题，提出了劝谏看法。他认为：

首先，天主教会中的一些教士和基督徒，比较疏忽和懈怠，不守上帝的律法。在遵守律法问题上，基督教徒应效仿救世主耶稣；

其次，领圣餐时不够虔诚和恭敬，只重仪式而轻视信仰；

最后，因懒惰而疏于祷告，祈祷时心有旁骛。

针对天主教会存在的种种恶习和弊病，莫尔认为最关键的核心问题，应效仿基督，则能获得上帝的恩典。他认为宗教改革应在教会内部进行，反对导致教会分裂和社会混乱的任何激烈的手段。

面对当前的形势，莫尔感到每一个基督教徒包括自己在内，都应该有一种捍卫基督教的强烈使命感。现在绝不是休息睡觉之时，我们应立即起身，给那些处于危险中的人们带去慰问。他呼吁说："让我们不断地保持警醒，起来做祷告，祈求那些被撒旦的阴谋诡计所欺骗而陷入可悲和愚蠢之中的人们能够早日醒悟过来，祈求上帝保护我们不要陷入这种诱惑之中，不要让魔鬼的风暴冲击我们的海岸②。"

莫尔一方面谴责新教的教义和学说，但同时又表现出对新教徒的宽

---

① ［英］托马斯·莫尔著，殷宏译：《塔中书》，（托马斯·莫尔晚年论修齐治平之大作），经济科学出版社2013年版。

② ［英］托马斯·莫尔著，殷宏译：《塔中书》，（托马斯·莫尔晚年论修齐治平之大作），经济科学出版社2013年版，第9-10页。

容精神和感化的责任。这实际上又体现出莫尔早在《乌托邦》中表达过的信仰自由和宗教宽容的基本主张。莫尔的关于政治、宗教的一些基本观点，如教权独立、有限君权论等，在《塔中书》中均已保留。

通过上述天主教会内著名的提倡天主教会本身应努力改革、除弊的著名人士尼古拉·库萨、伊拉斯谟和托马斯·莫尔等曾力主清除本教会的弊端，认真恢复教会的廉洁、正派并投入各种实践活动之外，必须指出天主教会内还有不少知名人士提出并投入天主教的改革活动，这是15–16世纪及此后基督新教在欧洲创建、兴起之后，而旧教（天主教）仍能长期存立的原因之一，是不应忽略的。

天主教会本身有一些具本身特色的天主教改革家。他们或同伊拉斯谟、托马斯·莫尔雷同的是基督教人文主义者，或本身曾参与过15–16世纪罗马教廷中或地方性天主教会的部分工作。他们本身当时仍为旧教（天主教）会工作，但确为天主教会本身的改革献策、尽力的史实不可否认。这些人士计有：英国伦敦的科列特、法国塔布列斯的勒非甫耳和康泰只尼（孔塔利尼）、迦腊法（卡拉发）、萨多来托（萨多利特），以及英国的波尔（亦译名保尔）等①。他们对天主教会本身的改革有贡献，亦有不少具体史实。

在本题阐述天主教会的内部改革题目中对罗马教皇的评述，拟根据史实指出，有些教皇在14–17世纪，欧洲文艺复兴和宗教改革时代，并非千人一面。迄今，某些国外著作中，由于著者的立场、观点有别，因而对历史上同一位教皇往往褒贬不一，或颂为"神明"、赞为英雄、伟人，无以复加；或斥为罪人、"狗熊"，一无是处。而历史是很生动的。有的教皇目光短浅、碌碌无为；有的争权夺利，专横跋扈、暴虐专制、贪腐。但也有些教皇既有真知灼见、严格自律，又能身先教徒、扶

① 参见［美］菲利普·李·拉尔夫等著，赵丰等译：《世界文明史》上卷，商务印书馆1998年版，第924页，及谷勒本著：《教会历史》，香港道声出版社1983年版，第418页。

扬文化、整肃教纪、重视改革。而有些教皇则是优点、缺点聚于一身，兼容并蓄，集双重性与矛盾性于一身，他们既支持文艺复兴、又反对基督新教的筹建和发展；他们或同意某些改革又反对另一些改革。总之，任何教皇都是人，而不是神，都是历史和所处时代影响下生存和成长的。所有教皇的言、行都离不开当时的经济、政治和文化背景，对任何一位教皇绝不片面拔高或笼统否定。应按他的实践，看他是推动抑或阻挡历史的发展，而评析其是非功过。

罗马教皇尤里乌斯二世（1503–1513年在位）、利奥十世（1513–1521年在位）、保罗三世（1534–1549年在位）等属于集双重性与矛盾性于一身的教皇，既有过众多错误，他们又确曾组织罗马教廷和部分大主教和天主教会中的有识之士一道做过天主教会内部的一些改革，则是应予肯定的。

三、耶稣会的成立与早期的耶稣会士

16世纪欧洲宗教改革运动不限于西欧，还传播到北欧和东欧。天主教在对抗新教的活动中，本身也进行过众多改革。成立耶稣会便是天主教会同新教的抗争，属于天主教宗教改革的重要措施。

（一）罗耀拉与耶稣会的创立

天主教的主要修会之一的耶稣会是1534年8月15日，由西班牙人伊格那提·德·罗耀拉（1491–1556年）创建于巴黎，1540年9月27日经罗马教皇保罗三世批准成立和公开活动的。

伊格那提·德·罗耀拉（Ignacio de Loyola）出生于西班牙北部巴斯克省的一个贵族世家。当时，西班牙在长达数百年的反抗阿拉伯人的统治、收复失地的斗争中，北部各地天主教的影响和势力很大。罗耀拉本人从小就有着强烈的天主教意识。他在斐迪南国王的宫廷中担任侍童度过了自己的童年时代。罗耀拉少年时代经历了当时欧洲贵族应接受的骑士教育，养成冒险、忠君、喜欢幻想等性格特点。他离开王宫后，便参加了那瓦尔军队。他因勇猛作战，荣获过勋章。1521年5月，20岁时作为军官的罗耀拉在攻打那瓦尔省府的战役中，双腿被炮弹炸伤，失去右腿，成了跛子。罗耀拉在长达9个月的养伤治疗期间，找不到骑士文学作品，反复阅读了《圣经》《圣徒传》《基督一生》等，他被圣人们虔诚的牺牲精神所打动，决定放弃骑士的抱负，抛弃世俗的向往，今后效忠国王，捍卫上帝和天主教会，开始新生活。

1522年3月，罗耀拉穿上苦行僧的破烂衣服，走上"朝圣"、拜谒圣墓前往耶路撒冷之路。途中在巴萨罗那等地遇鼠疫流行。他坚持在小山的洞穴中祈祷，鞭挞自己加强"精神训练"。经历十几个月后，他终于抵达耶路撒冷，朝圣完毕后，便返回了西班牙。

罗耀拉深感自己文化知识不足，1524年他33岁时决心入文法学校同十来岁小孩一起听课、苦读，以便提高文化水平。1528年，37岁的罗耀拉又到巴黎大家蒙太古学院学习语言、人文及哲学。1534年他43岁时终于获得了巴黎大学文学硕士学位。1534年8月15日，圣母升天纪念节这一天，罗耀拉同他的六名志趣一致的同伴弗兰西斯·哈维尔、迪亚格·莫涅茨等，在巴黎城外的一个小教堂中，通过简单仪式，组成了一个崇尚天主教的小团体（没命名），不久便得到教皇保罗三世的支持。1537年春，罗耀拉同小团体的成员们（成员增达9人）按约在意大利的威尼斯会合。他们赴罗马得到教皇的接见和鼓励。教皇保罗三世（1534–1549年在位）赞赏他们，批准小团体的"朝圣（去耶路撒冷）"计划及在意大利讲道等广泛活动的安排。罗耀拉等人随着社会联系的扩大，决定成立一个天主教会领导下的严密的宗教组织，认为耶稣会基督是最高领导，故组织定名为"耶稣会"，决定忠诚于教皇的领导，担当上帝的卫士。1540年9月，教皇保罗三世正式公开宣布批准了耶稣会的成立。

1541年罗耀拉被选为耶稣会第一任会长，他被委托写出耶稣会的章程。1547–1550年，历时三年，他写出了章程，又经多次讨论、修改，1559年会章最后用拉丁文印出公布（这时罗耀拉已逝三年，他是1556年7月31日病逝于罗马的）。16世纪，在欧洲历史上处于中世纪晚期，是"文艺复兴和宗教改革时代"，代表新兴资产阶级的新教同天主教处于分庭抗礼、尖锐、复杂的斗争阶段。罗耀拉这个人既有封建骑士那种狂热、勇敢、服从的精神，又有天主教徒那种虔诚为上帝献身的意志。由他所创建的耶稣会，既有探索天主教本身改革，维护天主教固有传统作用的一面，也有阻挠新教活动同天主教抗争的另一面。时至今日，天主教不仅在拉丁美洲和亚洲存在，也在欧洲法、意、西等国继续延存已久，在全世界教徒众多，证明它拥有生命力。在特定的历史阶段中，耶稣会及其会士在教育领域及传播科技、文化等方面曾给过人类不少有益的启示，对其全面否定，甚至污称其为"反动组织"则属偏颇之见。对罗耀拉等历史人物及其功过是非应根据史实加以全面分析是对本题的新观点。

（二）耶稣会及其活动

耶稣会是1534年成立，1540年经罗马教皇正式批准公布的社会团体。罗马教廷把耶稣会作为维护天主教会的宗旨、传道活动和权益的最得力的下属组织。耶稣会把创始人罗耀拉的"坚决献身上帝""一切为了上帝的光荣"作为自己的宗旨。罗耀拉根据自己早年在军队中服役的经验，把耶稣会建成为一个等级分明、纪律严密的组织。其最高首领称为总会长，享有绝对权威，任职终身。所有会员必须严遵命令行事。耶稣会又名"耶稣教团""耶稣连队"。其会员统称为"耶稣会士"。罗耀拉宣称：上帝不仅是天国的主宰，而且是人世间最高的国王，是军队的总统帅。他用西班牙文写出的《耶稣会章程》的草稿中称教皇是上帝在人间的代理人。故服从教皇、唯教皇的任何命令是从，乃耶稣会的特别规定。耶稣会士同一般的修道士不同，他们除了经过"守贫""贞节""服从"的宣誓之外，还经过绝对效忠教皇的特殊宣誓。耶稣会被称为天主教中"教皇的突击部队"。罗耀拉被誉为"罗马教廷的勇猛斗士"。1622年，罗耀拉被罗马教廷追封为天主教会的"圣徒"。

耶稣会在管理上实行中央集权，下级要绝对服从上级，严格执行命令。总会长有最高权力，故被称为"黑衣教皇"。罗耀拉规定耶稣会士一般不穿僧衣，身着普通便装，同俗人多自由交往，争取担任各国、各地统治集团的顾问，广泛开展传教、布道活动。积极兴办学校、争取青年，是耶稣会活动的重要内容。耶稣会另一项主要活动是反对新教及其宗教改革活动。

耶稣会的发展很快，罗耀拉逝世时，此会在意大利已直接在约100所院校和宗教团体内拥有众多会员，耶稣会已分布于12个省和地区中。耶稣会不仅活跃在天主教传统的势力范围内，而且向新教活动流行地区渗透。由耶稣会创办的学校，到17世纪初已扩增到20所。迄18世纪时，属于耶稣会的中学约为612所，师范学校157所，大学达到24所之多。耶稣会学校鼎盛时在校的学生达20余万名之多。耶稣会活动发展迅猛之原因：首先是把人们的宗教热忱同对科学知识的兴趣和学术上的探研结合起来；其次是耶稣会从上到下走出经院，到广大民间，接触社会各个阶层，同中世纪的修士们长年闭居在修道院内不同；再次是耶稣会士受到严格训练能守贫、吃苦，忠于上帝的"事业性"强，成员素质高；最后是他们得到了罗马教廷和各国各地天主教会的鼎力支持。耶稣会活动范围很广，不仅在欧洲，而且远及亚洲和美洲。

17–18世纪时是西欧各国新兴的资产阶级、基督各新教同天主教之间斗争激烈、尖锐时期，耶稣会及其活动的变化较大。

（三）耶稣会的宗教道德教育

宗教道德教育力求达到两个目标，首先是使成员具有坚定的宗教信念和良好的道德品质；其次是具有优良的知识基础和运用知识的能力。要实现两项任务，一是提高耶稣会士的素质和水平；二是为促进天主教在世界范围内发展，抵制新教改革，由耶稣会士对他人进行教育。

宗教道德教育思想在耶稣会的三个重要文件中有集中的表述。一是《精神训练》，是耶稣会士及耶稣会学校中之学生的必读课本。二是《耶稣会章程》，罗耀拉给耶稣会的第一个西班牙语命名即"耶稣的军团"，首领称为"将军"（即总会长）。《章程》共十章，最长的第四章专门论述教育。三是《教育章程》，乃罗耀拉于1540年制定，他逝世后，1586年修改过，1599年修改补充后，于1599年正式颁布。

三个文件的要点是大力提高耶稣会成员的宗教道德素质，同时推动天主教在世界范围的发展和对抗新教。重点是贯彻《精神训练》。

"精神训练"是从"人本有罪"这一基督教基本原理出发，领悟上帝的伟大，认识人生的使命，即坚信、崇尚和服从上帝，经严格的意志和毅力的训练，以便实现人同上帝的交流，并对上帝在人间的代表——教皇效忠。"精神训练"与教会中通用的内省、忏悔等方法不同，其特点是：（1）要求人们以严格、痛苦和冷酷的态度同自己的罪恶斗争，达到精神上的自我控制和完善。（2）运用幻想、重视、回忆、模仿耶稣的一生，具有心理学、社会学及哲学的研究价值。（3）通过枯燥、刻板的训练程式，生硬、晦涩的语言，浸透宗教狂热，实现"天路"历程。（4）受训者的意志、情感和行为等均发生变化，达到以上帝的意志为意志，爱上帝所爱，行上帝之命，成为上帝和罗马教廷的忠实奴仆和工具。

（四）耶稣会学校的贡献及耶稣会士的作用

耶稣会曾被后人评论为"是一种特殊意义上的教育组织"。耶稣会学校的组织管理和教育体制归纳起来主要有下述4个特点：（1）各地学校都有统一的体制和管理制度，遵循统一的路线。（2）实行严格的审查、考核和筛选制度。（3）金字塔式的中央高度集权，必须绝对服从上级的领导和指挥。（4）管理工作的严密性和规范化。采用古罗马教育家昆体良提出的以班级为单位的集体授课制。关于教育内容和方法：改变修道院的内容不限于"七艺"（文法、修辞、逻辑、算术、几何、天文和音乐）。采全日制教学方式、以教师讲授为主。实行竞争性和经常性考试。

对16至17世纪初，早期的耶稣会士（特别是来华的如利玛窦、汤若望、南怀仁等）以及他们传播的西学，应如何分析？这是一个较复杂的问题，需要过细地加以探研！

过去有些著作认为："16至17世纪下半叶，罗马教廷派出大批耶稣会特务，进行阴谋活动[①]。"也有人分析道："利玛窦等是西欧资产阶级殖民舰队侵略中国的第一批文化侵略先锋[②]。"有人指出耶稣会士"带有侵略意图和间谍身份[③]"，还有的著作对耶稣会士的评述为"带来一些先进

---

① 杨真：《基督教史纲》上册，生活、读书、新知三联书店1979年版，第376页。
② 向仍旦：《如何评价明清之间天主教翻译的书籍》，《北京大学学报》1963年第3期。
③ 李询、薛虹编：《明清史》，辽宁人民出版社1985年版，第155页。

科学，但盗窃情报，泄露机密，镇压善良百姓"[1]。对上述评论，我认为应有些原则性的认识。即早期耶稣会中多数人是身负传播宗教（天主教）范围的使命和任务，起过"西学东渐"作用。应把16世纪至17世纪初来华的耶稣会士，同鸦片战争后来华的传教士区别开来（对鸦片战争后来华的耶稣会士也要具体地加以辨析，忌笼统而论）；对耶稣会士中早期来华者不少人是以执行"知识传教"、扩大天主教的影响和阵地为主要任务，他们起过文化交流和西学东渐的作用，应予肯定。他们来华前后同葡萄牙殖民势力有过联系，但并非都在殖民当局中任职，也没有接受殖民官员的指令，这同间谍、特务或侵略者应加以区分。

对早期耶稣会士传来的科技文化，如何评价？有的学者分析道："耶稣会的本质就规定了他们不可能传来真正的科学""甚至不可能比较客观地多少介绍一些古希腊[2]"。还有的人评述道："来到中国的耶稣会传教士，他们对中国的科学家隐瞒了近代科学的成就。"甚至说："当时西方传教士所传入的科学知识，仍停留在希腊时代的水平，他们向中国传入的并不是当时已经发展起来的近代科学，而是已被近代科学取代的对立物[3]。"

针对上述分析、评介，本人管见认为欠全面。耶稣会士们先后来华时所传来的不可能全部都是最新的科学成就，这是无疑的。但评估其都是停留在古希腊水平上的东西，显然不符实际。这主要是由于下述几点原因。

（1）欧洲文艺复兴以前，中国的科技水平，并不比西欧落后，相反的是14世纪以前，许多科技领域，中国的科技是处于领先地位的。迄16世纪末与17纪世纪初，中国的科技在某些方面虽落后，但仍有一定的

[1] 戴逸：《简明清史》，人民出版社1984年版。

[2] 侯外庐：《中国思想通史》第四卷下册，人民出版社1960年版，第1189页、第1238-1240页。

[3] 李询、薛虹编：《明清史》，辽宁人民出版社1985年版，第155页。

水平。中国的一些科学名著，实际是蜚声中外的。如李时珍的《本草纲目》（1578年完成）、宋应星的《天工开物》（1637年）、徐光启的《农政全书》（1639年刊印）和徐霞客的《徐霞客游记》（徐逝后经人整理）等众多名著，在医药、科技、农业、地理学等方面的成就仍很高。耶稣会士来华后，如果介绍的全是古代希腊陈旧水平的东西，必定无法立足，更难宣传天主教。

（2）西方新科技的发展确实经历过一个过程，有明显的过渡时期。哥白尼的《日心地动论》的发表，日心体系的确立是天文学的革命，开辟了自然科学的新纪元，推动了数学和物理学在16世纪的重大发展。但生物学的重大发展和生理学的新建立是17世纪，而化学则是18世纪才有新的突破。在来华的耶稣会传教士中有些并非专家学者，他们的知识也有局限。所以早期耶稣会传到中国的西学当中，古学里有新、新学当中仍有古。这时在"西学东渐"中，要求传播来华的全都是新科技，既不可能，也脱离了实际。

（3）早期耶稣会士来华传播的西学，实事求是地讲，是尽量介绍了西方较新的科技成就。如伽利略的《比例规演解》（1607年著）、邓玉函在1627年的《远西奇器图说》中有所介绍。再如，在医学方面，尼德兰医生维萨留斯的《人体构造论》（1543年）学说，利玛窦、艾儒略、汤若望等都及时传入中国，很难能可贵。

（4）还应指出，耶稣会士传入中华的西学，受天主教的教义、教规限制，有时不能科学地解释自然。虽然16世纪末，日心说在西欧已广泛传播，但当伽利略"被罗马教廷判重罪"的消息一传到中国，在华的耶稣会士当时便急忙拉下帷幕，继续重复托勒密的"地球中心论"，而不敢传播"太阳中心说"了。

对西欧早期来华耶稣会士的作用（个别参与殖民侵略活动者除外），应基本加以肯定。首先，耶稣会士顺应中国的习俗原则和"知识传教"的路线，使早期的耶稣会士成为西学东渐的传媒，天主教叩开中国大门，得到了传播，这是基督教对中国第三次传入和重大的影响。其次，耶稣会士传入中国的西方科技和奇异器物，开阔了中国学术界的视野。有些内容在一定程度上填补了中国的"空白"。如对《几何原本》一书，我国学者徐光启认为："此书有四不必：不必疑、不必揣、不必试，不必改；此书不可得；即欲脱之不可得，欲驳之不可得，欲减之不可得，欲前后更置不可得[1]。"而梁启超对该书则誉之为："字字精金美玉，为千古不朽之作[2]。"再次，在早期耶稣会士的影响和帮助下，中国出现了一批懂科学、儒学的新型学者，他们同耶稣会士们过从甚密，有深厚友谊。如徐光启、李之藻等多人。他们是西学与儒学密切结合的集大成者，是同耶稣会士学术合作和感情友谊交融的最好范例。最后，来华的耶稣会士曾翻译过一些中国儒家的经典《诗经》《四书》和朱熹等人的名著，传入欧洲以后，为"中学西传"做出了重要贡献。

总的说来，早期耶稣会士在中外文化交流中的历史作用应充分肯定。他们传入的科技未能广泛普及和扩大应用，主要是同中国专制的封建政治所阻和经济上资本主义萌芽的过于微弱有关。这不能完全归咎于早期耶稣会士。

四、特兰托宗教会议及其重要活动

自1517年路德发动德国的宗教改革运动以来，德国、瑞士等地宗教改革的活动日益高涨，使天主教会在西欧的社会和政治地位受到重大威

---

① 《徐光启集》《刻几何学原本序》。
② 梁启超：《中国近三百年学术史》，中国书店1985年版，第9页。

胁。天主教会本身深感必须改变观状，清除弊端，整顿内部，以巩固本身的地位。教皇艾德里安六世（1522–1523年在位）时，教会内部，特别是下层的教士、信徒纷纷上书请愿，要求教会进行改革。西班牙人文主义者魏威斯写信呼吁召开宗教会议，巩固教会的影响。艾德里安六世上任后，首先整顿枢机主教团，除保留一位支持改革的枢机主教外，其余的枢机均以年龄、学识、道德等方面的理由，淘汰出枢机主教团。艾德里安六世以教皇名义宣布圣谕道："我们将尽全力纠正弊端，首先是纠正罗马教廷的弊端[1]。"

罗马教皇保罗三世（1534–1549年在位）为了加强领导天主教会的改革，乃专门召集康泰吕尼、卡拉发、保尔、萨多利特等著名改革家，组成了一个9人改革委员会，由枢机主教康泰吕尼任主席。此委员会的任务是研讨天主教及教会内部的弊端，提出改革的设想。1537年，由改革委员会向教皇提出了一项改革建议，以尖锐、严厉、直爽的措辞和事例，揭露了天主教会内部的贪婪、腐败，并列举了一些教皇的暴虐、枢机主教们的贪婪，以及一些教士们的愚昧无知、腐朽堕落和道德沦丧[2]。在改革建议中有一段曾这样写道："各种邪恶和弊端，像从特洛伊木马中涌出一样，从教会中涌出[3]。"

神圣罗马帝国皇帝查理五世（1519–1556年在帝位）和罗马教皇保罗三世一起，力图压制甚至扑灭不断扩大的新教改革和下层群众日渐高涨的革命活动，以便巩固封建统治，但又各有本身的利益和打算。虽然都主张、提倡和支持召开宗教会议，然而皇帝希望通过天主教改革，削弱教皇的权势和经济利益；而教皇则企盼通过宗教会议，仍保持教皇的专制地位，反对各类"异端"，压制新教。双方都力图控制宗教会

---

[1]   P.Janelle, *The Catholic Reformation*, Milwaukee 1975, PP,40-42.

[2]   V.H.Green, *Renaissance and Reformation*, Edward Arnold 1982, P,177.

[3]   A.G.Dickens, *The Counter Reformation*, Thames and Hudson 1977, P98.

议，扩大自己的权势。因而在召开宗教会议的地点和时间问题上争议不休，大会召开的时间一再拖延。有关宗教会议的会址，对设在曼图亚（Mantua）、维琴察（Vicenza）和堪布累（Cambrai）都提出过，但始终未定下来，最后商定了大会的地点设在特兰托（Trento）。此城市位于今意大利的北部，是以意大利人为主要居民的神圣罗马帝国城市。此城不属教皇属地，但并不亲皇帝。各方都表示同意而妥协。

（一）特兰托宗教会议的第一阶段

1545年12月13日，特兰托宗教会议在教皇特派使节的主持下正式开幕。出席这次会议的计有：4个大主教、20个主教、4个修道会会长和一部分天主教神学家，多数是意大利的主教。罗马教皇和皇帝本人并未到会。这次会上，皇帝和教皇之间以及到会的大主教之间，由于利害冲突和观点的分歧而争执不断。皇帝和奥地利大公共派会议一名大使，虽然被任代表的人权位高，但因不是任教职的教会主教，会上决定无权投票表决。德国和西班牙人提出因故缺席的主教也应有投票资格，但遭到否决。会议中决定按团体（不按国家）投票。会议中实际是意大利人左右会议的局面。

这次会议，实际最大的争议和分歧是在教皇保罗三世的亲信，天主教会9人改革委员会中的康泰吕尼（温和派）和卡拉发（强硬派）这两名有代表性的委员（均担任枢机主教）之间争辩得最激烈。温和派除了主张要查禁违反天主教的主张和权益的书刊、谴责新教等之外，特别重视天主教会本身的除弊、戒贪腐和加强改革，但强硬派主张要着重打击"异端"，加强宗教裁判所的职能和活动。

会议进行当中有个重要情况是，名义上是神圣罗马帝国皇帝（实际是紧握实权的德皇）的查理五世在同德国新教诸侯的大战中，德皇稳操胜券，在士马尔卡登战役中，德皇战胜。教皇怕刚打胜仗的德皇气焰太盛，影响会议，乃借口特兰托城出现鼠疫迹象，主张将会址南迁到波隆亚城开会，而其真正原因是教皇保罗三世怕德皇挥军兵临特兰托城下。这时德皇查理五世命令德国主教留在原地特兰托，德皇又联合西班牙主教，拒绝会址南迁，并宣布波伦亚会议不合法[①]。会议实际在1547年3月终止。特兰托第一阶段会议的主要决议是：（1）会上各派共同谴责了路德派新教，特别是其"因信称义"的教义；（2）决议《圣经》与《圣传》具有同等权威；（3）讨论并共同决定遵守天主教的教义、仪礼及教会的改革等问题。

（二）特兰托宗教会议的第二阶段

天主教的特兰托会议第一阶段（1547年3月）结束时，德皇同境内新教诸侯之间的战争正酣，德皇在穆尔堡战役中曾战败新教诸侯军队。但路德新教及瑞士慈温利新教和加尔文新教兴起后，发展很快，新教徒数量猛增。新旧教之间的斗争日趋激烈。教皇保罗三世于1549年病逝，新教皇朱利亚三世（1550-1555年在位）即位后，立即筹开特兰托第二阶段的宗教会议。

新教皇朱利亚（又译朱利厄斯）三世联络了法国国王信仰天主教的亨利二世（1547-1559年在位），并征得德皇同意，在教皇主持下，召开了特兰托第二阶段会议（1551年5月-1552年4月）。会议代表最多时达59人。这次会议有了新情况，路德新教的代表也参加了这次会议，他们提出了自己新教的教义声明，还得到了德国天主教高级教士的支持。但会议最后经过讨论否决了路德新教的一些主张。最终的决议仍然通

---

① 　H.Grimm, *The Reformation Era*, N. Y. 1965, P.396.

过了"圣餐基督真在说""化体说""告解"（或忏悔、"办神工"）和"终敷"（亦称"临终涂油"）等天主教历来正统的教义，以及圣事（圣礼）[1]。特兰托第二阶段的会议，虽然天主教的教义、圣礼得到决议的维护和肯定，但这时各个基督新教正更加壮大和发展起来。

特兰托宗教会议第二阶段会议于1552年4月结束之后，教皇朱利亚三世又继续担任了三年教皇。1555年，枢机主教中以严厉、暴躁的强硬派而闻名的卡拉发当选为新教皇，称之为保罗四世（1555-1559年在位）。

教皇保罗四世在位期间，受他的一些有非法野心的亲属所累，特别是他的侄儿查理违法的丑闻，使保罗四世丧失威信，没有进行天主教会的改革工作，没有认真地筹备继续召开特兰托宗教会议[2]。

（三）特兰托宗教会议的第三阶段

德皇、罗马教皇及天主教诸侯企图在德国及欧洲各地完全恢复天主教会的统治地位，因而同德国新教诸侯及欧洲各地的新教展开长期斗争。16世纪20-30年代，路德新教传入北欧。挪威（1536年）、丹麦（1537年）、瑞典（1541年）相继改奉路德教。德国的新教诸侯结成的"士马尔卡登同盟"在同德皇的战争过程中，初期遭到失败，但后来在1552年战败了德皇的军队。经过一系列谈判，在1555年9月，德皇查理五世和奥地利大公斐迪南终于同新教诸侯签订了著名的"奥格斯堡宗教和约"，被迫承认了路德新教的合法地位。《和约》规定了"教随国定"的原则，一致通过了"在谁的国家里，就信仰谁的宗教"，诸侯有

---

[1]　V.H.Green, *Renaissance and Reformation*, Edward Arnold 1982, P.189.

[2]　R.B. 沃纳姆：《新编剑桥世界近代史》第 3 卷，中国社会科学出版社 1999 年版，第62-63 页。

权决定其臣民的信仰。这实际上是路德新教的巨大胜利，此后，慈温利和加尔文宗教改革的影响更加扩大。而特兰托宗教会议第一、二阶段会议决议有的成为废纸，有的则已失败。同年，皇帝查理五世退位，将帝国与西班牙分别交给斐迪南及其子腓力二世继承。

新教皇庇护四世（1559–1565年在位）为了稳住阵脚，决定筹开第三次特兰托宗教会议（1562年1月–1563年12月），再次研讨天主教会本身的改革等问题。

教皇庇护四世主持下的第三次特兰托宗教会议，到会代表共255人。会议通过了很多决议。除按惯例由教皇主持外，耶稣会中的将军及骨干分子萨勒默伦（Salmeron）、卡尼斯（Kanis）等也操纵会务。会议中重申天主教教义、圣礼；谴责一切不符天主教各项原则的言行；特别规定："弥撒"（"圣餐礼"）、"神品"（授"圣职"）、"婚礼"等圣事、圣礼必须遵行；确认"炼狱"乃信条；教皇乃至尊，高于所有主教。会议中，鉴于神职人员中目前普遍存在不学无术、愚昧无知的状况，决定下达在各个教区都要建立神学院的法令，具体规定：每一个教区应建立一所学校或神学院，以训练进入教会各机构的人员[1]。会议还认为：任何人无权擅自解释圣经，应以拉丁文圣经为标准圣经；坚决诅咒和批驳否认七种圣礼；坚持变体论，应坚持圣像、圣物的价值，应反对仅凭信仰便称义之说。

这次特兰托第三次宗教会议中，另有具体的新决定：

（1）虽继续肯定赎罪券的功效[2]，但严厉谴责非宗教目的、唯利是图的做法，对赎罪券的出售应严加控制，并通过法令废除抛售赎罪券的机构[3]。

---

①   W.C.Abbott, *The Expansion of Europe*, N. Y. 1927,PP.278-279.

②   《历代基督教信条》，第 277、286、288、291、293 页。

③   H.Grimm, *The Reformation Era*, N. Y. 1965, P.405.

（2）1563年12月26日，教皇庇护四世发表"赞美天主通谕"，批准特兰托会议的决议，指定枢机团必须监督决议的执行。

（3）会后，罗马教廷颁布了一些新规定：教士不穿僧衣者停职；免去纳妾教士的职务，对不悔改者加以监禁；驱逐闲居在罗马的113名主教，违者坚决罢免[①]。

概括说来，历经特兰托三次宗教会议（或称宗教会议的三个阶段），天主教一方面坚持了本身教义中的一些原则和主张；另一方面在欧洲宗教改革运动、基督新教兴起和发展迅速的形势下，天主教本身也有不少改革和发展，这是应予辩证分析和加以肯定的。

---

① 　P.Janelle, *The Catholic Reformation*, Milwaukee 1975, PP.81-83.

| 第九章 |

加尔文教旗帜下尼德兰的革命烽火

一、16世纪上半叶尼德兰经济、政治和社会矛盾的激化

（一）尼德兰资本主义关系的发展

"尼德兰"（Netherland）一词的原意是"低地"，指西欧莱茵河、缪斯河、斯海尔德河下游及北海沿岸的一些地势多在海平面以下低洼的地区。它包括现今的荷兰及比利时、卢森堡和法国东北部的一部分地方。这儿曾先后处于古罗马帝国和法兰克王国统治之下。11—14世纪时，这一地区许多分裂狭散的领地，分属于德国皇帝和法国国王。15世纪尼德兰的大部分地区是法国勃艮第公国的领地。勃艮第公爵的女儿玛丽同哈布斯堡王朝的马克西米连（德皇兼西班牙王）结婚，通过王室间联姻和继承关系的演变，1482年玛丽病逝，尼德兰落入哈布斯堡王朝之手，16世纪初尼德兰成为西班牙的属地。

西欧莱茵河与斯海尔德河下游地区是水陆交通的要冲，气候优良，

物产丰富。13-15世纪时，工商业和农牧业相当发达，已经有了许多富裕的工商业城市。弗兰德尔的呢绒业已驰名全欧。15世纪末新航路发现后，欧洲的国际贸易中心从地中海逐渐转移到大西洋沿岸。由于尼德兰地处大西洋沿岸，既多良港，又有航海的传统，原来工商业较为发达，这时商贸更为活跃。尼德兰迅速控制了西北欧各地的贸易往来，成为西欧经济最发达的地区。

16世纪上半叶时，尼德兰地区人口有300万左右，分成17个省，大小城市约有300座，故有"多城市国家"之称。众多的城市当中拥有"特许状"的城市有140-150个[①]。

16世纪时，尼德兰的北部、南部和边远地区的经济状况很不平衡。在北部的七省中，以荷兰、西兰两省的工商业最为发达。北部各地毛织业、麻织业和造船业都较兴盛，特别是捕鱼业和航海业达到相当高的水平。北部的手工工场发展迅速，阿姆斯特丹等大城市中毛纺织业、造船业中已出现大型集中的手工工场，一些城市挤满了各种手艺人，他们大多数是纺织工。阿姆斯特丹同英国、俄国、波罗的海沿岸各国之间的贸易往来十分密切。据1560年的统计，每年通过松德海峡的尼德兰大小船只约有1400艘，其中约1050艘属于阿姆斯特丹所在的荷兰省。每年有1000多艘船出海捕捞青鱼。传说阿姆斯特丹城是在青鱼骨头上建设起来的，此城是北方各省的经济中心，城中的法律给予商贸充分的自由，并保护外国商人的利益。北部各地同西班牙很少有经济联系，农村中封建关系一直较薄弱，农奴制早已消灭。在农村，大部分土地掌握在资产阶级和新贵族手中，资本主义生产关系发展较快，出现了富商和新资本家

---

① 据当时的威尼斯大使在1557年的记述，尼德兰有"特许状"的大、中、小城市约140个。见鲁滨孙著：《欧洲史选读》第2卷，第171页。另在威廉斯著：《历史家的世界史》第13卷，第379页记载，尼德兰在当时208座城市中，拥有"特许状"的约150个。

经营的农、牧场，或直接收取货币地租。

尼德兰南部的十个省中，经济最发达的是弗兰德尔和不拉奔。早在14世纪，这两个省在毛纺织业中已开始出现分散型的手工工场。到16世纪，纺织、冶金、制糖、制皂和印刷业中的手工工场更为普遍。在商业上，南方不拉奔省的港口最大城市安特卫普，是当时欧洲商业贸易和殖民地贸易等事务的中心之一，又是当时世界银行信贷业的中心。港内可同时停泊百多艘来自世界各国的大小商船，城内的商品交易所大厦中，每天有数百名各国的商人到这里洽谈商贸事宜。此外，还有多个外国的贸易商务办事处，在安特卫普设立了分支机构。弗兰德尔和不拉奔的封建农奴制在16世纪前半期已开始瓦解，资本主义农场亦开始出现。城市中出现工商业繁荣的地区和市场，毛麻纺织、印刷、冶金等行业都比较发达，手工工场广泛兴起，毛织业的原料来源和产品销售依靠国外市场，主要是靠西班牙和英国。南部许多城市同西班牙及其殖民地有密切的经济联系。16世纪上半叶，价格革命加速了尼德兰北部和南部资本主义经济发展过程。但由于西班牙同尼德兰南部的经济关系密切，来自西班牙及其殖民地满载金银和香料的船只经常直驶安特卫普，因而尼德兰南部资产阶级在反对西班牙的斗争中带着很大的妥协性和不彻底性。安特卫普同北部的阿姆斯特丹商贸之间的竞争很激烈，对尼德兰政治生活亦有很大影响。南部经济虽有发展，但多数地区经济状况较北部落后，封建关系较牢固。

尼德兰的东部及东北部的边远省区，经济发展较缓慢，封建土地所有制仍占统治地位，农奴制尚存。

16世纪上半叶的尼德兰，随着资本主义关系的发展，社会结构和城乡关系也起了新的变化。弗兰德尔和荷兰40%的人口已是城市中居民。

不拉奔、乌特勒支、盖尔德兰等省的城市人口也显著增多[①]。尼德兰的大商人、手工工场主和农场主构成了城乡资产阶级。商业资产阶级比工业资产阶级占优势。他们要求摆脱封建关系的束缚，推翻西班牙对尼德兰的封建统治，发展资本主义经济。北部荷兰、西兰的多数封建贵族，由于采用资本主义的经营方式，他们的经济利益与城乡资产阶级一致，成为资产阶级化的新贵族。因而在以后反对西班牙专制统治的斗争中，经常能同人民群众联合，从而起过某些领导的作用。

尼德兰南部的情况有些不同。商业资产阶级，因为同西班牙经济联系密切，虽然对西班牙反动统治不满，但斗争中常持妥协态度。南部的一些封建旧贵族靠封建地租过活，他们力图保持封建土地所有制和各种封建特权，往往同西班牙统治者勾结。另有一些封建贵族企图通过反抗西班牙和宗教改革，没收教会土地和财产为己有，他们虽然也能参加反西班牙的某些斗争，但关键时刻常叛离人民群众的反西斗争。

尼德兰的广大贫苦农民深受封建贵族和天主教会的压榨，又受资产阶级剥削，许多人丧失生产资料，沦为流浪者。城镇中手工工场的工人和矿工、手工业者、帮工和学徒，劳作时间每日长达12–14小时，工资低薄，西欧的价格革命，使劳动者处境更恶化。尼德兰当局从1510年起，颁布了类似英国惩处劳动者和流浪人的血腥立法，破产农民和贫苦的工人横遭各种迫害，如受鞭笞、烙印、被罚苦役等。据估计，16世纪中叶时，弗兰德尔省约有1/3的农民普遍丧失土地，城镇中雇用工人处境悲惨。贫苦工人和农民强烈要求改变现状，尤其痛恨西班牙的反动统治，阶级矛盾和民族矛盾日益激化。

---

① C.Wilson and G.Parker, *An Introduction to the Sources of European Economic History* 1500-1580, *Methuen*1980（威尔逊、帕克尔合著《欧洲经济史料引论，1500-1580》第 1 卷，第 84 页，图 4 ）。

（二）西班牙对尼德兰的反动统治

1479年，卡斯提和亚拉冈合并后的西班牙，成为当时西欧的强大国家之一。16世纪初它的领土除了比利牛斯半岛和西班牙本土，以及自15世纪末相继占领的美洲殖民地，还包括尼德兰、巴利阿利群岛、西西里岛、萨丁尼亚和那不勒斯。尼德兰是16世纪初成为西班牙属地的。1516年，哈布斯堡家族的查理以外孙的资格，继承了西班牙的王位，称为西班牙国王查理一世（1516-1556年）。1519年西王查理一世以嫡孙的身份，又当选为神圣罗马帝国皇帝，称德皇查理五世。一身二任的查理五世在1535年又占领北非的突尼斯等地，因而迄16世纪中叶，西班牙的版图拥有德国、尼德兰、北非和美洲等广大殖民地，成为跨欧、非、美三大洲的、当时被称为"日不落"的帝国。

尼德兰成为西班牙属地的初期，一些城市还保持着自己传统的自治权，许多重要的共同事务，由各省的代表召开三级会议共同做出决定。但是，自西班牙国王派驻尼德兰的总督直接统治尼德兰后，总督及其直辖下设的一个由王室官吏组成的国务委员会便总揽了尼德兰的全权。西班牙在尼德兰横征暴敛、巧取豪夺、高压迫害，导致民不聊生、怨声载道。西班牙国库年收入约500万佛罗林，从尼德兰勒索的大量捐税来看，其总数约占西班牙国库总收入的一半。西班牙国王查理一世把富饶的尼德兰当作自己"王冠上的一颗珍珠"。1522年4月，西班牙在尼德兰设立了宗教裁判所，残酷镇压和迫害当地再洗礼派教徒和劳动群众，在布鲁塞尔等地烧死大量新教徒。1550年，查理一世颁布严惩"异端"的敕令（被称为"血腥法令"），规定凡从事新教活动或本身是新教徒者，甚至与路德教、加尔文教人士的著作有过接触的人，均以破坏治安论罪，"男的杀头""女的活埋"，坚持不改者一律处以火刑，包庇"异端"者，与其同罪。据估计，从1521年到1566年尼德兰革命爆发时，尼德兰被杀害和被驱逐的人竟超过5万人[1]。哈布斯堡家族为同法国争霸称雄，把尼德兰视为包围法国的战略基地，日益加紧对它的控制。

西班牙国王查理一世之子腓力二世（1556-1598年）继承西班牙王位后，更加紧了对尼德兰的控制和压榨。他在1557年宣布国家"破产"，拒绝偿付国债，使尼德兰的银行家和资产阶级损失巨大。1559年，腓力二世重申严格执行1540年对"异教徒"加以严惩的"敕令"。腓力二世任命其姊帕尔马公爵玛格丽特[2]（西班牙国王查理一世之女）为尼德兰总督，派宠臣红衣主教格兰维尔等人辅政。蛮横的西班牙贵族、大小官吏、反动教士接踵抵达尼德兰。他们利用天主教会残酷迫害一切对西班牙统治不满的人。尼德兰的主教区从六个扩增为二十个，宗教裁判所大肆逮捕和处死再洗礼教教徒、加尔文教教徒，以及被视为"异端"或对西班牙暴政不满的人。西班牙取消了尼德兰可以同西班牙殖民地直接通商的权利，中断了尼德兰同英国之间的贸易往来。

1560年，西班牙当局特意提高西班牙羊毛对尼德兰的出口关税，从而使尼德兰的羊毛输入量减少40%，造成许多尼德兰的手工工场被迫倒闭，成千上万的工人失业，城市中流浪汉日益增多，民族经济面临破产的威胁。农村中贫苦农民遭受沉重的封建压榨，又兼日用品价格昂贵，生活困苦无助。面对尼德兰各个阶层不满情绪日益高涨的形势，西班牙反而强化了对尼德兰的军事控制，他们把对法国作战的军队派驻尼德兰，并剥夺尼德兰贵族和官员在行政机关和军队中的官职。西班牙对尼德兰加强了反动统治，激起尼德兰广大劳动人民和资产阶级的极大愤慨，阶级矛盾和民族矛盾急剧激化了。

---

[1] ［苏］斯卡兹金主编：《中世纪史》第2卷，莫斯科1954年版，第178页。

[2] 玛格丽特是德皇查理五世（即西班牙国王查理一世之女）1536年在她14岁时，初嫁佛罗伦萨公爵，后又改嫁意大利北方的帕尔马公爵。

二、加尔文教在尼德兰的确立和发展

（一）欧洲宗教改革运动的传播与扩大

宗教改革运动不限于德国，它的影响遍及欧洲各地。16世纪20至30年代，路德教派传入北欧各国。挪威（1536年）、丹麦（1537年）、瑞典（1541年），相继改奉了路德教。在英、法、德、波、匈等国内，路德教也得到一部分信徒。加尔文的宗教改革影响更大。路德的思想和著作1525年时在尼德兰已广泛传播[①]。再洗礼派等其他"异端"也很流行。在西班牙统治者残酷镇压下，尼德兰的路德教徒和再洗礼派力量大为削弱。16世纪中叶时，加尔文教在尼德兰得到迅速传播，逐渐成为在尼德兰的主导新教。

尼德兰人是从德国东弗里斯兰地区的埃姆登最早接触到加尔文教的。16世纪40年代后期，波兰贵族约翰尼斯·阿·拉斯科在东弗里斯兰伯爵的支持下，以日内瓦加尔文教会的组织为榜样，在埃登建立了40个"慈母教会"，吸引了大批受西班牙迫害的尼德兰人。

（二）尼德兰的加尔文教会与《比利时告白》《海德堡教义问答》

德国新教诸侯联盟在同天主教会斗争过程中一度失败受挫时，尼德兰在德国的避难者无奈迁居英国。尼德兰境内不拉奔、荷兰及弗兰德尔等省的流亡者在弗兰德尔贵族尤吞霍夫等人领导下，在伦敦成立了第一

---

① G.Parker, *The Dutch Revolt*, Allen Lane 1985，帕克尔：《荷兰起义》，第 36 页。

个尼德兰人早期的加尔文教组织。该组织提出的宗旨是："纯净地宣讲上帝之道，虔诚地举行圣礼，热情而忠实地履行基督的训诫①。"

英国国王爱德华六世（1547–1553年），是英王亨利八世（1509–1547年）的独生子，1553年爱德华六世死后，亨利八世和王后凯瑟琳的女儿玛丽继位为英国女王（1553–1558年）。玛丽是个虔诚的天主教徒，她统治时期废止英王爱德华六世的宗教立法，重新确认罗马教皇的最高权力。1554年3月4日，她颁令全国恢复天主教信仰，新教及其他教派一律非法，重开宗教法庭，大肆迫害新教徒。玛丽时期，在英国以"异端"罪被烧死者达300余人，英女王称她为"血腥的玛丽"。玛丽女王的天主教复辟和高压，迫使在英国的八百多名新教活动家逃往欧洲大陆②，英国数以百计的新教徒逃往以天主教为国教的法国③。这时在伦敦的尼德兰加尔文教徒被迫返回尼德兰秘密活动，或侨居德国的埃姆登，再度积极发展流亡的教会组织，使埃姆登城迅速成为尼德兰北部加尔文教徒的训练基地和"指路明灯"④。埃姆登城加尔文教的牧师自此垄断了整个荷兰语地区加尔文教会的实权，成为该地区进行宗教改革的核心力量。

16世纪50年代，许多法国的胡格诺教徒，从法国移往尼德兰南部秘密传播加尔文教。1555年在安特卫普城建立了尼德兰的第一个教义较系统、明确的加尔文教会组织⑤。15世纪末和16世纪中叶时，西欧诸国互相间的矛盾错综复杂。法国自1494年起发动了侵略意大利的战争，史

① P.Geyl, *The Revolt of the Netherlands*, 1555-1609, London 1980, 盖伊尔：《尼德兰的反叛》，第80页。

② 参见施脱克马尔：《十六世纪英国简史》，上海人民出版社1959年版，第149页。

③ 法国国王亨利二世（1547-1559年）在国内设"火焰法庭"（血腥镇压加尔文教徒、"胡格诺教徒"），但却鼓励英国新教徒反抗和推翻英王女王玛丽的统治，并在国内收留英国境内的新教徒。因当时英国女王玛丽在1554年同西班牙腓力二世联婚，使法国四面受敌之故。

④ P.Geyl, *The Revolt of the Netherlands*, 1555-1609, London 1980, 盖伊尔：《尼德兰的反叛》，第81页。

⑤ A.Duke, *The Ambivalent Face of Calvinism in the Netherlandss*, 1561-1618, （《尼德兰加尔文教的两面性》）M.Prestwich, *International Calvinism*, 1541-1715, oxford 1985, （《加尔文教的国际性》）第118页。

称"意大利战争"，长期持续着。由于战争受到德皇和西班牙的干涉，到1559年以法国战败签订《卡托——堪布累济》条约结束。此后，遭受法国政府迫害的胡格诺教派牧师，如格兰吉、沙瓦里斯、塔芬、朱利尤斯、穆德、达日鲁斯、霍德曼等人纷纷离开法国移居尼德兰传播加尔文教，他们成为尼德兰南部地区加尔文教会的领导人[1]。与此同时，在尼德兰各地加尔文教会组织到处出现。1560年，在安特卫普、根特、图尔内、布鲁日、伊普尔、瓦朗谢讷等地也相继建立起组织严密的加尔文教会组织，积极扩充教徒，广泛开展活动。加尔文教派以反对西班牙民族的反动统治与天主教会的特权和对尼德兰人民的压榨为号召，秘密活动遍及尼德兰南北部各省[2]。加尔文教在尼德兰的中产阶级当中，特别是广大的下层贫苦人民群众中有大量的信仰者和教徒，有一些原是再洗礼派的成员也转而信仰了加尔文教[3]。当时的情况是各地的加尔文教派组织多处于分散活动而缺少联合和统一的组织。

1554年从英伦返回尼德兰并在图尔内、蒙斯、黑尔等地传播加尔文教的著名法语牧师盖伊·德·布雷（1523-1567年），他以法国1559年颁布的胡格诺派信条为蓝本，在1561年拟定了重要文件《比利时告白》。这个《告白》文件，完全根据加尔文的观点和主张，全面、系统地规定了尼德兰加尔文教会应遵循的教义。《比利时告白》发表后，迅即被译成荷兰文广为散发和传播，为尼德兰加尔文教会正式采用。1560年，安特卫普宗教会议决定将它作为尼德兰加尔文教会的纲领[4]，

---

[1]　P.J.Blok, *History of the people of the Netherlands*, New York, 1970，布洛克：《尼德兰人民史》，第 2 卷，第 320-321 页。

[2]　P.J.Blok, *History of the people of the Netherlands*, New York, 1970，布洛克：《尼德兰人民史》，第 2 卷，第 321 页。

[3]　1545-1561 年在弗兰德尔共有 1332 名加尔文教教徒和再洗礼派教徒被西班牙统治当局定为"异端"。参见帕克尔：《荷兰人民起义》，第 60 页。

[4]　H.Grimm, *The Reformation Era 1500-1650*, New York, 1973，格里姆：《宗教改革时代》，第 361 页。

成为尼德兰人民反对西班牙统治、反对天主教会，进行宗教改革的行动指南与资产阶级革命斗争的旗帜和纲领。

与此同时，在德国巴拉丁选侯辖地内，极端路德派、梅兰希顿派和加尔文教派之间发生了激烈冲突。以选侯的长子路易为首的极端路德派贵族利用宗教之争公开反对德国选侯腓特烈（弗里德里克）三世（1557–1576年），严重危及他的统治，以致使他公然改宗了加尔文教，并指派海德堡大学的著名神学教授奥利维亚鲁（1536–1585年）和乌尔希努斯（1534–1583年）于1563年拟定了具有折中性质的加尔文教派的纲领性文件《海德堡教义问答》[①]。同年，在尼德兰便出现了达日鲁斯的译本[②]，1566年正式刊印出版了荷兰文译本，也为尼德兰的许多加尔文教会所采用。1574年多尔德宗教会议决定尼德兰的加尔文教会必须遵行《海德堡教义问答》，并要求牧师在每个礼拜日必须向加尔文教信徒们宣讲[③]。《海德堡教义问答》在尼德兰倾向革命的加尔文教的贵族教徒中间的传播和影响甚为广泛。

《比利时告白》和《海德堡教义问答》是在尼德兰民族矛盾日益尖锐，加尔文教的影响日渐增强的情况下出现的。《比利时告白》的内容和主张是：有关上帝观、圣礼观、救赎观、教会观以及对世俗统治的态度等，完全根据加尔文传统教义的翻版或阐释执行。而《海德堡教义问答》其内容是侧重于论证加尔文教的圣礼观、兼及救赎观等，然而对加尔文教义核心的预定论则不涉及，主要反映和体现出它的折中性。在尼德兰，《比利时告白》和《海德堡教义问答》两者互为补充后，是革命性和保守性相结合的。

---

① *The Encyclopædia Britannica*，《英国百科全书》第 9 卷，第 839 页。

② 布洛克：《尼德兰人民史》，第 2 卷，第 321 页。

③ J.Platt, *Reformed Thought and Scholasticism, The Arguments for the Existence of God in Dutch Theology*, 1575-1650, （普拉特著：《改教思想和经院哲学，荷兰神学界关于上帝之存在的争论》），Leiden1982 年版，第 49 页。

《比利时告白》和《海德堡教义问答》两者在政治观和宗教观方面异同之比较。

《比利时告白》尊崇上帝的绝对意志、宣扬天命学说，反对自由意志，主张服从资产阶级所确立的社会秩序，为资本主义辩护。他们反对再洗礼教派的政治学说，反对废除等级特权和实行财富公有，反对人人平等的主张。《告白》宣称，上帝为阻止人类堕落，应使世俗国度有条不紊，故指派君主、诸侯和官吏来"奖善惩恶""协助传播福音""关心属世国度的幸福，保护圣职、革除并阻止一切假崇拜"。他们公开声明"对主张暴力革命的再洗礼派以及其他一切反叛的行为都深恶痛绝"[①]。

《海德堡教义问答》则更具妥协保守性。它主张应维护西班牙国王的尊荣和国家的繁荣，要求教民应"善待仇敌"[②]。对国王腓力二世长期抱有幻想，有时站在天主教和西班牙王室的角度考虑和处理问题。在宗教观上虽然强调上帝和圣经的绝对意志和最高权威，也主张廉俭教会，但却盲目地反对一切"反叛行为"，不敢发动人民反抗西班牙的暴政。《告白》和《教义问答》，由于基本的宗教观同天主教会不同，因而在酝酿和发动尼德兰人民反抗西班牙和天主教会宗教裁判所反动统治的斗争中都发挥了作用。

（三）尼德兰加尔文教的广泛传播与圣像破坏运动

1. 尼德兰的加尔文教的主要观点和主张

根据《比利时告白》和《海德堡教义问答》中的宗教观，尼德兰的加尔文教其主要观点和主张是：

---

① 参见《历代基督教信条》，中国香港 1957 年版，第 151-152 页。
② 参见《历代基督教信条》，中国香港 1957 年版，第 204 页。

（1）坚持圣经是"信仰的唯一准则"。

《告白》主张圣经新约和旧约所包含的教理"完全蕴含上帝的旨意"，只有圣经才是"信仰的唯一准则"（第5条）。任何人，即便是使徒都不准自由解释或篡改，不能违背圣经的训诫去引导人（第7条）[1]。同时，否定"一切人为的""束缚人的良心"的法规（第32条）[2]。从而否定了天主教会有阐释圣经和制定教会法规的特权。树立圣经的权威，实际是将纯朴的基督教同人为的封建教阶制度为何物的社会和人民反对没落的正在崩溃的封建社会形成鲜明的对照[3]。

（2）强调和尊行上帝的绝对意志和权威。

《告白》认为除了人的罪恶之外，世间万物均是上帝创造，上帝主宰宇宙的一切。上帝具有绝对意志，没有上帝的旨意，甚至"一根头发或一个麻雀，都不能掉在地上"（第13条）[4]。而人在上帝面前，完全是罪人，只能屈从于上帝的安排，自己则"毫无自由意志可言"（第14条）[5]。上帝绝对意志之集中体现就是加尔文所倡导的"预定论"，它认为上帝在人类之始就凭它"永恒不变的旨意"，不计较人的行为，将一部分人从罪恶和灭亡中捡选出来，作为它的选民，永生受福，而把另一部分人永远遗弃在堕落和灭亡之中（第16条）[6]。加尔文对成为选民的标志，强调的是应在事业上成功，拥有巨额财产、节俭、无怨言地为主人效力者皆能领受上帝的恩典，成为上帝的选民。不择手段地牟取暴利、聚敛财富者，便是符合上帝意旨，这就为资产阶级致富披上了神圣的宗教外衣。同时对凡贪享乐、饱食终日，享受封建教俗特权者，其末日必将到来。

---

[1]　参见《历代基督教信条》，中国香港1957年版，第131-132页。

[2]　参见《历代基督教信条》，中国香港1957年版，第148页。

[3]　参见恩格斯：《德国农民战争》，《马克思恩格斯全集》第7卷，第410页。

[4]　参见《历代基督教信条》，中国香港1957年版，第136页。

[5]　参见《历代基督教信条》，中国香港1957年版，第134页。

[6]　参见《历代基督教信条》，中国香港1957年版，第138页。

（3）提倡"因信称义"的救赎观。

加尔文坚信人类自亚当、夏娃以来就有原罪，婴儿在母体内即受传染（第15条）①。上帝为救选民，早让耶稣基督为人们赎了罪，所以只要坚信基督就能"遮盖一切罪恶"，能"和上帝亲近"（第23条）②。加尔文教倡导说："我们称义因着信，而不在乎遵行律法"（第22条）③，实际是否定"善功"的作用。他主张"虽然我们行善，但不靠行善得救"（第24条）④。这便否定了天主教会一贯强调善功和教士的中介活动赎罪得救的主张。

（4）主张简化圣礼、廉俭和民主的教会观。

加尔文主张只有洗礼和圣餐礼符合圣经的要求，而且"一生只接受一次洗礼，终生有效，永不重洗"（第34条）⑤。强调圣餐中面包和酒乃基督的身体和化体。圣餐既是信仰基督的标志，又是我们以"感恩之心对基督逝世的神圣纪念"（第25条及《问答》第76-79问）⑥。尼德兰的加尔文教派反对弥撒和偶像崇拜，废除了其他圣礼的繁文缛节，倡议教会廉俭，反映了原始积累时期资产阶级集中精力、勤俭、进取的要求。

尼德兰加尔文教主张"宣传福音的纯正教理""按上帝之道处理一切事务""杜绝一切罪恶并承认耶稣基督为教会唯一的头"（第29条）；指出："现世的天主教会正与此相悖，应当予以消除，以免玷污基督教徒的纯真教会⑦。"又特别呼吁和提出教会应由牧师宣讲上帝之

---

① 参见《历代基督教信条》，中国香港 1957 年版，第 137 页。
② 参见《历代基督教信条》，中国香港 1957 年版，第 141-142 页。
③ 参见《历代基督教信条》，中国香港 1957 年版，第 141 页。
④ 参见《历代基督教信条》，中国香港 1957 年版，第 142 页。
⑤ 参见《历代基督教信条》，中国香港 1957 年版，第 149 页。
⑥ 参见《历代基督教信条》，中国香港 1957 年版，第 150-151 页与 196-197 页。
⑦ 参见《历代基督教信条》，中国香港 1957 年版，第 146 页。

道、施行圣让，应由长老、执事和牧师共同组成的教会理事会治理。而牧师、长老、执事须由教徒按合法的民主方式选举产生并民主管理；特别申明"不得非法获取教职"，每个信徒必须尊重所有教职人员，与之和平相处（第31条）。这是对当时尼德兰地区专制独裁的天主教会的沉重打击。

2. 加尔文教活动的扩大

《比利时告白》和《海德堡教义问答》的面世和发表，使加尔文教在尼德兰得到扩大传播，有力地推动了宗教改革运动的发展，进而促进了反对西班牙暴政和宗教信仰自由与争取政治独立的斗争。

16世纪60年代后，加尔文教在尼德兰的活动迅速发展，信徒增多，组织逐渐改善。1563–1566年间，加尔文教派每年两次在其主要活动基地安特卫普召开联席会议，讨论尼德兰局势，确定活动任务。迄1566年，全尼德兰已有300个地方建立了较完备的加尔文教组织，较路德教的发展为快。路德教主要在安特卫普、阿姆斯特丹、布鲁日、梅赫伦和瓦尔登五个城市中活动[1]。尼德兰的加尔文教派为了扩大活动和影响，1566年4月，各地区的代表聚会安特卫普，决定在全国发动大规模的布道集会；5月各种集会扩展到尼德兰各地，最初参加者多数是"出身低微、贫苦""甚至一无所有的人"，至7月，参加活动的人"不乏披金戴银的贵妇"、城市"一些显贵，甚至有市议员等"[2]。每次集会少则数千多则上万人，而且不少人带上长矛、火枪等武器与会。某些地方官员也加入集会的行列中[3]。最初主持布道集会的主要是加尔文教的牧师，随着布道集会的广泛扩展，不少反对西班牙统治暴政的天主教教士

---

① 帕克尔：《荷兰起义》，第60页。

② P.M.Crew, *Calvinist Preaching and Iconoclasm in the Netherlands*,1544-1569, (《尼德兰加尔文教派的布道活动和破坏圣像运动，1544-1569年》) Cambridge, 1978年版，第8页。

③ L.Motley, *The Rise of the Dutch Republic*, New York, 1920, 莫特莱：《荷兰共和国的成长》第一卷，第441页、第446页。

和世俗的革命者也加入了斗争队伍[1]。通过革命斗争形势的发展，加尔文教影响扩大，信徒剧增，如图尔内等地加尔文教徒的人数，据统计，已超过这些地区的天主教徒5至6倍之多[2]。

3. "贵族同盟"的请愿与圣像破坏运动

加尔文教的广泛活动，促进了尼德兰各阶层人民的觉醒。再洗礼派的许多传教士积极宣传并号召扩大反对天主教会和西班牙统治的斗争。激进的尼德兰资产阶级也以加尔文教为旗帜，反对天主教会。这时尼德兰的贵族也因在政治上受到西班牙的高压，感到自危，趁着群众斗争情绪高涨的形势，1565年夏在斯帕集会，次年1月组成"贵族同盟"，于1566年4月5日，向西班牙驻尼德兰总督玛格丽特呈递了200多贵族签名的请愿书。他们要求停止宗教迫害，召开三级会议，免除红衣主教格兰维尔的职务，撤走西班牙驻军，恢复地方自治权力等。

因尼德兰多数是下级贵族出面请愿，西班牙驻尼德兰总督玛格丽特手下有个大臣骂请愿者是一群乞丐，请总督"别怕这帮叫花子"。而请愿者们因而也采用了"叫花党"这个称号，甚至"铸造了一种大个儿的徽章"，一面是西班牙国王腓力二世，另一面是两手抓个袋子——当时乞丐常用的袋子，还有个乞丐常用的木制饭碗，有时还绘有穿着穷人常穿的灰色粗呢裁制的衣服[3]。尼德兰群众在反西班牙斗争的过程中，也以"乞丐"自称，坚持斗争。

1566年8月11日，弗兰德尔的一些工商业城市中，原先被禁令赶出城的加尔文教徒，纷纷回城公开聚会，搞露天仪式，从西部迅速席卷安特卫普等地，群众首先向痛恨的天主教会的教堂、寺院发起攻击。他

---

[1] L.Motley, *The Rise of the Dutch Republic*, New York, 1920，莫特莱：《荷兰共和国的成长》第一卷，第441页、第446页。

[2] 莫特莱：《荷兰共和国的成长》第一卷，第445页。

[3] 美国时代生活图书公司编著，李绍明译：《欧罗巴的黄金时代·北部欧洲（1500-1675年）》，山东画报出版社2003年版，第87页。

们手持绳索、棍棒、锤斧等，开始了捣毁圣像和祭坛，毁掉教堂和修道院中的绘画、书籍、十字架，甚至法衣、祭服和金银的圣餐杯，凡带有偶像崇拜的东西无一幸免。有些地区焚毁账券，没收教产。仅在西弗兰德尔一地，约有400座教堂和修道院被洗劫[1]。迄10月，尼德兰有12个省区都卷入了这个运动——称为"圣像破坏运动"[2]，参加者达数万人之多。据粗略统计，捣毁教堂和修道院达5500多所，声势浩大的圣像破坏运动，标志着尼德兰革命的开始。

三、尼德兰革命曲折、艰苦的斗争历程

尼德兰的圣像破坏运动拉开了尼德兰反抗西班牙统治、争取民族独立、开展宗教改革运动资产阶级革命的帷幕。

（一）运动初期的曲折和阿尔发血腥镇压

许多城市参加天主教仪式等活动的人数直线下降，"叫花党"人的表现壮了群众的胆。虽然一些地方的行政长官警告人们，非法聚众要判死罪，但群众斗争日益高涨。有些地方甚至打开监狱释放被囚禁的新教徒，有些农民焚毁田契、建立武装，自发地举行起义，聚会时讲道者的随从持兵器护卫，参加者带刀剑、草叉、长矛甚至手枪。地方官员试图迫使人群解散，人群则高呼："我们要奥兰治亲王[3]！"

---

① 美国时代生活图书公司编著，李绍明译：《欧罗巴的黄金时代·北部欧洲（1500-1675年）》，山东画报出版社2003年版，第89页。

② 《欧罗巴的黄金时代·北部欧洲（1500-1675）》，第84、87页。

③ 《欧罗巴的黄金时代·北部欧洲（1500-1675）》，第85-88页。

"奥兰治亲王"是何许人？他是反对西班牙执行宗教迫害的抗议者中贵族之一的威廉。他本是虔诚的天主教徒，其父原是日耳曼西南部的拿骚侯。1544年，威廉11岁时，他的堂兄在法国阵亡，威廉继承了堂兄在奥兰治的领地，得到在尼德兰等地的大量田亩和财产。德皇查理五世笼络他，提拔威廉进入布鲁塞尔宫廷，而且任命奥兰治·威廉担任尼德兰北方三省的联合省长，管理荷兰、泽兰和乌特勒支。威廉既聪颖、能干、喜交游，又能讲法语、荷兰语等五种语言。因威廉父母早已皈依路德宗，所以奥兰治·威廉对新旧教问题较敏感，再兼1561年威廉前妻亡故，他续娶了一位路德宗信徒萨克森莫里斯公爵之女安娜为妻，此后，威廉针对西班牙王腓力二世对尼德兰新教的迫害更加反感和痛恨。再说，圣像破坏运动爆发后，尼德兰人民的革命斗争风起云涌。当时，尼德兰的一些贵族和资产阶级表现不同。"贵族同盟"中以路易为代表的一些人于7月中旬至8月初在瓦特伦德曾召集了15000多人的会议（其中有不少中小贵族），决定在各地紧急募款，到德国征集4000骑兵并组建步兵团；另有加尔文教会领导人如维列、穆德等在图尔内、根特等地征兵准备武装起义……但因奥兰治·威廉最初的态度犹豫，未能成功[1]。西班牙驻尼德兰的女总督玛格丽特采取了缓兵之计，在1566年8月23日发表宣言，佯允暂停宗教裁判所迫害新教徒，允许加尔文教徒在指定地点传教和活动，特赦"贵族联盟"的一些成员等[2]。她同时又号召贵族们应"忠君"，协助"稳定"国内的安宁秩序……这时，被群众起义吓破胆的一部分尼德兰贵族向当局妥协，惶恐的一些加尔文教派资产阶级也要求人民遵守"秩序"，由于一些贵族的妥协和资产阶级的动摇，革命形势出现了危机。10月，威廉竭力在他辖下的三个省稳定起义群众人

[1] 参见莫特莱：《荷兰共和国的成长》第1卷，第454页，及克鲁：《尼德兰加尔文教派的布道活动和破坏圣像活动，1544-1569》，第9页。

[2] E.H.Kossmann and A.F.Mellink, *Texts Concerning the Revolt of the Netherlands*（析斯曼、梅林克合编：《尼德兰起义史料》）。Cambridge，1974，第59-64页。

心，平息新旧教之间的龃龉，并在贵族中做工作，向埃格蒙特伯爵等鼓气，防止给西班牙人的镇压"架设桥梁"[①]。

在马德里的西班牙国王腓力二世，本是个狂热的天主教徒。他出生和长大一直都在西班牙，既不会德语、也不懂法语，是个王权至上的暴君。他得知尼德兰出现圣像破坏运动后气得快发疯，乃积极筹划了血腥的镇压军，在1567年初，派得力将领60岁残酷的阿尔发公爵率18000名西班牙镇压军队开到尼德兰。玛格丽特被解职。阿尔发公开扬言："宁把一个贫穷的尼德兰留给上帝，不把一个富庶的尼德兰留给魔鬼。"镇压军不仅占领布鲁塞尔，且在尼德兰的许多大城市和战略要地布防。阿尔发首先成立了特别法庭——"除暴委员会"，在全尼德兰各处布满绞刑架和断头台。阿尔发等人叫嚣说："必须使尼德兰每个人都生活在恐怖中，时刻担心屋顶会塌到自己头上。"镇压军逮捕大批起义者，不经审判即处以火刑，甚至对从未起义的人，也以他们没有反对"异端"而杀害，被处死者8000人以上。1568年，在布鲁塞尔公开处决了前"贵族同盟"的领袖埃格蒙特伯爵和著名的荷恩上将。人们把"除暴委员会"称为"血腥委员会"。

阿尔发公爵向国王腓力二世呈信表示他在尼德兰"需要再造一个新世界"。他不仅残酷镇压尼德兰人民的起义斗争，并颁布命令，要求尼德兰的官员应重新向西班牙国王宣誓效忠。而且他又宣布增收新税，一切动产和不动产一律抽税1%，土地买卖抽税5%，一切贸易均抽税10%。工商业纷纷倒闭，内外贸易停顿，失业和饥饿笼罩了整个尼德兰，百姓多向国外逃亡。恐怖弥漫尼德兰各地。尼德兰革命一度陷入低潮。这时的奥兰治·威廉拒绝宣誓，同时变卖首饰和一些值钱的物品，把钱转移给远在日耳曼的家人。1567年4月10日，威廉向腓力二世递上

[①]　这条资料证明威廉的政治态度，参见《欧罗巴的黄金时代·北部欧洲（1500-1675）》，第89-90页。

了辞呈，不久，威廉以外出到蒂伦堡"打猎"为由①，逃离血腥恐怖的尼德兰，回到德国继续支持尼德兰革命斗争。

（二）"海洋乞丐"和北方起义

阿尔发的恐怖政策和在尼德兰六年（1567–1572年）的血腥篡政，使尼德兰人民惨遭涂炭，不少贵族妥协，一些资产阶级动摇，但下层贫苦人民和一部分坚持革命斗争激进的资产阶级分子与极少数尼德兰的贵族并没放弃斗争。他们发动群众在弗兰德尔的海诺特等地森林里，组织了游击队伍，自称"森林乞丐"，到处袭击小股的西班牙军队，处死天主教的反动神父及作恶的官吏等。在北方，荷兰、西兰和弗里斯兰等省海上的水手、渔夫和码头工人们，利用广阔的海域组成了海上游击队伍，自称为"海洋乞丐"。他们灵活、勇敢机动地袭击西班牙的战舰、沿海据点和运输船队。游击队得到尼德兰广大人民的支持，群众为游击队传送情报、供应粮食和军需用品，并掩护转移。

奥兰治·威廉虽然本身原是信仰天主教的封建贵族，但他由于热爱尼德兰，关注民族命运，同情新教徒，对西班牙的统治和残酷镇压"异端"很不满。早在16世纪60年代之初，他本人便常在各种场合呼吁停止迫害新教徒和强迫臣民的信仰②，并向新教徒表示理解或暗中向即将遭迫害的新教徒通报信息③。

圣像破坏运动爆发不久（1566年10月），威廉在给乌特勒支省三级会议的报告中指出：尼德兰同法国、英国和德国、瑞士等新教国家相邻，势必受影响而流行新教，要想保持尼德兰经济发达，维持国家的和平稳定，

---

① 《欧罗巴的黄金时代·北部欧洲（1500-1675）》，第 90 页。
② F.Harrison, *William the Silent*, London, 1970，（哈里逊：《沉默的威廉》）第 41-42 页。
③ 帕克尔：《荷兰起义》，第 62 页。

必须允许信仰自由。因而，他建议在每个行省为各个教派划定一定的区域从事不同教派的宗教活动，各地区也可自行决定其宗教信仰①。这一主张成为威廉日后推行的宗教宽容和允许"信教自由"的核心内容。

奥兰治·威廉在德国居地呼吁德国新教诸侯助他起兵对抗西班牙赴尼德兰的镇压军，加紧征募雇佣兵，同时向尼德兰发出大量小册子，谴责阿尔发的暴行。1568年4月，威廉征募了一支雇佣军，他同他弟弟路易各领一路进军尼德兰。路易率雇佣军攻入哥罗宁根，被阿尔发的西班牙军打败。路易和身边几个人跑到河边，得到"海洋乞丐"队伍的救援而被救出。同年10月，威廉率雇佣军从南方进攻，在不拉奔、海诺尔坚持了几个月也战败，无奈不得不退入法国。

1572年，是尼德兰革命斗争有重大转折的一年。北方人民群众游击战争的蓬勃发展带来了革命形势的新高涨。

4月1日，北方一支由24艘船组成的海上游击队（"海上乞丐"）在人民群众支持下占领了西兰省没有西班牙驻军的布里尔港埠。他们进港后庄严宣告"除了天主教的教士、僧侣和忠于罗马教皇的人以外，优待所有人"。起义军不仅击退了西班牙军队的反扑，接着海上游击队又进攻邻近的口岸。布里尔港距离莱茵河与马斯河的河口很近，战略地位重要，而且该地多沼泽湖泊，河流纵横交错，易守难攻。起义军在布里尔城埠的胜利，使该布里尔港埠成为北方起义战斗的坚强据点，这一胜利成为北方各省普遍总起义的信号。

1572年时奥兰治·威廉年届40岁，尽管西班牙抄没了他在尼德兰的全部财产，他的妻子安娜因困顿流离、郁郁纵酒，甚至跟随一个从安特卫普逃难抵德的已婚律师苟欢逃跑，但威廉抵抗西班牙的斗志未失。他表示"不管局面多么无望，总要努力抗争，哪怕百战百败也要坚持下

---

① 哈里逊：《沉默的威廉》，第63-67页。

去"①。"海洋乞丐"坚持斗争的喜讯和成功，更加鼓舞了威廉。他原本倚重于取得法国胡格诺派的支援和招募的日耳曼雇佣军作战，实践证明还必须依靠尼德兰人民本身的革命斗争，威廉乃积极呼吁和发动尼德兰各阶层摒弃前嫌，各教派应互相谅解，实施宗教宽容政策，共同对敌。1572年6月，威廉向起义的北方发布公告称："每个人均可自由采用迄今为教会使用的上帝、使徒和先知的训诫，而曾拒绝这些训诫者，只要愿和平行事则不会受到任何伤害。"威廉主张"永远废除宗教裁判所""驱逐一切压制人民自由的外国人"②。

1572年6月10日，"海洋乞丐"游击队在一次重要的海上战斗中，击溃了来犯的西班牙舰队，推动了革命高潮的到来。北方各地起义频发，弗里西根、恩克豪城等地通过工人、城市贫民的武装斗争夺取了城市；弗里斯兰等地也爆发了大规模农民起义，广大受压榨的农民纷起捣毁天主教的教堂、贵族的庄园，废除封建租税和超经济的徭役。迄1572年7月，除阿姆斯特丹外，整个荷兰、西兰，甚至尼德兰北部的大部分地区都从西班牙的反动统治下解放出来。1572年7月19–23日在乌特勒支召开了北方各省代表的会议上，威廉缺席当选荷兰和西兰的总督，拥有最高的军权和行政权。威廉派代表与北方革命派达成协议，决定信教自由，对拥护尼德兰革命的天主教徒、新教徒都给予自由（第24条）③，并着手整顿立法行政机构，扩大革命的成果。

（三）尼德兰革命的深化与联省共和国建立

1572年10月21日，威廉抵达尼德兰北方就任总督，这时实际上北方

---

① 《欧罗巴的黄金时代·北部欧洲（1500-1675）》，第91页。
② 柯斯曼、梅林克合编：《尼德兰起义史料》，第96页。
③ 柯斯曼、梅林克合编：《尼德兰起义史料》，第101页。

已脱离了西班牙，在加尔文教徒积极拥戴和革命高潮的推动下，威廉本人在翌年——1573年4月毅然宣布改宗加尔文教，并接受了"荷兰……共和党人的旗帜"。同年9月，在荷兰、西兰省议会议员联名致腓力二世的公开信中宣布："我们决心为信教自由而战斗……[①]"

1573年，尼德兰人民反抗西班牙镇压军的斗争，十分艰苦。威廉虽然改宗了加尔文教，但他仍发文告执行宗教宽容政策，容忍基督教的各个派别，包括对待天主教徒。他强调目标是"把祖国从西班牙兀鹰和野狼的压榨下解放出来，恢复它往日的自由和繁荣"。阿尔发公爵下令对尼德兰最初起义的三个城市——梅赫伦、居特芬和纳尔敦居民血腥屠杀。1573年，阿尔发派重兵围攻荷兰北部的哈连姆城，全城人民英勇抗击，投入了战斗，使镇压军死伤12000多人，城中起义者用嘲笑来回答西班牙人的恐吓。有一次，起义者从城墙上扔下一个大桶，里面装着11颗被处死的西班牙侵略军的头，在桶上附言写道："这是你们要的什一税，这11颗乃是逾期不缴的罚款。"围城长达七个月，哈连姆才被占优势的镇压军攻破。

荷兰省莱登城起义军的战斗特别壮烈。此城离海边16公里，人口15000人，阿尔发用重兵久围无效，腓力二世将阿尔发撤职，另派列克森任尼德兰总督率一万多装备精良的重兵开到莱登城外。当城内粮绝，列克森招降时，城内骄傲铿锵有力地回答道："为了保卫我们的妇女儿童、为了我们的自由和我们的宗教免受外国暴君的摧残，我们每个人会吃掉自己的左手来保全右手战斗，你们就等着吧！"这时郊区农民都行动起来，切断敌人的交通线，积极支援城市反围困的战斗。为了解救莱登城，威廉的两个弟弟路易和24岁的亨利曾带日耳曼雇佣军前来救援，不幸双双阵亡。莱登城市长忠勇的阿德连·德魏尔夫带领市民坚持抗

---

① 　柯斯曼、梅林克合编：《尼德兰起义史料》，第109页。

敌，靠信鸽传递信息。"海洋乞丐"帮助掘开海堤、打开水闸，以洪水淹敌，坚持战斗。威廉也公开表态："只要我一息尚存，休想要我投降①。"终致敌人遭受惨重伤亡，被迫撤退。莱登城殊死的保卫战，鼓舞了尼德兰各地人民的斗争。

尼德兰莱登之役是转折点，北方的胜利，推动了南方革命的高涨。南方各地农民群起打击到处抢劫烧杀的西班牙镇压军。1576年9月4日，南方政治中心布鲁塞尔爆发起义，逮捕了政务会议的成员，推翻了西班牙在尼德兰的统治机关，使政权转到尼德兰的三级会议之手。1576年10月，全尼德兰的三级会议在根特城召开，商讨了南北方的联合及联合才能有效地回击西班牙的反扑等问题。11月8日，通过了"根特和解协定"，决定废除阿尔发统治尼德兰期间（1567–1573年）颁布的一切法令，重申恢复各城市原有的权力，南北方应共同反对西班牙，承认加尔文教的合法地位。但是由于南方保守势力的代表在三级会议中占有多数席位，因而对于各省力量如何联合驱逐西班牙势力并无行动计划，会议中也没有提出尼德兰的独立和消除封建土地所有制等问题。"根特协定"在内容和影响上是有局限性的。

1577年2月，由于南方保守势力控制下的尼德兰三级会议竟和西班牙当局缔结了互有交换条件的"永久敕令"，承认西班牙任命的总督为统治尼德兰的合法总督，西班牙撤走驻军和承认三级会议的最高权力。北方各省和奥兰治·威廉反对"永久敕令"，广大革命群众决心把反抗西班牙的革命斗争继续下去。南方的布鲁塞尔、根特、安特卫普等城市又发动了新的起义，推翻了旧的市政委员会，建立了新的"十八人委员会"，实行了一些民主措施，并驱逐一部分西班牙驻军。这时，弗兰德尔和不拉奔等省的农村中农民也行动起来，起义者抗缴封建租税，摧毁

---

① 《欧罗巴的黄金时代·北部欧洲（1500-1675）》，第92-95页。

贵族的城堡，夺取贵族和天主教会的土地，歼灭了一些地区的西班牙驻军。南方各地人民革命运动的高涨，引起南方城乡的贵族、上层资产阶级和天主教会上层僧侣的极大恐惧，也由于南方的起义斗争是自发、分散的，没有统一的领导，而南方反动的和保守的势力联合起来并勾结西班牙统治者，西班牙镇压大军开来，1578年1月在不拉奔省的占布鲁，打败了尼德兰三级会议中支持革命的军队。奥兰治·威廉虽然再度引进法国和德国的雇佣军在1578年5月和8月进入尼德兰，但都未能阻止住西班牙的反扑而失败。南方的阿多瓦和海诺尔等地的反动贵族乘机叛乱，联合封建贵族和同西班牙经济联系密切的上层资产阶级在1579年1月9日组成了"阿拉斯联盟"，公开反对和破坏"根特协定"，承认腓力二世是他们"合法的统治者和君主"。这样，尼德兰南方重又公开恢复了仍归西班牙统治的局面。

尼德兰北方各省及南方一部分城市认为"阿拉斯联盟"违背和完全破坏了南北方联合的"根特协定"，为了保卫革命的成果，防止反动势力的重来，于1579年1月23日，以荷兰、西兰为首的北方各省和南方的安特卫普、布鲁塞尔、根特等城，在乌特勒支成立了"乌特拉支同盟"。明确宣布"更加紧密地结成和加强联盟，永不分裂"，以北方各省组成的三级会议为最高权力机关。同盟实行统一的军事和共同的对外政策，规定统一的货币和度量衡。从此奠定了"联省共和国"的基础。在联省中，由于荷兰省最大，经济最发达，故"联省共和国"也称为"荷兰共和国"（1594年，格罗宁根也加入了联省共和国，共七省联合）。1580年6月，西班牙国王腓力二世公开发出公告，宣布威廉是"破坏社会和平的主犯"、是"扰乱整个基督世界的罪魁祸首"和"人类的公敌"，悬巨额赏金（25000金克朗）捉拿和谋杀威廉。1581年2月4日，威廉公布辩护书，认为腓力二世的无耻叫嚣和反动无耻行径只会使自己高兴[①]。1581年7月26日，在乌特勒支同盟各省的三级联席会议上发表"断绝关系法令"，正式宣布废黜暴君腓力二世[②]，公开成立"联省共和国"，由奥兰治·威廉担任执政。从而建立了商业资产阶级和贵族联盟的共和国。

四、尼德兰革命过程中加尔文教内部的分歧与斗争

（一）运动前期资产阶级和贵族革命派在加尔文教保守传统影响下的妥协和局限性

尼德兰加尔文教的宗教观是进步的，但革命斗争前期的政治规则很保守。

加尔文教的政治观通常认为世俗政府"是上帝神意的安排"[③]，政府是"保护纯正的教义，维护教会组织并使人们遵守国家法律，彼此和平相处"[④]。并且认为："一切想废弃政权者，乃是野蛮和不近人情者"，人们"应首先省察自己违背神的罪过，千万不能自己去纠正暴政"[⑤]。

尼德兰革命运动的前期（1566–1579年），尼德兰的资产阶级和一

---

① 鲁滨孙：《欧洲史选读》第2卷，第117页。

② 威廉斯：《历史家的世界史》第13卷，第487页，及哈里森：《沉默的威廉》，第214页。

③ 约翰·加尔文著，钱曜诚等译：《基督教要义》下册，北京三联书店2010年版，第247页。

④ 约翰·加尔文著，钱曜诚等译：《基督教要义》下册，北京三联书店2010年版，第242-243页。

⑤ 约翰·加尔文著，钱曜诚等译：《基督教要义》下册，北京三联书店2010年版，第248页。

部分反对西班牙统治的贵族反对派，他们虽然反对西班牙驻尼德兰总督及佞臣迫害和剥夺各省的自由和权力，但对国王充满幻想，而且压制下层民众的反抗活动。他们曾向西班牙国王腓力二世表白："我们绝无任何损毁上帝、玷污国王之尊严，破坏他的领地之企图，相反我们的目的是在其领地内支持国王和维持秩序与和平，竭尽全力镇压一切叛乱和民众的反抗[1]。"1566年秋，圣像破坏运动爆发后全尼德兰各地群众斗争气氛高涨，贵族反对派和加尔文教的宗教法庭十分惊慌，纷纷推诿责任并惩处积极破坏圣像者，厄格蒙特得军、霍恩等人率军队压制群众的活动[2]。加尔文教正统派的牧师如安特卫普的霍曼和吉恩·塔芬应当地官员之邀，前往教堂布道，劝说"人们保持冷静，不要使用暴力，并表示他们愿意协助政府恢复秩序与和平"[3]。

　　以奥兰治·威廉为代表的挚爱尼德兰独立的自由的贵族反对派和资产阶级领袖们被迫反抗西班牙反动统治时，虽然联系并组织外国的雇佣军和号召人民抵制和不得不武装反抗阿尔发镇压军时，仍认为暴政乃佞臣所为，国王是被蒙骗。一旦国王了解真相，定会惩办暴政者，因而要求人民应忠于国王，维护西班牙的尊荣。1568年，流亡德国的威廉多次发布文告，虽主张尼德兰人民应武装反抗阿尔发的暴政，但仍要忠于国王，服从君王统治[4]。1573年9月，威廉已改宗加尔文教5个月之后，西兰、荷兰两省议会在致南方诸省议会的文告中还幻想道："若国王知晓阿尔发在尼德兰的暴行，定会痛心疾首，严惩肇事者及其支持者[5]。"威廉在同西、荷两省议会联名上书腓力二世时表示："我们反

---

① 柯斯曼、梅林克合编：《尼德兰起义史料》，第 61 页。

② 齐斯托兹沃诺夫著、刘立勋译：《十六世纪尼德兰资产阶级革命》，生活·读书·新知三联书店 1962 年版，第 53-55 页。

③ 克鲁：《尼德兰加尔文教派的布道活动和破坏圣像活动，1544-1569》，第 14 页。

④ 柯斯曼、梅林克合编：《尼德兰起义史料》，第 87-88 页。

⑤ 柯斯曼、梅林克合编：《尼德兰起义史料》，第 104 页。

抗的是阿尔发，而不是反抗以我们的生命、财产忠实地为您效力的国王陛下[1]。"1575年3月，在奥兰治·威廉协同议会起草的"布雷达和谈声明"中，仍声称，"我们绝非武装自己反对国王"；1577年第一次布鲁塞尔同盟中公开承认结盟的目的之一是"更有效地遵从国王陛下"[2]。虽然尼德兰革命派的威廉等一再表示过忠于西班牙国王腓力二世，并寄希望于国王了解阿尔发在尼德兰的暴行，以便理解尼德兰人民被迫斗争的苦衷。其实镇压和迫害尼德兰，乃腓力二世的反动本质和既定国策。当北方诸省于1579年1月缔结乌特勒支同盟，联省国家已成定局脱离西班牙时，腓力二世在1580年6月便公开露出他的狰狞面目，宣布奥兰治·威廉是"人类的公敌"……最终使尼德兰的贵族革命派和资产阶级摆脱了幻想和加尔文传统的政治观的束缚，使尼德兰后期的革命斗争获得了成功。

（二）坚持武装斗争和宗教宽容政策决定了尼德兰资产阶级革命的胜利

尼德兰下层人民群众在白色恐怖高压下，自1572年开展起来的"海洋乞丐"和"森林乞丐"的武装斗争，是尼德兰革命斗争走出困境的转折点。1572年4月1日"海洋乞丐"解放了西兰省的布里尔港埠，此城成为北方起义斗争的坚强据点，同年6月10日"海洋乞丐"的船队，击溃了西班牙舰队取得重要胜利，带来了革命的新高涨。农民群众也举行起义，捣毁反动贵族的庄园和天主教会的教堂、修道院等。尼德兰南方的布鲁塞尔、不拉奔、弗兰德尔等许多城市也爆发起义，同西班牙新派来的列克森总督所率的镇压军，反复进行了多次艰苦的武装斗争。

---

[1]　柯斯曼、梅林克合编：《尼德兰起义史料》，第108-109页。

[2]　柯斯曼、梅林克合编：《尼德兰起义史料》，第124-125页、第134页。

1581年2月，威廉用多种文字发表的辩护书，特别是7月26日，联省共和国三级会议发布的《断绝关系法令》具有重大历史意义。威廉的辩护书，据理摆事实"驳斥了腓力二世的罪恶行径，他表示只要能换来祖国的繁荣、尼德兰人民能得到自由和幸福，他决心欣然献出自己的生命"①。这一辩护书，既揭露了西班牙国王是暴君的血腥罪行，又公开表述他反抗西班牙、誓死战斗的立场和态度，对尼德兰革命斗争具有推动作用，也是威廉放弃盲目忠君思想的重要标志。

联省共和国宣布同西班牙《断绝关系法令》，不仅宣告了脱离西班牙的独立，同时也表明尼德兰资产阶级革命对加尔文教保守思想的重大突破。它的历史意义在于：

首先，论证了反抗暴君的反动统治是合理、合法的。《断绝关系法令》指出上帝任命国家的君主是保护臣民免受暴虐和苦难，倘君主剥夺臣民的自由和权利，像对待奴隶那样役使和统治臣民，那样的君主是暴君，臣民应当抛弃他。此《断绝关系法令》历数腓力二世的各类罪恶，证实他是暴君，臣民应当坚决反抗他。

其次，指出君主和臣民之间是契约、协定的关系。尼德兰革命派指出，君主是受上帝之委任，在即位时宣誓保护国家固有的传统、自由和臣民的福祉、权利，而臣民则依据一定的条件（契约或协定）承认并服从君主。若君主破坏这种契约或协定关系，则臣民依法取消君主的统治权②。

再次，通过《断绝关系法令》，成功地宣布了必须以革命的暴力斗争打倒暴君反革命暴力镇压的学说。这一法令不仅鼓舞了尼德兰人民的斗志，而且实践证明，在血腥镇压的关头，任何幻想和改良都无效，主权在民的具体化便是应以暴力的武装斗争粉碎反革命的暴力。尼德兰革

---

① 《1581年沉默的威廉致三级会议的辩护书》。

② 柯斯曼、梅林克合编：《尼德兰起义史料》，第223页。

命为17世纪同样有宗教外衣背景的英国资产阶级革命，提供了经验。

最后，尼德兰革命斗争是在加尔文教旗帜下进行的，目标是推翻西班牙和天主教的反动统治，铲除对新教徒的迫害。通过民族独立的战争，建立资产阶级共和国，斗争已超出宗教问题的范畴，但革命和《断绝关系法令》并非要消灭人民中的天主教信仰，执行宗教宽容、和解政策和坚持武装斗争，是尼德兰革命争取成功和胜利的保证。

尼德兰革命过程中，以奥兰治·威廉为代表的贵族反对派和资产阶级代表，虽然曾有过对西班牙专制君主——腓力二世幻想，在斗争中软弱、动摇和对下层人民的斗争依靠不够，甚至有过压抑打击的诸多表现，但威廉不论他曾是天主教徒（1573年4月以前）或他自己有过改宗加尔文教（1573年4月）以后，他都能从尼德兰的历史实际和国情出发展开斗争的。鉴于天主教徒占尼德兰人口的多数，即使在新教势力强大的荷兰、西兰省内，天主教徒仍占优势。当时天主教徒或新教徒对其宗教信仰均相当虔诚。如阿姆斯特丹城被革命军长期包围，始终不被降服。直到1578年2月，对峙双方签订了承认该城天主教为合法，同时也宽容新教徒的"满意法令"之后，阿姆斯特丹城才放弃抵抗加入革命阵营的。威廉一向重视和执行宗教宽容与和解，主张信教自由，力图广泛团结尼德兰各界群众作为革命斗争的目标和执行重要政策是应予以肯定的。他抛弃了加尔文教中的偏狭思想是成功的。

加尔文教为新兴资产阶级反对封建制度和天主教会提供了有力的思想武器和宗教旗帜，有重大贡献，但加尔文在日内瓦传教过程中以及加尔文教宗教法庭对一些人文主义者或不同观点者曾施予迫害或驱逐、限制，对自然科学家新发现、新发明加以打击的事例亦不少。如打击迫害著名人文主义者卡斯特里奥、医生波尔赛克、塞尔维特等。恩格斯曾指出："塞尔维特正要发现血液循环过程时，加尔文便烧死了他，而且活活地把他烤了两个钟头。"

历史实践证明，奥兰治·威廉等在尼德兰革命斗争的十多年里，特别在1577年以后，他倡行的宗教宽容、和解政策的成功，是尼德兰革命的特点之一。1577年1月，以威廉为首的革命派，在重申宗教宽容、和解的同时，又积极争取在全尼德兰实现信教自由。他们在第一次布鲁塞尔同盟中宣称："我们结盟旨在维护我们神圣的信仰（新教）和罗马天主教，实现根特协定，驱逐西班牙人及其同盟者[1]。"同年12月，在第二次布鲁塞尔同盟中又进一步宣告：加入同盟的天主教派和新教派誓将相互尊重，承认并互不歧视对方[2]。1578年尼德兰的三级会议通过了"百户宗教法"，宣布不论新教、天主教，凡在每个城市或村庄中有百户信徒即为合法，人们可公开信教；不足百户者可在家中举行宗教活动[3]。尼德兰北方各省1579年1月缔结乌特勒支同盟时，盟约第13条便规定："每个人都享有信教自由，任何人不得因其不同的信仰而遭受迫害和审问[4]。"奥兰治·威廉等为了更有利于团结、联合各派的爱国力量投入反西班牙的斗争，他们又对乌特勒支盟约中的第13条，作了下述的补充说明："把信奉天主教的行省、城市排斥在本同盟之外——从来不是、现在也不是我们的目的和意愿……恰恰相反，如果他们赞同本同盟的其他各条规定并成为可靠的爱国者的话，我们乐意接受那些希望保持罗马天主教的行省和城市作为本同盟的成员[5]。"该同盟的盟约在联省共和国中起到了宪法的作用。

奥兰治·威廉不仅在各类文告中确定了宗教宽容、和解及信仰自由的原则，他在掌握革命领导大权后，还查办了一些破坏宗教和解与滥杀天主教徒的官员，如对海军上将德拉·马克等查办撤职。尼德兰资产阶

[1]　柯斯曼、梅林克合编：《尼德兰起义史料》，第 134 页。

[2]　柯斯曼、梅林克合编：《尼德兰起义史料》，第 147 页。

[3]　莫特莱：《荷兰共和国的成长》第 3 卷，第 237 页。

[4]　柯斯曼、梅林克合编：《尼德兰起义史料》，第 169-170 页。

[5]　柯斯曼、梅林克合编：《尼德兰起义史料》，第 173 页。

级革命过程中，面对西班牙统治者血腥暴力镇压，坚持了暴力的武装斗争反抗和执行宗教宽容、和解等政策，保证了革命的胜利，也是这次在加尔文教旗帜下尼德兰民族独立斗争、资产阶级革命的重要特点和实现胜利的宝贵经验。

（三）荷兰共和国初期的政治经济形势和加尔文教戈马尔派与阿明尼乌派之争

尼德兰革命通过乌特勒支同盟在1581年7月26日成立了"联省共和国"，奥兰治·威廉任执政，在共和国中，由于荷兰省最大、经济最发达，故亦称荷兰共和国。由于各省的传统、习俗、文化和语言互异，司法亦紊乱，全尼德兰约有700种不同的法典[①]，诸省多维护本身利益，不利于建立集中统一的中央政权，故形成的是联邦制性质的联省共和国。荷兰最高权力机关是三级会议，由各省代表组成，每省只有一票表决权。重大问题必须全体一致通过，一般问题由议员多数议决。在三级会议之下的常设机构是国务会议，设委员12人，各省根据纳税多少，决定其在国务会议中的名额，荷兰和西兰两省纳税最多，委员共占5名。执政是国务会议的首脑，握有最高的行政权和军权，由奥兰治·威廉家族世袭。政治首都在海牙，经济中心是阿姆斯特丹。

1584年7月10日，荷兰执政51岁的奥兰治·威廉被西班牙派来的潜伏奸细热拉尔刺死，威廉因领导尼德兰人民争取独立和建政的贡献，被人们尊为国父而英名永存。他的墓上竖了纪念碑，碑文写道："这里埋葬着国父威廉，他为尼德兰的命运献出了自己的生命[②]。"威廉之子摩里斯被选为共和国"民族委员会"主席，任执政并担任北方诸省军队的

---

① 帕克尔：《荷兰起义》，第34页。
② 《欧罗巴的黄金时代·北部欧洲（1500-1675）》，第97页。

总指挥，继续为捍卫共和国的独立而英勇战斗。

西班牙不甘心在尼德兰北部的失败，在派军镇压了南方布鲁塞尔和安特卫普等城市的反抗，恢复了西班牙的统治后，多次向北方反扑。荷兰共和国同西班牙进行了长期的武装斗争，在摩里斯指挥下，北方联军为民族独立事业英勇抗敌，最终取得了胜利。1609年，内外交困的西班牙不得不同联省共和国——荷兰缔结了休战协定。1648年，三十年战争结束时订立的《威斯特伐利亚和约》，西班牙正式承认荷兰独立。尼德兰南部后来分裂为比利时和卢森堡。

尼德兰革命的伟大胜利具有重大的历史意义。第一，尼德兰革命在北方的胜利，是人类历史上第一次成功的资产阶级革命，在封建制占统治地位的欧洲打开了缺口，建立了历史上第一个资产阶级共和国，是正义战胜反动，小国打败大国的成功例证，具有宝贵的经验和重大的影响。第二，这次革命是在新兴资产阶级和爱国贵族反对派领导下，以加尔文教为旗帜，具有反封建专制统治、反民族压迫、争取民族独立和反天主教压迫的多重性质，也是为资本主义发展创造条件，而进行的革命战争。第三，这次革命斗争的全历程，充分表现出劳动人民是历史发展的主要动力这一真理。由于城镇下层平民和工人坚持斗争，特别是"海上乞丐""森林乞丐"游击战的坚持抗击，关键时刻扭转了局势，使斗争得到转折。长期坚持武装斗争，最后打败了西班牙的多次反扑，捍卫了革命成果。第四，革命过程中坚持武装斗争反抗反革命的暴力镇压，重视宗教宽容、和解、团结不同宗教信仰广大群众的大多数，是打败强敌制胜的成功经验。尼德兰资产阶级和贵族中的革命派，他们通过斗争克服了对封建君主的幻想、妥协和动摇性是可贵的，有利于斗争的胜利。第五，由于历史和客观条件，尼德兰革命有其明显的局限性，封建土地所有制未能彻底废除。

17世纪初荷兰共和国建立后，资本主义经济得到较快的发展，其特点是商业超过工业，对外贸易超过对内商贸。在工业方面，呢绒业、丝织、麻织及瓷器等都在国际上享有盛名。但最突出的是造船业，居当时世界的首位。商船吨数占欧洲总吨数的3/4。造船业的发达，促进了荷兰国际商贸的繁荣。阿姆斯特丹成为当时国内外商贸和手工业、金融业的中心，居民达10万人之多。1609年，荷兰的阿姆斯特丹银行是欧洲第一个资本主义性质的银行。波罗的海的贸易，大半都掌握在荷兰商人手中。东方的香料等，多半由荷兰船只转运到西欧和北欧。因荷兰的商船经常为各国转运商品，长期曾有"海上马车夫"之称。荷兰共和国实现了信教自由后，成为欧洲各国新教徒的避难地。荷兰人口从1514年时的27.3万人，迄1620年时上升为67万人。56%的人口居住在城市中①。17世纪前半期，荷兰曾是一个拥有庞大殖民地的强国。马克思曾指出："荷兰——它是17世纪标准的资本主义国家——经营殖民地的历史，展示出一幅背信弃义、贿赂、残杀和卑鄙行为的绝妙图画②。"1602年，荷兰成立了东印度公司，控制印度尼西亚等东南亚各地的商贸及殖民侵略活动。1621年，荷兰成立了西印度公司，垄断了西非和北美洲的贸易并建立了新阿姆斯特丹③。17世纪初，荷兰曾两度侵占我国的澎湖列岛，1624年荷兰又侵占我国台湾。1661-1662年，我国东南沿海人民同台湾人民一道在民族英雄郑成功的领导下，将侵略者荷兰殖民强盗从台湾驱逐出去。

荷兰共和国中商业资产阶级垄断控制了政治经济生活，他们在宗教上支持现存政治秩序辩护的加尔文教的正统派，即戈马尔派。

荷兰共和国的新执政奥兰治·威廉之子摩里斯（1585-1625年在位）对外虽领导抗击西班牙的镇压，但对内在商业资产阶级上层的支持

---

① 帕克尔：《荷兰起义》，第3249页。
② 《马克思恩格斯选集》第2卷，第256页。
③ 1674年被英国夺去，更名为新约克，音译即纽约。

下，维护既得利益阶层的政经特权，而一反其父威廉倡导和执行的宗教宽容、和解与信教自由政策，大力支持正统加尔文派（戈马尔派）压制中产阶级和温和的加尔文派。荷兰著名神学家弗朗斯·戈马尔（1563-1641年）坚持主张：在亚当夏娃堕落之前，上帝早已先定谁得救谁沉沦，完全否定自由意志的作用。这种无条件的绝对先定论，是正统加尔文教派。戈马尔是其代表，故也称"戈马尔派"。在乌特勒支，摩里斯怂恿戈马尔派取缔了得到共和国政府曾保护的温和派组织"圣詹姆士会"，并支持宗教迫害。1586年6月，摩里斯又支持正统加尔文教派（戈马尔派）召集全国宗教会议，授权他们整顿加尔文教会事务，并建立严格按加尔文传统教义的永久教会①。这一措施，引起荷兰中产阶级的抵制和反对。

17世纪初，荷兰宗教界中先进分子雅各布斯·阿明尼乌（1560-1609年）步入历史舞台。他生于奥登瓦特尔，1576年入莱登大学研究神学，后去日内瓦和巴塞尔深造。他最初曾是加尔文传统教义的信奉者，回国后任阿姆斯特丹市牧师和莱登大学神学教授。他曾奉命同主张宗教宽容与信教自由的奥兰治·威廉的秘书柯尔特·狄克辩论，后深受其影响。他又通过深入钻研神学和加尔文教，终于改变立场，明确地认为人类得救与否并非由上帝先定，而加尔文教的"先定论"不合理，也应取决于人们自己的自由意志，上帝本意是拯救每一个人的。他强调每个人在神事中的能动作用，要求应修正加尔文教的传统教义。他是温和派的重要代言人，他的主张的核心是：上帝在人类之始并没有预定一些人得救，另一些人必然堕落和毁灭，上帝本意是让每个人都悔改得救。他认为品德优秀的异教徒都可以免入地狱，世上所有人都有可能得救②。阿

---

① 布洛克：《尼德兰人民史》第3卷，第221页。

② 普拉特：《改教思想和经院哲学、荷兰神学界关于上帝之存在的争论，1575-1650》，第180页。

明尼乌的主张得到了荷兰省长、商人奥登巴恩维尔特以及中产阶级的支持，他的信徒称为"阿明尼乌派"。

阿明尼乌的神学观，利用莱登大学讲坛及在各种场合传播他的学说，引起正统加尔文教派的不满和恐慌，1603年夏，参加荷兰宗教会议的代表们告诫阿明尼乌不要宣扬他的观点。正统加尔文教派强迫辖区内的牧师承认《比利时告白》和《海德堡教义问答》为荷兰加尔文教会的信仰准则。但在荷兰三级会议的干预下，1606年3月，召集了筹备会议意在按阿明尼乌派的建议修订《比利时告白》和《海德堡教义问答》。1609年阿明尼乌本人的逝世并未中止两派之间的争斗。1610年，阿明尼乌派向荷兰等省三级议会提出了由46名牧师签名的"净谏书"（即"五条款"）公开反对戈马尔派。他们乃被称为"抗议派"。第二年，1611年3月，戈马尔派针对阿明尼乌派的"净谏书"，由6名代表签名的反抗议"抗辩书"（七条），呈交给荷兰等省三级会议，阐明他们坚持正统加尔文教派的先定论宗教观。

正统加尔文教派（戈马尔派）竭力维护加尔文教的传统教义，强调上帝先定（预定）论，否定自由意志，利用宗教来说明现世的政经制度和秩序，任何人的贫富贵贱均是上帝的安排，人不要妄想改变，意在使中产阶级都应接受商业资产阶级上层垄断国家政治经济的现实，忍受统治，对现存社会制度起辩护作用。

此后，两派依靠各自的后台，在荷兰展开激烈的争权斗争。奥登巴恩维尔特支持阿明尼乌派，打击戈马尔派。1614年，他操纵并宣布三级会议为"合法的最高权力机构"的议案，公开袒护阿明尼乌派，但遭到戈马尔派的坚决反对。此后各地出现骚乱，两派互有胜负。在莱登，阿明尼乌派的学监被逐；在海牙，戈马尔派被迫放弃了自己的阵地；在阿姆斯特丹，戈马尔派公然叛乱，夺取了市政权和教会管理权。1617年春，各地相继出现袭击阿明尼乌派事件。乌特勒支的奥登巴恩维尔特以三级会议名义募军，迫令各地驻军向三级会议效忠，违者严惩。仅莱登一地便有700名弓箭手被解除军籍。奥登巴恩维尔特本人坐镇乌特勒支征兵。1617年12月，荷兰省三级会议又通过决议，可以使用任何效忠的军队。

荷兰共和国执政摩里斯代表国家出面，他利用在军队中的声望和多数省议会及商业资产阶级上层的支持，坚决反对阿明尼乌派。1618年7月25日，摩里斯率军强行进驻乌特勒支，遣散了奥登巴恩维尔特的军队，8月29日逮捕了奥登巴恩维尔特等人，立案审讯，次年5月奥登巴恩维尔特被处决，并乘机解除各地阿明尼乌派的教俗职权。鉴于阿明尼乌派在荷兰中产阶级和下层人民中影响广泛，为了维护商业资产阶级上层的统治秩序，摩里斯决定召开一次国际性的全国宗教会议，审查阿明尼乌派的宗教政治学说，以便消除其影响。

1618年11月23日至1619年5月9日在多尔德召开了著名的多尔德宗教会议。参加会议的有：荷兰、苏格兰、英格兰、德国巴拉丁、黑森、不来梅、比利时、瑞士等国和地区的100多名代表（其中有许多人并非宗教代表），会议针对阿明尼乌派的"五条款"加以驳斥，并认定阿明尼乌派为"异端"予以取缔，宣布《比利时告白》和《海德堡教义问答》及会议拟定的《多尔德信条》（又译为多尔德"宗教法规"）同为加尔文教会的基本教义（正统法规）。这次会议被称为加尔文教的特兰托会议。《多尔德信条》共59条，成为各加尔文教会共遵的经典文献。其要点是：《信条》将上帝的"先定（预定）论"作为第一项原理，不可改变。凡蒙救赎之人，并非自己的任何功德，否定人的自由意志。

多尔德宗教会议的影响很广，所定的法规不仅为荷兰及其殖民地教会遵奉，而且在美国、英、法及印度、日、中以及阿拉伯等地一定时期内也曾奉为加尔文教会的经典。尽管荷兰阿明尼乌派的许多信徒受迫害逃往英、法、德等国，但这一派在摩里斯死后仍有发展，阿明尼乌派对英国17世纪的清教运动曾有积极影响。

以加尔文教为旗帜在尼德兰革命前后所走的道路是曲折的。革命前存在不少缺陷，革命斗争历程中由于实际需要和广大人民的推动而有了显著发展，促成并执行了许多进步的政策，赢得了尼德兰革命的伟大胜利，然而革命成功后又逐渐走向保守，在商业资产阶级上层的操纵下，镇压具有民主倾向的阿明尼乌派，要求人民遵循加尔文教的"正统"陈规，荷兰17至18世纪未能实现工业革命的飞跃，实有盛极一时之憾！

"三十年战争"与欧洲天主教、新教的均势格局

一、欧洲"三十年战争"的历史背景

"三十年战争"（1618-1648年）是欧洲中世纪晚期以德国国土为主战场爆发的首次大规模的旷日持久、性质复杂、时断时续的战争。战争是由于德国境内德皇同各诸侯之间的矛盾及基督教新、旧教诸侯宗教纠纷和政治斗争的日益尖锐化引起的，也与17世纪初欧洲各国争夺霸权、商路、扩大宗教的影响和为扩疆拓土的导致矛盾加剧密不可分。

（一）17世纪初德国和欧洲的政治与宗教形势

16世纪末，特别是17世纪初，德国仍处于小邦林立的封建割据状态。新航路开辟后，欧洲主要商路转移，使德国的工商业和贸易渐趋衰落，莱茵河流域诸城（科隆、沃姆斯等）敌不过英国、荷兰工商业

的竞争，汉萨同盟逐渐失去以前在国外的贸易特权。德国农民战争失败，特别是奥格斯堡宗教和约（1555年）以后，德国的许多地区都分别陷入依附新、旧教诸侯的地位，各地的联系更加削弱，经济日益衰落。在德国，"农奴制的普遍恢复是妨碍17和18世纪德国工业发展的一个原因"[①]。德国工业品多靠从国外输入，而英国、荷兰和瑞典所需的工业原料，大部分从德国供给。

德国国内新、旧教的争端和斗争从未停息，诸侯为了扩大其领土和势力范围及占有城市和商路，不断进行混战。诸侯明显地分为新教或旧教诸侯。新教诸侯把路德教会置于自己的管理之下。诸侯之间的政治和经济斗争，经常是在"宗教纠纷"或在"宗教争端"的掩盖下，实际是以争夺政经权益和教产为焦点而展开的。德国路德新教诸侯惯于用争取"信仰纯洁""新教福音的自由"等响亮的口号为幌子；而天主教诸侯则惯用反对"不信、不敬上帝"和禁止"异端传播异说"的宗教正统口号开展斗争。在德国的七大选帝侯中，萨克森公爵、勃兰登堡选地侯、巴拉丁（普法尔茨）伯爵三大选侯是新教徒诸侯，而美因斯、特里尔、科隆三个大主教及捷克（波希米亚）国王四大选侯则是天主教徒诸侯。在德国，新、旧教诸侯的内讧、争战不断，德国各地的教会分别隶属该地的诸侯并充当其工具。德国的皇帝由奥地利的哈布斯堡家族世袭。因哈布斯堡王朝的世袭领地在德意志各邦中版图最大、势力最强，他的统治者总是充当神圣罗马帝国的皇帝。这个势大的封建家族不断扩增其宗教和政治上的权势，它"犹如帝国纹章上的黑色双头鹰，有两个头"，一个在维也纳，一个在马德里[②]。哈布斯堡家族的同一个人在16世纪上半叶便曾把持和继承了西欧两个大国（西班牙和德国）的帝

---

① 　恩格斯致马克思（文特诺尔），原载于《马克思恩格斯全集》第35卷，人民出版社1971年版，第123页。

② 　参见［美］保罗肯尼迪：《大国的兴衰》，中国求实出版社1988年版，第45页。

王之位，这同一个人就是西班牙国王查理一世（1516–1556年在位）和德皇查理五世（1519–1556年在位）。16世纪后与17世纪初，德国的政治、经济形势大衰，表面上，神圣罗马帝国拥有西从直布罗陀海峡东至匈牙利，又南自西西里岛北达阿姆斯特丹的庞大"版图"，但由于德国及西欧新教势力的剧增，哈布斯堡家族的"大国地位"，更引起欧洲诸国的忌妒和敌视，而德国境内反德皇的斗争也日益扩大了。德国的政治、经济和宗教形势处于矛盾重叠、外强中干之状。德皇力图使德国、奥地利成为集权的天主教国家，罗马教皇亦坚决支持哈布斯堡家族，将德皇视为对抗新教的重要支柱。

17世纪初，欧洲国际间的矛盾日趋复杂和尖锐化。在宗教纷争外衣的掩盖下，德国德皇及诸侯间的矛盾和斗争，日益具有国际的性质。

西班牙是哈布斯堡家族的主要一支，16世纪时本是欧陆的大国和"版图日不落"的海上强国，在海外拥有大量殖民地，并拥有雄厚国力。但因长期同法、英激烈竞争，不断征战，特别是1588年西班牙"无敌舰队"的惨败和尼德兰革命与荷兰的独立，17世纪后的西班牙日衰。因而在德国战场上助德作战力不从心。

英国、荷兰从本国利害出发，不愿德国实现中央集权，因而力图支持德皇的敌人或新教势力。尼德兰革命反抗西班牙的斗争时间长，荷兰独立后，本国缺少地面部队，在三十年战争之前和战争的各个阶段荷兰仅向外国反德的联盟者提供一些资助和津贴，并未参与军事战争。英国自亨利八世（1509–1547年在位）起自上而下进行了多年的宗教改革，迄伊丽莎白女王（1558–1603年在位）时代，虽实力增强，但因17世纪上半叶，国内清教徒的斗争和资产阶级革命斗争正在酝酿，无暇外顾，故未直接参与三十年战争的诸战役。

北欧地区，斯堪的纳维亚诸国（丹麦、瑞典）的情况是：路德教派早于1554年在北欧已获全胜，成为各国的国教。丹麦、瑞典在17世纪逐渐强大，企图利用和插手德国的内战，乘机夺取北海、波罗的海沿岸的德国领土和港湾。而德国方面，哈布斯堡皇室当时自恃比丹麦、瑞典强大，也想靠实力"获得并建立装备舰队以控制北方……而且还有力量侵占不属于他们的以及恢复他们所失去的"[①]。德国同北欧国家双方各有所图的原因，是当时国际形势的实况，亦是"三十年战争"第二、三阶段丹麦、瑞典直接同德皇交战的原因和背景。

特别应强调分析的是西欧另一重要大国法兰西。在西欧，法国曾长期处于哈布斯堡家族三面包围状态之下。16世纪后期，法国历经32年的宗教战争（胡格诺战争，1562–1594年）[②]，国内境况严重困难。法王亨利四世（1589–1610年在位）时期实行了一系列恢复经济、振兴工商业，特别是采取了缓和国内宗教冲突的政策，重新获得在地中海东岸、西亚及比利牛斯半岛的经济地位。1604年成立了东印度公司和诺曼底商人公司，并在北美建立了魁北克殖民据点。法王亨利四世时代对外政策的重点是扩大同英、荷、德国新教诸侯的联系和结盟，力图削弱哈布斯堡王朝的实力，以便形成有利于法国壮大的局面，而置天主教被定为法国"国教"于不顾。法王亨利四世的国策，后来在法王路易十三（1610–1642年在位）时，由首相、红衣主教黎世留（1624–1642年在任）继续贯彻并进一步发挥，在"三十年战争"最关键时刻法国直接参战，对德皇、罗马教廷的失败和西欧天主教、新教的均势结局，发挥了关键性的作用。

17世纪初的东欧各国，东正教的沙俄同瑞典为波罗的海沿岸及海路的争夺一再交战。波兰是多民族的农奴制国家，同沙俄亦时有战事。波兰政治上支持天主教会和罗马教廷，奥地利和西班牙曾以现金和雇佣兵

---

① 转引自法国外交家方康论《1627年欧洲的国防形势》中的一段。载于郭守田主编：《世界通史资料选辑》（中古部分），商务印书馆1964年版，第424页。

② 以亨利四世于1594年3月，改奉天主教，进入巴黎成为公认的法王为标志，胡格诺战争结束。另一种说法是以1598年4月13日颁布《南特敕令》为胡格诺战争结束的标志。

援助过波兰。因奥斯曼帝国对东南欧的扩张，在政治和宗教等关系上矛盾复杂，对波兰、沙俄增加了压力，因而波、俄等国并未直接派军队参与三十年战争。

从17世纪初欧洲各国的政治与宗教形势看，明显表现出下述特点：

第一，17世纪初是欧洲宗教改革历史时代的继续。

有一种传统的说法，欧洲宗教改革的时代始自路德发布《九十五条论纲》（1517年），延续到16世纪50年代的《奥格斯堡宗教和约》的签订（1555年），特别是以特兰托会议第三次大会罗马教皇的"退却"宣告结束（1559年）为重要标志[①]。在大量历史事实的明显例证下，这一传统说法是不正确的。在欧洲，宗教改革曾是广泛普及的真正的群众运动，通常在群众中称其为"再洗礼派运动"。16世纪末和17世纪初，当欧洲一些世俗政权（或新教诸侯执政地区）赞成宗教改革的地方，宗教改革便继续发展和扩大，如斯堪的纳维亚、德意志一部分新教诸侯的各公国、日内瓦及英国等；而当世俗政权反对新教改革者，宗教改革则频受镇压，如在西班牙、哈布斯堡王朝统治下的东欧和德国部分地区。意大利和法国的情况则较特殊。

17世纪初罗马教皇和哈布斯堡王室对基督教的改革采取攻势，加强了对新教教会的限制、反击和镇压，而基督新教则进一步加强了宗教改革的群众性活动，宗教冲突和斗争仍然不断发生，17世纪实际是欧洲宗教改革继续的时代。

第二，西欧资本主义经济逐步发展，一部分民族国家君主专制政权的巩固，进一步推动了基督教新、旧教派对外传播和扩张。

17世纪上半叶西欧历经新航路的开辟、原始积累和外贸的扩大，在1600年、1602年及1604年，英、荷、法等国相继建立了东印度公司并对

---

① 剑桥大学英国宪政史教授、克莱尔学院研究员 G.R. 埃尔顿著：《新编剑桥世界近代史》第 2 卷第 1 章引论：宗教改革时代。中国社会科学出版社 2003 年版，第 3 页。

外殖民侵略，西、葡将天主教传播到拉丁美洲墨西哥、巴西等广大地区及非洲一些殖民据点，而英、法、荷则将基督教新教一些派别传播到北美和亚非。

天主教和基督教新教教会在西欧对亚非拉的活动中，曾不同程度地发挥过协助侵略的作用，对此，天主教会多米尼克派传教士拉斯·卡萨斯在他所著的《西印度毁灭述略》一书中曾同情印第安人被西班牙殖民侵略后的悲惨处境，揭露过西班牙殖民侵略者"从发现西印度到如今，无论在任何地方，都没有一个印第安人首先伤害过基督徒，相反，他们总是首先受到西班牙人的伤害、洗劫""侵略者在为国王服务的幌子下，玷污了上帝的声誉"。

第三，罗马教皇与哈布斯堡王室在帝国范围内扩大天主教会统治理想的逐渐削弱和欧洲社会、经济与宗教文化的发展。

16世纪上半叶，德国、奥地利与西班牙的哈布斯堡王室同法国的瓦卢瓦王室之间曾进行了长期的斗争。1519年6月28日，查理在法兰克福经选帝侯全票当选神圣罗马帝国皇帝和1525年2月帕维亚战役中法军毁灭性的失败和法王法兰西斯一世的被俘，使法国国势大挫。但经胡格诺战争（1562-1594年）及《南特敕令》（1598年）后，法王亨利四世（1589-1610年）时期君主专制统治逐渐巩固。17世纪前期路易十三在位时（1610-1643年），红衣大主教黎世留任首相（1624-1642年）发展经济并使法国专制王权进一步加强后，集中力量纠集反哈布斯堡王室的联盟。因而17世纪初，在西欧基督新教势力逐步扩大后，哈布斯堡王室与罗马教皇的处境变化明显，他们想扩大天主教会统治权威的企图遭到困难而受阻。

17世纪初的欧洲，是天主教同基督教新教各派扩大博弈的时代。资本主义经济的迅速发展，民族国家专制政体的巩固，使基督教各新教派扩大了基础和实力，增多了国际之间的互相联系。在宗教和信仰分歧的名义下，争夺教产，乃至兼并、扩疆拓土的斗争此伏彼起，宗教文化的争议亦渐趋热潮。各国中新、旧教之间的矛盾和斗争已明显地扩大到国际间的斗争，仍然是以德国为主要战场，并逐渐扩大成为国际之间的战争。

（二）天主教同盟和新教联盟的对峙

16世纪在德国爆发的宗教改革运动，迄1555年9月25日，以德国的新教诸侯同神圣罗马帝国皇帝查理五世缔结的《奥格斯堡宗教和约》暂告一段落。帝国以法律形式宣布在德国境内路德教同天主教两个教派将处以平等地位，从而结束了天主教在德国的一统局面。根据和约中规定的"教随国定"的原则，各邦的诸侯在其领地内有权决定其臣民宗教信仰的权力；准予路德教徒有宗教信仰的自由（其他宗教如加尔文教、再洗礼教派等则被排斥在外），按1552年的实际存在状况确定宗教疆界，新教诸侯在宗教改革运动中所占天主教会的财产不再退还。德意志的诸侯，特别是新教诸侯，从此在德国境内较前扩大了宗教和政治上的权势，诸侯邦国分立的体制得以巩固。《奥格斯堡宗教和约》留下许多矛盾和分歧，成为此后诸多纷争的原因和祸根。

17世纪初，德国国内各派宗教的分布情况是：除一些个别的地区外，德国北部、东北部和中部一带主要是路德新教的居住和势力分布区；德国的西北部和东南部以及哈布斯堡家族所辖领地内则是信奉天主教的地区。巴伐利亚贵族所辖地区、城镇市民以及哈布斯堡辖下有些农村的农民曾是路德新教教徒，则根据《奥格斯堡宗教和约》中"教随国定"（即随诸侯而定）的原则，改信了天主教。在德国，宗教信仰和归属的问题，是同政治以及体制等问题密切相关的。在诸侯辖地内，排斥、镇压异教徒与否，总是直接和政治上的得失与利弊相关的。

在德国，皇帝同诸侯之间的矛盾和纷争，其实质乃涉及国家政治体制的原则性分歧。即德国究竟应当形成以皇帝、以哈布斯堡王室为首，以诸侯为封臣的君主国？还是应形成为由各自独立的诸侯联邦所组成，而皇帝仅是并无实权的联邦国家的名义首脑？在德国，16与17世纪时，路德新教诸侯同天主教诸侯，在宗教纷争旗帜下，为扩大自身的领地和权势，曾展开了长期的激烈争斗。

哈布斯堡王室和神圣罗马帝国为扩大权力，建立霸权地位，都把德国的路德教诸侯视为帝国的最大障碍。德皇鲁道夫二世（1576-1612年在位）大力支持天主教徒，反对和压抑新教徒，激化了新旧教徒乃至新旧教诸侯之间的矛盾和斗争。1608年5月19日，德国新教诸侯联合起来，组成新教联盟（又称福音联盟），推选普法尔茨（巴拉丁）选帝侯腓特烈四世（1574-1610年）为联盟的首领。德国新教诸侯的联盟，其性质是明显的政治和军事的联盟，拥有共同使用的资金、财库和联合行动的军队。它的目的和任务是力图维护和保持住新教诸侯已取得的权力和地位，巩固在宗教改革过程中所拥有的领地，同时便于联合对抗德皇和天主教诸侯。德国新教联盟成立时，在欧洲立即得到反对哈布斯堡王室统治或扩张的封建诸国，如法、英、荷兰及北欧的丹麦、瑞典以及东欧的沙俄等国的支持。德国新教诸侯的联盟和各个城市"在同天主教反动势力的斗争中不愿依靠人民力量，而把一切希望都寄托在法兰西国王亨利四世身上"[1]。当时在英国"统治阶级和政府都认为英国教会是自己在政治上的支柱……不能同形成的反哈布斯堡王朝新教阵营的列强采用完全一致的行动"，而且16世纪末英国已在贸易上同法国发生矛盾，故"在三十年战争发生之前以及战争的最初阶段，英国的态度是犹豫不决的"[2]。

---

① 苏联科学院主编：《世界通史》第四卷下册，三联书店1962年版，第1007页。
② 苏联科学院主编：《世界通史》第四卷下册，三联书店1962年版，第1000页。

德国新教诸侯联盟形成的第二年，1609年7月10日，德国的天主教诸侯和一些小封建主则推举巴伐利亚公爵——由耶稣会培养出的马克西米连一世（1597–1651年）为首领，组成天主教同盟，由他任命帝国元帅男爵冯·悌里为同盟的军队司令官。新教诸侯联盟与天主教同盟成立之初的主要目标是竭力争夺教产，而巴伐利亚公爵马克西米连的主要企图是利用天主教阵营的力量来抬高和扩大自己王朝的实力，以压低哈布斯堡王室的力量和影响，以便取而代之驾驭神圣罗马帝国。他竭力利用各中小城市和贵族僧侣的资财来供养辖下的军队。在天主教同盟中，巴伐利亚的维特尔巴赫家族同哈布斯堡王朝的王室长期钩心斗角争夺霸权；所有参加角逐的诸侯集团都设法利用"帝国官员"们的兵力和财力来满足自己的私利。在他们同外国的交往中也互相倾轧。在德国，不论新教联盟或天主教同盟，他们对德国政治上的统一、发展经济及人民政治利益等问题当时都没有也不会提出来[①]。德国的新教诸侯联盟和天主教诸侯同盟两大对立集团之间，矛盾日益尖锐化，加上邻国乘机的挑动，形势更加复杂和激化，一场大的战乱终于爆发。

（三）国际战争的导火线

欧洲历史上第一次大规模的国际战争——"三十年战争"（1618–1648年）是由神圣罗马帝国德、奥、西班牙的哈布斯堡王朝否定宗教改革、对波希米亚（捷克）全体新教徒实行高压、迫害政策所引发的。1618年的"捷克事件"是"三十年战争"的开端。哈布斯堡王朝废除捷克自胡斯战争以来宗教改革的成果，公开发动侵略是三十年战争的导火线，而"掷出窗外事件"则是捷克议会同哈布斯堡王朝决裂的表现，是

---

① 参见苏联科学院主编：《世界通史》第四卷下册，三联书店1962年版，第1007-1009页。

哈布斯堡军队大规模公开侵略、镇压时所借口的事件①。

早在15世纪上半叶，捷克人因不满德国封建主占有捷克广大地产、德国的城市贵族操纵捷克的经济命脉，特别是天主教会在捷克的诸多特权，因而民族矛盾和阶级矛盾日益激化，捷克伟大的爱国主义和宗教改革领袖扬·胡斯（1368–1415年）领导下的宗教改革曾取得重大成就，但在反动势力残酷镇压下，1415年胡斯被处火刑殉难。胡斯战争惨遭失败，使捷克新教徒备受迫害和压抑。

捷克从1526年后，重新被并入神圣罗马帝国的版图内。哈布斯堡家族的德皇仍兼任捷克和匈牙利的国王。当时的捷克，由于历史原因拥有一定的独立性和自治权，故捷克的议会、民族教会尚保留，捷克语仍为国语。但哈布斯堡王朝的历届帝王及其继承人，如皇帝斐迪南一世（1556–1564在位）、鲁道尔夫二世（1576–1612年在位）和马提亚（1612–1619年在位），都对捷克的新教徒竭力压制和迫害。捷克社会各个阶层对哈布斯堡王朝暴虐的反动统治普遍不满，矛盾日趋尖锐化。

德皇马提亚没有子嗣，1612年，马提亚宣布把自己的堂弟（奥地利境内）士的里亚公爵斐迪南作为帝位继承人，当然按惯例提前必兼任捷克国王的继承人。斐迪南本人是个极其狂热的天主教活动家，他得到罗马教皇的鼎力支持，因而在德、捷两国围绕捷克国王王位问题展开了尖锐的斗争。

斐迪南（1578–1637年）在1618年便以捷克国王名义，禁止布拉格的新教徒集会，竭力推行反宗教改革的各种措施，主张全捷克都统一信仰天主教，根本不承认捷克人的政治和宗教权利，各地新教的教堂被拆毁，参加新教仪式的教徒被囚禁，对捷克国中的新教徒进行残酷镇压。1618年5月5日，捷克议会中的新教徒集会，拒绝承认斐迪南为捷克国

---

① 参见苏联科学院主编：《世界通史》第四卷下册，三联书店1962年版，第1011页。

王，并向德皇马提亚提出抗议。但德皇马提亚和斐迪南均拒绝，并宣布捷克的新教徒为暴民应严加惩处，对捷克人民的迫害更变本加厉。

　　矛盾进一步更加激化，捷克人民在1618年5月23日终于在布拉格爆发了起义。愤怒被迫无奈的新教徒手持铁棍、长矛，齐声呐喊冲入王宫。当时捷克议会的代表同国王的钦差及拥护国王的天主教贵族正在进行谈判，起义群众按照捷克惩治叛徒的古老习惯，把斐迪南派来的两名天主教徒钦差从离地20多米高的窗中掷出了房外，抛入壕内的垃圾堆上，史称"掷出窗外事件"。两名钦差虽未被摔死，但德、奥哈布斯堡王朝却借此大造舆论，使之震惊了欧洲各国的宫廷。这次捷克维护民族独立、捍卫宗教改革成果的斗争，是捷克历史上又一次重要事件——布拉格起义的导火线。德、奥、西哈布斯堡王朝，以"掷出窗外事件"为借口，乃发动了公开用武力征服捷克的战争，著名的"三十年战争"从此展开。

二、"三十年战争"的各个阶段

（一）波希米亚—普法尔茨第一阶段（即捷克—巴拉丁时期，1618-1624年）

　　布拉格起义后，捷克最初组成了以图伦伯爵为首的30人的临时政府。后来，为了寻求得到德国新教联盟的援助，捷克贵族们又选出了德国新教诸侯联盟的首领普法尔茨选侯腓特烈五世（1596-1632年）为捷克的国王，同德皇相对抗。捷克和德国普法尔茨选侯的联军对德皇的作战，初期的进展尚顺利，曾逼近维也纳的城下。但后来，由于德皇得到德国旧教诸侯的金钱和兵力的支持，加上西班牙的参战，而由于德国的一些新教诸侯惧怕普法尔茨选侯的势力过分强大，因而未能积极支持普法尔茨选侯，特别是由于捷克贵族和富裕市民组成的捷克政府未能充分发动人民群众等原因，导致捷克争取独立战争的失败。1620年11月8日，在布拉格附近的白山战役中，旧教诸侯和西班牙的联军，经过激烈的决战，捷克和普法尔茨的25000人联军，被德国旧教诸侯同盟和西班牙的联军24000人所击败，被称为"一冬国王"的捷王腓特烈五世被迫逃亡荷兰，帝国的镇压军队占领布拉格，在那里实行了血腥的政治复辟和宗教复辟。大批起义者被残酷处死，捷克国家从此彻底丧失独立，变成帝国的波希米亚省，自治被完全剥夺，新教遭严禁，从此在捷克强制推行天主教。约有3/4的捷克贵族的土地被没收转入德国旧贵族之手。捷克残余的自由农民多数被沦为农奴。德语被宣布为全捷克的国语。捷克的民族文化开始被消灭，捷克人长期遭受残酷的压榨。"三十年战争"第一阶段是捷克进行的为民族独立的正义战争，失败后捷克民族和宗教均遭迫害。

哈布斯堡王朝在"三十年战争"第一阶段的获胜，不仅引起德国新教贵族的恐慌，也使欧洲的国际关系紧张起来，德皇实力的加强和西班牙军队占领莱茵河流域，引起法国、荷兰严重不安。英王詹姆士一世对自己女婿普法尔茨选侯腓特烈流亡后的命运格外关心。丹麦和瑞典不愿哈布斯堡王朝对全德和捷克扩大直接的统治，俄国希望削弱德国旧教的联盟者波兰，以便合并波兰控制下的乌克兰。特别是丹麦、瑞典亟盼夺占德国北部沿海的领土。

（二）"三十年战争"的第二、三阶段：丹麦参战（1625–1629年）、瑞典参战（1630–1635年）

丹麦参战（1625–1629年）

1625年，在法国首相、红衣大主教黎世留的倡议和策动下，英、荷与丹麦三国缔订了反哈布斯堡的联盟，英、荷直接怂恿丹麦出兵并许以经济支持。同年，丹麦的大军开进德国，与德国新教诸侯联合反对德皇及其同盟者，从此三十年战争乃进入第二阶段。从这时期起的国际间战争，乃是各封建国家的统治阶级为了扩张和掠夺，为了在一些地区或沿海建立霸权而进行的非正义的战争。

德皇利用德国化的捷克贵族文策尔·冯·瓦伦斯坦（1583–1634年）率雇佣兵为帝国军队的统帅，同攻入德国的丹麦—挪威军队对抗。1628–1629年，瓦伦斯坦指挥下的雇佣兵和梯里统率的天主教同盟的军队，占领了整个北德和波罗的海沿岸，直逼哥本哈根。这时，由于法国国内胡格诺战争时间冗长、胜利局面尚未巩固，无力直接投入对哈布斯堡王朝的战争，加上丹麦在德国的盟友并不可靠。丹麦战败，被迫于1629年3月6日签订了《卢卑克和约》，条件是丹麦退出战争，放弃对德国事务的干涉和介入，恢复战前的状况。天主教同盟获胜后，德皇斐迪南二世接着便颁布了"归还教产敕令"[①]。根据这个敕令，新教诸侯应将1552年以后所夺得的领地和教会财产全部归还天主教诸侯，旧教主教的一切特权和司法权也都恢复……这个敕令的强力推行，不仅引起德国新教诸侯的恐慌和坚决反对，而且一些天主教诸侯也不能容忍德皇无限制地扩大权力，他们都把矛头指向帮助德皇扩大权威、准备在波罗的海筹建强大舰队的瓦伦斯坦。在德国

---

① 苏联科学院主编：《世界通史》第四卷下册，所载签订《卢卑克和约》与颁布"归还教产敕令"的时间乃1629年3月6日，见三联书店中译版1962年版，第1017页。《卢卑克和约》签订时期并非通说的1629年5月或6月7日。

天主教同盟首领马克西米连一世的策动下，以"敕令"违反帝国传统，未经国会批准等理由，迫使德皇斐迪南二世通过国会解除了瓦伦斯坦的职务，而天主教同盟的将领悌里任帝国军队的统帅。

在1628-1630年这段时间，法国同哈布斯堡王朝为争夺意大利北部的曼图亚遗产等地还发生过战争。哈布斯堡王朝企图垄断意大利的霸权受挫后，更改计划以北欧为基地，征服斯堪的纳维亚，夺取波罗的海贸易控制权。以德皇为首的哈布斯堡王朝的称霸计划，不仅对西欧的法国、英国、荷兰等造成威胁，更使企图向北德扩张领土、霸占波罗的海的瑞典尤感不安和坚决反对。丹麦在1629年三十年战争第二阶段失败时，恰好是瑞典同波兰—立陶宛在1629年停止敌对行动，缔结停战协定时。瑞典在法国、俄国的鼓动、支持下，趁瓦伦斯坦被德皇免职、帝国军队指挥混乱之机，在瑞典国王古斯塔夫·阿道夫统帅下，决定率军在1630年3月6日于波美拉尼亚湾登陆，于是开始了三十年战争的第三阶段。

瑞典参战（1630-1635年）

17世纪初的瑞典，已是北欧的强国，瑞典军队的核心力量是自由农民，他们训练严格，装备优良[1]。瑞典的步兵拥有强大的轻便炮队。战争初期，德国、捷克各地掀起了反哈布斯堡王朝的起义，在这一有利形势下，瑞典军进展很快，迅速占领了德国北部、中部许多地区。1631年1月23日，瑞典同法国缔约，瑞典以派遣3万步兵和6000名骑兵赴德国同哈布斯堡王朝作战为条件，为期5年，换得法国每年给予100万法郎的军费补助[2]。同时，瑞典还从俄国取得外交和物资（硝石等）的补助，借以补充瑞典战争的开支。瑞典因国王古斯塔夫·阿道夫攻占德国奥得河一线时，德国广大农民、城市市民和平民阶层及新教徒都对早已确立新教为国教的瑞典王国

---

[1]　瑞典军队使用的毛瑟枪（用燧石点火的燧发枪）射出速度比德国当时的枪支快两倍。
[2]　据［苏］弗·彼·波将金主编：《外交史》第一卷（上），三联书店1979年版，第347页。

寄予期望，想借此机会摆脱德国天主教诸侯、公爵、贵族们的压榨以及帝国军队的掠夺和勒索。但这时，德国的勃兰登堡和萨克森两个新教上层的选帝侯，却对瑞典军队持怀疑态度并进行阻挠。后来，当瑞典军队攻陷勃兰登堡要塞法兰克福（在奥得河畔），加之德国天主教同盟的悌里率军攻入萨克森新教选侯领地后，这两个新教选帝侯才先后于同年的6月20日和9月11日同瑞典结盟，确保了瑞军向德国南部的推进。

瑞典军队同哈布斯堡王朝的战争，自1632年末起，战局呈现对峙状态。德皇依靠西班牙的援军在1634年9月诺德林根（莱茵河、多瑙河之间）战役中曾给予瑞典军以重挫，德皇同天主教诸侯同盟的势力又渐扩大。这时，德国的萨克森选侯拒绝了同瑞典的结盟，一些德国的新教诸侯也开始背弃瑞典……法国唯恐哈布斯堡王朝的实力再度增强，乃改变了幕后支持，假手他国的策略。法国宰相红衣主教黎世留表示："他的当务之急是要对付奥地利家族（即指哈布斯堡王朝）[①]。"在黎世留的主持下，1635年2月8日法国与荷兰结盟，4月28日又与瑞典结盟，缔结《康边条约》，双方绝不单独与哈布斯堡王朝媾和。不久又同萨瓦（法国东南部，与意大利接壤）及帕尔马公国结盟，法军直接出兵意大利北部，并于5月21日向西班牙宣战，主要战场摆在德国，展开战斗。自此"三十年战争"乃进入第四阶段。

（三）法国—瑞典参战（1635–1648年）

法国本是天主教国家，同德皇、西班牙并无宗教分歧。法国多年来支持反德，甚至对德宣战，完全是为了封建扩张和在欧洲大陆争霸，其目的是力图将法国的版图扩大到比利牛斯山和莱茵河。法国自5月公开

---

① 参见［法］皮埃尔·米盖尔：《法国史》，商务印书馆1986年版，第197页。

参战后，法军在德、西、西属尼德兰及意大利等地作战。站在法国一边的除瑞典外，还有荷兰、萨伏依、威尼斯、匈牙利等；而站在德皇一边的主要是西班牙和德国的一些旧教诸侯。东欧的波兰则宣布对法国友好与中立。战争后期，参战双方对所占领的对方国土和人民，都进行了残酷的劫掠和血腥屠杀。"各派势力谁都决定不了战争结局，战争支配权落入法国手中。[①]"

因主战场集中在德国境内各地，故以德国所受的破坏最为严重。德国居民中不少人逃到山林中躲避，甚至被逼发动了游击战争，以回击入侵的外国军队。1636-1637年，西班牙曾先后从北面和南面攻入法国，甚至进窥巴黎，双方展开激战。迄40年代，战局的优势渐归法、瑞所掌握。1642年11月时，在莱比锡附近的著名布来登费尔德激战中，瑞典军队大败德皇的帝国军队，继续向南推进。1643年春，法军在西部洛克瓦会战中，使西班牙步兵溃败，法军乘胜攻占了德国的阿尔萨斯。瑞典军队侵入波希米亚后，于1645年3月6日在捷克境内的杨科维茨会战中，再度击溃了奥地利和巴伐利亚联军。1646年，法、瑞的联军攻入巴伐利亚，瑞典占领了布拉格，局势明显对法、瑞极其有利。

旷日持久的"三十年战争"已进行了20多年，主战场德国境内破坏严重，国土荒芜残破。交战双方战费逐渐拮据，精疲力竭。从1637年，法、瑞联合投入作战的第四阶段开始不久，就试探媾和过，从1643年起战争未停，特别是从1645年6月后，和谈已进行。这一时期，英国在1640年爆发了资产阶级革命；法国国内发生了一系列骚动事件并发展为投石党运动。哈布斯堡王朝和德国天主教同盟已陷入失败绝境，德皇斐迪南三世被迫停战求和。而法国、瑞典在掌握军事优势与和谈主动权的情况下，同意结束战争，乃召开和谈会。

---

① ［德］弗兰茨·梅林：《中世纪末期以来的德国史》，三联书店1980年版，第53页。

三、《威斯特发里亚和约》及其影响

（一）闵斯特会议和奥斯那布鲁克会议

结束"三十年战争"的停战谈判与制定和约的会议，从1643年起是在德国威斯特发里亚的两个城市——闵斯特和奥斯那布鲁克分别举行的。其原因是法国和瑞典这两个盟国，各有自己的争霸计划，相互存在严重分歧。西欧的法国和北欧的瑞典，在战争过程中根据各自的利害关系配合作战，一再建立过同盟与配合，但各有不同的战略目标，对德国依靠和联系的对象，亦互有区别。法国支持德国的诸侯，包括天主教的诸侯，力图把德国最大的一个信奉天主教的巴伐利亚邦控制在自己一边，以便确立法国在中欧的霸权地位，千方百计使德国分裂、使德国不能形成强大的帝国；而瑞典所关切的是争夺波罗的海的霸权，企图夺占波罗的海的南岸地区，即由新教统治的北德意志，归瑞典统辖，因此瑞典支持德国的新教诸侯并在许多场合反对法国[①]。

从1643年起，交战双方的和谈，分别在两地举行。在闵斯特谈判的是：法国同德皇、西班牙及德国天主教诸侯的代表；在奥斯那布鲁克参加谈判的是：瑞典同德皇及德国新教诸侯和城市的代表。

参加停战谈判和制定和约的代表共150名，其中德国各方的代表共110名，其他国家的代表40名。神圣罗马帝国、法兰西王国、瑞典王国、西班牙、罗马教廷、威尼斯及瑞士新教各州都有代表参加会议。和谈会议进行得十分拖拉和曲折，前后共延续达五年之久。因矛盾多重，

---

① ［苏］弗·彼·波将金主编：《外交史》第一卷（上），三联书店1979年版，第348页。

双方边谈判边在战场上战争不断，企图战场见高低而影响谈判。争执较大的是：德皇主张其本身代表整个神圣罗马帝国，对德国诸侯的地位和独立性提出抗议。法国和瑞典两国的代表则强调德国诸侯的代表没出席会议之前，不能开始议和。此间，战事未断。直到法国和瑞典军事较量取得明显优势，德皇斐迪南三世才被迫让步。会间，德皇的代表特劳特曼斯道夫因其外交事务老练，竭力挑拨加深和扩大法、瑞之间的矛盾，从而创造对帝国有利的条件，保住哈布斯堡王室的奥地利领地免遭进一步肢解，保全了未来奥地利领土的完整。会谈进展缓慢，在1648年10月24日签订了《威斯特发里亚和约》。

（二）《威斯特发里亚和约》内容

在威斯特发里亚的两个城市奥斯那布鲁克和闵斯特同时签订的和约，合称为《威斯特发里亚和约》，涉及的问题很广泛，主要集中的问题是：1. 欧洲领土变更；2. 帝国的宗教关系；3. 德意志的国家体制问题。其主要内容如下：

1. 欧洲领土变更

（1）瑞典获得德国的大片领土，计有：西波美拉尼亚和东波美拉尼亚的一部分，以及斯台丁城、鲁根岛、威斯马城和海港，及不来梅大主教区（不包括不来梅城）和维尔登主教区（见：《奥斯那布鲁克和约》的第十条，第二、六、七项）。结果德国的通航河流的入海口——奥得河、易北河和威悉河等河口及重要海港均被瑞典掌握。自此，波罗的海一度成为"瑞典的内湖"。瑞典不仅获得赔款500万塔里尔（又译塔勒），而且瑞典有权参加帝国的会议（据《奥斯那布鲁克和约》第十条，第九项）。

（2）法国获得了阿尔萨斯的大部（不包括斯特拉斯堡等城）并确

认了法国早年（1552年）占领的对洛林（麦次、土尔和凡尔登城）的所有权（据《闵斯特和约》第70、73、74条）。享有永久驻防菲利普斯堡和部分莱茵河右岸的权利。为法国军队今后通向南德提供了桥头堡，法国由此部分地满足了"天然疆界"的要求。法国也有权参加德国的帝国会议。

（3）在德国内部，政治分裂局面更加巩固。和约承认德国的诸侯完全独立。诸侯在其辖区内有权自由施政，独立进行外交，以及同外国缔约、结盟、宣战与媾和。和约甚至规定德国皇帝的帝位不得世袭，帝国的重要事务（如制定法律、宣战、决定赋税、规定军队的征募或经费以及国家在各地的驻军等）均须由国内诸侯参加帝国议会决定（《奥斯那布鲁克和约》中的第八条第二项）。一系列规定致使德国的皇权更加削弱。

（4）在和约中，承认德国诸侯在三十年战争期间在国内扩大的领地。如勃兰登堡选侯扩张的领地最大，得到东波美拉尼亚、马德堡大主教区。勃兰登堡选侯早在1640年时便单独同瑞典媾和。他本来就拥有普鲁士，勃兰登堡——普鲁士的地位大为提高。选侯腓特烈·威廉之子腓特烈第一（1688–1713年）于1701年称为普鲁士国王。普鲁士国王自此开始增强。普鲁士的军事力量是"三十年战争"的后期开始扩大的。

（5）"三十年战争"过程中，萨克森合并了鲁沙提亚，梅克伦堡获得什未林、拉策堡两主教区以及其他教会领地。再如，巴伐利亚得到了上普法尔茨（巴拉丁），仍保有选帝侯的地位。德国新教联盟原来的首领莱茵的（原普法尔茨）腓特烈之子查理路易继承了普法尔茨，因而被列为帝国的第八选侯[①]。

2. 帝国的宗教关系

（1）明确规定路德教徒、加尔文教徒同天主教徒具有平等的地

---

① 按：根据《和约》第五条，帝国新设了第八选侯。

位，享受同等权利。帝国法庭中，天主教和新教徒的法官人数相等。

（2）教会财产的归属以1624年及以前所持有的情况为准。宣布新教徒与天主教徒在地产问题上的争执，应根据1624年（称为"标准年"）时的地产占有情况予以解决[1]。有关条文实际上是撤销了"归还教产敕令"。

（3）在"奥斯那布鲁克和约"有关宗教争执的决定中，明确指出《帕骚条约》（1552年）及《奥格斯堡宗教和约》应保持其神圣与不可破坏性。"其他方面，有两种信仰的选侯、诸侯和其他的领主之间，必须有完全的相互平等。"

（4）规定，给予信仰天主教和信仰路德教的邦国的"一切权益，连同帝国所决定的其他项目"，对于信仰加尔文教的邦国"同样有效"。

（5）诸侯在其领地内，有规定信奉任何宗教之权[2]，但在神圣罗马帝国内，除天主教、路德教和加尔文教以外，不得信仰亦不允许、不宽容任何教派的存在。

3. 德意志的国家体制问题

和约规定，德国的选侯、邦君和各邦"应享有他们自古以来的权利、特权、自由、优惠、自由行使领土权，不论是宗教的，还是政治的或是礼遇性的权利"。"在审议有关帝国的事务中，他们应无阻碍地享有投票权。"在涉及战争与和平问题上，皇帝应受帝国议会所做决定的限制。和约确认了德国诸侯邦的主权，加强了帝国议会的权力，皇帝权力有所削弱。

和约追认了瑞士的独立，西班牙从此正式、公开地承认了荷兰的

---

① ［苏］安·扬·维辛斯基、苏·阿·洛佐夫斯基主编：《外交辞典》第一卷，东方出版社1986年版，第350页。

② 据《奥斯那布鲁克和约》第五条，第三十五条（第三十六项），及第七条（第一、二项）。

独立。

《威斯特发里亚和约》正式结束了国际间在德国境内的战争①。

（三）"三十年战争"与《威斯特发里亚和约》的影响

1. 开创了以国际会议形式解决国际争端和结束国际战争的先例

威斯特发里亚和会，除英国、俄国、波兰等国未出席外，几乎包括了当时欧洲的所有国家，是欧洲多数国家最初的一次重要的国际会议。在《威斯特发里亚和约》前言中指出："多年以来，在神圣罗马帝国内部不断产生不和与分裂，不仅整个德意志，而且相邻各王国，特别是法国，已被卷入长期残酷的战争骚乱中" "基督教徒血流成河，数省土地化为废墟"，交战双方"都产生了建立普遍和平的愿望"②。双方都寻求以国际会议形式解决争端和结束战争。这一先例在国际关系上产生了重要影响，为以后的国际会议提供了经验。

2. 肯定了一些国际关系的准则，创立了条约应遵守，违约可集体制裁的案例，开始确立常驻外交机关的制度

《威斯特发里亚和约》承认德意志数百个诸侯国的主权，反映了让·博丹（1530–1596年）在《论共和国》（1577年发表）中阐明的国家主权观念和雨果·格劳秀斯（1583–1645年）的《战争与和平法》（1625年问世）中国际法的主要内容与原则。这次和会表明主权平等、领土主权等原则已确定为国际关系中应遵守的准则。"违法者应被视为和平的破坏者③。"近代意义的条约是始于《威斯特发里亚和约》。实践上，从1648年的《威斯特发里亚和约》后，才确立了向外国派出常驻

---

① 法国同西班牙的战争继续到1659年缔结比利牛斯和约才结束。

② 参见《国际条约集》（1648-1871年），世界知识出版社1984年版，第1页。

③ 参见《国际条约集》（1648-1871年），世界知识出版社1984年版，第31-33页。

外交机构的制度。

3. 特别突出的影响和具体重大意义的是，破除了罗马教皇在世界范围的神权统治体制

从中世纪以来长期形成的以罗马教皇为中心的统治西欧国家（16世纪后包括拉美）的神权政治体制，其主要特征是：各国国王和诸侯都要臣服于罗马教皇，天主教会拥有庞大教产，向各国勒索年贡并与大贵族勾结，新教徒备受压抑。但《和约》公开承认各诸侯有独立主权、新教与旧教权利同等，打破了罗马教皇拥有世界主权论的体制。

4. "三十年战争"使德国遭到毁灭性的破坏，更加衰落

因主战场在德国国土上，故整整一代的时间里，"德意志到处遭到历史上最没有纪律的暴兵的蹂躏，到处是焚烧、抢劫、鞭打、强奸和屠杀"[①]。外国军队和德国军队都如此。马克思曾称瓦伦斯坦的军队为"瓦伦斯坦的蝗虫"。它靠洗劫驻扎地的捷克和德国西南部与东部地区来维持军队，不需德皇付出军费。三十年战争期间，德国共有寺院1976所、城市1629座、村店18310个被洗劫。许多矿山、制铁和铸造的工场也被毁灭，工商业普遍衰落。人民的生活濒临绝境，他们被迫以树叶和革茅为食物，人口骤减。萨克森、勃兰登堡许多地区的居民减少了一半以上[②]。捷克居民较战前减少2/3还多（战前为300万人，迄战争结束时只剩下78万人）。战前有8万居民的工商业中心奥格斯堡城，战后变成仅有12000人的荒凉城镇。在德国，"三十年战争"后，"再版"的农奴制比战争以前更迅速地发展着。

"三十年战争"后，德皇企图建立统一帝国的计划彻底破灭。经济极度凋敝和政治极度分崩离析。全德国分裂成314个小邦，此外，还有

---

① 《马克思恩格斯全集》第19卷，人民出版社1963年版，第366页。

② 萨克森公国，在瑞典参战初期（1630-1632年）便被杀戮了934000人之多。

大量的1475个骑士庄园领地[①]。帝国的议会和法院已失去意义。德国的城乡普遍低迷，人民处境悲惨。

5. “三十年战争”后欧洲各国的格局

哈布斯堡的另一支西班牙，在战争结束后同法国继续交战，战败议和，丧失了在西欧的优势，受严重影响并逐渐失去大国地位。

意大利各邦虽仍处四分五裂的状态，因地处南欧地中海地区，历史悠久，又有经济与人文科学基础，其重要的战略地位仍继续保持。

对英国于1640年爆发的资产阶级革命，欧洲各封建君主国家无力干涉，使英国的资本主义经济崛起，积极向海外扩张。英国既同大西洋沿岸各国争夺海上霸权，又利用法国与西班牙的矛盾及欧洲诸国的分歧，插手干预欧洲大陆事务。

天主教贵族共和国波兰，在“三十年战争”期间，虽表态“中立”，亦失去波罗的海沿岸大部分土地，国家地位受到削弱。

葡萄牙趁战争之机，摆脱了西班牙的统治，获得了独立，加紧对海外的殖民侵略活动，向非洲及中国的澳门，并向拉美的巴西等地殖民扩张。

荷兰在17世纪上半期，趁机扩大了对外贸易和航海、造船业，与英国竞争激烈。海外投资比英国多15倍；船只超过英国10倍；荷兰有6000艘船只在波罗的海航行，长期同英国争夺海上霸权。

欧洲东部的沙俄趁欧洲列强忙于“三十年战争”之机，对外疯狂地进行殖民扩张、不断扩大版图。17世纪上半期，对外殖民的主要矛头是指向西伯利亚。“三十年战争”后，控制了波罗的海的瑞典，是沙俄进行“西进”企图和争夺“出海口”的重大障碍。在波罗的海出现了沙俄同瑞典互相争霸的局面。

[①] 　[德]弗里德里希·席勒著：沈国琴，丁建弘译：《三十年战争史》“译者前言”，载于商务印书馆2010年版，第1页。

必须指出：自从德、奥、西班牙哈布斯堡王朝企图扩大世界上天主教帝国的计划，在"三十年战争"中失败后，"在欧洲的民族或多民族基础上发展起来的中央集权的封建君主专制国家，在欧洲的国际关系中逐渐开始起了主导作用，其中最强大的是西欧的法国和东欧的俄国"[①]。

最后，简述第十章之"跋"——席勒著：《三十年战争史》。

德国著名的诗人、剧作家兼历史学家弗里德里希·席勒（1759-1805年）独著的《三十年战争史》是一部观点鲜明、史料翔实、论析充分、价值极高的史学名著。

席勒的学者生涯，是以研究历史，特别是德意志民族和国家发展的历史为主体的。虽然他本人曾说过，他研究历史是为了使历史从一种干枯的知识变成一种激励性的知识，并让期待的读者们驶向欢乐。实际上席勒的历史研究具有相当深邃的哲理和最明晰的现代性，即与现实和未来有着直接的联系。但它不是一种影射史学，而是把历史上人类和客观世界的变迁经历，看成是一个生机勃勃的整体发展过程，通过理性或曰历史反思清晰地阐述过去与未来之间的全部逻辑关系。这种理性或曰历史反思，就是席勒的历史思想或历史观，它是作用于历史未来发展的推动力。

席勒的历史讲授、历史文章和历史专著，有三大卷之数（在德国Cotta出版社世纪版16卷本《席勒全集》中相应为13、14、15卷），主题大致分为三类：一类是研究通史或曰世界史的，宏观上把握世界的总体发展，向往建立一个全新的以人格为基础的世界公民社会；一类是研究古希腊和古罗马的体制与重要改革的，特别向往古希腊的城邦体制；最重要的一类是研究中世纪以来民族要独立，人民要自由和国家要统一的

---

① 参见苏联科学院斯米林主编:《世界通史》第四卷下册,三联书店1962年版,第1026页。

历史趋势，因此德意志的宗教改革和反宗教改革、德意志民族的自由和国家的统一，就成了席勒研究的最重头戏。可以说，一部《三十年战争史》，不仅占有席勒研究的绝大部分光彩，而且全面体现了席勒开创的新历史研究的进步观。

《三十年战争史》是席勒毕生唯一完成了的历史专著，探讨的就是中世纪末期那场使德国遭受重创的欧洲大冲突中的一段灾难深重的历史，是探讨"招致外国军队进入（德意志）王国腹地，并使它成为遭受最悲惨破坏达半个世纪之久的战场"的原因。全书共分五部分（或称五章），没有标题，也没有前言后语。他用最简练的笔触，把这场人类战争史上极其复杂、极其混乱、极其悲惨的欧洲冲突，作了深刻的、透彻的、批判性的描述，不仅使该书成为当时最公正、最客观、最为民立言的开创之作，而且迄今依然是非常优秀的经典性名著，对今日的德意志民族教益和广大的各国人民启发尤多。

席勒是一位杰出的爱国主义历史学家。他强烈地企盼德意志国家和民族的崛起、统一和富强。当席勒34岁写完《三十年战争史》名著（1793年）时，他曾悲愤异常地失声大哭，向苍天问道："德意志？它在哪里呢？我找不到她了！……"政治上的德意志（意指德意志仅仅是个地理概念）还存在吗？席勒坚信：德国政治上的分崩离析，是造成德意志民族深重灾难的根本原因。德国内部诸侯之间的宗教战争、欧洲外部各国的入侵和在德国大地上横行、德意志民族成长的困难，其根源就是德国的分裂。因而，凡有利于德国民族的振兴，包括崛起、进步和改革，都是席勒积极支持和赞赏的事。席勒本人还是一位激进的新人文主义者、进步的思想家。他坚决反对国内的皇帝和诸侯的专制和自私，反对外国入侵者的横行和贪婪侵吞。他非常同情广大的德国民众，特别是农民、城市平民和市民的悲惨境遇，支持他们的反抗努力和斗争。三十年战争中，外国入侵者发动的大小几百次战役，都遭到席勒的揭露和谴责，他揭穿战争双方披着"神圣的宗教外衣"和揭露各种骗人的谎言，指出这些战争都是皇帝、诸侯和各国君主、将领们出自"自私自利的目的"和"争夺霸权、土地和财富的贪欲所驱使"。

《三十年战争史》一书中，席勒在多处都同情和赞扬波希米亚（捷克），反对哈布斯堡王朝宗主国的民族起义斗争。如在第一章最后一段他具体地指出："48名起义的积极支持者被逮捕，他们中27人被送上断头台[①]。"书中还不断写出同情和支持许多德国城市居民保家卫城，抗击外国侵略军的英勇行为，以及战争的破坏使那些"繁荣昌盛的地方，现在已是一片荒芜"，入侵者"夺走了憔悴不堪的农民们的最后希望；焚毁的宫殿、荒野的土地、烧成灰烬的村庄触目惊心，一派家破人亡的景象"。

席勒在《三十年战争史》的各章中曾分别叙述过三个强势人物：一个是德皇斐迪南二世；一个是率大军进入德国的瑞典国王古斯塔夫·阿道夫；再一个是德皇麾下的统帅、弗里德兰公爵瓦伦斯坦。这三个人都曾不可一世地叱咤风云。

席勒把斐迪南二世称为"本性极坏的暴君"，是一个按哈布斯堡家族利益施行暴力的人类压迫者和民族的祸根。

瑞典年轻的国王古斯塔夫·阿道夫是打着"拯救德国基督教新教事业"的旗号，亲率大军、身先士卒、重创德皇，一路所向披靡，在德境从北到南，由西至东，曾赢得德国新教徒、城市市民和广大居民的欢迎的人。也曾被席勒在书中一度誉为"英才"和"雄鹰"。但后来由于瑞典入侵军照样的抢掠，和瑞典一心维持德国四分五裂和大量掠取德国的矿藏、财富和土地，于是席勒和德国人民看透了瑞王并非对德的"拯救者"，他指出其本性仍是封建扩张的入侵者。

---

① 席勒著：《三十年战争史》第一章，商务印书馆 2012 年版，第 79 页。

对瓦伦斯坦的为人和评论各国学者颇多分歧。瓦伦斯坦是一名德意志化了的捷克贵族。他具有军事统帅天才，是一个野心勃勃，趁战事纷起之时，散财、投机组成私家军驰骋战场，图谋成为帝王。瓦伦斯坦在德皇麾下，因击败丹麦入侵军，于1629年曾被德皇敕封为弗里德公爵和皇家陆海军统帅，但1630年，瑞典军大举侵入德境，天主教诸侯内讧尖锐时，德皇又解除了瓦伦斯坦的职务。德皇为反抗瑞王军队的进逼，于1632年4月又重新恢复和启用瓦伦斯坦为军队最高统帅。1632年12月，瑞王阿道夫在琉生附近战役中阵亡。1633年，瑞典和法国使者同瓦伦斯坦直接谈判。而瓦伦斯坦并未将谈判一事上奏斐迪南二世，并下命令"今后凡不是他本人或特茨基和伊洛下达的命令都不得听从……[①]"。瓦伦斯坦决定乘机自立为帝王时，德皇也下达了对他的问罪诏和判决。1634年2月，50岁的瓦伦斯坦轻信占星术被德皇密派的莱斯勒等军官们所刺杀。

对瓦伦斯坦这个人物，席勒在1799年（完成《三十年战争史》后延续七年之久）写了著名的历史剧《瓦伦斯坦》三部曲。剧中忠实地描述了客观史实，揭露了诸侯们"包括瓦伦斯坦"的贪得无厌，控诉了战争的罪恶，表达了德国人民要求和平、反对战争和建立统一国家的愿望。

席勒的名著《三十年战争史》，根据大量史实、资料，通过生动的文字叙述，并附有详细的国名、地名、重要人名的译名对照表，这是一部极有学术价值的历史学名著，内容侧重政治事件、国际关系和战争过程。

在《三十年战争史》这部史学名著中，席勒记述了瑞典军队、法国军队入侵德国后，分别同基督教诸侯联盟、同天主教诸侯同盟之间的联

---

① 瓦伦斯坦下达的这条重要命令，载于席勒著：《三十年战争史》第四章，第310页。按：瓦伦斯坦多年来冥思苦索、利用自控的庞大军权图谋当德皇的计划，以及他最终被德皇的计划和被德皇斐迪南二世刺杀的全过程，在《三十年战争史》第四章最后部分，即从第294至第318页，有较详细的叙述。

系及互动关系的大量史实，对研析欧洲宗教改革史有重要补充，但迄今历史学界对这部名著的利用和研析，尚明显不够。可惜德国文坛的启蒙思想家、文学巨人歌德的亲密战友席勒年仅46岁时便英年早逝，这是世界文史学界的重大遗憾和损失。

"三十年战争"后，神圣罗马帝国的变化和罗马教皇神权统治体制的被破除和变化，欧洲天主教与基督教新教的均势格局的逐渐形成，是欧洲宗教改革史的阶段性的大事，有待进一步展开研讨。

1540年耶稣会公开成立后，著名传教士先驱利玛窦（1552–1610年）、汤若望（1592–1666年）、南怀仁（1623–1688年）等先后来华，在"西学东渐"和"中学西传"过程中，曾有过重要贡献，他们对天主教改革事业在欧洲宗教改革史中亦应酌予补入。

早年，苏联科学院主编的《世界通史》第四卷下册中，曾有专门一个章阐述了"'三十年战争'事件在德国文学中的反映"（原书中译本第1026–1028页），对我们著述《欧洲宗教改革史》是有启发的。

重要人名、地名、专有名词对照表

一、人名译名对照表

Wilhelm Abel	威廉·阿贝尔
Albert III Achilles	阿尔伯特·阿基里斯（勃兰登堡侯爵）
Albrecht （archbishop and elector of Mainz）	阿尔布雷希特 （美因兹大主教兼选帝侯）
Albrecht（duke of Prussia）	阿尔布雷希特（普鲁士公爵）
Thomas Aquinas	托马斯·阿奎那
St.Augustine	圣·奥古斯丁
Gotz von Berlichingen	格茨·封·贝利欣根
Peter Blickle（prof.1938）	［德］彼得·布瑞克教授
William J. Bouwsma（prof.1923–2004）	威廉·鲍斯曼教授
Hans Boheim（the piper of Niklashausen）	汉斯·贝海姆（吹鼓手）
Johannes Calvin	约翰·加尔文

Charles V（emperor）	查理五世（德皇）
Clement VI（r.1523–1534）	教皇克莱门特七世
Nicholas of Cusa	库萨的尼古拉
Edward I（r.1547–1553）	英王爱德华六世
Elizabeth I（r.1558–1603）	英王伊丽莎白一世
Ernst（margrave of Baden）	恩斯特（巴登边境侯爵）
Erasmus of Rotterdam	鹿特丹的伊拉斯谟
Ferdinand（archduke of Austria）	斐迪南（奥地利大公）
Francis I（r.1515–1547）	法王法兰西斯一世
Sebastian Franck（1499–1542）	塞巴斯坦·法朗克
Frederick（elector of Saxony）	斐德烈（弗里德里希，萨克森选侯）
Fugger family from Augsburg	富格尔家族（奥格斯堡）
Michael Gaismair	米夏埃尔·盖斯迈尔
Florian Geyer	弗洛里安·盖尔
Gregory XII（r.1406–1415）	教皇格利哥里十二世
Henry VIII（1491–1547）	英王亨利八世
Hans Hergot	汉斯·海尔高特
Wendel Hipler（1465–1526）	文德尔·希普勒
Balthasar Hubmaier（ca.1480–1528）	巴尔塔扎·胡布迈尔
Ulrich von Hutten	乌尔里希·封·胡登
Jan Hus（1370–1415）	扬·胡斯
Innocent III（r.1198–1216）	教皇美诺森三世
Imperial Fora, Rome	罗马帝国广场
Leo X（r.1513–1521在位）	罗马教皇利奥十世
Ludwig（elector of Palatine）	路德维希（普法尔茨选侯）

Martin Luther	马丁·路德
Hans Muller（d.1525）	汉斯·米勒（弥勒）
Maximilian I（King and emperor）	马克西米走一世（国王兼德皇）
Philip Melanchthon	菲利普·梅兰希通（顿）
Machiavelli	马基雅维里
Thomas More	托马斯·莫尔
Thomas Muntzer	托马斯·闵采尔
St. Paul	圣·保罗
Philip II（r.1556–1598）	西班牙国王腓力二世
Pius II（r.1458–1464）	教皇庇护二世
Matteo Ricci（1552–1610）	利马窦
Jacklin Rohrbach（d.1525）	耶克莱因·罗尔巴赫
Sigismund（emperor）（1410–1437）	德皇西格斯蒙德
Sixtus IV（r.1471–1484在位）	教皇塞克斯都（西斯特斯）四世
Ulrich（duke of Wurttemberg）	乌尔里希（维登堡公爵）
Urban VI（r.1378–1389）	教皇乌尔班六世
Gunther Vogler	冈瑟·沃格勒
Georg Truchsess von Waldburg	乔治·特鲁赫泽斯·冯，瓦德堡
Williston Walker	威利斯顿·沃尔克
William of Orange	奥兰治·威廉
Konrad Wimpina（？ –1531）	康拉德·温皮纳
Jakob Wimpheling（1450–1528）	雅克·维卜菲林
Wrich Zimmermann	威廉海姆（或威廉）·威美尔曼
Ulrich Zwingli（1484–1531）	乌尔利希·慈温利

二、地名译名对照表

Allgau	阿尔郜
Antioch	安提阿
Augsburg（bishopric）	奥格斯堡（主教管区）
Augsburg（imperial free city）	奥格斯堡（帝国自由城市）
Austria	奥也利
Austria Swabia	属于奥地利的士瓦本
Arlesried（Memmingen）	阿勒斯利特（梅明根）
Bach（kr.Ehingen）	巴赫（埃因根）
Bamberg（bishopric）	班贝格（主教管区）
Bavaria	巴伐利亚
Bern	伯尔尼（城市国家）
Besancon	贝藏松
Black Forest	黑森
Bohemia（Kingdom）	波希米亚（王国）
Bragg	布拉格
Bremen	不来梅
Burgundy	勃艮第
Byzantium	拜占庭（帝国）
Cologne（archbishopric and electorate）	科隆（大主教管区/选帝侯管区）
Colmar	科尔玛（帝国自由城市）
Constance	康斯坦茨（主教管区/帝国自由城市）

Constantinople	君士坦丁堡
Cyprus	塞浦路斯
Dresden	德赖斯顿
Dortmund（imperial free city）	多特蒙德（帝国自由城市）
Egypt	埃及
East Prussia	东普鲁士
Elbe	易北河
Farnsburg（Basel）	法恩斯堡（巴塞尔）
Forest Cantons（Switzerland）	森林州（瑞士）
Fulda（abbey）	富尔达（修道院）
Frankenhausen（Thuringia）	弗兰肯豪森
Gastein（Salzburg）	加斯泰因（萨尔茨堡）
Glarus	格拉鲁斯
Hegau	黑部
Heilbronn（imperial free city）	海尔布琅（隆）（帝国自由城市）
Heiliges Romisches Reich deutscher Nation	神圣罗马帝国
Hombourg（Basel）	洪堡（巴塞尔）
Hungary	匈牙利
Ilanz（Graubunden）	伊兰茨（梅劳宾登）
Innsbruck	因斯布鲁克
Jerusalem	耶路撒冷
Jutland（Jylland）	日德兰半岛（丹麦）
Kempten（abbey）	肯普滕（修道院）
Kufstein（Tyrol）	提罗尔（库夫施泰因）
Landolzweiler（upper swabia）	兰多茨维勒（上士瓦本）
Lubeck	吕贝克

Lyons	里昂
Magdeburg（city）	马格德堡（城市）
Mansfeld（county）	曼斯菲尔德（伯爵领地）
Marburg	马尔堡
Markgraflerland（Baden）	马克格拉夫勒兰（巴登）
Muhlhausen（Thuringia）	缪尔毫森（图林根）
（imperial free city）	（帝国自由城市）
Meilen（Zurich）	迈伦（苏黎世）
Munich	慕尼黑
Neckar Valley	内卡河谷
Nordlingen（imperial free city）	诺德林根（帝国自由城市）
Odenwald	奥登瓦尔德
Old Land（St.Gallen）	老区（圣·加仑）
Ottoman Turks	奥斯曼土耳其国家
Palatinate（electorate）	巴拉丁（选侯管区）
Prussia	普鲁士
Regensburg	累根斯堡
Reutlingen	罗（伊）特林根
Rheingau	莱茵郜
Rheinland–Pfalz	莱茵兰—普法尔茨
Rostock	罗斯托克（城）
Rhine River	莱茵河
Rotenbach（Furstenberg）	罗腾巴赫（菲尔斯腾贝掅）
Salzburg（city）	萨尔茨堡（城市）
Savoy	萨伏依
Schmalkalden	施马尔卡登

Schaffhausen（city-state）	沙夫豪森（城市国家）
Stuttgart	斯图加特
Stuhlingen（lordship）	施蒂（图）林根（贵族领地）
Switzerland	瑞士
Syria	叙利亚
Schwarzburg（county）	施瓦茨堡（伯爵领地）
Thurgau	图尔部
Tunisia	突尼斯
Tyrol（county）	提罗尔（伯爵领地）
Upper Alsace	上阿尔萨斯
Unterwalden	翁特瓦尔登
Upper Rhine	上莱茵地区
Upper Danube	上多脑河谷
Vienna	维也纳
Villingen	菲林根城
Vinschgau	温施部
Waldshut	瓦尔茨胡特（城）
Waldburg lands	瓦德堡地区
Waldenburg（Basel）	瓦尔登堡（巴塞尔）
Weingarten（abbey）	魏因加腾（修道院）
Weinsberg（castle）	魏因斯堡（城）
Wurttemberg（duchy）	符腾堡（公国）
Wurzach（lordship）（Waldburg）	乌尔查赫（贵族领地）（瓦德堡）
Wurzburg（bishopric）	维尔茨堡（主教管区）
Weimar	魏玛
Westphalia	威斯特发里亚

（Osnabruck）	（奥斯那布鲁克）
（Munsterberg）	（闵斯特）（明斯特）
Wunzen	乌镇
Waldenburg（Basel）	瓦尔登堡（巴塞尔）
Yogoslavia	南斯拉夫
Zug	楚格

三、专有名词译名对照表

Anabaptist	再洗礼派
Ancient tradition	古老传统
Absolutism	专制主义
Albigense	阿尔鸿宗教派
Anticlericalism	反教权主义
Anglican	安立甘宗
Antichrist	反（敌视）基督教
Anti-Semitism	反犹太人行动
Assembly（Wurttemberg）	（维登堡）大会
Assembly（Salzburg）	（萨尔美堡）大会
Assembly and Honorable Christian Community	萨尔茨堡大会和荣誉基督教徒共同体
Bavarian Law	巴伐利亚法
Bartholomew Festival	巴托罗缪节
Bible, Biblicism	《圣经》，圣经主义
Black Death	黑死病

Bundschuh	鞋会
Calvinism	加尔文教
Canon law	教会法
Christian Association	基督教联盟
Christian brotherhood	基督教兄弟会
Christian humanism	基督教人文主义
Circles	区（帝国行政区）
Common Assembly of Salzburg	萨尔茨堡普通人大会
Common Penny	直接财产税
Communal Reformation	普通人的宗教改革
Counter–Reformation	反宗教改革
Customs duties	关税
Death taxes	死亡税
Divine law	神法
Dominic	多米尼克派（会）
Early bourgeois revolution	早期资产阶级革命
Ecclesiastical abuses	教会的腐败
Ecclesiastical court	教会法庭
Emancipation of serfs	农奴解放
Eucharist	圣餐礼
Evangelische	路德宗
Failure of the German peasants' war	德国农民战争的失败
Feudal leases	封建地租
Florin	佛洛林（弗罗林：16世纪时西班牙钱币名称）
Galatians	《加拉太书》

Grievance lists	怨情条款
Guilds	行会
Head tax	人头税
Heilbronn peasant parliament	海尔布琅农民议会
House of Habsburg	哈布斯堡家族
Huguenots	胡格诺派
Imperial chamber court	帝国王室法庭
Imperial diets	帝国议会
Indulgence	赎罪券
Inheritance rights	继承权
Justice Sovereignty	司法主权
Landlordship	领主土地所有权
Leases	地租
Lutheranism	路德教（派）
Lutheran theology	路德的神学
Mercenary soldiers	雇佣兵
Mining and mines	开矿与矿山
Mortmain	土地所有权
Natural	自然法
New Switzerland	新瑞士
Old Testament	旧约
Overpopulation	人口过剩
Political consciousness of the peasantry	农民的政治意识
Personal dependence	人身依附
Presbyterian Church	长老派教会
Poor Conrad	穷康拉德

Property taxes	财产税
Protestant Reformers	新教改革家
Reformation and peasants' war	宗教改革和农民战争
Religious disputations	宗教争端
Rhine league	莱茵同盟
Roman Law	罗马法
Schwabian League	士瓦本联盟（同盟）
Secularization of the monasteries	修道院的世俗化
Seigneurial taxes	领地税
Thirty years' war	三十年战争
Twelve Articles of the Peasantry in Swabia	士瓦本农民的《十二条款》
Urban leagues	城市同盟
Wurzburg program	维尔茨堡计划
Wycliffism	威克里夫派
Zwinglianism	慈温利派（茨温格利派）

主要参考书目

一、中文部分

《马克思恩格斯全集》第1卷、6卷、7卷、18卷、19卷、21卷、23卷、35卷、37卷，人民出版社1956年版、1963年版、1964年版、1965年版、1971年版。

《马克思恩格斯选集》第1—4卷，人民出版社1995年版。

[荷兰]伊拉斯谟著、刘曙光译：《愚人颂》，北京图书馆出版社2000年版。

G.R.埃尔顿编：《新编剑桥近代史》第1—3卷，中国社会科学出版社2003年版。

[美]威尔·杜兰著：《世界文明史》（宗教改革）（宗教改革续），台北幼狮文化事业公司译，东方出版社1999年版。

谷勒本著、李少兰译：《教会历史》，香港道声出版社1983年版。

[德]彼·布瑞克著、朱孝远 陈海珠等译：《1525年革命——对德国农民战争的新透视》，广西师大出版社2008年版。

汤普森著：《中世纪经济社会史》上、下册，商务印书馆1984年版。

G.F.穆尔著、郭舜平等译：《基督教简史》，商务印书馆2000年版。

罗素著：《西方哲学史》上、下册，商务印书馆1976年版。

《新旧约全书》，南京1989年版。

波将金等译著：《外交史》第1卷，三联书店1979年版。

威廉·戚美尔曼著：《伟大的德国农民战争》上、下册，商务印书馆1982年版。

马克斯·韦伯著：《新教伦理与资本主义精神》，四川人民出版社1986年版。

［德］黑格尔著、王造时译：《历史哲学》，上海世纪出版集团2006年版。

黑格尔著：《哲学史讲演录》，商务印书馆1959年版。

［苏］施捷克里著、叶中林译：《托马斯·闵采尔》，三联书店1963年版。

沃尔夫冈·兰德格拉夫著：《马丁·路德》，新华出版社1988年版。

梅林著：《中世纪末期以来的德国史》，三联书店1980年版。

洛赫著：《德国史》上册，三联书店1976年版。

亨利希·海涅著：《论德国》，商务印书馆1980年版。

特勒尔奇著：《基督教社会思想史》，1960年郭振铎主编：《宗教改革史纲》河南大学出版社1989年版。

孔祥民编著：《德国宗教改革与农民战争》，北京师范大学出版社1992年版。

郭守田主编：《世界通史资料选辑》（中古部分），商务印书馆1964、1985年版。

《历代基督教信条》，香港版1962年。

［瑞典］何礼魁著：《马丁·路德传》，香港中华信义会书版部1941、1983年版。

刘明翰主编：《欧洲文艺复兴史》（1－12卷）卷，人民出版社2008－2010年版。

刘新利、陈志强著：《欧洲文艺复兴·宗教卷》，人民出版社2008年版。

刘明翰著：《罗马教皇列传》，东方出版社2013年再版。

威利斯顿·沃尔克著、孙善玲等译：《基督教会史》，中国社会科学出版社1991年版。

查理·斯托非著、高煜译：《宗教改革》（1517－1564年），商务印书馆1995年版。

［德］马丁·路德著、李勇译：《路德三檄文和宗教改革》，上海人民出版社2010年版。

菲利普·李·拉尔夫等著、赵丰等译：《世界文明史》（上、下卷），商务印书馆1998－1999年版。

李伯述等著：《德国文化史》，对外经济贸易大学出版社2002年版。

托马斯·马丁·林赛著、孔祥民等译：《宗教改革史》上册，商务印书馆1992年版。

G.桑迪拉纳著、周建漳等译：《冒险的时光》，光明日报出版社1989年版。

让·德科拉著、管震瑚译：《西班牙史》，商务印书馆2003年版。

唐纳德·R.凯利著、陈恒 宋立宏译：《多面的历史》，三联书店2003年版。

赵林著：《西方文化概论》（修订版），高等教育出版社2008年版。

王晓朝著：《基督教与帝国文化》，东方出版社1997年版。

张广智著：《西方史学史》，复旦大学出版社2004年版。

张泽乾著：《法国文明史》，武汉大学出版社1997年版。

阎照祥著：《英国史》，人民出版社2003年版。

钱乘旦、许洁明著：《英国通史》，上海社会科学出版社2002年版。

郭豫斌主编：《西方近代文明》，北京出版社2005年版。

刘明翰等著：《欧洲文艺复兴时期的教育思想家》，山东教育出版社2006年版。

朱孝远著：《欧洲涅槃——过渡时期欧洲的发展概念》，学林出版社2002年版。

中国基督教协会译：《圣经》，南京1996年版。

《马克思主义经典作家论资本主义前诸社会形态》（上、中、下册），中华书局1959年版。

《新编剑桥世界近代史》（宗教改革）2，中国社会科学出版社2003年版。

苏联科学院主编：《世界通史》第四卷二、下册，生活、读书、新知三联书店1962年版。

《路德选集》（上、下册），香港基督教文艺出版社1968年再版。

《路德文集》第1、2卷（总主编雷雨田等），上海三联书店2005年版。

加尔文著：《基督教要义》（上、中、下册），香港基督教文艺出版社1978年第四版。

［古希腊］希罗多德著、王以铸译：《历史》，商务印书馆1985年版。

［古希腊］柏拉图著、刘斌和等译：《理想国》，商务印书馆1986年版。

［古希腊］亚里士多德著、吴春彭译：《政治学》，商务印书馆1983年版。

［古希腊］西塞罗著、沈淑平等译：《国家篇·法律篇》，商务印书馆1998年版。

德尼兹·加亚尔、阿尔德伯特等著、蔡鸿滨等译：《欧洲史》，海南出版社2000年版。

［美］布鲁斯·L.雪莱著、刘平译：《基督教会史》（第三版）上海人民出版社2012年版。

［美］威廉·兰格主编、刘绪铭等译：《世界史编年手册》（古代和中世纪部分），生活、读书、新知三联书店1981年版。

［英］杰弗里·巴勒克拉夫主编，毛昭晰等译：《世界史便览》，生活、读书、新知三联书店1983年版。

［英］W.C.丹皮尔著、李珩译：《科学史及其与哲学和宗教的关系》，广西师范大学出版社2001年版。

［美］威廉·哈迪·麦克尼尔著、张新南等译：《西方文明史纲》，新华出版社1992年版。

［法］孔多塞著、何兆武等译：《人类精神进步史表纲要》，三联书店1998年版。

（荷兰）彼得·李伯庚著、赵复三译：《欧洲文化史》（上、下册），上海社科院出版社2004年版。

［美］林恩·桑戴克著、陈廷璠译：《世界文化史》（上、下册），上海三联书店2005年再版。

［法］弗朗索瓦·泰莫利耶夫等主编、姜志辉译：《他们创造了历史——从文艺复兴到启蒙运动》（公元1492–1789年），商务印书馆2006年版。

顾肃主编［美］罗伊·T.马修斯等著、卢明华等译：《西方人文读本》（大学文库），东方出版社2007年版。

［英］保罗·约翰逊著、谭仲瑜译：《文艺复兴——黑暗中诞生的黄金时代》，天津人民出版社2007年版。

［德］爱德华·傅克斯著、侯焕阁译：《欧洲风化史（文艺复兴时代）》，辽宁人民出版社2006年版。

［英］彼得·伯克著、刘君译：《意大利文艺复兴时期的文化与社会》，东方出版社2007年版。

［法］马克·布洛赫著、张绪山等译：《封建社会》（上、下卷），商务印书馆2006年版。

［俄］叶·阿·科斯敏斯基著、郭守田译：《中世纪史学史》，商务印书馆2011年版。

［德］马丁·路德著、林洁等译：《马丁·路德桌边谈话录》，经济科学出版社2013年版。

［德］弗里德里布·席勒著、沈国琴等译：《三十年战争史》，商务印书馆2012年版。

［苏］鲁勃佐夫著、叶文雄译：《胡斯战争》，三联书店1961年版。

［英］爱德华·吉本著、黄宜思译：《罗马帝国衰亡史》，商务印书馆2002年版。

［德］彼得·布瑞克著、陈海珠等译：《1525年革命——对德国农民战争的新透视》，广西师范大学出版社2008年版。

［德］弗兰茨·梅林著、张才尧译：《中世纪末期以来的德国史》，三联书店1980年版。

［英］拜德勒克斯等著、韩炯等译：《东欧史》，上海东方出版中心2013年版。

［德］拉萨尔著：《乌兰茨·封·济金根》，人民出版社1976年版。

［苏］伊·恩·奥西诺夫斯基著：《托马斯·莫尔传》，商务印书馆1990年版。

［法］伏尔泰：《风俗论》，商务印书馆1997年版。

［英］阿萨·勃里格斯著、陈叔平等译：《英国社会史》，中国人民大学出版社1991年版。

［俄］齐斯托兹沃诺夫著、刘立勋译：《十六世纪尼德兰资产阶级革命》，三联书店1962年版。

［西］让·德科拉著、管振湖译：《西班牙史》，商务印书馆2003年版。

美国时代生活图书编著、李绍明译：《欧罗巴的黄金时代·北部欧洲，公元1500—1675年》，山东画报出版社2003年版。

［德］亨利希·海涅：《论德国》，商务印书馆1980年版。

刘明翰、郑一奇主编：《人类精神文明发展史》（1—4卷），中国青年出版社2003年版。

中国基督教协会译：《圣经》，南京1996年版。

赵曜著：《精神文明建设十讲》，中国青年出版社1997年版。

张华金著：《文明与社会进步》，上海社会科学出版社1998年版。

易杰雄主编：《神光沐浴下的文化再生》《文明的狂飙疾进时代》，华夏出版社2000年版。

庄锡昌总主编：《世界文化史》（三卷本），浙江人民出版社1999年版。

宋瑞芝主编：《外国文化史》，湖北教育出版社1994年版。

陈佛松：《世界文化史概要》，华中科技大学出版社2001年版。

陈钦庄著：《基督教简史》，人民出版社2004年版。

唐逸主编：《基督教史》，中国社会科学出版社1993年版。

于可主编：《当代基督新教》，东方出版社1993年版。

刘明翰等主编：《世界史简编》（自1981年起为山东省高校通用教材），山东教育出版社1982年版、2010年修订版。

顾长声著：《传教士与近代中国》，上海人民出版社1981年版。

张椿年著：《从信仰到理性》，方志出版社2007年版。

刘明翰主编：《世界通史·中世纪卷》（教育部全国高校用统编教材），人民出版社1997年版。

徐新编著：《西方文化史》，北京大学出版社2002年版。

耿淡如等译注：《世界中世纪史原始资料选辑》，天津人民出版社1959年版。

中国文库（史学类）刘明翰主编：《世界通史》（中世纪卷），中国出版集团人民出版社2004年版。

北京师范大学历史系世界古代史教研室编：《世界古代及中古史资料选集》，北京师范大学出版社1991年版。

朱锡强等编：《外国历史大事纪年》，陕西人民出版社1987年版。

裔昭印主编：《世界文化史》（增订版），北京大学出版社2010年版。

王晓朝著：《基督教与帝国文化》，东方出版社1997年版。

徐新编著：《西方文化史》（从文明初始至启蒙运动），北京大学出版社2002年版。

刘明翰、陈明莉著：《人类文明之火》，学习出版社2004年版。

朱孝远著：《宗教改革与德国近代化道路》，人民出版社2011年版。

李平晔著：《宗教改革与西方近代社会思潮》，今日中国出版社1992年版。

刘新利著：《基督教与西方文化》，中国戏剧出版社2000年版。

刘林海著：《加尔文思想研究》，中国人民大学出版社2006年版。

刘明翰主编：《世界古代文明奇迹掠影丛书》（三卷本），湖南师范大学出版社2000年版。

雷海宗撰：《西洋文化史纲要》（王敦书整理），上海古籍出版社2001版。

王亚平著：《基督教的神秘主义》，东方出版社2001年版。

《钱伯斯世界历史地图》，三联书店1981年版。

刘明翰主编：《世界中世纪史新探》，内蒙古大学出版社1996年版。

朱孝远总主编：《"塔中书"——托马斯·莫尔晚年论修齐治平之大作》，经济科学出版社2013年版。

何炳松著：《中古欧洲史》，上海古籍出版社2012年版。

刘明翰主编：《2000年环球回顾》，吉林人民出版社2001年版。

汝信总主编、姚介厚等著：《西欧文明》（上、下），中国社会科学出版社2002年版。

蒋百里（蒋方震）著：《欧洲文艺复兴史》，东方出版社2007年再版。

刘明翰主编：《外国史学名著评介》（第一、二、三卷），山东教育出版1993年版。

张绥著：《中世纪"上帝"的文化——中世纪基督教会史》，浙江人民出版社1987年版。

刘明翰等主编：《世界中世纪史学术论文集》（第一、二辑），青海人民出版社1982、1986年版。

陈小川等著：《文艺复兴史纲》，中国人民大学出版社1986年版。

朱孝远著：《神法、公社和政府：德国农民战争的政治目标》，北京大学出版社1994年版。

陈月清、刘明翰著：《北京基督教发展述略》，首都师范大学出版社1998年版。

郭振铎主编：《宗教改革史纲》，河南大学出版社1989年版。

杜美著：《德国文化史》，北京大学出版社1990年版。

张芝联著：《法国通史》，北京大学出版社1988年版。

陈文海著：《法国史》，人民出版社2004年版。

刘明翰等著：《文艺复兴时代的教育思想家》，山东教育出版社2006年版。

沈之兴等主编：《西方文化史》，中山大学出版社1997年版。

戚国淦、陈曦文主编：《撷英集——英国都铎史研究》，首都师范大学出版社1994年版。

刘明翰著：《闵采尔》《布鲁诺》，商务印书馆1986、1993年版。

《国际条约集》（1648—1871年），世界知识出版社1984年版。

刘林海著：《加尔及思想研究》，中国人民大学出版社2006年版。

二、外文部分

（一）英文

A.Chastel, *The Age of Humanism Europe 1480—1530*, London, 1963.（查斯提尔：《欧洲人文主义时代1480—1530》伦敦1963年版）

Bernhard Lohse, *Martin Luther—An Introduction to His Life and Work*, Fortress Press, Philadelphia, 1986.（罗斯：《马丁·路德——生平与著作》）

B.Mansfield, Phoenix of His Age: *Interpretations of Erasmus, c1550—1750*, Toronto, 1979.（曼斯费尔德：《时代的凤凰，伊拉斯谟研究1550—1750》）

Craig D. Atwood, Always Reforming; *A History of Christianity since 1300*, Mercer University Press, 2001.（阿特沃德：《不断改革，1300年以来的基督教史》2001年版）

Donald Kagan and Steven Ozment and Frank M.Turner, *The Western Heritage*, New York, 4th ed. 1991.（卡根等著：《西方的遗产》）

Fisher, *History of Reformation*, Charles Scribner's Son's, New York, 1873.（费舍：《宗教改革运动史》）

Harold J. Grimm, *The Reformation Era*, The Macmillan Company, New York, 1954.（格林：《宗教改革时代》）

Hoffmann, Manfred（ed）, *Martin Luther and the Modern Mind:* Freedom, Conscience, Tolerance, Rights, Toronto, Lewiston, N.Y., E.Mellen Press, c1985.（豪夫曼：《马丁·路德与现代观念》）

Heiko Augustinus Oberman, *The Impact of the Reformation*, Mi: W.B.Eerdmans Pub.,Grand Rapids,1994.（奥伯曼：《宗教改革运动的开端》）

Heiko Augustinus Oberman, *The Dawn of the Reformation*: Essays in the Medieval and Early Reformation Thought, T.&T.clark, Edinburgh, 1986.（奥伯曼：《宗教改革运动的曙光》）

Heinrich Bornkamm, *Luther's World of Thought*, Saint Louis, Mo.: Concordia Pub. House, 1958.（伯伦卡姆：《路德的思想世界》）

Heinrich Bornkamm, *The Heart of Reformation Faith: The Fundamental Axioms of Evangelical Belief*, Haper&Row, New York, 1965.（伯伦卡姆：《宗教改革信仰之心》）

Justo L. Gonzalez, *The story of the Christianity*, HarperCollins Publisher, New York, 1984.（贡查勒斯：《基督教史》）

Kenneth Pennington, *Popes, Canonists and Texts*, 1150–1550, 1993.（《教皇，教会法学家及文本》）

Kurt Aland, *A History of Christianity*, Translation from: Geschichte der chiistenheit, Fortress Press, New York, 1986.（阿兰德：《基督教史》）

Peter Blickle, *Communal Reformation*: The Quest for Salvation in Sixteenth-Century Germany, trans. Thomas Dunlap, in Studies in German Histories, Atlanlic Highlands, Nj: Humanities Press,1992.（彼得·布瑞克：《宗教改革的探索》）

Peter Blickle, *From the Communal Reformation to the Revolution of the Common Man*, trans. Beat Kumin, Leiden, Boston and Koln: Brill,1998.（彼得·布瑞克：《从公共宗教改革到群众革命》）

Roland Herbert Bainton, *The Reformation of the Sixteenth Century, Beacon Press*, Boston, 1952.（拜东：《16世纪宗教改革》）

T.P.Neill and R.H.Schmandt, *History of the Catholic Church*, Bruce Publishing Company,1957.（奈尔等：《天主教会史》）

T.A.Burkill, *The Evolution of Christian Thought*, London, 1971.（伯尔基尔：《基督教思想变革史》）

（二）德文

Benrath, Gustav Adolf（HG）, *Wegbereiter der Reformation*, R.Brockhaus verlag Wuppertal.1988.（本拉特：《宗教改革运动的先驱》）

Beyer, M., US.*Humanismus und Wittenberger Reformation*, Lepzig, 1996.（拜耶尔等主编《人文主义与维登堡宗教改革运动》）

Buck, *August, Erasmus und Europa*, in Kommission bei Otto Harrassowitz, Wiesbaden, 1988.（奥古斯特·布克编：《伊拉斯谟与欧洲》）

Godman, Peter, *Die geheime Inquisition, Aus.den verbotenen Archiven des Vatikens*, Econ Ullstein List Verlag, Munchen, 2001.（哥德曼：《秘密审判，来自梵蒂冈档案》2001年）

Geiger, L., *Johannes Reuchlin, sein Leben und sein Werke*, Leipzig, 1871.

（盖格尔《约翰·罗伊希林，生平与著作》）（罗伊希林又译为勒克林）

Luther Jahrbuch, *Vandenhoeck & Ruprecht*, 63/1996（《路德年鉴》）

Laube, A.und Weiss, U.（Hg）*Flugschriftengegen die Reformation, (1518-1524)*,Berlin, 1997.（劳伯等主编：《宗教改革运动的传单，1518-1524》）

Lohse, B., *Martin Luther, Eine Einfuhrung in sein Leben und sein Werk*, Munchen, 1981.（罗斯：《马丁·路德，生平与著作导论》）

Maurer, Wilhelm, *Der Junge Melanchthon Zwischen Humanismus und Reformation*, Vandenhoeck & Ruprecht in Gottingen,1967.（毛勒：《年轻时代的梅兰希顿，人文主义与宗教改革之间》）

Muntzer, Thomas, *Schriften und Briefe*, Kritische.（托马斯·闵采尔：《文著书信集》）

Oberman, H.A., *Kirchen-und Theologiegeschichte in Quellen*, neukirchener Verlag, Neukirchen-Vluyn,1994.（奥伯曼等主编：《教会及神学史料集》中世纪卷）

Sperl, A, *Melanchthon Zwischen Humanismus und Reformation*, Munchen, 1959.（史伯尔：《人文主义与宗教改革之间的梅兰希顿》）

Stupperich, R.（HG）, *Philipp Melanchthon, Werke in Auswahl*, Gutersloh, 1951.（施图泊里希编：《腓利普·梅兰希顿著作选》）

Welti, Manfred E., *Kleine Geschichte der italienischen Reformatiom*, Gutersloher Verlagshaus Gerd Mohn, Gutersloh, 1985.（维尔提：《意大利宗教改革简史》）

Weiss, Ulman（HG）, *Flugschriften der Reformations zeit bibliotheca academica*,

Verlag Tubingen, 2001.（魏斯：《宗教改革时代的宣传小册子》）

（三）日文（书名已汉译）

浅地昇著：《世界大思想家选集》（路德专辑），东京第一书房1941年版。

德善义和编：《世界思想家之五·路德》，日本平凡社1976年版。

大类伸、佐藤坚司、渡边鼎著：《世界历史大系，18》《西洋近世史》（一），日本平凡社再版。

西川正雄编：《德国史研究入门》（森田安一撰：宗教改革期），东京大学出版社1984年版。

小泉彻著：《宗教改革及其时代》，山川出版社1996年版。

小林照夫编著：《迈向近代史的研究》，八千代出版社株式会社1987年第四版。

今井晋著：《路德》（人类的知识遗产）16卷，讲谈社1982年版。

田中真造：《托马斯·闵采尔：革命的神学》，智慧书房1983年版。

成濑治：《路德与宗教改革》，诚文堂新光社1980年版。

浜林正夫：《英吉利宗教史》，未来社1987年版。

松田智雄编：《路德》（世界名著第8卷），中央公论社1969年版。

八代崇：《英国宗教改革史研究》，创文社1979年版。

渡边信夫：《神、魂的世界与宗教改革小史》，白水社1980年版。

半田元夫：《英国宗教改革的历史》，小峰书店1967年版。

江村洋译：《欧洲哈布斯堡家系王朝的历史》，谷沢书房1981年版。

田中真造、增本浩子译：《德国宗教改革》，教文馆1991年版。

（四）俄文

С·Д·Сказкина, А·С·Самойло, А·Н·Чистозвонова, "История Средних Веков" том Ⅱ Москва 1954.（斯卡兹金、萨莫伊洛、齐斯托兹沃诺夫：《中世纪史》第2卷，莫斯科1954）

М·М·Смилин, "Очерки Историй Политической борьбы в Германий перед Реформацией" Москва 1952.（斯米林："宗教改革前德国政治斗争史纲"，莫斯科，1952）

Н·П·Градцианосково, и С·Д·Сказкина, Хрестоматия по Истории Средних Веков том Ⅰ-Ⅲ（格拉德钤斯基，斯卡兹金主编：《中世纪史史料选辑》第1-3卷）

Б·Т·Рубцов, "Гуситские Воины" 1955.（鲁勃佐夫：《胡斯战争》）

Й·Мацек, "Табор и Гуситском Революционои Движений".（马采克：《塔波尔与胡斯革命运动》）

"Архим Маркса и Энгелса", Москва, 1938.（《马克思恩格斯文库》）

Г·Э·Санчук и Третьяков "История Чехословакий" том I（桑楚克、特列恰科夫：《捷克斯洛伐克史》第一卷，1956年）

"Хрестоматия по зарубежной литературе Средних Веков учпедгиз", 1953.（《中世纪外国文学史料选》）

"Книга для чтения по Историй Средних Веков",Государственое Москва 1951 под редакцией проф. С·Д·Сказкина（斯卡兹金：《中世纪史读本》，莫斯科，1951）

Росийская Академия Наук Институт Всеобжей Истории "Средние Века" Выпуск 20-57.（俄罗斯科学院《中世纪》期刊，1961-1994年）

Йосеф·Мацек, Н·М·Пажевой, А·В·Старостина и И·П·Хатуцевой: "Гуситское Революционное Движение".（马采克等著：《胡斯革命运动》，外文书籍出版局）

Маркиж·С·П, "Ульрих фон Гуттен, диалоги публицистика письма", Москва, 1959.（马尔科什编：《乌尔利希冯胡登，对话、政治和书信集》）

"Ежегодник Германской История"（《德国史年鉴》）

Майер·В·Е·, "Деревня и город Германии в ⅩⅣ-ⅩⅥвв.", Ленинград, 1969.（迈伊尔：《十四至十六世纪德国的农村和城市》）

Сказкин·С·Д·, "Генезис капитализма в промыжлености", Москва, 1963.（斯卡兹金：《工业资本主义的起源》）

Майер·В·Е·, "Крестьянство Германии в зпоху позднего феодализма", Москва, 1985.（迈伊尔：《封建主义晚期的德国农民》）

Смилин·М·М·, "Народная Реформация Томаса Мюнцера и Великая Крестьяанская Война", Москва, 1955.（斯米林：《托马斯闵采尔的人民宗教改革和伟大的农民战争》）

Стоклицкая-Тережкович·В·В·, "Немецкий город ⅩⅥ-ⅩⅤв·в·", Москва, 1936.（斯托克里茨卡娅-铁烈施柯维奇：《十四至十五世纪的德国城市》）

Стоклицкая-Тережкович·В·В·, "Основные проблемы истории срьрии Средневекового город", Москва, 1936.（斯托克里茨卡娅-铁烈施柯维奇：《中世纪城市史基本问题》）

Эпжтейн·Д·Д·, "История Германии от позднего Средневековья до Революции 1848 года", Москва, 1961.（艾浦施坦：《中世纪后期到1848年革命的德国史》）

后　记

　　《欧洲宗教改革史》一书即将由中国青年出版社出版，它既是一项国家社科基金项目，又是我任北京师范大学历史学院985特聘教授时，及现任北京师范大学历史学院双一流特聘教授期间首要的科研任务。从写作第一章之始，寒来暑往，笔耕未辍，蓦然回首，个中滋味实难忘却……这部凝聚心血和汗水的著作虽为草创之作，但对我而言，它的付梓确是一件值得高兴的喜事。

　　我已过耄耋之年，从1949年就读高校历史专业算起，至今已满70载，终生从事世界中世纪史的教学与科研工作。20世纪80年代，我主编的《世界中世纪史》由人民出版社出版（该书当时是由全国各高校组建专业教师编写的《世界通史》的《中世纪卷》，作为教育部统编教材，各卷在1983-1986年前后陆续出版）。2004年，人民出版社出版的《世界通史》（六卷）列入"中国文库"，其中《世界通史·中世纪卷》是由我主编的。2017年，人民出版社对该书修订再版。

　　长期的教学和研究生涯，使我对欧洲文艺复兴和欧洲宗教改革的历史研究产生了浓厚的兴趣，并深感其对欧洲乃至世界社会发展具有巨大而深远的影响，因而也成为我毕生科学研究的重点方向。功夫不负有心人，经过不懈地耕耘，我终于在这方面有了些许收获。

《欧洲文艺复兴史》（12卷）于2010年由人民出版社出版（国家社科基金项目），我任总主编并撰写了其中的总论卷、教育卷。2013年3月该套书获得中国教育部"第六届全国高校科学研究优秀成果（人文社科）一等奖"。《欧洲宗教改革史》可谓是《欧洲文艺复兴史》的"姐妹篇"，也终于面世了。本人能有机会以唯物史观和中国的史学话语对人类文明史上的两大历史事件——欧洲文艺复兴和宗教改革——加以研究诠释解读，作为老史学工作者尽到了应有的责任，深感欣慰。由于学识所限，书中难免有疏漏、欠妥之处，敬祈专家、读者指正。

感谢中国青年出版社对我的支持和帮助！并对本书编辑的细致工作深表谢忱。

刘明翰

2019年8月15日